Alfred Zimmermann

Die europäischen Kolonien

Alfred Zimmermann

Die europäischen Kolonien

ISBN/EAN: 9783741125324

Hergestellt in Europa, USA, Kanada, Australien, Japan

Cover: Foto ©ninafisch / pixelio.de

Manufactured and distributed by brebook publishing software (www.brebook.com)

Alfred Zimmermann

Die europäischen Kolonien

Die Europäischen Kolonien.

Schilderung
ihrer Entstehung, Entwickelung, Erfolge und Aussichten

von

Dr. Alfred Zimmermann.

Fünfter Band.
Die Kolonialpolitik der Niederländer.

Berlin 1903.
Ernst Siegfried Mittler und Sohn
Königliche Hofbuchhandlung
Kochstraße 68—71.

Die Kolonialpolitik der Niederländer.

Von

Dr. Alfred Zimmermann.

Mit einer Karte in Farbendruck.

Berlin 1903.
Ernst Siegfried Mittler und Sohn
Königliche Hofbuchhandlung
Kochstraße 68—71.

Alle Rechte aus dem Gesetze vom 19. Juni 1901
sowie das Übersetzungsrecht sind vorbehalten.

Vorwort.

Der Versuch, in einem nicht allzu umfangreichen Werke einem größeren, nicht allgemein fachgebildeten Leserkreise eine Übersicht der Entwickelung und des Standes der europäischen Kolonialpolitik zu bieten, ist mit vorliegendem Bande zu einem vorläufigen Abschlusse gebracht. Die kolonialpolitischen Versuche Deutschlands, Italiens, Belgiens und der Vereinigten Staaten in der neuesten Zeit sind noch nicht weit genug fortgeschritten, um schon ein auch nur annäherndes Urteil über ihren Erfolg im ganzen zu gestatten. Es werden noch Jahre vergehen müssen, ehe der nüchterne Beobachter sich von ihnen ein einigermaßen zuverlässiges Bild machen kann. — Die Kolonialpolitik Rußlands eingehender zu studieren, würde einen längeren Aufenthalt in Petersburg erforderlich machen, zu dem es dem Verfasser vorderhand an Zeit und Gelegenheit mangelt.

Aber auch ungeachtet des Fehlens der Schilderung der kolonialen Tätigkeit dieser Länder und der Mängel, welche mit einer derartig umfassenden, die Kräfte eines Mannes weit übersteigenden Arbeit verknüpft sein müssen, dürften die vorliegenden fünf Bände dem nicht voreingenommenen Leser mancherlei Anregung und Belehrung bieten.

Für den fünften Band haben die reichen Schätze des britischen Museums die Quelle geboten. Die Hunderte von Büchern, welche der Verfasser benutzt hat, waren in der Mehrheit weder gebunden noch aufgeschnitten, ein augenscheinlicher Beweis, wie selten sich selbst in England jemand mit dem Wesen der holländischen Kolonialpolitik, von der in der Öffentlichkeit so oft die Rede zu sein pflegt, beschäftigt hat. Es bedarf kaum der Erwähnung, daß mit wenigen Ausnahmen die benutzten Werke alle holländisch geschrieben sind.

London, November 1902.

A. Zimmermann.

Inhaltsverzeichnis.

Seite
Vorwort V

Die Kolonialpolitik der Niederländer.
Die Anfänge kolonialer Unternehmungen.

Die Kämpfe mit Spanien S. 2. Schwierigkeiten der Indienfahrt S. 3. Die Versuche, eine nördliche Durchfahrt zu finden S. 4. Die erste Expedition nach Indien S. 5. Freundschaftsvertrag mit Bantam. Geringer Erfolg der Fahrt S. 6. Neue Fahrten. Entstehung zahlreicher Kompagnien S. 7. Neue Indienfahrten S. 8. Spaniens Vorgehen gegen die Holländer in Indien S. 9. Die Holländer behaupten sich in Indien S. 10.

Erster Teil

Erstes Kapitel: Die Bildung der niederländisch-ostindischen Kompagnie . . . . 11—15

Versuche, die verschiedenen Kompagnien zu vereinigen S. 12. Oldenbarnevelts Bemühungen S. 13. Entstehung der ostindischen Kompagnie S. 14. Ihre Verfassung S. 15.

Zweites Kapitel: Erste Kämpfe mit Spanien . . . . 15—19

Neue holländische Erfolge in Indien S. 16. Kämpfe um Malakka S. 17. Kämpfe um die Molukken S. 18.

Drittes Kapitel: Erste Kämpfe mit England . . . . 19—27

Ernennung des ersten Generalgouverneurs für Indien S. 19. Der Rat von Indien S. 20. Lage der Holländer in Indien S. 21. Streitigkeiten mit England S. 22. Fortschritte der holländischen Herrschaft S. 23. Krieg mit England in Indien S. 24. Kämpfe um Jakatra S. 25. Das holländische Fort gerettet und Batavia getauft S. 26. Jakatra erobert. Erfolge in Ostasien S. 27.

Viertes Kapitel: Das Blutbad von Amboina und seine Folgen . 27—32

Friede mit England. Gemeinsamer Verteidigungsrat S. 28. Eroberung der Molukken S. 29. Die angebliche englische Verschwörung. Das Blutbad S. 80. Auseinandersetzung mit England S. 81. Durchführung des Gewürzmonopols in den Molukken S. 82.

Fünftes Kapitel: Die Kompagnie sichert sich das Handelsmonopol im südöstlichen Indien . . . . 82—87

Erfolge in Java. Kampf gegen privaten Handel S. 33. Mängel der indischen Verwaltung S. 34. Eroberung von Malakka und Ceylon. Erfolge in China und Japan S. 35. Entdeckung Australiens. Gewinne der Kompagnie S. 36. Kampf gegen die Kompagnie in Holland S. 87.

Zweiter Teil.

Erstes Kapitel: Entstehung der westindischen Kompagnie . . . 38—43

Anlaß ihrer Errichtung. Ihre Verfassung S. 39. Die ersten Unternehmungen S. 40. Festsetzung in Brasilien. Erfolge in Afrika S. 41. Wiederverlust Bahias S. 42. Weitere vergebliche Expeditionen S. 43.

Zweites Kapitel: Gründung des holländischen Reiches in Brasilien 43—50

Eroberung von Pernambuco S. 44. Erfolge gegen die Portugiesen S. 45. Guerillakrieg S. 46. Festsetzung in Nordamerika S. 47. Untersuchung der Lage in Brasilien S. 48. Hollands Reich in Brasilien begründet S. 49.

Drittes Kapitel: Graf Johann Moritz von Nassau-Siegen in Brasilien . . . . 50—67

Neue spanische Angriffe S. 50. Neue große holländische Rüstungen S. 51. Reform der brasilianischen Verwaltung S. 52. Abrundung des holländischen Besitzes S. 53. Förderung der wirtschaftlichen Entwickelung S. 54. Graf Moritz wirkt für Handelsfreiheit S. 55. Widerstand der westindischen Kompagnie S. 56. Zollreform. Aufschwung des Handels und Landbaues S. 57. Angriff auf Bahia S. 58. Erfolgreicher Widerstand der Portugiesen S. 59. Reibereien des Grafen von Nassau mit der Kompagnie S. 60. Sieg über eine neue spanische Expedition S. 61. Abfall Portugals von Spanien und seine Wirkungen S. 62. Verhandlungen mit Holland. Neuer Angriff auf den portugiesischen Besitz S. 63. Eroberungen in Westafrika. Friede mit Portugal S. 64. Wirkungen des Friedensvertrages S. 65. Schlechte Lage der Kompagnie S. 66. Abgang des Grafen Nassau S. 67.

Viertes Kapitel: Verlust des brasilianischen Reiches . . . . 67—74

Versuch der westindischen Kompagnie, bei der ostindischen Hilfe zu finden S. 68. Portugiesische Verschwörung in Recife

S. 69. Aufstand und Belagerung Recifes S. 70. Vergebliche Hilfsexpeditionen Hollands S. 71. Not in Brasilien. Aufregung in Holland S. 72. Siege der Portugiesen. Uneinigkeit der Holländer S. 73. Fall von Recife. Verlust Brasiliens S. 74.

Fünftes Kapitel: Niedergang der westindischen Kompagnie . . **74—79**

Vergebliche Rachezüge Hollands. Friede mit Portugal S. 75. Entwickelung Neuniederlands S. 76. Verlust Neuniederlands an England S. 77. Rachekrieg mit England. Friede von Breda S. 78. Ausgang der alten westindischen Kompagnie S. 79.

Dritter Teil.

Erstes Kapitel: Ausdehnung der Herrschaft der ostindischen Kompagnie . . . . **80—86**

Verträge mit Mataram und Bantam S. 81. Verfassung von Holländisch-Indien. Beamtenwesen S. 82. Die Schiffahrt. Letztes Ringen in den Molukken S. 83. Durchführung des Gewürzmonopols. Spanien räumt die Molukken S. 84. Gründung der Kapkolonie S. 85. Erste schlechte Erfahrungen in Südafrika S. 86.

Zweites Kapitel: Verlust von Formosa . . . . **86—91**

Eroberungen in Ostindien S. 87. Neue Kämpfe im Archipel S. 88. Aufstand in Formosa S. 89. Vertreibung der Holländer S. 90. Vergeblicher Strafzug S. 91.

Drittes Kapitel: Auseinandersetzung mit Frankreich . . . **91—95**

Zerfall von Mataram. Gewinn für Holland S. 92. Pläne Louis' XIV. auf Indien S. 93. Kämpfe mit Frankreich in Indien S. 94. Vernichtung der französischen Flotte S. 95.

Viertes Kapitel: Kämpfe in Java . . . . **95—104**

Gang des Handels S. 96. Schwächung der holländischen Machtstellung S. 97. Neue Wirren in Java S. 98. Erwerb des Handelsmonopols in Bantam S. 99. Unregelmäßigkeiten der indischen Verwaltung S. 100. Hindernisse der Entwickelung. Erste Versuche mit Kaffee S. 101. Schlechte Geschäftslage S. 102. Kämpfe mit Mataram S. 103. Erwerb neuer Vorteile in Java S. 104.

Fünftes Kapitel: Beginn der Kaffeekultur auf Java . . . **104—108**

Neue Verwickelungen in Indien S. 105. Verschwörung in Batavia S. 106. Gewinne aus dem Kaffeebau S. 107. Behandlung der eingeborenen Kaffeepflanzer S. 108.

Sechstes Kapitel: Der Chinesenaufstand . . . . 103—113

Seite

Schlechtigkeit der Kompagniebeamten S. 109. Lage der Chinesen in Java S. 110. Niederwerfung einer chinesischen Verschwörung S. 111. Erhebung der Javanen S. 112. Niederwerfung des javanischen Aufstands S. 113.

Siebentes Kapitel: Beginn der Eroberung von Java . . . 114—121

Beschränkung der Macht des Soesoehoenan S. 114. Eroberung Maduras S. 115. Organisation der eroberten Gebiete. Bürgerkrieg in Mataram S. 116. Mataram wird geteilt und an drei Herrscher als Lehen gegeben S. 117. Der Sultan von Bantam Lehensmann der Kompagnie S. 118. Imhoffs Reformpläne S. 119. Vergebliche Versuche, Schiffahrt und Handel zu heben S. 120. Schädlicher Einfluß der europäischen Kriege. Lage in Indien ꝛc. S. 121.

Achtes Kapitel: Verfall der ostindischen Kompagnie . . . . 122—132

Veränderte Lage der Kompagnie S. 122. Der Geschäftsbetrieb der Kompagnie S. 123. Die Verwaltung in Indien S. 124. Die Verwaltung in Europa. Das Beamtenwesen S. 125. Die Außenbesitzungen S. 126. Militär. Finanzen S. 127. Finanzielle Nöte der Kompagnie S. 128. Korruption in Holland und Indien S. 129. England gewinnt das Übergewicht in Vorderindien S. 130. Unbefriedigende Lage in Südafrika S. 131. Verlängerung des Privilegs der Kompagnie S. 132.

Neuntes Kapitel: Beseitigung der ostindischen Kompagnie . . 132—146

Schäden des amerikanischen Unabhängigkeitskriegs für die Kompagnie S. 133. Vergebliche Reformvorschläge S. 134. Finanznot der Gesellschaft S. 135. Geldvorschüsse der Regierung. Prüfung der Lage der Gesellschaft S. 136. Reform der Verwaltung der Kompagnie. Neue Enquête S. 137. Bericht der Untersuchungskommission S. 138. Entsendung einer Sonderkommission nach Indien S. 139. Vergebliche Anstrengungen der Kommission in Indien S. 140. Neuer Krieg. Erfolge Englands am Kap und Vorderindien S. 141. Unfähige Verwaltung in Java S. 142. Hoffnungslose Lage der Kompagnie S. 143. Die Republik übernimmt die Leitung der Kompagnie S. 144. Aufhebung des Privilegs der Kompagnie S. 145. Versuch einer Reform der Kolonialverwaltung S. 146.

Vierter Teil

Erstes Kapitel: Die Festsetzung in Surinam . . . . 147—152

Erste Erfahrungen in Surinam. Übergabe an die westindische Kompagnie S. 148. Berührung von Berbice und

Syrinam S. 149. Verwaltung des Gouverneurs Sommelsdijk S. 150. Der Gouverneur ermordet S. 151. Anordnung in der Kolonie S. 152.

Zweites Kapitel: Des Gouverneur Mauricius Wirken .... 152—159

Untersuchung der Lage. Unzufriedenheit der Kolonisten S. 153. Jan Jacob Mauricius S. 154. Lage der Verwaltung und Rechtspflege S. 155. Zusammensetzung der Bevölkerung S. 156. Kämpfe und Vertrag mit den Buschnegern im Innern S. 157. Vergebliche Reformversuche S. 158. Mauricius abberufen S. 159.

Drittes Kapitel: Verlust der Kolonie an England ...... 159—168

Mißwirtschaft in der Kolonie. Verträge mit den Buschnegern S. 160. Schlechte Lage der Pflanzer. Innere Zwiste S. 161. Mißhandlung der Negersklaven S. 162. Die Kolonie kommt in Besitz Amsterdams S. 163. Neue Kämpfe mit Buschnegern. Schlechte Lage S. 164. Zeitweiliger teilweiser Verlust der Kolonie an Frankreich. Lage vor dem Revolutionskrieg S. 165. Englisch-holländischer Krieg S. 166. Aufhebung der Kompagnie. Reform der Verwaltung S. 167. Surinam fällt an England S. 168.

Fünfter Teil

Erstes Kapitel: Holländisch-Indien während der Revolutionskriege 169—177

Wirtschaftliche Lage Indiens S. 170. Krieg mit England S. 171. Wirkungen des Krieges auf Java. Vernichtung der holländischen Seemacht S. 172. Generalgouverneur Daendels S. 173. Der Sultan von Bantam holländischer Beamter S. 174. Energisches Eingreifen in den Vorstenlanden S. 175. Innere Reformen S. 176. Justizreform. Generalgouverneur Janssens S. 177.

Zweites Kapitel: Java unter englischer Verwaltung .... 178—189

Englische Absichten auf Java S. 178. Eroberung von Java durch England S. 179. Raffles tritt an die Spitze Holländisch-Indiens S. 180. Raffles' Reformen S. 181. Kämpfe mit den Fürsten. Bantam und Tjeribon Provinzen S. 182. Maßregeln im indischen Archipel S. 183. Umgestaltung der Verwaltung S. 184. Untersuchung der Landbesitzverhältnisse. Neue Besteuerung S. 185. Justizreform S. 186. Umgestaltung des Münzwesens, der Handelspolitik und der Finanzen S. 187. Schlechte finanzielle Ergebnisse S. 188. Raffles abberufen S. 189.

Inhaltsverzeichnis.

Drittes Kapitel: Auseinandersetzung mit England über Indien . . . 189—197

Neue Regelung des holländischen Kolonialwesens S. 190. Holländische Übernahme-Kommission in Java S. 191. Schwierigkeiten mit England bei der Übergabe S. 192. Raffles gründet Singapore. Englischer Vertrag mit Tjdh S. 193. Protest Hollands S. 194. Verhandlungen mit England S. 195. Widerstrebende Ansichten und Interessen S. 196. Vertrag mit England von 1824 S. 197.

Viertes Kapitel: Verlegenheiten Hollands in Indien . . . . 198—204

Verhandlungen zwischen England und Holland S. 198. Neues Regierungsreglement für Java S. 199. Schlechte Lage der Finanzen S. 200. Regelung der Landfrage. Eingriffe in die Verhältnisse der Eingeborenen S. 201. Schwierigkeiten in Sumatra und Borneo S. 202. Kämpfe in Celebes. Reformen in den Molukken S. 203. Entstehung der Handelmaatschappij S. 204.

Fünftes Kapitel: Volle Eroberung Javas . . . . 205—212

Aufruhr in Java S. 205. Aufstand in Djokjakarta S. 206. Sieg Hollands S. 207. Weitere Landerwerbungen. Kolonialbehörde in Holland S. 208. Besserung der Finanzen. Verbilligung der Verwaltung S. 209. Regelung des Münzwesens S. 210. Ersparnisse. Förderung der Volkswirtschaft S. 211. Expedition nach Neu-Guinea S. 212.

Sechstes Kapitel: Das Kultursystem . . . . 212—220

Unzufriedenheit der holländischen Regierung mit den Erträgen Indiens S. 213. Der Grundgedanke des Kultursystems in Java S. 214. Ausdehnung des Kultursystems auf Sumatra vorbereitet S. 215. Ausbildung des Kultursystems durch Baud S. 216. Wirkungen des Stelsels S. 217. Öffentliche Meinung in Holland gegen das Kultursystem S. 218. Streit mit Tjdh S. 219.

Siebentes Kapitel: Baron Baud als Kolonialminister . . . . 220—225

Neue Finanznöte S. 220. Auseinandersetzung mit der Handelmaatschappij S. 221. Große Gewinne Hollands aus Indien S. 222. Kultursystels in Westsumatra. Brooke in Nordborneo S. 223. Holland verliert Sarawak. Unruhen in Bali S. 224. Vorbildung der Beamten S. 225.

Achtes Kapitel: Das Grundgesetz von 1848 und seine Wirkungen 225—236

Neue holländische Kolonialverfassung S. 226. Das indische Regierungsreglement von 1854 S. 227. Finanzgesetz von 1864 S. 228. Einschränkung der Zwangskulturen. Mulatullis Verdienst S. 229. Umgestaltung der Zollpolitik. Innere Reformen

S. 230. Beschränkung der Frondienste. Reform der Zuckerabgaben S. 231. Aufhebung der Sonderstellung der Preangerregentschaften S. 232. Aufhebung der Reste der Differentialzollpolitik S. 233. Weitere Einschränkung der Frondienste S. 234. Jetziger Stand des Kaffeebaues S. 235. Fortschritte des Bahnbaues S. 236.

Neuntes Kapitel: Die Außenbesitzungen . . . . 237—253

Holländischer Besitz auf Sumatra S. 237. Schwierigkeiten in Sumatra S. 238. Streitigkeiten mit Djambi und Siak S. 239. Lage in Riouw und Banka. Tabakbau in Deli S. 240. Streit mit Atjih S. 241. Atjih sucht Hilfe bei den Mächten S. 242. Expedition van Swietens S. 243. Hartnäckige Kämpfe S. 244. Räumung des größten Teils von Atjih. Blokade S. 245. Neuer Aufstand in Atjih S. 246. Fortdauer der Unruhen in Atjih. Aufstand in Bali S. 247. Unruhen in Borneo S. 248. Kämpfe in Celebes S. 249. Reformen in den Molukken S. 250. Aufhebung des Gewürzmonopols S. 251. Neuere Entwicklung der Molukken S. 252. Lage in Holländisch-Neu-Guinea S. 253.

Zehntes Kapitel: Heutige Lage von Niederländisch-Ostindien . 253—266

Bevölkerung und Finanzlage Holländisch-Indiens S. 254. Defizit des Kolonialetats S. 255. Verwaltungsbehörden S. 256. Rechtspflege. Schulwesen. Die Monopole S. 257. Steuerwesen S. 258. Kleinere Abgaben. Erträge der Zwangskulturen S. 259. Stand des Kaffeebaues S. 260. Rohrzuckerindustrie S. 261. Zimt. Thee. Tabak S. 262. Landbau. Viehzucht S. 263. Bergbau. Handel S. 264. Eisenbahnen S. 265. Furcht vor fremden Angriffen S. 266.

Sechster Teil

Erstes Kapitel: Surinamische Verlegenheiten . . . . 267—274

Eroberung durch England S. 268. Die englische Verwaltung S. 269. Rückgabe der Kolonie an Holland S. 270. Wirkungen des Besitzwechsels S. 271. Finanzielle Verlegenheiten S. 272. Besserung der Lage der Sklaven S. 273. Finanzielle Verlegenheiten S. 274.

Zweites Kapitel: Die Abschaffung der Sklaverei . . . . . 274—283

Änderung der Verwaltungsorganisation S. 275. Fortdauer der Mißhandlung der Neger S. 276. Verfehlter Versuch mit Einführung weißer Ansiedler S. 277. Trennung Surinams von Curaçao. Parlamentarische Enquête S. 278. Widerstand der Pflanzer gegen Reformen in Sklavensachen S. 279. Vergebliche Versuche, die Sklaverei aufzuheben S. 280. Abschaffung der Negersklaverei S. 281. Kulieinfuhr. Verkauf der holländischen Posten an der Goldküste S. 282. Wirtschaftliche Lage S. 283.

Drittes Kapitel: Die heutige Lage von Niederländisch-Westindien 283—286
Handel. Budget S. 284. Verwaltung und Verfassung S. 285. Curaçao und Zubehör S. 286.

Schluß . . . . 287—291

Allgemeiner Charakter der holländischen Kolonisation S. 288. Nachteilige Wirkungen des Systems der Kompagnien S. 289. Bruch mit dem alten Monopol- und Zwangsystem S. 290. Nachwirkungen des altholländischen Systems auf belgische und französische Kolonialpolitik S. 291.

Verzeichnis der wichtigsten Quellen und Bearbeitungen . . . 292—304

Die Anfänge kolonialer Unternehmungen.

Die Entdeckung des Seeweges ums Kap der guten Hoffnung und die Ablenkung des indischen Handels vom Roten und Mittelmeere nach Portugal ist den Niederländern und Flamländern kaum minder zu Gute gekommen als den Portugiesen. Während letztere über größere Handelsbeziehungen in Europa nicht verfügten, standen die niederländischen Städte zu Anfang des 16. Jahrhunderts bereits von alters her in regem Verkehr mit den nördlichen und westlichen Staaten Europas. In den Niederlanden war damals schon der Hauptmarkt für gesalzene und getrocknete Fische, Getreide, Gegenstände des Schiffbaus, Spirituosen und Metalle. Die Erzeugnisse ihrer für jene Zeit hochentwickelten Industrie wurden überall hochgeschätzt. Schon 1536 war Amsterdam imstande, aus eigener Kraft eine Flotte von 40 großen Schiffen auszurüsten, und alljährlich dreimal sandten die Niederlande etwa 700 Fahrzeuge auf den Heringsfang aus. Den Portugiesen war es willkommen, daß sie für die Erzeugnisse Indiens in den Niederländern bereitwillige und zahlungsfähige Abnehmer fanden und sich somit um Verwertung des Ergebnisses der Indienfahrten nicht weiter zu kümmern brauchten. Und für die Niederländer, besonders für Antwerpen, Brügge und Gent, erwies sich dieser Handel, den sie bald völlig monopolisierten, sowie die Versorgung der Pyrenäen-Halbinsel mit Schiffbaumaterial und Industrieerzeugnissen als höchst vorteilhaft. Ihr Reichtum und ihre Macht wuchsen von Jahr zu Jahr. Sie bildeten sich zur ersten Seemacht der Welt jener Zeiten aus.

Es war daher nicht zu verwundern, daß sie es ängstlich vermieden, die Ansprüche Spaniens und Portugals auf Alleinbesitz der

neuentdeckten Welt zu verletzen, und daß vereinzelte Fahrten nieder-
ländischer Schiffer nach Amerika und Afrika im 16. Jahrhundert
nur den Charakter von Forschungsreisen trugen. Nur in spanischem
und portugiesischem Dienste scheinen Niederländer mehrfach an den
überseeischen Fahrten teilgenommen zu haben.

Das wurde anders, als in der zweiten Hälfte des 16. Jahrhunderts die religiösen Streitigkeiten die Niederlande zum Widerstand gegen die spanischen Machthaber veranlaßten. Zu Lande
vermochten sie den spanischen Truppen nicht zu widerstehen, so
versuchten sie es zur See.

Der Prinz von Oranien erteilte Kaperbriefe gegen die
Spanier. Von 1570 an entstanden so die Wassergeusen und taten den
Feinden ansehnlichen Abbruch.

Ungeachtet dieser Kämpfe erlitten zunächst die Handelsbeziehungen
der Niederländer mit Spanien und Portugal keinen Eintrag. Man
brauchte dort ihre Waren und besonders ihre Ausrüstungsgegen-
stände für Schiffe zu notwendig. Als 1576 die Spanier Antwerpen und
andere Städte einnahmen und plünderten, hatte das zunächst nur die
Wirkung, daß viele der reichsten Reeder und Kaufleute nach Amsterdam übersiedelten und der Verkehr mit Lissabon nunmehr in
steigendem Maße in die Hand der Nordprovinzen geriet. Selbst
die Einverleibung Portugals ins spanische Reich 1580 führte noch
keine Lähmung des Handels der Niederländer mit Lissabon herbei.
Erst die 1585 von Philipp II veranlaßte Beschlagnahme aller
niederländischen Schiffe in den Häfen seines Reichs und Gefangen-
setzung ihrer Bemannung schien anfangs diese Wirkung haben zu
sollen. Es entstand arge Bestürzung in den Niederlanden. Ihre
Zukunft schien ernstlich bedroht, wenn sie die indischen Waren
nicht mehr direkt aus Portugal beziehen konnten, und Unterwerfung
unter Spaniens Joch unvermeidlich.

Doch nach dem ersten Schrecken sah man die Sache bald
ruhiger an. Mit falschen Pässen und unter neutraler, besonders
hanseatischer Flagge wurde der Handel fortgesetzt und Spanien mit
Kriegsvorräten 2c. immer weiter versehen. Einen Augenblick hatte
man dabei mit dem damals auch mächtig aufstrebenden England zu
rechnen. Dieses verbot im April 1586 die Zufuhr von Waren
und besonders Kriegsvorräten aus Holland und allen anderen
Ländern nach Spanien. Seine Kaper machten sich sofort eifrig

aus Werl, dem Verbot Nachdruck zu geben. Angesichts des
Drängens der niederländischen Diplomaten in London wurde das
Verbot zwar bald auf niederländische Schiffe beschränkt und so den
Holländern die Benutzung neutraler Flaggen wieder ermöglicht.
Aber die fortdauernden Vorstellungen Englands gegen die Ver-
sorgung der gemeinsamen Feinde mit Schiffs- und Kriegsvorräten,
die Kapereien Drakes und Frobishers und endlich nochmalige
Wegnahmen der niederländischen Schiffe in Spanien während der
Jahre 1590, 1595 und 1599 zwangen die Niederländer allmählich,
Ersatz für diesen wichtigsten Zweig ihres Handels zu suchen. Man
versuchte es zunächst mit Fahrten nach den Mittelmeerländern.
1596 sind gegen 400 holländische Schiffe mit Getreide nach Italien
gesandt worden. Der Weg um Gibraltar erwies sich indessen
als zu gefährlich, da die spanischen Kreuzer hier auf der Lauer
lagen. Man mußte daran denken, das Glück in Ost- und Westindien selbst zu versuchen. Daß das wohl möglich war und reichen
Nutzen versprach, ersah man aus dem Beispiel der verbündeten
Engländer. Sollten doch die kühnen Fahrten von Drake und Ca-
vendish ungeheuere Gewinne abgeworfen haben!

Nur fehlte es an jeder näheren Kenntnis des Weges nach
diesen fernen Gegenden und von den dortigen Zuständen. Man
glaubte die Machtstellung der Spanier in ihnen so stark, daß es
kaum möglich schien, dagegen aufzukommen. Unter diesen Umständen
gewann eine Anregung des Geographen Gerard Mercator Beachtung, der 1591 auf Grund von Berichten aus Rußland Aufsuchung eines Seeweges nach China im Norden Asiens empfohlen
hatte. Seit einigen Jahren schon waren damals holländische Kaufleute an der Mündung der Dwina, welche zuerst von englischen
Seefahrern aufgefunden worden war, tätig und trieben Handel nach
dem Innern Rußlands. Einer von ihnen, Balthazar Moucheron
aus Middelburg, entschloß sich, obwohl ihm die verschiedenen miß-
glückten Versuche englischer Polarreisender nicht unbekannt gewesen
sein dürften, es mit der Fahrt um Asien zu wagen. Er gewann den
Schatzmeister von Zeeland, Valcke, und den Rat Roellius für seinen
Plan, erlangte eine Audienz bei Graaf Maurits und erwirkte, daß
die Staaten von Holland die Sache in die Hand nahmen. Zeeland
und das Noorder-Kwartier stellten zwei, Amsterdam ein großes
und ein kleines Schiff. Im Juni 1594 ging das Geschwader

unter Willem Barendsz und Cornelis Corneliszoon unter Segel. Ende September kehrte es unverrichteter Sache zurück. Die Schiffe waren nur bis Nowaja Semlja gelangt, dort hatte das Eis eine Weiterfahrt unmöglich gemacht.

Der Mißerfolg schreckte die Urheber des Zugs nicht ab. Balcke und andere zogen in England Erkundigungen bei dem Geographen Hackluyt über die nordöstliche Durchfahrt ein. Er lieferte ihnen verschiedene Nachrichten, sprach sich über die Aussichten des Versuchs einer nordöstlichen Durchfahrt so zuversichtlich aus, und seine Ansichten wurden von Linscholen so völlig geteilt, daß die Stimmung für ein solches Unternehmen noch günstiger wurde. Schon verlangten einige Heißsporne Befestigung der Straße von Waygats, um Holland ihren Alleinbesitz zu sichern. Im Frühjahr 1595 fanden neue Konferenzen im Haag statt, an denen Moucheron wieder teilnahm, und am 9. Mai beschlossen die Staten-Generaal die Ausrüstung einer neuen Expedition. Sieben Schiffe stark segelte sie am 2. Juli unter Barendsz, Brandt Jisbrandts und Cornelis Corneliszoon ab. Zahlreiche Kaufleute hatten sie mit Waren für China reichlich ausgestattet. Aber am 18. November erschien sie unversehrt zurück. Sie hatte nicht einmal die Waygatsstraße passieren können, da Eis diese sperrte.

Die Regierung wollte nach dieser Erfahrung weitere Mittel für solche Versuche nicht opfern. Sie begnügte sich, eine Prämie von 25 000 fl. für das Auffinden der Durchfahrt auszusetzen. Dafür nahm Amsterdam, wo der Prediant Petrus Plancius, der Schüler Mercators, wirkte, die Sache auf und entsandte Mai 1596 nochmals zwei Schiffe unter Barendsz und Heemskerk. Diese Fahrt verlief noch unglücklicher als die früheren. Die Schiffe entdeckten zwar Spitzbergen und vielleicht die Bäreninsel,*) froren aber bei Nowaja Semlja ein und mußten dort überwintern. Barendsz starb dabei. Nur 12 Leute kehrten 1597 nach Holland zurück.

Während dieser unfruchtbaren Versuche im Norden waren gleichzeitig die ersten Schritte geschehen, Indien auf dem Wege ums Kap zu erreichen. Durch Vermittelung von Plancius hatte der Amsterdamer Buchdrucker Cornelis Claesz Anfang 1592 sich

---

*) Ursprünglich Beereninsel genannt. Die Engländer tauften sie Charleisland.

vom spanischen Geographen Bartholomeo de Lasso trotz der von Portugal darauf gesetzten Todesstrafe, 25 Seekarten von Asien, Afrika, Amerika zu verschaffen gewußt. Etwas später sandten auf Plancius' Rat Kaufleute einen Vertrauensmann nach Lissabon*) und ließen dort Nachrichten über Indien einziehen. Endlich kam im Jahre 1592 Jan Huygen von Linschoten, der 13 Jahre in portugiesischen Diensten gestanden und in Indien gelebt hatte und mit Plancius bekannt war, nach seiner Heimat zurück.**) Doch am wichtigsten wurde die Rückkehr des Kaufmannes Cornelis Houtmans nach Amsterdam. Er wußte mit Indien und den portugiesischen Beziehungen dahin genau Bescheid, und nachdem ihn seine Landsleute aus dem portugiesischen Kerker erlöst hatten, in den er entweder unter dem Verdacht der Spionage oder bei Gelegenheit der Beschlagnahme der holländischen Schiffe 1594 geraten war, übte er wesentlichen Einfluß auf den Plan der ersten Fahrt nach Ostindien. Unter dem Einfluß von Plancius, Linschoten und Houtman traten die Amsterdamer Kaufleute Heynrick Hubbe, Reynier Pauw, Pieter Hasselaar, Jan Jansz. Karel, Jan Poppen, Heynrick Buyck, Dirck von Os, Sivert Pietersz Sem und Arent ten Grootenhuys zu einer Gesellschaft zusammen, die 4 Schiffe für eine Reise nach den Ländern im Osten des „Cabo de Bona Esperanza" ausrüstete. Es wurden für die Unternehmung 290 000 fl. aufgewendet. Die Schiffe erhielten 248 Mann Besatzung und 64 Kanonen. Holland und Seeland erteilten der Gesellschaft Zoll- und Abgabenfreiheit für zwei Reisen und stellten ihr noch einige Geschütze und andere Waffen zur Verfügung. Am 2. April 1595 ging das Geschwader in See. Die kaufmännische Leitung war C. Houtman übertragen, der oberste Pilot war Pieter Dircksz Keyser, ein Schüler von Plancius. Der Beschluß in wichtigeren Sachen lag in der Hand des aus Schiffern und Kaufleuten gebildeten obersten Schiffsrats.

Das kleine Geschwader erreichte nach längerem Aufenthalt in Madagaskar im Juni 1596 Bantam. Es waren unterwegs verschiedene Leute gestorben, und zwischen Kaufleuten und Schiffern hatte großer Zwiespalt geherrscht. In Bantam fand man anfangs

---

*) Man vermutet, daß das C. Houtman gewesen ist.
**) Er war so fest von der Möglichkeit einer nördlichen Durchfahrt überzeugt, daß er an der ersten Polarfahrt 1594 teilnahm.

günstige Aufnahme und begann mit Erfolg Handel zu treiben, bis portugiesische Händler die durch Ausschreitungen der Holländer erbitterten Eingeborenen aufreizten. Es kam zu Kämpfen. Houtman selbst wurde gefangen genommen und mußte mit Geld ausgelöst werden. Dazu stritten die Kaufleute, welche nach den Molukken wollten, mit den Schiffern, die wegen des schlechten Zustandes der Fahrzeuge zur Umkehr drängten. Nach Errichtung einer Faktorei in Bali und Verbrennung des größten Schiffes, für das man nicht mehr genügend Besatzung hatte, wurde Ende Februar 1597 die Heimfahrt angetreten und am 14. August Texel erreicht. Hauptergebnis der Expedition war Abschluß eines Freundschaftsvertrages mit Bantam und die Feststellung, daß es mit der Macht der Portugiesen im östlichen Indien nicht weit her war. Im übrigen war das Ergebnis des Unternehmens unbefriedigend. Man hatte zwei Drittel der Leute und ein Schiff verloren, und die mitgebrachte Ladung war unbedeutend.

Dieser Umstand schreckte die Handelswelt nicht ab. Zu bringend war das Bedürfnis nach Ersatz für den verlorenen Zwischenhandel mit Portugal, zu lockend die Aussicht auf große Gewinne in Indien! Sofort wurden die kaum heimgekehrten Schiffe neu in Stand gesetzt und drei weitere ausgerüstet. Auf Bitten der Gesellschaft erteilten die Staaten von Holland Zollfreiheit für vier weitere Fahrten, und die Generalstaaten sagten sie ebenfalls zu. Dazu wurde ihr wieder eine Unterstützung an Waffen und Munition zu teil. Gleiche Vorteile gewährte die Regierung einer neuen Kompagnie, die sich zu Amsterdam aus angesehenen Kaufleuten für den Zweck einer Indienfahrt bildete und zwei große und ein kleines Schiff ausrüstete.

Beide Gesellschaften vereinigten sich Anfang 1598 und brachten 768 466 fl. für die Ausrüstung einer Flotte von acht Schiffen auf, die am 1. Mai 1598 mit 560 Mann unter dem Oberbefehl von Jacob van Neck in See stach. Sie führte Empfehlungsschreiben und Geschenke der Generalstaaten an die indischen Fürsten mit und war mit sorgsamer Ausnützung der ersten Erfahrungen vorbereitet. Ihr Erfolg war denn auch ein sehr großer. Die Molukken wurden besucht, überall günstige Beziehungen angeknüpft und bedeutender Gewinn erzielt. Noch ehe man des Erfolges sicher war, fertigte die Kompagnie April 1599 eine dritte Expedition nach Indien ab.

Neue Fahrten. Entstehung zahlreicher Kompagnien.

Ihr folgte im Dezember des Jahres eine vierte. Nicht weniger als 1 860 000 fl. waren damals schon von der Gesellschaft*) für den indischen Handel aufgewendet, eine für jene Zeit sehr erhebliche Summe!

Und ebenso großer Unternehmungsgeist wie bei der Kompagnie regte sich in anderen kaufmännischen Kreisen. Auf Veranlassung eines Enkhuizener Seemannes, **Barend Erickszoon**, fanden damals verschiedene Expeditionen nach der Goldküste und anderen Flecken Westafrikas statt. Im August 1599 erbaten vier Kaufleute bei den Generalstaaten Zollfreiheit für zwei Fahrten nach China. Die von ihnen gebildete Nieuwe Brabantsche Compagnie sandte nach Erteilung des Privilegs zwei Expeditionen ab. Gleichzeitig beantragten Kaufleute aus Alcmar, Hoorn, Enkhuizen und Westfriesland dieselben Rechte und Freiheiten für die Indienfahrt, wie die der schon bestehenden Gesellschaften. Dieser Anspruch ging den Generalstaaten zu weit. Unter dem Einfluß der ersten, den Mitbewerb sehr scheel ansehenden Kompagnie stellten sie den Bittstellern anheim, sich dieser anzuschließen. Nach mehreren vergeblichen Versuchen, eine solche Vereinigung zustande zu bringen, mußten die Bürgermeister von Amsterdam dies Ziel zu erreichen, und 1601 wurde die erste gemeinsame Expedition aller Interessenten in Amsterdam, Westfriesland und dem Noorder-Kwartier nach Indien abgefertigt.

Wie in Nordholland, war es in den anderen Provinzen. In Zeeland entstanden gleichzeitig zwei Unternehmungen, die eine in Middelburg, die andere in dem jetzt verfallenen Hafen Veere. Vater der letzteren war der von Middelburg dorthin übergesiedelte **Balthazar de Moucheron**. Er erhielt Ende 1597 auf sein Gesuch Zollfreiheit für zwei Expeditionen und Unterstützung mit Waffen und Munition. Die gleichen Vorteile wurden der Middelburger Kompagnie zuteil. Auf Moucherons Unternehmen wurden besondere Hoffnungen gesetzt, da er den Cornelis Houtman und seinen Bruder durch große Anerbieten zu gewinnen gewußt und den bekannten englischen Seemann **John Davis** als Piloten geworben hatte. Der Erfolg hat freilich diese Erwartungen nicht gerechtfertigt. Wie früher in Java, geriet Houtman diesmal auf Sumatra mit den Eingeborenen in Streit. Er fiel dabei, und sein

---

*) Sie wurde damals Compagnie op Java Major genannt.

Bruder wurde von dem Sultan von Atjih gefangen genommen. Die Schiffe kamen nach Verlust eines großen Teiles der Bemannung ohne Waren nach der Heimat zurück. Nicht glücklicher waren drei weitere von Moucheron veranstaltete Fahrten. Ein Versuch im Jahre 1598, auf der Insel Principe eine Ruhe- und Erfrischungsstation für die holländischen Flotten zu gründen, scheiterte am Klima. Die hingeschickten Soldaten, welche mit der portugiesischen Besatzung leicht fertig geworden waren, flohen vor dem Fieber. Auch Fahrten nach Brasilien, Monomotapa und Sofala hatten nicht den gewünschten Erfolg. Moucheron mußte 1609 seine Zahlungen einstellen und ging nach Frankreich, wo er jahrelang Versuche gemacht hat, eine französische Kompagnie für Ostindien ins Leben zu rufen. Die Teilhaber seiner Kompagnie hatten sich schon vorher, 1600, der mehr vom Glück begünstigten Middelburger Gesellschaft angeschlossen.

Nicht genug hiermit, entsandten Rotterdamer Reeder 1598 mehrere Schiffe auf dem Wege durch die Magelhaensstraße nach Indien. Eins der Schiffe erreichte Japan und knüpfte dort Verbindungen an, die später wertvoll wurden, so daß die Expedition, welche Indien nie zu sehen bekam und von der nur ein Schiff heimkehrte, nicht fruchtlos blieb. Wirklich erreicht wurde das Ziel von einem zweiten, ebenfalls 1598 von Amsterdam abgesandten Geschwader. Es kehrte nach dreijähriger Reise um die Welt glücklich zurück. Der Nutzen des Unternehmens war sehr gering, doch seine Veranstalter gedachten diese Fahrten fortzusetzen und wußten sich ein Privileg dafür auszuwirken.

Neben den Ostindienfahrten, welche innerhalb der ersten 5 Jahre etwa 40 holländische Schiffe beschäftigen, liefen bereits zahlreiche Unternehmungen nach Amerika und Westafrika. 1595 entsandte Moucheron von Middelburg aus und Johan Cornelis Korff von Amsterdam aus Schiffe nach Westindien. Im folgenden Jahre fand eine Fahrt nach Westindien von Rotterdam statt, 1597 folgten zwei Expeditionen nach Guyana, 1598 eine nach dem La Plata. Man faßte damals bereits Besetzung der kleinen Insel S. Thomas an der venezuelanischen Küste als Stützpunkt für spätere Unternehmungen ins Auge. Andere hatten ihr Augenmerk auf San Tomé an der afrikanischen Küste gerichtet. Um sich hier festzusetzen und gleichzeitig den Spaniern zur See möglichst viel Schaden zu tun und für die Beschlagnahme der holländischen Schiffe Rache zu nehmen, ging 1599 eine starke Flotte unter Admiral van der Does in See. Sie nahm das Kastell von Palma auf den kanarischen Inseln ein und besetzte in der Tat San Tomé. Im übrigen aber glückte das Abfangen einer der spanischen Flotten nicht, und auch ein Angriff auf eine spanische Stadt, wie er 1596 den vereinten englischen und holländischen Flotten in Cadix gelungen war, kam nicht zur Ausführung.

Die Kämpfe mit Spanien und Portugal um Anteil am Handel der von ihnen als Alleinbesitz beanspruchten neuen Welt haben sich fast ganz in überseeischen Gebieten abgespielt. Im Gefühl ihrer Schwäche zur See hatten die Portugiesen sich zunächst an die indischen Fürsten gehalten. Sie schilderten ihnen die Holländer als grausame Seeräuber und Aufrührer, verboten streng Handel und Verkehr mit ihnen und forderten Vernichtung ihrer Schiffe. Sie selbst folterten jeden Holländer, der in ihre Hände fiel, grausam zu Tode. Als die Holländer diese Bestrafungen teils durch geschicktes Auftreten und Mitbringen von Beglaubigungsschreiben der Generalstaaten durchkreuzten, teils mit Gewalt die Eingeborenen gefügig machten, versuchte Spanien es mit offenem Kampfe. Dreißig Schiffe wurden ausgerüstet. Ihr Befehlshaber Andrea Furtado de Mendoza hatte den Auftrag, die holländischen Niederlassungen und Schiffe in Indien zu vernichten und alle Gebiete, die sich mit ihnen eingelassen hatten, rücksichtslos zu züchtigen. Die Flotte begab sich zunächst nach Bantam und blockierte Ende 1601 den Hafen. Schwerlich wäre die dortige holländische Faktorei imstande gewesen, der Übermacht lange zu widerstehen, wenn nicht zu Weihnachten fünf Schiffe unter Wolphert Harmensz. in der Sundastraße erschienen wären, die, sobald sie von der Sachlage durch einen Chinesen Kenntnis erhielten, die Spanier entschlossen angriffen. Es gelang dem kühnen Seemann, zwei Schiffe wegzunehmen. Nach diesem Verluste und nachdem ein Versuch, die holländische Flotte durch einige als Brander verwendete Schiffe in Flammen zu setzen, gescheitert war, ergriff Mendoza die Flucht. Die Holländer verfolgten den errungenen Vorteil nicht. Harmensz. ließ es ruhig zu, daß die Spanier verschiedene Molukkeninseln verheerten. Im Interesse seiner Auftraggeber sorgte er jetzt nur für möglichst reiche Ladung seiner Schiffe und schloß im Mai 1602 den ersten Handelsvertrag mit Banda. Für die Zusicherung holländischen Schutzes gegen die Portugiesen versprachen die Eingeborenen, den Holländern ausschließlich fortan ihre Gewürze zu verkaufen. — Die Ereignisse haben seinem Verhalten Recht gegeben. Die Spanier verloren, während er lohnende Geschäfte machte, Monate mit einer Belagerung Ternates und mußten endlich nach Verlust vieler Leute, unverrichteter Sache abziehen. Alle ihre Drohungen und Gewaltmaßregeln konnten nicht hindern, daß der Sultan von Atjih mit den Holländern in nähere Beziehungen trat und zwei Gesandte nach Amsterdam schickte, sowie daß auch die Königin von Patane an der Küste Cochinchinas mit den Niederländern einen Schutzvertrag schloß und sie mit Ceylon und Macao Verbindungen anknüpften. Immer häufiger fielen spanische Kauffahrer den Holländern in die Hände. Schon damals gewannen aufmerksame Beobachter den Eindruck, daß das Schicksal des portugiesischen Besitzes in Indien besiegelt sei. Der französische Gesandte de Buzanval schrieb: „Ihr werdet binnen kurzem sehen, daß die Schätze des Ostens nach Holland fließen und Portugal verlassen werden, welches sie 120 Jahre besessen und den Schlüssel davon bewahrt hat. . . . Die geduldigen und phlegmatischen Holländer wissen sogleich, wenn man eine Öffnung schließt, wie man mit der Fahrt auf Spanien getan hat, eine andere Öffnung zu finden, um dadurch zu entschlüpfen."

Erster Teil.

Erstes Kapitel.
Die Bildung der niederländisch-ostindischen Kompagnie.

Die Gefahr, welche trotz der verschiedenen Erfolge den niederländischen Unternehmungen im fernen Indien von Portugal und Spanien drohte, der störende Wettbewerb, welchen jede der einzelnen Gesellschaften der anderen machte, beunruhigten fortgesetzt die Generalstaaten. Schon 1598 und 1599 mahnten sie die verschiedenen Kompagnien zur Einigkeit und zu gemeinschaftlichem Vorgehen. Diese Schritte waren umsonst. Den städtischen Behörden gelang es, wie erwähnt, wenigstens die Kompagnien in den einzelnen Städten zu verschmelzen. Zwischen den so entstandenen Gesellschaften aber bestand böseste Eifersucht weiter. Sie nötigten ihre Schiffer und Kaufleute zu kontraktlichen Verpflichtungen, nie zu einer anderen Gesellschaft überzugehen, und dergleichen mehr. Die Rücksicht auf die neidischen Mitbewerber ließ alle anderen in den Hintergrund treten. Es ergaben sich daraus ernste Mißstände für das Gemeinwohl, und weiterblickende Männer, wie besonders Oldenbarnevelt, der den überseeischen Bestrebungen von Anbeginn an lebhafte Aufmerksamkeit widmete, waren unausgesetzt bemüht, diesem Unwesen ein Ende zu machen. Im Sommer 1600 wurde die Angelegenheit auf die Tagesordnung der Staaten von Holland gesetzt. Im November fanden eingehende Beratungen darüber statt. Am 17. Mai 1602 wurde der Beschluß gefaßt, alle für den Handel mit Ostindien gegründeten Kompagnien zu vereinigen. Die neue Gesellschaft sollte für einige Jahre das Monopol dieses Handels im Namen der

Generalstaaten erhalten und autorisiert werden, Verträge mit den fremden Fürsten zu schließen, ihnen im Krieg beizustehen und Befestigungen anzulegen.

Die zuerst entstandene Amsterdamer Kompagnie nahm daraus Anlaß, eine Remonstrantie an die Staaten von Holland zu richten. Sie erkannte voll die Notwendigkeit an, alle ostindischen Handelsunternehmungen einheitlicher Leitung zu unterwerfen, aber sie nahm letztere für sich in Anspruch. Gestützt darauf, daß sie zuerst diese Fahrten ins Werk gesetzt habe, verlangte sie Verbot der anderen Gesellschaften und Monopol des Handels im Osten vom Kap der guten Hoffnung für 25 Jahre. Die Staaten von Holland ließen sich indessen darauf nicht ein. Sie wollten wohl Beseitigung der vielen Einzelunternehmungen, aber „onder zulken verstande, dat de gemeene Saake daarvan mag profiteren". Sie schlugen den Generalstaaten vor, die sämtlichen Kompagnien einzuladen, gemeinsam „eene goede en redelijke Politie ende Ordre op de voors. Navigatie en Handelinge voor ettelijke Jaren te maken en te accorderen, wat de gemeene Zaal baarvan profiteren zoube". Der Vorschlag fand Beifall. Die sämtlichen Gesellschaften wurden zur Sendung von Delegierten nach dem Haag veranlaßt, und am 1. Dezember begannen dort die Verhandlungen. Hauptpunkte waren die Fragen der Höhe des von jeder Provinz zu tragenden Anteils bei den Expeditionen und ihre Vertretung in der Oberleitung des Gesamtunternehmens. In ersterer Hinsicht einigte man sich rasch. Die Amsterdamer sollten stets die Hälfte, die Seeländer ein Viertel, die Städte van de Maze*) und Nordholland je ein Achtel der Kosten übernehmen.

Um so schwieriger erwies sich der zweite Punkt. Es war vorgeschlagen, daß die Superintendentie, die oberste Behörde, in Amsterdam ihren Sitz nehmen und aus 18 bis 19 Personen bestehen sollte. Davon sollten Amsterdam 8 bis 9, Seeland 4 und die beiden anderen Gruppen je 3 stellen. Beschlüsse sollten nach Stimmenmehrheit gefaßt werden. Die Seeländer bestanden darauf, daß ungeachtet der Kopfzahl der Vertreter jede Gruppe nur eine Stimme haben sollte. Als die Amsterdamer darauf nicht eingingen, brachen sie die Konferenz ab. Die Sache schien gescheitert. Doch die Generalstaaten ließen den Plan nicht fallen. Am 15. Januar 1602 veranstalteten sie eine

---

*) Maas-Städte.

Oldenbarnevelts Bemühungen.

neue Beratung und entsandten dazu als ihren Vertreter den Advokaten van Oldenbarnevelt. Ihm gelang es, das Hindernis aus dem Weg zu räumen. Nachdem er die Kaufleute darauf hingewiesen, daß ihre Uneinigkeit nur Spanien zu nutze komme und wahrscheinlich von dort geschürt werde, schlug er vor, die leitende Behörde aus 17 Mitgliedern zu bilden. Und zwar sollte in ihr Amsterdam mit 8, Seeland mit 4, jede der anderen Gruppen mit je 2 Stimmen vertreten sein. Den siebzehnten Mann aber sollten die beiden letzteren mit Seeland gemeinsam erwählen. Noch war nur der Widerstand Moucherons zu überwinden, der mit Hinweis auf seine sechs unterwegs befindlichen Schiffe Schwierigkeiten machte und Sonderrechte verlangte. Es gelang, ihn durch Zusage einer Administrateurstelle und von Erleichterungen bei Zahlung des ersten Anteils zu gewinnen. Am 24. Januar war volle Einigkeit erzielt und den Generalstaaten wurden drei Schriftstücke unterbreitet, welche die Verfassung der allgemeinen Kompagnie, ihre Beziehungen zum Staat und die Verhältnisse während der Übergangszeit zu regeln bestimmt waren. Die „Acte van Unie," das wichtigste der Aktenstücke, bestimmte außer den schon erwähnten Punkten, daß die Beschlüsse des obersten „Collegie" durch die vier Kammern von Amsterdam, Seeland, Maas und Nordholland ausgeführt, die von Indien kommenden Schiffe immer in den Ausgangshäfen wieder landen und über ihre Ladung nur von der aussendenden Kammer verfügt werden sollte. Sie regelte ferner die Abrechnungen und andere gemeinschaftliche Angelegenheiten und bestimmte, daß nach zehn Jahren jeder Teilhaber berechtigt sein solle, seinen Anteil zurückzuziehen.

Das zweite Aktenstück nahm von der Regierung außer einem fünfzigjährigen Monopol in Anspruch: Freiheit von Einfuhrzöllen für Proviant, Schiffsbedarf und Munition sowie von Ausfuhrzöllen für die nach Indien bestimmten Güter; Nichterhöhung der für indische Waren bestehenden Zölle u. dergl. Ferner verlangte die Kompagnie besondere Vollmachten über ihr Schiffsvolk auch in der Heimat, Ausübung der Civilgerichtsbarkeit, Freiheit von Abgaben beim Kapern feindlicher Schiffe, Recht zum Abschluß von Verträgen mit den indischen Staaten, zur Anlage von Befestigungen, Anstellung von Offizieren, Beamten und Richtern, endlich Freiheit der auf Schiffen der Kompagnie befindlichen Personen und Waren von Beschlagnahmen wegen civilrechtlicher Ansprüche.

In dem dritten Dokument war ausgeführt, daß die Beschlüsse in dem obersten Collegie nach Stimmenmehrheit gefaßt und dieses seinen Sitz während der ersten sechs Jahre in Amsterdam, während der folgenden zwei in Middelburg, dann wieder in Amsterdam und so fort nehmen solle. Des weiteren war über Verrechnung der Kosten der augenblicklich noch im Gange befindlichen Einzelexpeditionen und über die Art der Übernahme der vorhandenen Besitzungen auf die vereinte Kompagnie Bestimmung getroffen. —

Es war ein Irrtum, wenn man in Holland die Angelegenheit nun etwa als geregelt ansah. Die Seeländer erhoben bei den Generalstaaten Einspruch gegen verschiedene Punkte der Vereinbarung, und vier Wochen lang mußten im Schoße der Regierung neue Verhandlungen geführt werden. Umsonst begab sich Oldenbarnevelt selbst mit einer Deputation der Staaten von Holland nach Middelburg und setzte seine Beredsamkeit und seinen Einfluß ein. Umsonst wurde festgestellt, daß der Widerstand gegen die Vereinigung durch spanische Intriguen genährt wurde. Erst das Eingreifen des Prinzen Mauritz veranlaßte die Seeländer zum Nachgeben, und am 20. März 1602 konnte mit Stimmenmehrheit in den Generalstaaten die Angelegenheit zum Abschluß gebracht werden. Die vereinigte Kompagnie*) erhielt ein Oktrooi, wonach ihr für 21 Jahre das ausschließliche Recht zum Handel mit den Gebieten im Osten vom Kap der Guten Hoffnung bis zur Magelhaensstraße, sowie die Befugnis zum Abschluß von Bündnissen und Erbauung von Befestigungen in jenen Gebieten und ihre Regierung zustand. Jeder Niederländer konnte der Kompagnie beitreten. An den einzelnen Expeditionen kam Amsterdam die Hälfte, Seeland ein Viertel, den Maas-Städten**) und dem Noorder-Kwartier***) je ein Achtel Anteil zu. Die oberste Leitung wurde in die Hand der nach Oldenbarnevelts Vorschlag zusammengesetzten „Kamer van Zeventienen" gelegt, deren Sitz, wie erwähnt, zeitweilig zwischen Amsterdam und Middelburg wechselte. Alle zehn Jahre sollte Abrechnung stattfinden und den Teilhabern der Austritt freistehen. Die Zahl der Bewindhebber (kaufmännischen Leiter) wurde auf 60 festgelegt. Von ihnen stellte Amsterdam 20, Seeland 12, Delft, Rotterdam,

---

*) Vereenigde Oost-Indische Kompagnie. — **) Delft, Rotterdam. — ***) Hoorn, Enkhuizen.

Hoorn und Enkhuizen je 7. Jeder von ihnen mußte mindestens 1000 Pfunden Vlaams (6000 fl.) Anteil an der Kompagnie besitzen.*) Für ihre Bemühungen erhielten sie 1 pCt. der Ausrüstungen und Eingänge, woraus sie ihre Angestellten zu besolden hatten. Jede Kammer war verantwortlich für ihre Bewindhebbers. Die Kompagnie genoß Zollfreiheit für ihre eingehenden Waren, doch sollte sie vom Verkaufsertrag der Spezereien das „Waagrecht" erlegen. Von dem Verlauf der einzelnen Fahrten sollen die Bewindhebbers den Generalstaaten jedesmal Bericht erstatten. — Für das Oltrool waren 25 000 Pfunden (150 000 fl.) zu erlegen, welche die Generalstaaten als ihren Anteil bei der Kompagnie einbrachten.

Das Kapital der vereinten Gesellschaft wird auf 6 440 000 fl. berechnet, wovon 3 700 000 auf Amsterdam, 1 300 000 auf Seeland, 568 000 auf Enkhuizen, 466 000 auf Delft, 266 000 auf Hoorn, 175 000 auf Rotterdam entfielen. Ein Teil der auf Amsterdam und Seeland entfallenden Aktien gehörte übrigens heimlich Antwerpener Kaufleuten, was in Spanien sehr übel empfunden wurde. Die Spanier haben denn auch einen solchen Antwerpener Aktionär zu lebenslänglichem Kerker verurteilt. Jede Aktie belief sich auf 3000 fl. Wer für 6000 fl. nahm, wurde Hauptpartizipant genannt.

Zweites Kapitel.
Erste Kämpfe mit Spanien.

Von dem Zeitpunkt der Errichtung der großen Kompagnie ab treten die Holländer nicht mehr lediglich als Kaufleute in Indien auf, sondern als kolonisierende Macht. Noch im Frühjahr 1602 wurde von der Gesellschaft eine Flotte von 14 Schiffen unter Admiral Wybrand van Waerwijck abgefertigt, um den Spaniern und Portugiesen möglichst viel Schaden zu tun und feste Niederlassungen in Indien zu gründen. Es gelang dem Admiral, in Bantam und Gresik auf Java von den Fürsten 1603 Erlaubnis zur Errichtung von Faktoreien zu erhalten. Er setzte an ihre

*) Für Hoorn und Enkhuizen genügten 500 Pfund.

Spitze je einen Oberkaufmann, dem er eine Anzahl Assistenten beigab. Mit zwei oder mehreren von ihnen sollte der Oberkaufmann in wichtigeren Fragen Rat pflegen. Während einer der Assistenten die regelmäßige Rechnungsführung zu besorgen hatte, lag dem Oberkaufmann die Kontrolle ob. Ihm wie allen Angestellten war Annahme von Geschenken und Treiben von Handel auf eigene Rechnung verboten und eingeschärft, in keiner Weise den Handel anderer Völker irgend zu fördern. Dagegen war ihnen zur Pflicht gemacht, mit den anderen holländischen Niederlassungen in enger Fühlung zu bleiben und gemeinsam das Interesse des Mutterlandes stets im Auge zu behalten, Privilegien und Vorteile für dasselbe zu erwerben und die Eingeborenen hierfür zu gewinnen. — Diese Instruktion ist maßgebend für die Folgezeit geworden.

Während Waerwijck weitere Fahrten nach Siam und China ausführte, errang 1604 eine zweite Flotte von 13 Segeln unter **Steven van der Hagen** neue Vorteile für die Kompagnie in Indien. Nach einer Beschießung des portugiesischen Kastells in Mozambique und Wegnahme mehrerer Schiffe schloß er mit dem Zamorin von Calicut einen Freundschaftsvertrag und erwarb das Recht zur Anlage eines Forts daselbst. Dann segelte er nach Bantam und baute die Festung van Verre auf. Dort erreichten ihn Boten aus Amboina, die ihm die Greueltaten der Spanier in den Molukken schilderten und um Hilfe gegen sie baten. Das war die Veranlassung, daß der Admiral schleunigst nach den Gewürzinseln segelte, das portugiesische Fort Ende 1605 dort beschoß und zur Ergebung zwang und den Herrscher Amboinas verpflichtete, Gewürznelken nur noch an Holländer zu verkaufen. **Frederik Houtman** wurde der erste Gouverneur der Insel. Von Amboina wandten sich die Holländer nach Tidore, dessen Besatzung von englischen Schiffen über die Sachlage unterrichtet und mit Munition versehen war. Es bedurfte daher einiger Anstrengung, das Fort zur Übergabe zu bringen. Nachdem das aber geglückt und die Portugiesen abgesegelt waren, befand sich der ganze Archipel bis auf ein kleines Fort auf Solor in holländischen Händen. Bei dem hohen Preis, den die Gewürze der Molukken, besonders die Gewürznelken, damals in Europa erzielten, war das kein geringer Gewinn.*)

---

*) Nach Bolemeyer, Molukken, S. 29, brachte das große Bar (625 Amsterdamer Pfund) Nelken 1200 fl. und kostete nur 180 fl.

Die raschen Erfolge berauschten die Kompagnie. Sie sah sich schon als Herrin ganz Indiens und maß den Drohungen und neuen Verboten der über die Verletzung ihrer Ansprüche auf die außereuropäische Welt entrüsteten Spanier keinerlei Bedeutung mehr bei. Der 1605 mit 21 Schiffen entsandte Direktor der Kompagnie Cornelius Matelief de Jonge erhielt Auftrag, inmitten der portugiesischen Niederlassungen in Guzerat, Bengalen und an der Straße von Malakka festen Fuß zu fassen. Matelief war daher kühn genug, die portugiesische Festung Malakka anzugreifen, obwohl die holländische Macht in Indien damals noch sehr unbedeutend und selbst in den Molukken nicht gefestigt war. Aber er mußte sich bald überzeugen, daß so leicht mit den Feinden denn doch nicht fertig zu werden war. Obwohl der Fürst von Johore sich mit ihm verbündet hatte und er den Portugiesen vielen Schaden zufügte, mußte er die Belagerung abbrechen, als im vierten Monat der Blockade eine große Entsatzflotte erschien. Eine Seeschlacht, die er ihr lieferte, blieb unentschieden. Matelief mußte nach Johore segeln und froh sein, daß die Feinde ihm nicht folgten, da es ihm an Pulver fehlte und seine Mannschaften meuterten. Mittlerweile bemächtigten sich die Spanier von den Philippinen aus aufs neue Ternates und Tidores und gefährdeten damit die holländische Stellung in den Molukken.

Gewitzigt durch die früheren Erfahrungen, hatten sich die Spanier diesmal auf den Inseln so stark befestigt, daß Matelief 1607 umsonst den Versuch machte, sie aufs neue zu vertreiben. Er mußte sich begnügen, die Festung Maleya in Stand zu setzen und mit einigen Mannschaften zu belegen, mit den die Spanier hassenden Eingeborenen einen Schutzvertrag zu schließen, wonach Holland auch hier das Monopol des Gewürznelken=Handels zustand, und einige Schiffe im Hafen zurückzulassen. Auch eine neue holländische Flotte, die 1608 in den Molukken erschien, war nicht imstande, die Feinde zu vertreiben.

Die Leiter der Kompagnie verkannten die Gefahr dieser Lage nicht. So sehr sie vom Bestreben beseelt waren, ihre Maßnahmen ausschließlich für Zwecke des Handels zu treffen und alles zu unterlassen, was darüber hinausging, sahen sie doch ein, daß sie zahlreicherer und festerer Stützpunkte in Indien bedurften. Schon 1606 entschlossen sie sich, in die wenigen vorhandenen Faktoreien ständige

Besatzungen zu legen, und Ende 1607 sandten sie eine 13 Segel starke, besonders kräftig ausgerüstete Flotte unter Admiral Pieter Willemsz. Verhoeff und François Witteri nach Indien. Die Generalstaaten hatten dazu zwei Schiffe sowie Munition und Geschütze gestellt. Hauptzweck der Expedition war, viele wichtige Punkte in Hollands Gewalt zu bringen, um bei einem Friedensschluß mit Spanien, für den letzteres 1607 Verhandlungen angeknüpft hatte, in möglichst vorteilhafter Lage zu sein. Es war das damals um so wichtiger, als eine große Partei in Holland geneigt war, um des Friedens willen auf Fortsetzung der überseeischen Unternehmungen zu verzichten. Sie fand die Lasten des Krieges ungeheuer im Vergleich mit den Ergebnissen der Expeditionen gegen Spanien und Portugal und erklärte es als höchst unbillig, daß des Vorteils der Kompagnie wegen das ganze Land sich ruiniere. Gebe Spanien erst den Handel mit seinen Häfen wieder frei, so werde man daraus weit mehr Nutzen ziehen als aus den kostspieligen und gefährlichen Indienfahrten. Der Nutzen der letzteren sei ohnedies durch die wachsende Konkurrenz der dort handelnden Nationen in Frage gestellt. — Zum Glück für die Kompagnie teilten Prinz Maurits und Oldenbarnevell diese Auffassung nicht. Sie förderten in jeder Weise ihre Bestrebungen, und als am 9. April 1609 ein zwölfjähriger Waffenstillstand mit Spanien zustande kam, wurde von den Generalstaaten ausdrücklich erklärt, daß die Holländer jeden feindlichen Schritt der Spanier in Indien erwidern und ihren Bundesgenossen Hilfe leisten würden, wenn auch der Vertrag laut einer geheimen Übereinkunft für Indien gelten und Spanien dem Handel der Niederländer dort keinerlei Hindernisse mehr in den Weg legen sollte.

So lange sich die Kompagnie gegen einen Friedensschluß gesträubt hatte, der Waffenstillstand, der nach Jahresfrist auch für Indien eintreten sollte, kam ihr schließlich sehr zu nutze, denn die Flotte Verhoeffs war nicht imstande, die auf sie gebauten Erwartungen zu erfüllen. Zur Einnahme Malakkas war sie zu schwach. Der Sultan von Johore war so nachdrücklich von den Portugiesen gezüchtigt worden, daß er von den Holländern nichts mehr wissen wollte, und die Eroberung Ternates und Tidores glückte dem Admiral auch nicht. Er selbst wurde von den Bandanesen getötet, und wenn auch auf allen wichtigeren Molukken in der Folge eine Anzahl holländischer Forts angelegt wurden, blieben doch die beiden genannten Niederlassungen in der Hand der Feinde. Man tröstete sich darüber mit Errichtung einer Faktorei in Japan und Anknüpfung von Beziehungen mit Kambodja, Siam und Borneo.

Drittes Kapitel.
Erste Kämpfe mit England.

Im ganzen war gegen 1609 die Lage der Holländer in Indien, obwohl die Kompagnie 41 Linienschiffe besaß und schon 1606 fünfundsiebzig Prozent Dividende verteilen konnte, keine sehr gesicherte. Um so bedeutender waren Hollands Macht und Reichtum damals in Europa. Seine Bevölkerung von 3½ Millionen Köpfen kam der Englands gleich, war aber weit reicher. Das holländische Budget belief sich auf etwa 4 Millionen Gulden. Die Staatsschuld erforderte jährlich 200 000 fl. Zinsen. Man zählte etwa 100 000 Seeleute und 3000 Schiffe. Etwa 1000 davon lagen dem Ostsee=Handel ob, 800 der Heringsfischerei.

Im Jahre 1609 wurde auch die Amsterdamer Bank gegründet, die lange Zeit die erste der Welt blieb.

Wenn die Holländer auch mit verschiedenen Fürsten der Coromandelküste, Bengalens, mit Calicut und den erwähnten Gebieten Hinterindiens und des malayischen Archipels Verträge besaßen und blühenden Handel trieben, wären sie doch einem energischen Angriffe von Spanien oder den eifersüchtigen Engländern und Franzosen nicht gewachsen gewesen. Es stellte sich immer mehr als notwendig heraus, die verschiedenen Unternehmungen in den weit entlegenen Gegenden einheitlicher zu leiten und die Führer der einzelnen Expeditionen einer größeren Aufsicht zu unterwerfen. So kam die „Kamer van XVII", die oberste Spitze der Kompagnie, auf den Gedanken, bei den Generalstaaten die Ernennung eines „Gouverneur=Generaals" zu beantragen. Am 29. November 1609 wurde ein früherer Admiral der Nieuwe Brabandsche Kompagnie, Pieter Both van Amersfoort, mit dieser Würde bekleidet und zugleich ihm eine beratende Behörde, der Raad van Indie, zur Seite gesetzt.

Verschiedene Erwägungen dürften die Leiter der Kompagnie bewogen haben, diese Änderung der indischen Verwaltung nicht, wie es ihnen nach Maßgabe des Privilegs freistand, selbst zu vollziehen, sondern sich dezenthalben an die Generalstaaten zu wenden. Der Wunsch, die Stellung des Generalgouverneurs möglichst zu befestigen, dürfte nicht minder mitgesprochen haben, als die Absicht, dem von verschiedenen Feinden gelegentlich erhobenen Geschrei über die zu weit gehenden Rechte und Vollmachten der Gesellschaft zu steuern. Jedenfalls war aber eine Folge des geschilderten Schrittes die Tatsache, daß die Generalstaaten sich fortan als Souverän der überseeischen Besitzungen auffaßten und das in amtlichen Schriftstücken deutlich zum Ausdruck brachten. Auch die Instruktion, welche der Generalgouverneur erhielt, wurde nicht von der Kompagnie, sondern von den Staaten, natürlich in Übereinstimmung mit den Wünschen der Gesellschaft, erlassen. Der Generalgouverneur erhielt dadurch die Macht, mit Zustimmung des aus vier Mitgliedern bestehenden Raads van Indie alle Beamten und Offiziere zu ernennen, zu versetzen und zu entlassen und den Mitgliedern des Raads den Diensteid abzunehmen. Hinsichtlich der geschäftlichen Leitung war dem Generalgouverneur vorgeschrieben, daß er sich nach seiner Ankunft über Sachlage und Personal eingehendst unterrichten und alsdann seine Maßregeln so treffen möge, daß der ostindische Handel, die Verbreitung des Christentums, die Ehre und das Ansehen der Nation und der Profit der Kompagnie nicht allein im bisherigen Stand erhalten blieben, sondern immer wüchsen. Im einzelnen bestimmte die Instruktion noch, daß der Generalgouverneur einen Mittelpunkt für alle Unternehmungen in Indien, etwa Bantam, Johore oder Jakatra, auswählen und den stark eingerissenen privaten Handel der Beamten unterdrücken möge. Ferner war ihm möglichste Befestigung der Stellung der Kompagnie in den Molukken und Beseitigung jedes fremden Mitbewerbs dort sowie Abschluß von Bündnissen mit den indischen Fürsten zur Pflicht gemacht. — Für den Fall des Todes des Generalgouverneurs war vorgeschrieben, daß die Nachfolge einem im voraus von der Kompagnie in einem versiegelten Schreiben ernannten Manne zufallen solle. Falls er nicht in Indien oder am Leben war, wurde dem Raad van Indie die vorläufige Wahl anheimgestellt.*)

---
*) Im Jahre 1619 wurde die Zahl der Mitglieder des Raads auf neun

Zum erstenmal waren der Flotte des neuen Generalgouverneurs eine Anzahl Kolonisten beigegeben, die am Regierungssitze angesiedelt werden sollten. Die Wahl dieses letzteren lag daher Pieter Both besonders am Herzen. Aber die Entscheidung war nicht leicht. Die holländischen Niederlassungen waren damals schon in ganz Indien verstreut. An der Coromandel-Küste bestanden Beziehungen mit Masulipatam, Petapoely, Golconda, Tegenapatnam, Paleacatta, Tirepoplir; ferner wurde Handel mit Pegu, Arakan, Bengalen und Ceylon getrieben. An der Malabar-Küste hatte man mit Calicut einen Vertrag geschlossen. Hier überall war indessen mit der Nachbarschaft und dem Haß der Portugiesen gar zu sehr zu rechnen, und die Kompagnie hatte daher von jeher ihr Augenmerk mehr auf das ohnehin wegen seiner Gewürze wertvollere Hinterindien gerichtet. Hier aber standen die Dinge schlecht. Weder mit Johore noch Atjih oder Patane wollten sich die Beziehungen gedeihlich entwickeln. Und auch auf Java war die Lage unbefriedigend. Der Fürst von Bantam belästigte und schädigte die Holländer in jeder Weise. Der Generalgouverneur mußte daher den Gedanken, die Kolonisten hier anzusiedeln, fallen lassen und dachte an das benachbarte Jakatra, mit dem 1610 ein Vertrag wegen Errichtung einer Niederlassung geschlossen worden war. Doch auch hier zeigten sich so viele Schwierigkeiten, daß der Plan aufgegeben und die Leute schließlich in Amboina (1611) angesiedelt werden mußten. Auf Befestigung und Ausbreitung des holländischen Einflusses in den Molukken verwandte Both von da an seine Hauptkraft. Es kam ihm darauf an, nicht allein die letzten Reste spanisch-portugiesischer Herrschaft zu beseitigen, sondern auch dem heimlichen Verkauf von Gewürzen an die seit einiger Zeit dort auftauchenden Engländer und Javanen zu steuern. Verschiedene Strafexpeditionen und der Bau mehrerer Forts dienten diesem Zwecke. 1613 gelang es auch, zwei der spanischen Befestigungen auf Tidore wegzunehmen und zu zerstören. An den Friedensvertrag kehrten sich nämlich die Holländer in jenen Gegenden so wenig wie ihre Feinde.

---
erhöht. Vier davon, welche ständig am Regierungssitze wohnen und die Angelegenheiten von Handel, Justiz, Marine und Landheer bearbeiten sollten, ernannte der Generalgouverneur. Fünfter war der Generaldirektor der indischen Comtore. Die übrigen Stellen füllten die Gouverneure von Ternate, Coromandel, Amboina, Banda aus.

Während der Generalgouverneur in den Molukken tätig war, ging es in den Faktoreien auf Java drunter und drüber. Der Fürst von Bantam übte allerlei Schikanen gegen die Holländer. Die Beamten der Kompagnie wetteiferten miteinander in Ausschreitungen aller Art und Betrügereien. Both sah sich durch verschiedene Nachrichten hierüber genötigt, Ende 1613 nach der großen Insel zu eilen und Ordnung zu schaffen. Der Oberkaufmann Jan Pietersz. Coen wurde zum Generalbuchhalter für Bantam und Jakatra ernannt und mit der Oberaufsicht über die Geschäfte betraut. Die Disziplin der Beamten wurde straffer geregelt und von dem mächtigen Herrscher von Mataram die Erlaubnis zur Anlage einer Faktorei in Japara und freien Ausfuhr von Reis erwirkt.

Als Ende 1614 zur Nachfolge für Both, dessen Dienstfrist abgelaufen war, Gerard Reynst in Bantam eintraf, fand er die Dinge in wesentlich gebesserter Lage, wenn auch das Vordringen der Engländer in Hinterindien, neue Rüstungen der Spanier gegen die Molukken und die feindselige Haltung des Fürsten von Bantam fortgesetzt Sorge machten. Reynst überließ es dem zum Generaldirektor aller Handelsniederlassungen ernannten Coen, Mittel und Wege zu finden, in Bantam bessere Bedingungen für den holländischen Handel durchzusetzen und mit den Engländern fertig zu werden, die in Bantam, Jakatra und Makassar Faktoreien gegründet hatten. Er selbst segelte nach den Banda-Inseln, um dem Schmuggelhandel mit den Engländern den Garaus zu machen. Dabei wollte ihm das Glück nicht wohl. Ein Angriff auf die Inseln Ai und Run, wo die Engländer Fuß gefaßt hatten, scheiterte. Erst 1616 gelang es einer von Coen veranlaßten Expedition, Ai zu erobern und seine Bewohner zu unterwerfen. Ein Teil der Eingeborenen aber floh nach Run und behauptete sich dort mit Hilfe der Engländer, welche jetzt durch Verträge die Inseln Ai und Run erwarben und von da aus ihren Einfluß auf Rosingein und Lontor ausdehnten. Da sie höhere Preise für die Gewürze zahlten als die Holländer, traten die Insulaner überall gern auf ihre Seite.

Man empfand in Holland diese Sachlage um so unangenehmer, als Ende 1615 von hier aus neue Versuche stattfanden, das Monopol der Kompagnie zu durchbrechen. Unter dem Einfluß eines früheren Teilhabers, aber späteren Gegners der Gesellschaft, des Kaufmanns Lemaire, war eine Expedition um den Süden

Amerikas, nicht durch die im Privileg der Kompagnie genannte Magelhaensstraße, sondern auf neuem Weg zwischen Kap Horn und den Staaten-Inseln nach Indien gesandt worden. Sie hatte ihr Ziel glücklich erreicht, und nur der Aufmerksamkeit und Entschlossenheit der Beamten der Kompagnie war es zu danken, wenn die Schiffe entdeckt und beschlagnahmt wurden. Dazu hatten die Spanier Ende 1616 in der Bai von Manila eine holländische Flotte größenteils vernichtet, und auf Java gelang es den Engländern, immer mehr Vorsprung vor den Holländern zu gewinnen. Es tröstete die Kompagnie darüber nur unvollkommen der Sieg, welchen die Flotte Joris van Spilbergens an der südamerikanischen Küste über die spanische Seemacht erfocht.

Der Generaldirektor Coen, der schon 1614 in seinen Berichten es als unerläßlich erklärt hatte, die Engländer aus Bantam zu vertreiben, kam allmählich zu der Überzeugung, daß ohne gewaltsame Beseitigung des englischen Wettbewerbes und Unterwerfung der javanischen Fürsten an gedeihliche Geschäfte für die Kompagnie nicht länger zu denken sei. Seine Auffassung fand den Beifall des Rats der XVII in Holland, und 1618 wurde er trotz seiner Jugend mit dem Amte des Generalgouverneurs betraut.

Die Lage auf Java hatte sich damals so zugespitzt, daß das Schlimmste zu befürchten war. Die indischen Fürsten standen mit den Engländern in engem Einvernehmen. Der Fürst von Mataram hatte die Faktorei in Japara geplündert; die Niederlassung in Bantam war von den Engländern bereits einmal mit den Waffen angegriffen worden und wurde Ende 1618 durch eine Flotte von 15 Schiffen bedroht. Trotz der seit 1611 in Europa zwischen England und Holland schwebenden Verhandlungen*) zur Herbeiführung

---

*) Vorführer der holländischen Kompagnie war dabei in London Hugo Grotius, der nicht allein die Verdienste Hollands um Erschließung Indiens, sondern auch die Gefahren, die eine Verdrängung Hollands aus den Molukken und damit Schwächung ihrer Stellung gegenüber Spanien in helles Licht stellte. Die Verhandlungen der holländischen und englischen Kompagnie verliefen nach langen Debatten 1613 fruchtlos. König James, Oldenbarnevelt u. A. wünschten aber aus höheren politischen Gesichtspunkten friedlichen Ausgleich und brachten 1615 neue Verhandlungen zu stande, die in Rotterdam stattfanden. Sie verliefen ebenso fruchtlos wie weitere 1618. Beide Kompagnien dachten nicht daran, sich zu vertragen oder gar zu vereinigen, sondern suchten sich nur über ihre Pläne auszuforschen.

eines Ausgleichs für Indien herrschte hier zwischen beiden Nationen offener Krieg. Die Holländer nahmen jedes Schiff, dessen sie habhaft werden konnten, weg, und verboten den Handel mit den Molukken. Die Engländer machten nicht das leiseste Hehl aus ihrer Absicht, die Holländer von Java mit Gewalt zu verdrängen und den ihnen furchtbar verhaßten Coen aufzuhängen. Letzterer dachte erst daran, alles Geld und Eigentum der Kompagnie auf seine Schiffe zu flüchten. Doch nach Beratung der Lage mit seiner Umgebung beschloß er, zunächst die Faktorei in Jakatra, die er, ohne den dortigen Fürsten zu befragen, zum Mittelpunkt der indischen Geschäfte ausersehen hatte, in Verteidigungsstand zu setzen. Die Arbeit wurde mit größter Energie begonnen. Die Wohnungen der Beamten, Hospital und dergleichen wurden trotz Einspruchs des Fürsten von Bantam auf der Insel Onrust untergebracht. Alle Hindernisse und Intriguen der eingeborenen Machthaber überwand Coens Energie.

Dennoch war er in nicht geringer Verlegenheit, als Ende 1618 eine neue englische Flotte unter Sir Thomas Dale vor Bantam erschien und trotz aller friedlichen Absichten des Königs James aus Rache für die Wegnahme verschiedener englischer Schiffe durch die Holländer in den Molukken sofort zu Feindseligkeiten überging. Die Hauptmacht der Holländer saß in den Molukken. Coen hatte nur fünf Schiffe und wenige hundert Mann zur Verfügung. Er versuchte zunächst einem ernsten Streit vorzubeugen. Auf die Nachricht, daß Dale ein holländisches Schiff vor Bantam genommen, forderte er ihn nur durch Eilboten auf, es zurückzugeben. Allein die Engländer antworteten, daß sie nicht allein dieses Schiff absichtlich genommen hätten, sondern alle holländischen Fahrzeuge in der Sundastraße abfangen, demnächst Jakatra angreifen und sich Coens bemächtigen würden! Und sehr bald geschahen die ersten Schritte dazu. Der Fürst von Jakatra begann Werke gegen das holländische Fort zu bauen, und die englische Faktorei errichtete eine Batterie. Durch Spione hörte Coen, daß er am 24. Dezember mit 7000 Mann angegriffen werden solle. Da das holländische Fort nicht vollendet und nur knapp mit Munition versehen war, beschloß der Generalgouverneur, dem Feinde zuvorzukommen. Er forderte Übergabe der englischen Batterie. Als sie abgelehnt wurde, stürmte er sie, brannte die englische Faktorei nieder und zerstörte einen Teil der vom Fürsten gebauten Werke. Der letztere antwortete am folgenden Tage mit einer Kanonade und nötigte Coen, einen großen Teil seiner Munition zu verschießen. Dennoch wäre er mit diesem Feind wohl fertig geworden, wenn nicht plötzlich am 29. Dezember die Nachricht gekommen wäre, daß die englische Flotte von Bantam in See gegangen sei. Unter diesen Umständen beschloß man, mit den sieben verfügbaren Schiffen den 11 englischen entgegenzutreten. Das Fort wurde einem entschlossenen Mann Pieter van den Broek anvertraut. Am 2. Januar 1619 fand ein kleines Seegefecht statt, das unentschieden blieb, wobei sich aber wieder der Mangel an Munition für die Holländer unangenehm fühlbar machte. In einem bei Nacht gehaltenen Kriegsrat wurde daher beschlossen, das Fort seinem Schicksal zu überlassen und nach Amboina zu segeln, um Verstärkung zu holen.

Das von dem Beschluß verständigte holländische Fort wurde nun von den Engländern, den Leuten von Jakatra und 4000 Soldaten, die der Fürst von Bantam schickte, eingeschlossen. Der letztere hatte mit den Engländern einen Vertrag gemacht, wonach fortan den Holländern in seinem Gebiete Handel und Niederlassung nur mit Zustimmung der Engländer gestattet sein sollte, wofür er jährlich 700 Realen und einen Zoll von 5 pCt. für Pfeffer und 3 pCt. für Gewürzausfuhr zugestanden bekam. Die Belagerung muß aber nicht sehr geschickt und nachdrücklich geführt worden sein. Die Holländer hielten sich nicht allein, sondern verstärkten noch ihre Werke, während der Feind tatenlos die Zeit verstreichen ließ. Am 14. Januar bot plötzlich der Fürst von Jakatra Verhandlungen an. Sie führten nach einigen Tagen zu dem Ergebnis, daß der Fürst für Zahlung von 5000 Realen in Gold und 1000 in Waren die Feindseligkeiten einzustellen und das ohne seine Erlaubnis gebaute Fort zu dulden versprach. Broek glaubte damit alle Gefahr beseitigt. Er war so zuversichtlich, daß er sich auf eine Einladung des Fürsten mit sieben Personen selbst zu ihm begab, obwohl ihm vielfach abgeraten wurde. Kaum war er in dem Palaste angekommen, so sollte er die Berechtigung der Warnungen fühlen. Er wurde sofort mit seinen Leuten der Kleider beraubt, gebunden und in den Kerker geworfen. Um das Fort aber wurden neue Werke aufgeführt und die Belagerung ernstlich ins Werk gesetzt. Gleichzeitig wurde für Broeks Freilassung hohes Lösegeld verlangt.

Die Besatzung war zu solcher Zahlung so wenig geneigt, wie zu einer Übergabe des Forts. Die Gefahr einer solchen nahm auch ab, da der Fürst von Bantam die Engländer jetzt hinderte, weil er das Fort nicht in ihre Hände fallen lassen wollte. Doch die fortwährenden bringenden Briefe des ganz entmutigten Broeck und seine mündlichen bringenden Vorstellungen, als man ihn eines Tages gebunden auf die englische Batterie brachte, bewirkten, daß die kleine Schar der Verteidiger den Mut verlor. Am 31. Januar erklärte sie sich bereit, Fort, Munition und Besatzung an die Engländer, Geld und Waren an Jakatra zu übergeben. Gegen 2000 Realen sollten die Engländer die Besatzung nach der Coromandelküste schaffen! Hiergegen erhob aber der Fürst von Bantam Einspruch. Gestützt auf sein Abkommen mit den Engländern, verlangte er das Fort für sich und ließ sich Broeck und seine Mitgefangenen ausliefern. Als erstere sich sträubten, schnitt er durch seine Truppen die englischen Batterien von der Flotte ab und bedrohte die englische Faktorei. Dale kam in ernste Verlegenheiten, er sah sich selbst von einem Angriff der Javaner bedroht und hatte die Hände voll zu tun, um sich dagegen zu rüsten. Trotzdem ließ er seine Pläne gegen das Fort nicht fallen und suchte noch immer es in seine Hände zu bekommen. Doch die Besatzung zog nun vor, mit Bantam zu verhandeln. Sie bot dem Fürsten für Schutz gegen die Engländer und Stellung der nötigen Schiffe zum Abzug, ⅓ der Güter und die Hälfte der Munition. Der Fürst, welcher anfang Februar den Herrscher von Jakatra seiner Macht beraubt und verjagt hatte, war bereit, darauf einzugehen, doch er konnte nach seinem Bruch mit den Engländern keine Gewähr dafür geben, daß diese nicht die abziehenden Holländer angriffen. Bei dieser Lage zogen die letzteren vor, auszuharren. Sie konnten es um so leichter, als Dale es für sicherer erachtet hatte, von Bantam abzusegeln. Das Fort wurde weiter befestigt und am 12. März 1619 feierlich Batavia getauft. Ein ernstlicher Angriff fand nicht mehr darauf statt, und Coen fand, als er im Mai mit 16 Schiffen auf der Reede erschien, die Niederlassung wohlbehalten wieder vor.

Sogleich ging er daran, für die Zukunft solchen Gefahren vorzubeugen. Am 30. Mai stürmte er mit 1000 Mann Jakatra, tötete und verjagte die javanische Besatzung und brannte die Stadt nieder. In den folgenden Tagen wurde das ganze Reich erobert und Bantam zu sofortiger Auslieferung der Gefangenen aufgefordert.

Hier entstand nun große Angst. Man sah sich vom selben Schicksal wie Jakatra bedroht und rüstete sich über Hals und Kopf zur Verteidigung. Als am 6. Juni die holländische Flotte vor der Stadt, welche von der englischen Flotte schleunigst verlassen war, erschien, und Coen seine Forderung wegen Auslieferung der Gefangenen erneute, sandte man sie ihm schleunigst an Bord. Den Pfefferhandel gab indessen der Fürst doch nicht frei und ließ alle den Holländern in Bantam auferlegten Belästigungen fortbestehen. Coen, welcher den Augenblick zu einem entscheidenden Schlage hier noch nicht gekommen sah, mußte sich damit abfinden und begnügen, den Hafen zu blockieren. Er verschaffte sich auf diese Weise aus den javanischen und chinesischen Schiffen den nötigen Pfeffer und zog den Handel mehr nach Jakatra.*) Bei seinem Verhalten in Bantam dürfte Coen hauptsächlich von der Rücksicht auf die Engländer geleitet worden sein, deren Seemacht er vernichten wollte, nachdem er sie aus Java verdrängt hatte. Er entsandte kleine Geschwader nach Siam und Sumatra, ließ dort alle englischen Schiffe wegnehmen und allem fremden Handel mit solchem Erfolge den Garaus machen, daß binnen kurzem das holländische Monopol im östlichen Asien Thatsache zu werden schien.

Viertes Kapitel.
Das Blutbad von Amboina und seine Folgen.

Um so unerwünschter war es dem Generalgouverneur, als am 20. März 1620 die überraschende Nachricht in Indien eintraf, daß Holland mit England im Juli 1619 Frieden geschlossen und ein gemeinsames Vorgehen ihrer ostindischen Kompagnien gegen Spanien vereinbart hätten. Die betreffenden Verhandlungen hatten 1618 in London begonnen. Dank Einwirkung der Diplomatie hatten sie nach langem Streit dazu geführt, daß beide Teile sich Rückgabe aller

---

*) Die Blokade ist 40 Jahre lang durchgeführt und Bantam damit langsam ruiniert worden.

beschlagnahmten Schiffe und Waren wie Austausch der Gefangenen zusagten, sich versprachen, gemeinsam auf Erniedrigung der Zölle, Geschenke und Preise in Indien zu wirken, und daß den Engländern ein Drittel der Aus- und Einfuhr der Molukken sowie Bau von Befestigungen zugestanden ward. Die bestehenden Forts sollten ihren Besitzern verbleiben, neu anzulegende beiden Teilen gehören, kein Teil den andern aus einem Lande ausschließen. Endlich war vereinbart worden, daß beide Kompagnien*) gemeinsam eine Flotte von 24 Schiffen in Indien zu unterhalten hätten, und die Oberleitung der Geschäfte in die Hände eines Verteidigungsrates, zusammengesetzt aus vier Holländern und vier Engländern, gelegt würde.

Coen war entrüstet, daß seine Anstrengungen, die Engländer zu vertreiben, damit vereitelt waren. Aber was blieb zu tun? Er mußte sich mit schriftlichem Protest begnügen und den Vertrag durchführen. Der Verteidigungsrat wurde aber in Jacatra niedergesetzt, nicht, wie die Engländer gewünscht hatten, in Bantam, wo sie freiere Hand gehabt hätten, und der Anspruch auf Souveränetät in dem eroberten Gebiete auch den Engländern gegenüber streng durchgeführt. Das führte bald zu neuen Reibereien und versteckten wie offenen Feindseligkeiten. Das ganze Ergebnis des Friedensvertrags war so schließlich die Absendung einiger gemeinsamer Expeditionen nach der Malabarküste, den Philippinen und China. Der Entsendung einer Flotte nach den Banda-Inseln und Eroberung dieser Gruppe widersprach England nicht allein, sondern suchte, als Coen auf eigene Faust dazu schritt, seine Absichten in jeder Weise zu durchkreuzen. Trotzdem führte er seinen Plan, jeden fremden Einfluß in den Gewürzinseln zu vernichten, wie es seit langem der Wunsch der holländischen Kompagnie war, durch. Im März 1621 griff er die größte der Inseln, Lontor, an und eroberte Ort für Ort. Welche von den Bewohnern nicht in unzugängliche Orte flüchteten, wurden getötet oder als Gefangene nach Java geschafft, wo sie als Sklaven an die Inhaber von Landparzellen, die ihre Erzeugnisse zu bestimmten Preisen an die Kompagnie verkaufen mußten, verteilt wurden. Auf die Kunde davon unterwarfen sich die Inseln

---

*) Bei den Verhandlungen gab die holländische Kompagnie ihr Kapital auf 19 500 000, die englische auf 24 500 000 fl. an.

Rosingein und das von England beanspruchte Run freiwillig. Die übrigen Inseln der Gruppe Ai und Neira waren schon unterjocht. Nachdem auch ihre Bewohner großenteils nach Java geschafft waren, hatte Holland die volle Herrschaft über die Gruppe erreicht und konnte dort seine Leute ansiedeln. Die Gewürzwälder wurden in Parzellen, sogenannten Spezereiperken, an gediente Soldaten, Unterbeamte u. dergl. verteilt und mit Sklaven bewirtschaftet.

Diese Maßregel der Holländer und ihre Versuche, Amboina, wo verschiedene englische Niederlassungen waren, in gleicher Weise zu behandeln, führten bald zu neuen schweren Verwickelungen. Die Engländer weigerten sich, nachdem Coen 1623 nach Holland zurückgekehrt war und Pieter de Carpentier an seiner Stelle die Oberleitung übernommen hatte, an weiteren Expeditionen und der Blockade von Bantam teilzunehmen. Sie sandten damals nicht weniger als 36 Beschwerden nach Europa. Die Holländer ihrerseits beklagten sich, daß sie damals, weil die Gewürze schlecht und teuer wären, nichts in den Molukken kaufen und somit nur die Vorteile des Bündnisses genießen, aber nicht die Nachteile mittragen wollten. Am wütendsten war die holländisch-ostindische Kompagnie, deren Oktroi 1622 auf weitere 21 Jahre verlängert worden war,*) über die Machenschaften der Engländer auf Amboina. Auf Grund des Friedensvertrages von 1619 besaßen sie dort im Kastell vom Amboina sowie in Hitoe, Loehoe und Combella Faktoreien. Sie standen mit den Bewohnern dieser Orte, die mehrfach gegen die Holländer sich erhoben und einzelne Überfälle ausgeführt hatten, in besten Beziehungen und trieben mit ihnen eifrig Handel. Die holländischen Beamten hatten wiederholt Auftrag bekommen, den Engländern scharf auf die Finger zu sehen; doch bestanden hier zwischen beiden Nationen äußerlich gute Beziehungen bis Februar 1623. Damals fiel es einem Leutnant im Kastell auf, daß bei

---

*) Der Vertrag mit England, der die Existenz der Kompagnie voraussetzte, hat viel zu der Verlängerung des Patents beigetragen. Es lagen sonst viele Klagen der Aktionäre gegen die Willkür und Säumigkeit der Bewindhebbers (Direktoren) bei der Rechnungslegung vor. Die Generalstaaten legten diesen daher die Verpflichtung auf, Rechenschaft abzustatten, nahmen ihre Ernennung in die Hand und führten jährliche Abrechnungen ein. Wie sich damals ergab, hatten die Gewinne bis dahin durchschnittlich 22 pCt., die Ausgaben in Indien jährlich 2 Millionen Gulden betragen.

Nacht ein japanischer Soldat sich bei den Schildwachen nach allerlei militärischen Dingen erkundigt hatte. Da die Japaner immer zu den Engländern hielten, verhörte und folterte man ihn. Dabei gestand denn der Soldat, daß die Engländer die Japaner zu einem Handstreich gegen das Kastell gewonnen hätten, der ausgeführt werden sollte, sobald ein englisches Schiff erschiene. Da die andern Japaner in der Tortur diese Aussagen bestätigten, wurde zunächst der englische Barbier, welcher von den Japanern als der Mittelsmann bezeichnet war, in peinliches Verhör genommen und, als er die ihm zur Last gelegte Beschuldigung einräumte, zur Verhaftung aller Engländer geschritten.

Die sämtlichen 17 Personen wurden gefoltert, bis sie eingestanden, sie hätten Überrumpelung des Kastells mit Hilfe der Japaner und Sklaven auf eigene Faust geplant. Nachdem auch noch der Führer der Sklaven auf der Folter dasselbe Geständnis abgelegt hatte, scheint der Gouverneur van Speult zunächst Sendung der Beschuldigten und der Akten nach Batavia ins Auge gefaßt zu haben. Mit Rücksicht auf die große Zahl der Gefangenen indessen und die unsichere Lage beschloß auf seinen Vorschlag der Rat am 8. März Aburteilung der Leute an Ort und Stelle. Das Verfahren wurde sofort eingeleitet und am 9. das Todesurteil gegen den Hauptagenten der Engländer und neun seiner Leute, neun Japaner und den Hauptmann der Sklaven gefällt. Zwei Engländer sandte man nach Batavia, wo einer entfloh, und der andere, nachdem er die Wahrheit der Anschuldigung eingeräumt hatte, in Freiheit gesetzt wurde. Das Todesurteil gegen die Verurteilten wurde noch am 9. März vollstreckt.

Dieses Vorgehen, welches der Generalgouverneur selbst als inkorrekt und ungewöhnlich hart bezeichnete, erregte begreiflicherweise furchtbare Erbitterung in England, wo gerade Verhandlungen mit Holland schwebten, bei denen letzteres eine Entschädigung von 150 000 Pfd. Sterl. und Rückgabe von Poelo-Run zugesagt hatte. Als 1624 die Nachrichten von dem Blutbad in Amboina eintrafen, verlangte König James sofortige Entschädigung für die Familien der Getöteten und die englisch-ostindische Kompagnie, sowie Bestrafung der beteiligten holländischen Beamten. Wenn bis zum 12./22. August nicht ein Ausgleich erfolgt sei, drohte er mit Wegnahme der holländischen Schiffe. — Die holländische Regierung und der Rat der XVII gaben zwar zu, daß das Verfahren rechtswidrig gewesen, und versprachen, daß in Zukunft derartige Sachen stets dem Generalgouverneur überwiesen werden sollten, aber den englischen Forderungen nachzugeben, waren sie nicht gewillt. Sie beschwerten sich über die scharfe Sprache des englischen Gesandten, nötigten ihn zu einer Entschuldigung und wußten durch geschickte Verhandlungen die Sache auf die lange Bank zu schieben. Erst nachdem England eine Anzahl holländischer Schiffe beschlagnahmt hatte, ließ sich die Kompagnie herbei, die inzwischen aus Amboina zurückgekehrten Beamten 1627 vor rechtskundige Richter zu stellen. Die Untersuchung dauerte dann wieder Jahre und Jahre und endete erst 1632 mit Freisprechung der holländischen Beamten. Die Verhandlungen mit England aber verliefen im Sande, da die dortige Regierung bald durch innere Sorgen zu sehr in Anspruch genommen war, um die Sache nachdrücklich weiter zu verfolgen. Erst Cromwell wußte 1654 eine Entschädigung von 43 000 fl. zu erzwingen.

Während dieser Jahre hatte die englisch-ostindische Kompagnie sich allmählich aus dem indischen Archipel zurückgezogen. 1624 hatte sie den Vertrag von 1619 gekündigt, weitere Beiträge zur Ausrüstung von Expeditionen und Teilnahme an der Blockade von Bantam abgelehnt und Errichtung einer neuen Faktorei in letzterem Platze angekündigt. Als der holländische Generalgouverneur dagegen Maßregeln in Aussicht stellte, kamen sie auf den Plan, ein Anti-Batavia auf einer Insel in der Sunda-Straße zu errichten. Da die Holländer die dazu geeignetsten Plätze Beffi und Sebeffi in aller Eile besetzt hatten, wählten die Engländer die Insel Lagoendi. Aber der Fleck war von Bantam durch Sebeffi abgeschnitten und so ungesund, daß er im Mai 1625 nach Verlust von 360 Menschen wieder geräumt werden mußte. Amboina hatten die Engländer nach den dort gemachten schlechten Erfahrungen nicht wieder betreten und das ihnen 1624 wieder überlassene Poelo-Run nicht übernommen. Es wäre auch zwecklos gewesen, denn 1625 hatten die Holländer die Eingeborenen Amboinas, da sie immer noch Gewürze an fremde Nationen verkauften, gewaltsam niedergeworfen, ihre Schiffe verbrannt und alle entbehrlichen Gewürzwälder zerstört! Diese grausamen Maßregeln wurden während der nächsten Jahrzehnte, bis 1667, ohne Unterlaß fortgesetzt und alle Inseln in die

Gewalt Hollands gebracht. Die Kompagnie erreichte damit, allerdings um den Preis größter Grausamkeiten, nicht allein die Beseitigung alles fremden Wettbewerbes und Widerstandes in den Gewürzinseln, sondern auch die Möglichkeit, die Preise der Gewürze in Europa nach Belieben zu bemessen. — In Java behaupteten sich die Engländer, welche 1628 trotz des Einspruches der Holländer nach Bantam übergesiedelt waren, noch längere Zeit. Aber ihre Geschäfte gingen bei dem stetig wachsenden Einfluß der Holländer ständig zurück. Als 1684 der Sultan von letzteren gezwungen wurde, ihnen das Handelsmonopol zu übertragen, blieb der englischen Kompagnie nichts übrig, als sich auch von hier zurückzuziehen.

Fünftes Kapitel.
Die Kompagnie sichert sich das Handelsmonopol im südöstlichen Indien.

Nicht wenig Verdienste um die Befestigung und Ausbreitung des Einflusses der holländischen Kompagnie auf Java hat sich Jan Pietersz. Coen, als er 1627 nochmals als Generalgouverneur nach Batavia ging, erworben. Es gelang ihm, einen Angriff des Herrschers von Mataram auf Batavia 1628 blutig zurückzuschlagen und 1629 einer neuen Belagerung der Stadt durch den mächtigen Fürsten, der die Herrschaft der ganzen Insel anstrebte, zu widerstehen. Während der Kämpfe raffte ihn im Alter von nur 46 Jahren eine plötzliche Krankheit hinweg, doch so gut waren seine Maßregeln getroffen, daß der unerwartete Verlust die Verteidiger nicht entmutigte und der gerade damals eintreffende erste Rat von Indien Jakob Specx den Feind gründlich abschlagen konnte. Nach Verlust des halben Heeres mußte der Sultan abziehen. Seine Macht war gebrochen. Ungestört konnten nun die Holländer sich nach Belieben auf Java einrichten und die verschiedenen Fürsten immer mehr unter ihren Einfluß bringen. Der Fürst von Bantam erlaubte 1629 Eröffnung einer neuen holländischen Faktorei in seiner Stadt, die bisher feindliche Bevölkerung der Preangerdistrikte fiel größtenteils von Mataram ab und suchte Schutz bei Batavia.

Immerhin waren die Holländer damals noch weit entfernt davon, vollständig Herren im indischen Archipel zu sein. Noch bestanden in den Molukken die spanischen Forts weiter, und die Eingeborenen machten von Zeit zu Zeit Versuche, das Joch abzuschütteln und mit fremden Nationen neue Handelsbeziehungen anzuknüpfen. Es bedurfte noch vieler Strafexpeditionen und Kriege, ehe in den Gewürzinseln das erstrebte Monopol wirklich durchgesetzt und ehe auf Java aller Widerstand gebrochen war. Die Leiter der Kompagnie empfanden die Langsamkeit dieser Fortschritte ebenso unangenehm wie die großen Kosten, die Verwaltung und militärische Maßregeln veranlaßten. Immer aufs neue schärften sie größte Sparsamkeit und Vorsicht ein und empfahlen den Generalgouverneuren Heimsendung überflüssiger Beamter. Vor allem aber kam es auf Unterbindung des immer noch blühenden privaten Handels der Beamten und der nach Indien entsandten Kolonisten an. In ersterer Hinsicht ergingen immer neue Strafandrohungen und wurden schärfere Überwachungsmaßnahmen getroffen. Sie halfen indessen wenig, da die Beamten von ihren geringen Gehältern nicht bestehen konnten. Um dem Wettbewerb der Kolonisten zu steuern, beschränkte man ihre Ansiedelungen auf Batavia, Amboina und Banda und hörte mit der Förderung der Niederlassung ausgedienter Beamter in Indien und der Aussendung von Frauen hierher auf. Bei der Bedenklichkeit dieser und der Nutzlosigkeit der ersteren Maßnahmen hatte Coen einst in Holland Freigabe des indischen Handels und Schadloshaltung der Kompagnie durch Abgaben von den Waren vorgeschlagen. Seine Anregung hatte jedoch nach längeren Erwägungen nicht den Beifall des Rats der XVII gefunden, und man suchte auch weiterhin sich mit Verboten zu helfen. Nirgends als in den Gegenden, wo die Kompagnie keine Niederlassungen hatte, sollte schließlich den Kolonisten Handel erlaubt sein. Ja 1631 schrieb die Kompagnie offen: „Wenn die Kolonisten in Batavia ohne Handelsbetrieb nicht leben können, wäre es besser, man hätte diese Ansiedelung nicht geschaffen. Wenn einer von beiden leiden muß, die Kompagnie oder die Ansiedelung, ist es besser, daß die letztere sich behilft und leidet." Das Augenmerk der Behörden müsse allein auf den Dienst und den Nutzen der Kompagnie gerichtet sein.

Es ist nicht zu verwundern, daß die Kompagnie in ihrem Streben nach reichen Einnahmen bei möglichst kleinen Ausgaben der inneren Verwaltung der Kolonien wenig Aufmerksamkeit schenkte. Sie begnügte sich anzuordnen, daß das holländische Civil- wie Kriminalrecht den Maßstab für Rechtsprechung in Indien bilden und im Rat von Indien stets ein Rechtsgelehrter sitzen solle. Die Aufstellung einer den indischen Verhältnissen angemessenen Gesetzgebung wurde dagegen von Jahr zu Jahr verzögert.

Zum Verdruß der Kompagnie befolgten ihre Beamten unter dem Einfluß der Verhältnisse an Ort und Stelle ihre Weisungen nur sehr mangelhaft. Sie steuerten weder dem privaten Handel mit genügender Strenge, noch wußten sie dauerhaften Frieden mit den Eingeborenen herzustellen und so den Aufwendungen für Kriegszwecke Einhalt zu tun. Weder mit Bantam noch mit Mataram hörten während der 30er Jahre die Feindseligkeiten auf. Dazu verschlangen die ewigen Aufstände auf den Molukken Unsummen. Erst der 1636 ans Ruder kommende Generalgouverneur Antonio van Diemen war mit Hilfe einer starken Flotte im stande, auf den Gewürz-Inseln die Angelegenheiten dem Wunsche der Kompagnie entsprechend zu regeln und Frieden herzustellen sowie mit Bantam und Mataram bessere Beziehungen zu schaffen. Überhaupt wurde unter ihm die Stellung Hollands in Indien wesentlich gebessert und gefestigt, da es ihm gelang, die portugiesische Macht in Hinterindien vollständig zu brechen und in Vorderindien wesentlich zu beschränken.

In ersterer Hinsicht war das Entscheidende die Eroberung von Malakka. Alle früheren Versuche in den Jahren 1606, 1608, 1623 und 1627 waren gescheitert. Van Diemen hatte sich endlich 1636 entschlossen, es mit einer Blockade des Hafens zu versuchen, da von Malakka aus der Fürst von Mataram immer aufs neue Unterstützungen erhielt und durch den Handel mit Portugal Gelegenheit hatte, das von der Kompagnie angestrebte Monopol zu durchkreuzen. Nachdem die Blockade drei Jahre lang durchgeführt worden war, eröffnete der Generalgouverneur 1640 eine wirkliche Belagerung, und seine Truppen eroberten am 14. Januar 1641 den wichtigen Platz mit stürmender Hand. Durch diesen Erfolg wurde Portugals letzter Einfluß im Archipel und Ostasien gebrochen und Mataram seiner wichtigsten Hilfsquelle beraubt. Nicht minder bedeutſam waren Hollands Erfolge in Vorderindien. Nachdem alle früheren Verſuche, auf Ceylon feſten Fuß zu faſſen, geſcheitert waren, gelang es van Diemen mit Unterſtützung des gegen die Portugieſen erbitterten Herrſchers von Candy 1638 den Ort Baticalo, 1639 Trinconomale, 1640 Ngombo und Punto de Galle zu erobern. Candy geſtand den Holländern das alleinige Recht zum Handel auf der Inſel zu, und es ſchien die beſte Ausſicht vorhanden, Portugal auch hier endlich zu verdrängen. Doch inmitten dieſer Kämpfe entſtanden Zerwürfniſſe mit dem Fürſten von Candy, der bald Mißtrauen gegen die Abſichten ſeines Verbündeten gefaßt hatte, und es kam die Nachricht von einem Friedensſchluß Hollands mit Portugal.

Letzteres hatte ſich nämlich 1641 von Spanien losgeriſſen und ſofort Friedensverhandlungen mit den Niederländern eingeleitet, die damals der ganzen Übermacht Portugals den Garaus zu machen im Begriff waren. Dieſe hatten am 22. Juni 1641 zum Abſchluß eines zehnjährigen Waffenſtillſtandes geführt, der binnen Jahresfriſt auch in Indien in Kraft treten ſollte.

Die Kunde davon kam beiden Teilen in Indien ungelegen. Die Portugieſen hatten die Hoffnung noch nicht aufgegeben, einen Teil ihrer Verluſte wieder einzubringen. Die Holländer glaubten den Zeitpunkt günſtig, den alten Feinden ganz Ceylon und womöglich ihren Hauptſitz, Goa, zu entreißen. So ſetzten ſie die Feindſeligkeiten noch bis 1644 fort, wo endlich ein Vertrag in Goa zuſtande kam, der Hollands Beſitz auf Ceylon förmlich anerkannte.

Die niederländiſch-oſtindiſche Kompagnie war ſomit im Verlaufe von noch nicht einem halben Jahrhundert die erſte und ſtärkſte europäiſche Macht in Indien geworden, die überall Niederlaſſungen beſaß und deren Flotten die dortigen Meere beherrſchten. Umſonſt verſuchten damals die Engländer, mit ihr zu wetteifern und ihr Abbruch zu tun. Auch in Oſtaſien war Hollands Stellung bedeutend. Es beſaß von allen europäiſchen Völkern allein das Recht zum Handelsbetrieb in Japan und unterhielt von Formoſa aus, wo es ſich 1624 in Tajowan niedergelaſſen hatte, bedeutenden Verkehr mit China. Seine Schiffe durchſuchten unermüdlich den Indiſchen und Stillen Ocean, um neue, der Ausbeutung werte Gegenden aufzufinden.

Abel Tasman und Visscher gelang es, damals Neu Seeland, Van Diemens Land und Australien zu entdecken. Schritte zur Kolonisation dieser Gebiete geschahen allerdings nicht. Batavia blühte allmählich auf und wurde die wichtigste europäische Niederlassung in Indien. Sie fiel der Kompagnie nicht mehr zur Last, sondern brachte selbst ihre Kosten reichlich auf und dehnte sich immer mehr aus. Die wachsende Zahl der Ansiedler war der Anlaß dazu, daß van Diemen die Regelung der verworrenen rechtlichen Verhältnisse in die Hand nahm. Er veranstaltete eine Sammlung und Ordnung aller in Kraft befindlichen Verordnungen und Entscheidungen des Rats von Indien und veröffentlichte sie unter dem Namen der „Bataviasche Statuten." Leider verhinderte ein früher Tod den um die holländische Kolonisation in Indien hochverdienten Mann, auf anderen Gebieten der Verwaltung zu reformieren. Im April 1645 erlag er noch neunjähriger Thätigkeit als Generalgouverneur einer Krankheit.

Während die Lage der Kompagnie in Indien in den 40er Jahren immer günstiger wurde, geriet sie zu Hause in Bedrängnis. Die hohen Dividenden,*) die sie alljährlich verteilte, hatten überall

---

*) Die Dividenden der holländisch-ostindischen Kompagnie beliefen sich nach Lüder, Gesch. des holländischen Handels (1788):

1623 auf 25 pCt.
1625 , 20 ,
1627 , 12½ ,
1629 , 25 ,
1631 , 17½ ,
1633 , 32½ ,
1635 , 45 ,
1636 , 37½ ,
1637 , 40 ,
1638 , 85 ,
1640 , 40 ,   (davon 15 pCt. in Gewürznelken)
1641 , 40 ,   desgl.
1642 , 50 ,
1643 , 15 ,   (in Gewürznelken)
1644 , 45 ,   (25 pCt. in Gewürznelken)
1645 , 0 ,
1646 , 47½ ,
1647 , 0 ,
1648 , 25 ,
1649 , 30 ,
1650 , 20 ,

Neid und Mißgunst erregt. Die nicht an ihr beteiligten Kaufleute regten sich aufs neue und verlangten das Recht, ebenfalls Handel mit Indien treiben zu dürfen; die noch zu erwähnende westindische Kompagnie wünschte, daß die in so günstiger Lage befindliche Schwestergesellschaft auch für ihre Zwecke herangezogen werde, und die Regierung fand, daß sie nicht genug Vorteil von dem Unternehmen zog. So wurde denn, als der Ablauf des Privilegs näher rückte, von verschiedenen Seiten gegen eine Verlängerung des Monopols unter den alten Bedingungen gearbeitet. Die Provinz Friesland forderte Oktroi für eine eigene Kompagnie oder das Recht zur Beteiligung mit einem bestimmten Kapital an der bestehenden. Die westindische Kompagnie wünschte sich unter Einbringung eines Kapitals von 9½ Millionen mit der ostindischen zu vereinen und hatte die Regierung für ihren Plan zu gewinnen gewußt. Mehrere Städte machten Anspruch auf Zulassung zur Teilnahme an der Kompagnie geltend, verschiedene Aktionäre klagten über die zu hohen Provisionen der Direktoren.

Die Kompagnie wollte aber von Nachgeben in keinem Punkte hören. Wer sich zu beteiligen wünsche, möge Aktien zum Tageskurse kaufen. Jetzt neue Teilhaber unter den gleichen Bedingungen wie die ursprünglichen zulassen, hieße die Aktionäre schwer schädigen. Ganz bestimmt wies sie die Zumutung zurück, im Interesse des Staats die schlecht stehenden Geschäfte der westindischen Kompagnie in die Hand zu nehmen. Sie stellte sich auf den Standpunkt, daß die von ihr in Indien eroberten Plätze nicht dem Staat, sondern ihr gehörten und daß sie darüber frei verfügen könne. Im Falle der Nichtverlängerung des Privilegs drohte sie mit Verkauf ihres Besitzes. Daneben machte sie ihre dem Staate im Kriege geleisteten Dienste, ihre Geldvorschüsse und Salpeterlieferungen geltend und sparte wohl auch Zahlungen an wichtigen Stellen nicht. So erreichte sie, daß nach einigen kurzen vorläufigen Verlängerungen das Oktroi am 22. Juni 1647 für 25 Jahre aufs neue bewilligt wurde. Die Kompagnie hatte dafür an die Generalstaaten 1½ Millionen Gulden zu zahlen, mußte den Städten, wo keine Kammern waren, und ebenso den Provinzen Wahl eines Direktors bewilligen, die Bezahlung der Direktoren regeln und eine regelmäßige Rechnungslegung versprechen.

Zweiter Teil.

Erstes Kapitel.
Entstehung der westindischen Kompagnie.

Die von der Kompagnie den Generalstaaten gezahlte Summe sollte zu Gunsten der westindischen Kompagnie verwendet werden. Diese Gesellschaft war am 3. Juni 1621 privilegiert worden für den Handel und die Schiffahrt mit Afrika vom Wendekreis des Krebses bis zum Kap der guten Hoffnung, mit Amerika und den Australländern. Den Anstoß zu ihrer Gründung hatten die Schwierigkeiten gegeben, welche die nach Afrika und Amerika Handel treibenden Holländer bei den Spaniern und Portugiesen fanden. Angespornt durch die Erfolge der Vereinigung der ostindischen Unternehmer hat eine Reihe der mit Amerika und seinen Hilfsquellen vertrauten Kaufleute unter Führung von Wilhelm Usselincx und Peter Plancius schon 1607 die Generalstaaten um Errichtung einer westindischen Kompagnie. Ihr Ziel war, den Spaniern und den mit ihnen vereinten Portugiesen in Amerika und Afrika gerade so nachdrücklich zu Leibe zu gehen, wie es die ostindische Kompagnie in Asien tat. Angesichts des mit so großer Mühe zustande gebrachten Waffenstillstandes wollte aber Oldenbarnevelt von diesem Plane nichts wissen.*) Mußte doch ein solcher Schritt die Spanier,

---

*) Wie der greise Staatsmann dachten die alten Geschlechter in den Städten, die vor dem steigenden Ansehen des siegreichen Statthalters Furcht hatten, und die ostindische Kompagnie, welche ihre Errungenschaften nicht aufs neue in Frage gestellt sehen wollte und keine Konkurrenz wünschte. Für Fortsetzung des Krieges waren Prinz Moritz, das Heer und die geflüchteten Antwerpener, besonders

deren eigenstes Gebiet bedroht wurde, aufs äußerste erbittern und
jeden friedlichen Ausgleich in Frage stellen. Oldenbarnevelt gab
den Ausschlag. Es blieb den verschiedenen Seefahrern überlassen,
auf eigene Hand ihr Glück in den amerikanischen und afrikanischen
Gewässern zu versuchen,*) und keine ihrer zahlreichen Unternehmungen führte, abgesehen von einer gelegentlichen Festsetzung
auf Principe und der Erbauung des kleinen Forts Nassau an der
Goldküste 1612 zu dauernden Ansiedelungen. Man beschränkte sich
auf Überfall und Plünderung von Küstenplätzen und Wegnahme
von Schiffen. Doch der Gedanke der Schöpfung einer starken Vereinigung auch für die westliche Welt schlief nicht ein, und als 1621
der Waffenstillstand mit Spanien ablief, setzten die Interessenten
die Errichtung einer westindischen Kompagnie und Erteilung eines
Freibriefes durch. Das neue Unternehmen wurde ganz nach dem
Vorbilde der ostindischen Kompagnie gestaltet. Die Gesellschaft
durfte auch Verträge mit fremden Fürsten schließen, feste Plätze
anlegen, Offiziere und Beamte ernennen, Gesetzgebung und Verwaltung handhaben. Sie war gehalten, einen Generalgouverneur
zu bestellen und ihn wie alle höheren Beamten nicht allein auf die
Gesellschaft, sondern auch auf die Generalstaaten zu vereidigen. Die
Regierung versprach der Kompagnie, nötigenfalls Truppen zur Verfügung zu stellen, erteilte ihr Freiheit von Zöllen für acht Jahre
und erließ ihr die Provinzialzölle.

Die innere Verwaltung der Kompagnie wurde durch das
Privileg folgendermaßen geregelt. Es wurden fünf Kammern errichtet: eine für Amsterdam, die über 4/9 der Anteile bestimmte,
eine für Seeland, der 2/9 zukamen, und je eine für die Maas-Städte,

---

der genannte sehrgewandte Usselincx. Sie wiesen darauf hin, daß im Frieden
die südlichen spanischen Niederlande dem Norden bald schwere Konkurrenz machen
könnten, und warnten vor den Plänen Frankreichs auf Eroberung Hollands und
der Treulosigkeit Spaniens.

*) So vernichtete Admiral van Spilbergen 1615 eine große spanische
Flotte bei Callao und plünderte mehrere Städte an der Westküste Südamerikas.
Jacob Le Maire fuhr im Auftrage einer 1614 für sechs Jahre privilegierten
australischen Kompagnie um das von ihm entdeckte Kap Hoorn nach der
Südsee. Zahlreiche Fahrten wurden nach Brasilien und Westafrika — jährlich
gegen 20 Schiffe — ausgeführt, hatten aber keinen andern Erfolg, als Wegnahme zahlreicher spanischer und portugiesischer Schiffe. 1616 versuchte man
umsonst eine Niederlassung am Amazonen-Strom.

Noorder-Kwartier und Friesland mit je ¹/₉. Das Privileg war für die Dauer von 24 Jahren erteilt, das Kapital der Gesellschaft belief sich auf nur 7 108 161 fl., von denen 2 846 582 Amsterdam, 1 379 775 Seeland, 1 039 202 die Maas-Städte aufgebracht hatten.

Die Aufgaben, welche sich die neue Gesellschaft gestellt hatte, waren wesentlich schwieriger als die der ostindischen Kompagnie. In Amerika war die Herrschaft Spaniens und Portugals durch die Anwesenheit zahlreicher weißer Kolonisten viel fester gegründet als in Indien. Es war auch nicht so leicht, aus diesen Ländern Nutzen zu ziehen. Ihre Bedeutung beruhte völlig im Bergbau des Innern. Um seiner Ergebnisse habhaft zu werden, mußte man entweder das Meer vollständig beherrschen oder die Hand auf die Bergwerke legen. Beides erforderte erheblich bedeutendere Mittel als die Ablenkung des Gewürzhandels von seinen alten Bahnen. In Afrika hatte man mit einem mörderischen Klima zu tun und einem Lande, das zwar an einzelnen Stellen Gold lieferte, aber sonst nur als Quelle für Negersklaven von Wert war. Für letztere aber hatte die Kompagnie keine eigene Verwendung, und in den geschlossenen spanischen Kolonien waren sie schwer abzusetzen. Die Gefahr bei der neuen Kompagnie war daher größer, die Aussicht auf baldigen Nutzen geringer als bei der früheren, deren Leiter denn auch wohlweislich allen Versuchen gegenüber, sie hierfür zu interessieren, sich ablehnend verhalten hatten. Sie war von vornherein mehr auf Krieg als Handel angewiesen.

Unter diesen Umständen und bei der stillen Feindseligkeit der ostindischen Gesellschaft war es nicht zu verwundern, wenn die Kompagnie zunächst wenig Anklang fand. Mitte Juni 1622 war trotz aller Bemühungen Usselincx noch nicht ein Fünftel der Aktien gezeichnet. Erst nachdem der Kompagnie auch das Monopol der Salzeinfuhr aus Brasilien, die für die Fischerei sehr wichtig war, und andere Vorteile gewährt worden waren, gelang es 1624 endlich, das nötige Kapital aufzubringen.

Doch die Wortführer der westindischen Kompagnie waren von den besten Hoffnungen erfüllt. Sogleich gingen sie an Ausrüstung zahlreicher Schiffe und beschlossen, Westafrika und die Ostküste Südamerikas anzugreifen. Die erstere Aufgabe erhielt van Suylen übertragen, die letztere Jakob Willekens und Pieter Heyn. Beide Unternehmungen waren von Erfolg begleitet; Willekens eroberte innerhalb zweier Tage am 9. und 10. Mai 1624 die Hauptstadt Brasiliens, San Salvador, nahm den Generalgouverneur gefangen und bemächtigte sich der im Hafen liegenden Schiffe. Die spanische Regierung hatte, trotzdem sie durch geheime Agenten von der Expedition unterrichtet war, keinerlei Vorkehrungen getroffen. Van Suylen bemächtigte sich verschiedener portugiesischer Fahrzeuge an der Küste von Sierra Leone, vernichtete eine im Hafen von Loanda liegende Flotte und bedrohte den portugiesischen Besitz am Kongo. Da gleichzeitig eine von den Generalstaaten und der ostindischen Kompagnie ausgerüstete Flotte unter l'Hermite und Schapenham die Westküste Südamerikas heimsuchte und Guyaquil verbrannte, schien die spanisch-portugiesische Herrschaft in diesem Teile der Welt in nicht minder Gefahr als in Ostindien geraten zu sein.

Allerdings entsprach der Fortgang des Unternehmens nicht den Erwartungen der westindischen Kompagnie. Die ins Innere geflüchteten Bewohner San Salvadors ermannten sich und griffen mit Hilfe der Indianer die Holländer an. Es gelang ihnen, deren Kommandeur, van Dorth, im Kampfe zu töden. Seine Nachfolger erwiesen sich als ebenso untüchtig wie unzuverlässig. Sie eigneten sich das Eigentum der Gesellschaft an und zeigten sich außer stande, den Angriffen der Landbevölkerung zu steuern. — Die Kompagnie war nicht im Zweifel darüber, daß der Feind alles daran setzen würde, Brasilien wieder zu erobern, hatte doch die Nachricht vom Verluste Bahias in Portugal und Spanien gleiche Aufregung erzeugt. Statt aber sofort Verstärkungen zu senden, ließ sie 1624 durch Pieter Schouten eine Fahrt nach den Antillen ausführen, um spanische Schiffe zu kapern, und beeilte sich nicht mit neuen Rüstungen. Erst Anfang 1625 wurde eine ansehnliche Seemacht unter Boudewijn Hendrikszoon nach Bahia abgesandt. Als sie am 26. Mai vor der Bucht anlam, fand sie die Stadt San Salvador verloren. Die Feinde waren ihr zuvorgekommen.

Der leitende spanische Staatsmann, Kardinal Olivarez, hatte, obwohl er eine Schwächung der portugiesischen Macht nicht ungern sah, unter dem Druck der öffentlichen Meinung noch 1624 alle Hebel angesetzt, um den Holländern das Handwerk zu legen. Während sofort Verstärkungen nach der afrikanischen Küste gingen und dort die bedrohten Punkte schützten und alle verfügbaren Leute und Vor-

räte nach Brasilien befördert wurden, rüstete man in fieberhafter
Eile große Flotten in Lissabon und Cadiz. Alle Klassen der Bevölkerung trugen freiwillig zu den Kosten bei, die Söhne der vor-
nehmsten portugiesischen Familien schlossen sich der Expedition an.
So gelang es, die Holländer ungerüstet in Bahia zu überraschen.
Als die 67 Schiffe des Feindes mit 12000 Mann vor der Bai
am 29. März 1625 erschienen, mußten die 20 hier vor Anker
liegenden holländischen Handelsschiffe sich schleunigst unter den Schutz
der Kanonen der Stadt flüchten. Letztere wurde zu Wasser und zu
Lande eingeschlossen.

Die Lage der Holländer war ungünstig. Sie verfügten nur
über 2000 Mann, und ihre Befestigungen waren unvollendet. Doch
sie hatten Proviant für zwei Monate, wußten, daß das Mutterland Entsatz vorbereitete, und daß es nur darauf ankam, eine Zeitlang sich zu halten. Aber es fehlte an genügender Führung und
Ordnung. Der Kommandant war so roh und ausschweifend, daß
die Besatzung sich gegen ihn empörte und ihn absetzte. Sein Nachfolger war ganz unfähig. Er verlor der Übermacht der Feinde
gegenüber völlig den Kopf und kapitulierte am 20. April 1625.
Die Feinde hatten nur 124 Todte und 144 Verwundete verloren,
und es fielen ihnen nicht allein 17 reichbeladene holländische Schiffe,
sondern auch alle in der Stadt aufgehäufte frühere Beute in die
Hände. Dieser Umstand dürfte dazu beigetragen haben, daß sie den
Besiegten günstigere Bedingungen als sonst gewährten und ihnen
freien Abzug ohne Waffen auf eigenen Schiffen zugestanden.

Als die holländische Flotte sich von der Sachlage überzeugte
und fand, daß die Spanier und Portugiesen nicht daran dachten,
dem Gegner auf offenem Meere entgegenzutreten, segelte sie ebenso
wie schon vorher Pieter Heyn, unverrichteter Sache ab. Sie wandte
sich nach Pernambuco. Als hier der Mangel an Karten und die
Anwesenheit zahlreicher portugiesischer Schiffe einen Landungsversuch
nicht rätlich erscheinen ließ, segelte sie nach Parahyba. Hier wurden
einige Schanzen aufgeworfen und ein Lazarett für die zahlreichen
Kranken errichtet. Die an der Küste ansässigen Portugiesen flohen
ins Innere, ohne Widerstand zu leisten, und die Eingeborenen
erwiesen sich freundlich. Für dauernde Festsetzung erschien der
Platz aber nicht geeignet, so lange Portugals Macht in diesen
Gewässern nicht gebrochen war. Der Admiral verließ daher am

1. August Brasilien, sandte einen Teil der Flotte unter Veron nach Afrika, mit dem anderen ging er nach Westindien, kaperte spanische Schiffe, brannte die Stadt Puertorico nieder und nahm das Fort auf der Insel Margarita ein. Die Veronsche Flotte versuchte umsonst das Fort Jorge d'Elmina an der Goldküste zu erobern. Die ganze holländische Seemacht erschien 1626 wieder an der heimischen Küste, ohne etwas Ernstliches ausgerichtet zu haben. Die gemachte Beute deckte bei weitem nicht die Kosten. Die Kompagnie, welche ihr Kapital inzwischen auf 18 Millionen erhöht hatte, sah sich in ihrem Weiterbestande bedroht, wenn ihr nicht bald ernstliche Erfolge zu teil wurden.

Zweites Kapitel.
Gründung des holländischen Reiches in Brasilien.

Damit schien es gute Wege zu haben. Einige Versuche, in Nordbrasilien Fuß zu fassen, scheiterten. Eine holländische Niederlassung am Amazonenstrom wurde von den Portugiesen zerstört. Auch in Sierra Leone wurde kein Erfolg erzielt. Erst Pieter Heyn gelang es 1627, neue Vorteile zu erringen. Er griff Bahia an, zerstörte einen Teil der portugiesischen Flotte in der Bai und kaperte verschiedene Handelsschiffe. Die von ihm gemachte Beute zusammen mit dem Ertrag anderer Kapereien füllte die Kassen der westindischen Kompagnie aufs neue und setzte sie instand, 1628 drei Geschwader auszurüsten. Alle errangen an der Küste Brasiliens und in Westindien Erfolge, vernichteten feindliche Kriegsschiffe und kaperten reichbeladene Kauffahrer. Der Hauptstreich glückte wieder Pieter Heyn. Er fing an der Küste Kubas die spanische Silberflotte ab und führte so der Kompagnie einen Gewinn von etwa 14½ Millionen Gulden mit einem Schlage zu. Dazu warf der Handel mit Westafrika ansehnlichen Gewinn ab. Von 1629 bis 1636 ist von da Gold für 11 733 900 fl. und Elfenbein im Gewicht von 1 137 400 Pfund nach Holland eingeführt worden. Die Kompagnie konnte infolgedessen nicht allein eine Dividende von 50 pCt. verteilen, sondern gewann auch den Mut zu einem neuen Schlage gegen Brasilien.

Diesmal faßte man Pernambuco als Ziel ins Auge. San Salvador war zu gut verteidigt, und die dort gemachten Erfahrungen ermutigten nicht zu neuen Versuchen. Die reiche Provinz Pernambuco schien weniger Schwierigkeiten zu bieten und dieselben Vorteile wie Bahia zu versprechen. Mit größter Heimlichkeit wurde 1629 ein starkes Geschwader ausgerüstet. Trotz aller Vorsicht konnte man wieder nicht hindern, daß die Spanier in den südlichen Niederlanden Wind vom Ziele der geplanten Expedition bekamen und den Madrider Hof benachrichtigten. Dieser erteilte sofort Weisungen nach Brasilien wegen schleuniger Befestigung und Verstärkung von Pernambuco und sandte einen der erfahrensten Offiziere mit Kriegsvorräten nach dem bedrohten Platze. Der Erfolg des holländischen Unternehmens wurde hierdurch umsomehr in Frage gestellt, als die Niederlande damals auch zu Lande von Österreich angegriffen wurden und die westindische Kompagnie sich genötigt sah, der Regierung nicht allein 400 000 Gulden vorzuschießen, sondern auch einen Teil ihrer Truppen zu überlassen.

Doch die Schwerfälligkeit und Untüchtigkeit der brasilianischen Behörden kam den Holländern zu gute. Als trotz aller Hindernisse eine Flotte von 70 Schiffen zusammengebracht war und am 13. Februar 1630 vor Olinda, der Hauptstadt von Pernambuco, erschien, fand sie wenig Widerstand. Die Einwohner flohen unter Mitnahme ihrer Wertsachen ins Innere, und die Stadt fiel bis auf zwei Forts schon am 16. in die Hand der Angreifer. Die beiden Festungen wurden Anfang März zur Übergabe gezwungen. Nur war damit Pernambuco noch nicht erobert. Die geflüchteten Einwohner Olindas nämlich hatten sich mit den portugiesischen Truppen um den Gouverneur d'Albuquerque in einem befestigten Lager zwischen Olinda und Recife gesammelt und führten von dort einen Guerillakrieg gegen die Eindringlinge. Alle Versuche, sie von da zu vertreiben, schlugen fehl. Es blieb den Holländern nichts übrig, als genügende neue Verstärkungen von Hause abzuwarten. Inzwischen richteten sie sich in Olinda und Recife so gut wie möglich ein. Gewitzigt durch die in San Salvador einst gemachten Erfahrungen, wurde die Oberleitung nicht in die Hand eines Mannes, sondern eines „politischen Rates" gelegt, dessen Präsidentschaft monatlich unter den Mitgliedern wechselte und in dem der Gouverneur nur eine Stimme besaß. Der „politische Rat" unterstand direkt der „Kammer der XIX", der obersten Leitung der Kompagnie, während der Gouverneur an die Generalstaaten berichtete. — Außerdem ging man daran, die Verbindung der Orte Olinda und Recife durch Bau einer Befestigung zu sichern. Unter unzähligen Angriffen der Portugiesen und mit den größten Schwierigkeiten und Verlusten wurde dies Ziel erreicht. Doch ein entscheidender Erfolg wurde damit ebensowenig erzielt wie mit der Kaperei aller der Küste sich nähernden feindlichen Schiffe und der Abschneidung der Portugiesen vom Meere. Mit Hilfe der Eingeborenen behaupteten sie sich nach wie vor in den Wäldern der nächsten Nachbarschaft, so daß die Holländer sich nicht nur für Lebensmittel, sondern auch selbst für Brennholz ganz auf die Zufuhr von Europa angewiesen sahen.

Nachdem neue Vorräte aus Holland eingetroffen waren, wurde ein Angriff gegen die Insel Itamaraca unternommen. Erwies sich auch ein Angriff auf die dortige portugiesische Festung als untunlich, so gelang es doch, ein Fort Orange auf der Insel zu errichten und so einen Stützpunkt für weitere Unternehmungen zu schaffen.

Ehe solche neuen Schritte gegen die Portugiesen geschehen konnten, kam die Kunde, daß eine neue, große spanisch-portugiesische Flotte gegen Recife unterwegs sei. Olivarez hatte sie ausrüsten lassen, hauptsächlich um weiteren Gefährdungen der Silberflotte vorzubeugen. Es blieb nichts übrig, als dieser Armada entschlossen zur See entgegenzutreten, wenn man nicht zwischen zwei Feuer geraten wollte. Der Admiral Pater unternahm das Wagestück im September 1631, trotzdem er nur über 16 Schiffe verfügte, während die Spanier mit 17 Gallionen und 36 kleinen Schiffen erschienen. Es gelang ihm freilich nicht, den Feind zu besiegen, und er verlor selbst im Kampf das Leben. Immerhin waren aber auch einige spanische Schiffe genommen worden, und die Tapferkeit der Holländer hatte auf die Spanier solchen Eindruck gemacht, daß sie sich mit Landung der mitgeführten Truppen und Vorräte begnügten und keinen Angriff auf die holländischen Befestigungen wagten.

Die Holländer waren um so erfreuter darüber, als sie sich inzwischen überzeugt hatten, daß Olinda nicht zu halten gewesen wäre.

Kaum war die Gefahr vorüber, so entschlossen sie sich daher, diesen Platz zu räumen und alle Macht in Recife zu vereinigen. Die Befestigungen Olindas wurden demgemäß geschleift und die Stadt niedergebrannt. Mit der vereinigten Truppe, die 7000 Mann zählte, dachte man erst an einen Angriff auf die Portugiesen in ihrem befestigten Lager; da sie jedoch eben Verstärkungen erhalten hatten, zog man einen Handstreich gegen die Stadt Parahyba im Norden vor. — Zum Unglück war die Besatzung durch zwei Ueberläufer gewarnt worden. Als die Holländer erschienen, trat sie ihnen tapfer entgegen und brachte sie nach ansehnlichen Verlusten zum Rückzug. Ebenso wenig Erfolg hatte ein Zug gegen Rio Grande do Norte. Das portugiesische Fort erwies sich als uneinnehmbar. Am schmerzlichsten wurde das Scheitern eines Angriffs im Jahre 1632 gegen Pontal de Nazareth, einen kleinen Hafen bei Recife, empfunden, der den portugiesischen Verkehr mit dem Meere vermittelte. Schon begann man in Recife allmählich an der Möglichkeit zu verzweifeln, der Feinde Herr zu werden, da führte der Übertritt eines portugiesischen Mulatten, Domingo Fernandes Calabar, einen Umschwung herbei. Er kannte Land und Leute genau und besaß überall Beziehungen. Mit seiner Hilfe gelang es 1632 zunächst einen Ort Iguarassu, nicht weit von Olinda, zu überfallen und auszuplündern. Dasselbe geschah mit verschiedenen anderen Stützpunkten der Portugiesen, so daß sie in Not kamen und Frieden zu suchen begannen. Der portugiesische Gouverneur versuchte den holländischen Befehlshaber Waerdenburg durch Bestechung zu gewinnen und zum Abzug zu bewegen. Damit hatte er keinen Erfolg. Aber ebensowenig dachte er an Räumung des Feldes. Die Kämpfe gingen weiter, und die Kosten der Kompagnie stiegen fortgesetzt.

Trotz der wenig befriedigenden Lage war letztere guten Mutes. Abgesehen von den hohen Gewinnen, die ihr die fortgesetzten Streifzüge ihrer Flotten durch Plünderung spanischer Städte und Wegnahme von Schiffen brachten, und den Erträgen des Afrika-Handels, verfügte sie außer dem Stützpunkte in Brasilien auch bereits über einen wertvollen Besitz in Nordamerika. Es war das die von Hudson 1609 entdeckte Delaware-Bai mit dem Hudson-Flusse, wo 1614 holländische Seefahrer das Fort Nassau angelegt hatten. 1615 hatten die Generalstaaten den dorthin Handel treibenden Kaufleuten, die sich zu einer Neu-Niederland-Kompagnie vereinten, ein Privileg für drei Jahre verliehen. Späterhin hatten sie die Ansiedelung der nach Holland geflüchteten englischen Puritaner in diesem Gebiete ins Auge gefaßt. Aus dem Plane war nur nichts geworden, da sie es ablehnten, den Leuten niederländischen Schutz zu erteilen, sonst hätte hier vielleicht die Wiege der heutigen Vereinigten Staaten gestanden. Als die holländisch-westindische Kompagnie ins Leben trat, erhielt sie den Fleck mit übertragen, ohne Rücksicht auf einen Protest, den der englische Gesandte im Haag gegen die holländischen Unternehmungen am Hudson einlegte. Und sie hatte schon 1623 ernstliche Schritte getan, sich dort einzurichten. Es wurden protestantische Wallonen nach der Delaware-Bai gesandt. Sie bauten das Fort Orange an der Stelle des heutigen Albany und gründeten eine Niederlassung auf der Insel Manhattan. 1624 kam ein holländischer Gouverneur an, der das Fort Nassau am Delaware errichtete, und bald zählte die Kolonie 200 weiße Einwohner. 1626 wurde Manhattan den Indianern für 24 Dollar abgelauft und die Stadt Neu-Amsterdam gegründet. Durch Abkommen mit den Eingeborenen dehnte sich das bewirtschaftete Gebiet immer weiter aus. Die Kompagnie erteilte Leuten, welche 50 Erwachsene dort ansiedelten, große Vorrechte und Landbesitz bis zu 16 Meilen Länge. Alle Kolonisten erhielten 10 Jahre lang Steuerfreiheit und gegen billige Preise Negersklaven. Ihre Lage war, soweit sie nicht von Grundherren abhingen, welche sie auf ihrem Lande angesiedelt hatten, eine recht günstige. Nur der Herstellung von Wollen-, Leinen- und Baumwollstoffen mußten sie sich im Interesse der holländischen Industrie enthalten. 1630 lieferte die Kolonie bereits für 68 000 fl. Biber- und Otterfelle und nahm für 57 500 fl. europäische Waren auf.

Die Kompagnie übte infolge ihrer reichen Einnahmen immer größeren Einfluß in Holland und befestigte sich in der Gunst des Publikums. Sie trug sehr wesentlich dazu bei, daß die Generalstaaten 1630 die Friedensanerbietungen Spaniens zurückwiesen, indem sie zahlreiche Petitionen und Flugschriften veranlaßte, welche darlegten, wie vorteilhaft der Krieg bei der damaligen Weltlage für Holland sei und wie ohne weitere Schwächung Spaniens an Behauptung der Stellung der Kompagnie in Amerika nicht zu denken wäre.

Um die Lage in Brasilien zu prüfen, wurden von der Gesellschaft im Herbst 1632 zwei Direktoren als Kommissare nach Recife gesandt. Es sollte von ihrer Entscheidung abhängen, ob man den dortigen Besitz hielt, erweiterte, oder als nicht lohnend wieder aufgab. Die Direktoren fanden die Lage nicht allein dazu angetan, den Platz zu behaupten, sondern gingen sofort an Vorbereitungen zu einem Schlag gegen die Portugiesen. Mitte März 1633 wurde letzteren eine Befestigung abgenommen, die den Namen Fort Willem erhielt. Von ihr aus eröffnete man Plänkeleien gegen das portugiesische Lager und wagte endlich am 24. März einen Sturm dagegen. Aber der Feind war unterrichtet, schlug den Angriff ab und brachte den Holländern schwere Verluste bei. Die Kommissare standen darauf von einem neuen Versuche ab und gingen auf den Vorschlag der Portugiesen einen Vertrag ein, worin beide Teile sich Schonung von Kirchen, Geistlichen und Gefangenen, sowie Auswechselung der letzteren zusagten und vergifteten Kugeln und derartigen Waffen entsagten. Glücklicher waren die Kommissare an anderen Flecken. Im Juni 1633 gelang es ihnen, die letzten Posten der Feinde auf Itamaraca wegzunehmen und die Insel völlig zu unterwerfen. Etwas später wurde der Süden Pernambucos gründlich verheert und reiche Beute gemacht. Ebenso erfolgreich war im Laufe des Jahres eine Schiffsexpedition gegen Westindien, wobei Truxillo und Julatan verbrannt und zahlreiche Schiffe genommen wurden, und ein Handstreich gegen Rio Grande do Norte. Dabei fiel das portugiesische Fort den Angreifern in die Hände und wurde nach dem Namen des Befehlshabers von Keulen benannt. Ermutigt hierdurch, versuchten die Holländer Ende Februar 1634 einen neuen Angriff gegen Parahyba. Er mißglückte, dafür fiel der Hafen Pontal Anfang März den Holländern in die Hände.

Während dieser selben Zeit versuchten die Portugiesen nach Eintreffen von Verstärkungen, bei Nacht Recife zu überrumpeln. Der Angriff wurde infolge der Sorglosigkeit der Besatzung erst im letzten Augenblick entdeckt und nicht ohne harten Kampf abgeschlagen. An ernstliche Verfolgung der Gegner war nicht zu denken, da man weder über genügende Kriegsvorräte noch Lebensmittel verfügte. Die Kompagnie begnügte sich, von Zeit zu Zeit Soldaten zu senden, wandte aber den anderen Dingen nicht genug Aufmerksamkeit zu, so daß die vom Hinterland und seinen Hilfsquellen abgeschnittenen Besatzungen nicht aus der Verlegenheit kamen. Um die Gesellschaft näher über die Lage zu unterrichten und den vor-

Hollands Reich in Brasilien begründet. 49

handenen Übelständen abzuhelfen, kehrten die beiden Kommissare Ende 1634 nach Holland zurück.

Die Holländer verfügten damals über die Stadt Recife, die Insel Itamaraca und neun Forts. Ihre Streitkräfte, die immer auf drei Jahre angeworben waren, beliefen sich auf 32 Kompagnien mit 4136 Mann und 42 Schiffe, die 1500 Mann Besatzung zählten. Im Rechnungsjahre 1633/34 hatte Brasilien an Holz und Zucker für 1 727 000 und an Ertrag gekaperter Schiffe 514 000 Gulden eingebracht.

Die Obersten van Schkoppe und Artichofsky, welche nach Abfahrt der Kommissare mit dem „politischen Rat", die Geschäfte leiteten, schritten, sobald es irgend möglich war, zu einem neuen Angriff auf Parahyba. Es gelang ihnen in den letzten Tagen des Jahres 1634, die Küstenforts, welche den Platz verteidigten, zu erobern. Damit zwangen sie die Portugiesen, die Stadt zu räumen. Parahyba erhielt den Namen Frederikstadt. Alle geflüchteten Bewohner wurden unter Zusicherung vollen Schutzes und voller Gewissensfreiheit, Freiheit vom Kriegsdienst und Gleichstellung im Gesetz mit den Holländern zur Rückkehr eingeladen. Man fürchtete anfangs, damit so wenig Erfolg zu haben, wie einst in St. Salvador und später in Recife. Aber hier war das Glück den Holländern hold. Acht der angesehensten Bürger entsprachen der Aufforderung der Holländer. Das übte auf die anderen große Wirkung, bald kehrten auch sie in die Stadt zurück, die Indianer unterwarfen sich, und Handel und Wandel blühten hier in überraschender Weise auf. Die Portugiesen Pernambucos waren damit auf die Befestigung bei Olinda, das Fort Nazareth bei Pontal und Porto Calvo im Süden beschränkt. Von der See waren sie nun beinahe ganz abgeschnitten. Es galt, sie auch aus diesen letzten festen Punkten zu vertreiben, und die Schritte dazu wurden energisch ins Werk gesetzt. Im März 1635 fiel Porto Calvo, im Juni das Lager bei Olinda, Anfang Juli Fort Nazareth. Porto Calvo wurde allerdings von den Portugiesen sehr bald zurückerobert, aber der Oberbefehlshaber d'Albuquerque fand es unhaltbar und zog, nachdem er seine Befestigungen geschleift, nach Süden ab. Ende 1635 war Holland Herr von Pernambuco, Itamaraca, Parahyba und Rio Grande do Norte. Bis auf 7000 oder 8000, die nach Süden geflüchtet waren, hatten die Bewohner sich Holland unterworfen. Da im Jahre vorher auch noch die Insel Curaçao der Kompagnie in die Hände gefallen war, verfügte sie jetzt über ein ansehnliches Reich in Südamerika, für das ihr genügende Mittel aus der Wegnahme feindlicher Schiffe zuflossen.*)

Drittes Kapitel.
Graf Johann Moritz von Nassau-Siegen in Brasilien.

Gesichert war dieser Besitz noch nicht. Die Angriffe der Portugiesen hörten nicht auf. Die portugiesischen Einwohner waren unzufrieden über Ausschreitungen der verwilderten Söldner und Gewalttaten untergeordneter Beamter. Sie wollten es nicht dulden, daß die Holländer allen Sekten und Konfessionen Kultusfreiheit gewährten und zahlreiche Juden ins Land ließen. Es fehlte, da viele westafrikanische Küstenplätze den Holländern gesperrt waren, an Negersklaven. Die Pflanzungen litten daher und gingen zurück. Oft regte sich Verrat, und es bedurfte größter Strenge, ihm zu steuern. Vor allem aber mußte man immer auf einen neuen, kräftigen Angriff von Spanien aus gefaßt sein. Kardinal Olivarez hatte einen solchen angesichts anderer Sorgen lange verschoben. Als er ihn angesichts der Fortschritte der Holländer und der immer lauteren Beschwerden der Portugiesen in Erwägung zog, verlangte der General, welcher einst San Salvador zurückerobert hatte, 12 000 Mann. Dazu hatte man nicht die Mittel. Nur 1700 Mann wurden Ende 1635 nach Brasilien unter Marschall Don Luis de Rojas abgesandt. Auf diese stieß Artichofsky, ein geborener Pole, dessen Familie ihres socinianischen Bekenntnisses wegen nach Holland seinerzeit ausgewandert war, Anfang 1636 bei Porto

---

*) Von 1623 bis 1636 hat die Kompagnie 547 feindliche Schiffe im Werte von etwa 6 710 000 fl. gekapert und aus ihrer Ladung gegen 30 309 000 fl. gelöst. Ihrerseits hat die Gesellschaft in der genannten Zeit 806 Schiffe mit 67 000 Mann ins Feld gestellt und dafür gegen 45 183 400 fl. verwendet. Dadurch und durch die jährliche Zahlung von Dividenden entstand ein Defizit, das 1636 schon 18 000 000 fl. betrug. Man mußte deshalb damals von den Aktionären 6 pCt. erheben.

Calvo. Dank der Unfähigkeit des spanischen Marschalls, der ohne jede Rücksicht auf den Rat der Sachkenner und in großer Verachtung der Holländer seine Anordnungen getroffen hatte, wurde Artichofsky dabei ein voller Sieg zuteil. Rojas selbst fiel. Doch die portugiesische Macht war damit nicht gebrochen. Noch immer hielten sich portugiesische Truppen an der Grenze des holländischen Gebiets und verheerten es gelegentlich, so daß man schließlich daran dachte, einen zehn Meilen breiten Streifen ganz in Wüste zu verwandeln, um damit den ewigen Angriffen ein Ziel zu setzen.

Diese Sachlage wurde mit der Zeit in Holland sehr unangenehm empfunden. Brasilien verschlang alljährlich große Summen. Gewinn floß der Kompagnie nur aus Nordamerika und den Sklavenfaktoreien in Nordwestafrika zu. Wollte man das südamerikanische Unternehmen auf die Länge durchführen, so mußte man Ruhe schaffen sowie die Zuckerindustrie und den Handel entwickeln und beleben. Darüber war man sich in Recife wie in Amsterdam klar.

Um dieses Ziel zu erreichen, entschloß sich die Kompagnie 1636 nach eingehenden Erwägungen zu einer neuen großen Anstrengung. Eine starke Expedition wurde ausgerüstet und an ihre Spitze am 4. August 1636 auf Vorschlag der Generalstaaten und des Prinzen von Oranien der Vetter des letzteren, Graf Johann Moritz von Nassau-Siegen, gestellt. Graf Johann Moritz war damals 32 Jahre alt. Er hatte nach zwei Studienjahren auf den Universitäten Basel und Genf schon früher mit seinem Bruder in den Niederlanden gegen die Kaiserlichen und Spanier gekämpft und sich dabei wiederholt glänzend ausgezeichnet. Fast die Hälfte seines Lebens hatte er im Felde zugebracht und hohes allgemeines Ansehen errungen. Als die westindische Kompagnie auf den Gedanken kam, die Leitung ihres brasilianischen Unternehmens in eine starke und geschickte Hand zu legen, erschien er daher dem Prinzen von Oranien mit Recht als der geeignetste Mann und wurde ohne sein Zutun zum Generalstatthalter, Generalkapitän und Admiral Brasiliens ernannt.

Die dortige Verwaltung wurde durch ein Reglement vom 23. August 1636 völlig umgestaltet. An die Stelle des politischen Rats trat der Generalstatthalter, der gleichzeitig den Oberbefehl zu Wasser und zu Lande führen und die Verwaltung leiten sollte. Für letztere stand ihm ein aus den höchsten Beamten gebildeter „hoher Rat" zur Seite, dem ein Regierungs- und ein Justizrat untergeordnet waren. Je nach seinem Ermessen konnte der Statthalter unter Beirat dieser Körperschaften alle Beamten- und Offiziersstellen besetzen, über Krieg und Frieden entscheiden, Recht und Ordnung handhaben, Mißbräuchen steuern, das Abgabenwesen ordnen und überhaupt alle erforderlichen Maßnahmen treffen. Nur für Besetzung von Stellen oberer Offiziere und der Mitglieder des hohen Rats war Genehmigung der Direktion vorbehalten. — Fünf Jahre waren zunächst als Dauer der Mission in Aussicht genommen. Der Graf sollte innerhalb dieser Zeit sein Obristengehalt fortbeziehen und 18000 fl. jährlich sowie 2 pCt. der Beute erhalten. Außerdem sollte die Gesellschaft für seinen und seines Gefolges Lebensunterhalt sorgen. Zu Mitgliedern des hohen Rats wurden die drei Direktoren van Keulen, Ghyselingh und van der Dussen ernannt, welche den Statthalter begleiten sollten.

Die drückenden Schulden und die ganze Lage gestatteten der Gesellschaft nicht, ihre Pläne voll auszuführen. Hatte sie anfangs beschlossen, 32 Schiffe mit der entsprechenden Zahl Truppen abzusenden und den Grafen in Stand zu setzen, mit der Macht Portugals gründlich aufzuräumen, so mußte sie sich bald mit 12 Fahrzeugen und 2700 Mann begnügen. Und die Ausrüstung selbst dieser Macht ging so langsam vorwärts, daß der Graf endlich die Geduld verlor und Ende Oktober mit zunächst nur vier Schiffen absegelte. Trotz schwerer Stürme erreichte er Recife am 23. Januar 1637, wo sich bald die Mitglieder des hohen Rats zusammenfanden und später auch der Rest der Flotte landete.

Gleich nach der Ankunft ging der Statthalter an genaue Untersuchung der Lage. Er fand 6100 Mann Soldaten, von denen etwa die Hälfte für Unternehmungen verfügbar war, während der Rest die festen Plätze besetzte. Dazu waren 24 Schiffe vorhanden und für Waffen und Munition ausreichend gesorgt. Mangelhaft war nur die Versorgung mit Lebensmitteln, die fast ausschließlich von außerhalb bezogen werden mußten. Um diese Zufuhr zu heben, befreite man sie in allen Festungen von Zöllen. Im ganzen fand Graf Johann Moritz, wie er am 3. Februar 1637 nach Holland berichtete, la situation de ce pays... extrêmement avantageuse et forte. Er hoffte, nicht allein der Portugiesen, welche unter Graf Bagnuolo 4000 Mann stark an der Südgrenze lagen, Herr zu werden, sondern ganz Brasilien erobern zu können.

Der erste Schlag galt dem Grafen Bagnuolo, der fortwährend
den holländischen Besitz beunruhigte. Während die holländische
Hauptmacht an der Küste gegen das von den Portugiesen wieder-
eroberte Porto Calvo marschierte, folgten die ans Klima noch nicht
gewöhnten Truppen nebst den Lebensmitteln zur See. Bagnuolo war
nicht im stande, zu widerstehen. Nach Verlust von 400 Mann
räumte er Porto Calvo und zog sich an den Rio S. Francisco im
Süden zurück. Der Versuch des Statthalters, die Portugiesen einzuholen, ehe sie den Fluß erreichten, und zu vernichten, mißglückte.
Ungestraft konnten sie auf dem Rückzuge das Land verwüsten und
sich nach Sergipe werfen. Für den Augenblick mußten die Holländer
sich begnügen, die kleine Stadt Penedo auszuplündern und den
S. Francisco durch Erbauung des Forts „Moritzschloß" zu befestigen.
Das Südufer des Flusses wurde wüst gelegt und die dortige Bevölkerung nach dem Norden übergeführt, um damit weiteren Einfällen der Portugiesen zu steuern. Um die holländische Herrschaft
in diesem Gebiete noch mehr zu befestigen, wünschte der Statthalter
es sofort mit Weißen zu besiedeln. Er erklärte das innere Hoch-
land für gesund und klimatisch sehr angenehm, wohlbewässert und
mit ungeheuren Viehherden belebt. Er empfahl der Kompagnie,
hier heimatlose, nach Holland geflüchtete Deutsche anzusiedeln oder,
wenn das nicht zu ermöglichen, die Gefängnisse zu öffnen und die
Sträflinge dorthin überzuführen, „damit sie, mit dem Spaten hier das
Land umpflügend, ihre Nichtsnutzigkeit sich abarbeiten, die vorige
Schande durch ehrenwerten Schweiß auswaschen und dem Staate
nicht lästig, sondern nützlich werden."

Nicht minder lag dem Statthalter ein sofortiger Angriff auf
Bahia am Herzen. Er war überzeugt, daß bei dem panischen
Schrecken, der sich damals der Feinde bemächtigt hatte, ein Handstreich vollen Erfolg gehabt hätte. Aber dazu fehlten ihm Vorräte
und Truppen. Die Kompagnie, der er seine Pläne vortrug, war
zu ihrer Sendung ebensowenig in der Lage wie zu der Überführung
von deutschen Ansiedlern oder Strafkolonisten.

Während Graf Johann Moritz im Süden Ruhe herstellte,
wirkte der hohe Rat zu Recife in seinem Sinne. Hier war
energisches Eingreifen in höchstem Maße geboten. Es herrschte nach
übereinstimmenden Angaben der Zeitgenossen schreckliche Sittenlosigkeit
und Willkür. Die Soldtruppen hielten jenseits des Äquators jede

Ausschreitung für erlaubt. Die Behörden hatten dem Unwesen ruhig zugesehen. Nun wurde das anders. Die Gesetze wurden wieder gehandhabt, einige besonders belastete Personen wurden mit dem Tode bestraft, schuldige Beamte heimgesandt. Die holländischen Ehegesetze wurden auf Indianer und Portugiesen ausgedehnt, dem Glücksspiel gesteuert, Sonntagsruhe eingeführt, volle Religionsfreiheit gegeben und für Erziehung der Kinder, Verpflegung der Armen und Kranken sowie Belehrung der Eingeborenen gesorgt. Die Bürger in Olinda und Recife organisierte man als Miliztruppen und setzte die den verschiedenen Angestellten zukommenden Lebensmittel und dergl. genau fest. Alle geflüchteten Portugiesen lud man zur Rückkehr ein, indem man ihnen regelmäßige Rechtspflege, Gewissensfreiheit und Rückgabe ihrer Sklaven zusagte. Als das nicht viel nützte, verkaufte man die verlassenen Zuckerpflanzungen an die Meistbietenden und nahm damit nicht nur 2 Millionen Gulden für die Kompagnie ein, sondern belebte auch das geschäftliche Leben der Kolonie. Sitz der Regierung blieb Recife. Die Kompagnie hatte gewünscht, daß an Stelle dieses Ortes, wo es an Wasser und Holz fehlte und daher fortwährende Zufuhr nötig war, Itamaraca gewählt würde. Die Rücksicht auf den Mangel der nötigen Baulichkeiten auf dieser Insel und die Unsicherheit ihres Hafens bewog indessen den Generalstatthalter, die alte Hauptstadt beizubehalten.

Das Alles genügte nicht, um diesen Besitz zur Blüte zu bringen, so lange es an Arbeitskräften für die Zuckerplantagen fehlte. In portugiesischer Zeit waren alljährlich Tausende von Negersklaven eingeführt worden. Den Holländern war das damals nicht möglich. Daher sandte der Graf Ende Juni 1637 bereits 9 Schiffe mit 1200 Mann nach Westafrika und griff Fort Elmina an der Goldküste an. Der Platz fiel im August und wurde nun eifrig für Ankauf von Sklaven und Beförderung solcher nach Brasilien verwendet. Alljährlich kamen jetzt gegen 3000 Negersklaven dahin. — Daneben bemühte sich der Statthalter nicht ohne Erfolg um Steigerung der Arbeitswilligkeit der Eingeborenen, indem er Mißhandlungen steuerte und für regelmäßige Bezahlung geleisteter Dienste und gelieferter Waren sorgte. In jedem Dorf wurde ein Beamter angestellt, der das Interesse der Eingeborenen wahrzunehmen hatte.

Trotz aller Erfolge der Tätigkeit des Statthalters und des

hohen Rats war man von dem erstrebten Ziele, der Vernichtung der portugiesischen Macht und der Entwickelung der Kolonie zu solcher Blüte, daß sie ihre Kosten deckte und zu regelmäßigem Fortschritt gelangte, noch weit entfernt. Der Graf war sich darüber klar, daß er dazu ganz anderer Mittel bedürfe, als derer der westindischen Kompagnie. Es war daher sein Streben, ihr Monopol eingeschränkt und das Land dem Handel ganz Hollands geöffnet zu sehen.

Wohl mit Recht meinte er, wie viele Vertreter jener Zeit, daß auf rasche Entwickelung der Kolonie und Gewinnung der Sympathien der Bevölkerung nur zu rechnen sei, wenn man mit dem kleinlichen Monopolsystem, das die portugiesische Herrschaft so unbeliebt gemacht hatte, breche und den Handel wenigstens bis zu einem gewissen Maße freigebe. Die Verhältnisse begünstigten diese Ansicht. Die Generalstaaten waren auch schon seit einiger Zeit davon durchdrungen, daß eine Hebung der Schiffahrt und des Handels mit Brasilien, wie sie damals bei der hohen Blüte Hollands im Falle einer Beschränkung der Kompagnie zu erwarten stand, der Kolonie und somit auch der Gesellschaft zu nutze kommen müsse. Und sehr warm traten die Amsterdamer Kaufleute für den Gedanken ein. Um so ablehnender verhielten sich die Leiter der Kompagnie, insbesondere die Kammer von Seeland. Die westindische Kompagnie übte damals kein so volles Monopol wie die ostindische aus. Sie hatte 1631 gegen 5 pCt. Zoll eine Zulassung von Nichtteilhabern beim Handel mit Olinda ins Auge gefaßt, und in den folgenden Jahren war durch verschiedene Verordnungen der Handel mit allen ihren Besitzungen, abgesehen von denen in Afrika und Nordamerika, gegen 6 bis 10 pCt. Zoll unter gewissen Bedingungen Nichtaktionären gestattet worden. Nur Lebensmittel hatte sie sich vorbehalten. Das genügte vielen Aktionären, die nicht allein durch Vermittelung der Kompagnie Handel treiben wollten, nicht. Andere einflußreiche Mitglieder sträubten sich aber gegen weitere Zugeständnisse. Sie versteiften sich auf ihr Privileg, wollten von Mitbewerb anderer nichts wissen und behaupteten, die ganze Sache sei von den Spaniern aufgebracht in der Absicht, die Kompagnie zu schädigen und zu Falle zu bringen. Angesichts der Schwäche ihrer Mittel und der Vorstellungen aus Brasilien, der Generalstaaten und vieler Teilhaber besannen sie sich indessen mit der Zeit eines anderen. Es war nicht zu verkennen, daß ohne Bruch mit dem Monopolwesen die Sympathien der Portugiesen nicht zu gewinnen waren. Gewöhnlich machten sie Erlaubnis für Handelsbetrieb zur Vorbedingung ihrer Unterwerfung. Eben so wenig war ein Zweifel darüber, daß die Kompagnie nicht kräftig genug war, um allein für einen den Hilfsquellen der Kolonie entsprechenden Handel zu sorgen, allen ihren Zucker abzunehmen und alle ihre Bedürfnisse zu decken. Wenn auch widerwillig und mit dem Hinweis darauf, daß Amsterdam fortwährend nach dem spanischen Antwerpen Munition und Waffen verkaufe und daher wenig patriotisch sei, mußte die Kompagnie schließlich einlenken. Nachdem schon 1637 dem niederländischen Handel weitere Freiheiten eingeräumt waren, wurde bald darauf eine neue Einschränkung des Monopols der Kompagnie bei den Generalstaaten von Amsterdam und der Provinz Holland beantragt. Die Vertreter der Kompagnie beriefen sich hiergegen auf die Erfolge der so streng monopolistischen ostindischen Kompagnie. Sie wiesen darauf hin, daß der Wettbewerb die Einkaufspreise steigere und die Gewinne beim Verkauf schmälere. Sie warnten vor einer weiteren Beeinträchtigung der Gewinne der Gesellschaft, die sowieso ihre Kosten nicht decke, und legten dar, daß der freie Handel die Kolonie mit allerlei Abenteurern überschwemmen werde. Abgesehen davon führten sie aus, wie bedenklich eine zu bedeutende Entwickelung der Kolonien fürs Mutterland einst werden könnte. Dem gegenüber wurde geltend gemacht, daß die Zolleinnahmen der Kompagnie mehr bringen müßten als der eigene Handel, und daß die zu erwartende Verbilligung der holländischen Waren in Brasilien der Kolonie wie der Gesellschaft von größtem Nutzen sein müsse. Ohne freien Handel sei an Entwickelung der Bodenkultur und Bevölkerung Brasiliens nicht zu denken. Mit dem bisherigen System hoher Abgaben und teurer Preise treibe man die Leute aus Brasilien, wie es Alba einst in den Niederlanden getan. Damit müsse aber auch die Kompagnie schließlich zu Grunde gehen.

Ein Ausgleich der Ansichten war nicht zu erreichen, bis Darlegungen des Grafen von Nassau, die er an die Generalstaaten in dieser Angelegenheit gerichtet hatte, den Ausschlag gaben. Er wies nach, daß wenn die Kompagnie auf ihrem Monopol bestehe und die Preise so hoch wie bisher halte, das verarmte Land sich nicht er-

holen könne. Über die enormen Kapitalien, die die Entwickelung
Brasiliens erfordere, verfüge die Kompagnie nicht. Wollte sie ihr
Monopol durchführen, so müßte sie alle eingehenden Waaren auf-
kaufen, sonst würde man sie zu oft unterbieten. Da sie das nicht
könne, täte sie besser, ihre Einkünste durch Erhebung von Zöllen zu
steigern. Sie gewinne dann Mittel für Kolonisation und spare
Geld bei Versorgung ihrer Garnisonen.

Diese Ausführungen bewirkten, daß die Kompagnie freiwillig
im Jahre 1638 ein Reglement erließ, das den Verkehr zwischen
Brasilien und dem Mutterlande wesentlich erleichterte. Außer
Sklaven, Munition und Brasilholz, welche die Kompagnie sich vor-
behielt, durfte jeder Teilhaber fortan Waren im Werte seines
Aktienbesitzes nach Brasilien bringen und von dort einführen gegen
10 pCt. Zoll von europäischen und 30 pCt. von amerikanischen
Erzeugnissen. Ferner war es den Bewohnern Brasiliens, auch
wenn sie nicht zur Kompagnie gehörten, freigestellt, Waren von dort
nach Europa zu bringen und für denselben Wert von dort einzuführen. Nur den Direktoren und Angestellten der Kompagnie blieb
der Handel verboten.

Die Maßregel hatte den Erfolg, daß verschiedene Kaufleute
sich in Brasilien niederließen und der Handel einen erheblichen
Aufschwung nahm. Von Mangel und Teuerung der Lebensmittel
war nun nicht mehr die Rede. Dafür begannen die Leute über zu
geringen Gewinn infolge des Sinkens der Preise zu klagen, und es
entstand Geschrei gegen das neue Reglement. Daß die Kompagnie
dabei aber nicht schlecht gefahren ist, ergeben die Nachrichten der
Zeit. Schon 1638 kamen elf holländische Handelsschiffe nach
Pernambuco, bald stieg ihre Zahl jährlich auf 27, während die ostindische Gesellschaft jährlich nicht mehr als 14 verwendete. Auch
die Zuckerindustrie, der der Statthalter durch Überweisung von
Sklaven auf Kredit half, lebte neu auf. Wenn auch 1640 statt
der 1630 vorhandenen 166 Zuckermühlen erst 120 im Betrieb
waren, so warfen sie doch jährlich an Steuern 220 000 fl. ab.

Zum Unglück für das Unternehmen wurden die Pläne und
Anordnungen des Statthalters vielfach durchkreuzt. Der Kompagnie erschienen alle Erfolge zu langsam und die Kosten zu hoch.
Man wollte die Portugiesen ganz aus Brasilien vertrieben sehen,
scheute aber die nötigen Opfer. Man wollte Handel und Gewerbe

in Blüte sehen, fand sich aber schwer in den Bruch mit dem alten Monopolsystem. Dazu drängten die unduldsamen reformierten Geistlichen den Grafen dazu, seine anfänglichen toleranten Anordnungen einzuschränken. Den Katholiken und Juden wurden unter ihrem Einfluß Beschränkungen im Kultus auferlegt, die böses Blut machten und die Entwickelung der Kolonie hemmten. Die Kompagnie freilich war auch in nichts weniger als angenehmer Lage. Trotz der hohen Gewinne aus Kriegsbeute war sie tief in Schulden. Sie mußte in jenen Jahren schon mehrfach bei den Generalstaaten Unterstützungen erbitten und war in Verlegenheit, wenn diese von den Provinzen nicht rechtzeitig gezahlt wurden. 1638 waren ihre Aktien auf 50 gesunken. Ohne einen neuen, Aufsehen erregenden glücklichen Schlag konnte sie sich nicht mehr lange halten.

So wurde der Statthalter wiederholt gedrängt, einen Angriff auf San Salvador zu unternehmen und damit gleichzeitig neuen Rüstungen Spaniens gegen die holländische Kolonie, von denen man Kunde hatte, zuvorzukommen. Der Graf zögerte. Er wußte, daß die Portugiesen sich in Bahia gut vorgesehen hatten, und er fand die verfügbaren Truppen unzureichend. Erst als ihm neuer Nachschub unter Artichofsky in Aussicht gestellt wurde, begann er Vorbereitungen zu dem Zuge zu treffen. Da kamen Gerüchte von Zwistigkeiten zwischen Graf Bagnuolo und dem Befehlshaber von San Salvador sowie von Meutereien der nicht bezahlten Besatzung jener Stadt nach Recife und bewogen den Statthalter, den Angriff zu unternehmen, ohne die Verstärkungen abzuwarten. Am 8. April 1638 ging er mit 22 Schiffen nach Bahia, landete bei dem unbesetzten Kap Bartolomeo und marschierte von dort gegen San Salvador. In wenigen Tagen fielen die Forts, welche die Stadt verteidigten, in seine Hand und die Flotte konnte ihr die Verbindungen zur See abschneiden. Von der Landseite aus wurden Laufgräben und Batterien gegen sie errichtet und eine förmliche Belagerung begonnen. Aber San Salvador wurde von 1400 weißen Soldaten, 800 Indianern und 3000 bewaffneten Bürgern verteidigt. Bagnuolo hatte den Oberbefehl übernommen und wurde von der Geistlichkeit mit allen Kräften gegen die Ketzer unterstützt. Dank dem Mut der Truppen, gelang es den Portugiesen wiederholt, die Reihen der Holländer zu durchbrechen und Vorräte von außen zu holen. Graf Johann Moritz sah sich schließlich genötigt, es mit

Sturm zu versuchen. Doch der Feind war auf seiner Hut und schlug den Angriff ab. Als Krankheiten im holländischen Lager ausbrachen, die Lebensmittel knapp wurden, Stürme die Flotte in der Bai bedrohten und Verstärkungen von Holland ausblieben, geriet der Graf allmählich in gefährliche Lage. Von 3400 holländischen Soldaten hatte er 1000, von 1000 Indianern 100 verloren. Die Regenzeit setzte ein und machte eine Fortsetzung der Belagerung für das kleine Heer unmöglich. Man mußte sich zum Abzug entschließen. In der Nacht vom 25. zum 26. Mai wurde er angetreten, kurz bevor eine von Lissabon den Belagerten zu Hilfe gesandte Flotte in der Bai eintraf.

Der Graf war über den Fehlschlag des Unternehmens entrüstet, wenn er auch den größten Teil der Kosten durch die gemachte Beute decken konnte. Er beschwerte sich bitter in Holland über die Verzögerung der Sendung von Verstärkungen und die ungenügende Unterstützung im allgemeinen. Er verlangte 18 weitere Schiffe und noch 3600 Mann. Damit könne er der portugiesischen Herrschaft den Garaus machen und das Land zur Blüte bringen. Ohne kräftige Stütze falle die ganze Unternehmung. Sparsamkeit sei da nicht angezeigt. Er vergaß nur dabei die schlechte Lage der Gesellschaft. Woraus sollte sie die Mittel nehmen? Wenn auch Brasilien in jenem Jahre 600 000 fl. Einnahmen versprach, so war doch das eine Kleinigkeit gegenüber den Kosten. Nicht mit Unrecht erwiderte die Direktion dem Statthalter, daß leider der Zufluß von Geldmitteln an die Kompagnie sich nach den Erfolgen in Brasilien und Amerika richte und ohne solche eben die Kassen leer seien. Trotz aller Anstrengungen vermochte sie nicht, solche Streitkräfte zu senden, wie sie der Statthalter verlangte. Immerhin schickte sie im Juli 1638 eine Flotte von 14 Schiffen und im Frühjahr 1639 eine zweite mit 1600 Soldaten.

Beide Unternehmungen waren nicht glücklich. Die ersterwähnte Flotte war nicht genügend bemannt und ausgerüstet, und die Kapitäne taugten, abgesehen vom Admiral Jol nicht viel. Der Statthalter sandte sie nach Westindien, um die Silberflotte abzufangen. Jol gelang es, diese zu überraschen, und er wäre bei genügender Unterstützung des Sieges sicher gewesen. Im entscheidenden Moment ließen ihn aber seine Kapitäne im Stich, und der Kompagnie entgingen die etwa 20 Millionen, welche die spanischen Schiffe an Bord führten. Die im Frühjahr 1639 geschickte Expedition stand unter dem Oberbefehl des mehrfach bewährten Obersten Artichofsky. Dieser letztere war wohl mit Rücksicht auf die Unzufriedenheit verschiedener Mitglieder der Kompagnie über die Kostspieligkeit der brasilianischen Verwaltung und das Scheitern des Angriffes auf Bahia anscheinend vertraulich beauftragt, die gesamte Sachlage zu prüfen und zu berichten. Hiervon erhielt der Graf von Nassau zufällig Kunde durch einen Brief Artichofskys an den Bürgermeister von Amsterdam, worin er der Sorglosigkeit und Anmaßung beschuldigt wurde. Wenngleich der politische Rat in der Sache ohne weiteres auf Seite Nassaus trat, geriet letzterer darüber in solche Entrüstung, daß er mit Rücktritt drohte, wenn Artichofsky nicht sofort entfernt werde. Dieser mußte daher nach Holland zurück und trug dort durch seine Schilderungen dazu bei, daß des Grafen Verwaltung und Persönlichkeit in schlechtes Licht gerieten und das Interesse für Brasilien sank.

Das war um so gefährlicher, als damals dieser Besitz in neuer schwerer Gefahr schwebte. Die spanische Regierung hatte sich aus Furcht, daß der Angriff auf Bahia wiederholt werden könnte, und angesichts des Schadens, den Holland fortgesetzt ihr in Amerika wie Europa zufügte, entschlossen, nochmals alle Kräfte anzuspannen, um dieses Gegners Herr zu werden. Ende 1638 wurde eine Flotte von 46 Schiffen, darunter 26 große Gallionen, mit 7000 Mann unter Don Fernando Mascarenhas, Grafen da Torre, nach Brasilien abgesandt. Gleichzeitig segelten 67 schwere Schiffe unter Don Antonio d'Ocquendo nach dem Kanal, um Holland selbst anzugreifen. Graf Nassau hatte dem Feinde damals nur 13 Schiffe entgegenzustellen, und die Kompagnie war in solcher Verlegenheit, daß sie zu den 700 000 fl. Subvention, die sie seit einigen Jahren von den Generalstaaten erhielt, eine neue halbe Million erbitten und Geld aufnehmen mußte. Hätten die Spanier rasch gehandelt, so war der Ausgang für Holland daher sehr zweifelhaft.

Doch so wenig wie früher verstanden die Spanier ihre Kräfte richtig zu verwenden. Während die Anhänger Portugals im holländischen Brasilien jubelten und eine Verschwörung anstifteten, brach auf dem Geschwader da Torres eine Epidemie aus, die viele Leute wegraffte. Als es Anfang 1639 vor Recife eintraf, waren so viel Kranke auf den Schiffen, daß der Admiral es für nötig hielt, erst nach Bahia zu gehen. Inzwischen hatte Graf Nassau die Verschwörung entdeckt, alle Verdächtigen ausgewiesen und nach Kräften gerüstet. Als die spanische Flotte im Januar 1640 wieder erschien, um Recife anzugreifen, hatte der Statthalter seine Seemacht durch Bewaffnung von Kauffahrern auf 41 Segel mit 1600 Matrosen, 1200 Soldaten und 473 Geschützen gebracht und verfügte am Lande über 1800 Weiße und 1500 Farbige. Viel war das allerdings nicht gegenüber einer Flotte, die nach holländischen Quellen damals 86 Segel zählte mit 6000 Matrosen, 6000 Soldaten und 805 Kanonen.

Doch die Holländer waren guten Muts. Im Oktober 1639 hatte der Admiral Martin Tromp die große spanische Flotte im Kanal geschlagen und zum Teil vernichtet. Auch ein Angriff der Portugiesen zu Lande am San Francisco war glücklich abgeschlagen worden. Als der Feind zwischen Itamaraca und Parahyba auftauchte, traten ihm Admiral Willem Corneliszoon Loos, Vizeadmiral Jacob Huyghens und Kontreadmiral Alberil mit 39 Kompagnieschiffen und 12 gemieteten Fahrzeugen am 12. Januar 1640 unerschrocken entgegen. Obwohl Loos gleich zu Anfang fiel und ein holländisches Schiff in den Grund gebohrt wurde, setzte der mit dem Oberbefehl betraute Huyghens den Kampf mehrere Tage fort und brachte den Spaniern große Verluste bei. Schließlich ergriff da Torre die Flucht und erreichte nach langen Irrfahrten mit Mühe Bahia wieder. Bagnuolo und einige andere landeten im Norden von Rio Grande und schlugen sich mit großen Mühsalen im Innern nach Bahia durch. Verschiedene Schiffe gingen auf dem Meere unter, die anderen verloren aus Mangel an Wasser und Vorräten einen Teil der Besatzung. Kurz die gefährliche Armada war zurückgeschlagen, und der Sieg hatte Holland nur zwei Schiffe und 106 Mann gekostet!

Der Statthalter schritt nun dazu, an der Süd- und Nordgrenze der Kolonie, wo portugiesische Streifscharen hausten, Ruhe zu schaffen, verbannte 60 Mönche aus Parahyba, die dort eine Verschwörung angestiftet hatten, und bestrafte drakonisch verschiedene Kapitäne, die auf der See ihre Pflicht nicht getan hatten. Mit Hilfe einer Flotte, die ihm die Kompagnie im März 1640 sandte, ließ er die Küsten Bahias ausplündern und verwüsten zur Rache für Greueltaten der Portugiesen. Einen neuen Angriff auf San Salvador, den die Kompagnie wünschte, unternahm er jedoch nicht. Er fühlte sich dazu zu schwach. Um im Innern die holländische Herrschaft zu befestigen, knüpfte er möglichst nahe Beziehungen mit den Indianern an, verbot strengstens die Mißhandlung von Eingeborenen und hielt im Sommer 1640 eine Art Landtag der angesehensten portugiesischen Bewohner der Kolonie ab, wobei er sie noch inniger mit Holland zu verknüpfen suchte. Abgesehen hiervon machte er den Versuch, den ewigen kostspieligen Feindseligkeiten ein Ende durch Abschluß eines Waffenstillstandes zu machen. Er tat zu diesem Zwecke im Sommer Schritte in San Salvador, wo Jorge Mascarenhas Marquis von Montalvao als Vizekönig die Leitung der Geschäfte übernommen hatte. Dieser Versuch blieb erfolglos. Die Portugiesen dachten nicht daran, sich mit der Tatsache der holländischen Herrschaft abzufinden. Sie setzten unter der Hand ihre Raubzüge und Umtriebe fort und scheinen sogar den Grafen zu gewinnen versucht zu haben.

Des letzteren Maßnahmen waren großenteils nicht nach dem Sinne der Leiter der westindischen Kompagnie. Hatten sie dem Statthalter schon das Mißglücken des Angriffs auf Bahia vielfach zur Last gelegt und seine Befürwortung der Erleichterung des Handels übel empfunden, so sahen sie in dem Unterlassen eines neuen Handstreichs gegen die portugiesische Hauptstadt eine direkte Verletzung ihrer Interessen. Auch wollten sie von der durch Graf Nassau gewährten Gewissensfreiheit nichts wissen. Sie wären durchaus geneigt gewesen, dem Statthalter die von ihm 1640 mehrfach erbetene Entlassung zu gewähren, wenn nicht unerwartete Ereignisse damals die Sachlage plötzlich geändert hätten.

Am 1. Dezember 1640 brach in Lissabon eine lange sorgsam vorbereitete Revolution aus. Die über die Bedrückung durch die Spanier und die Vernachlässigung ihrer Interessen empörte Bevölkerung erhob den Herzog von Braganza als Joam IV. auf den Thron und sagte sich von Spanien los. Kaum drang die Kunde davon in die portugiesischen Kolonien, so folgten diese dem Beispiele des Mutterlandes. Die spanischen Besatzungen und Beamten wurden verhaftet und heimgeschafft und Joam IV. anerkannt. In Brasilien geschah das am 10. März 1641. Kurz darauf benachrichtigte ein

Abgesandter des Vizekönigs den Grafen Nassau von dem Ereignisse und bot ihm sofortige Einstellung aller Feindseligkeiten an.

Die Kunde von der portugiesischen Revolution erregte große Freude bei Spaniens Feinden. Die meisten europäischen Staaten erkannten sogleich Portugals Unabhängigkeit an, die Generalstaaten Hollands beschlossen sogar, dem König Joam IV. eine Hilfsflotte zur Verfügung zu stellen. Bei aller Freude über die Schwächung Spaniens vergaßen sie aber nicht, daß ihnen durch das Ereignis ein reiches Feld für ihre Eroberungen verloren gehen mußte, und beschlossen, vor Abschluß eines förmlichen Vertrages mit Portugal seinen Kolonialbesitz nochmals gründlich zu brandschatzen. Der Graf von Nassau erhielt unter lebhafter Anerkennung seiner Verdienste Ende Februar 1641 Befehl durch die Kompagnie, schleunigst ihre Besitzungen noch nach Kräften zu erweitern. Man deutete ihm an, daß am erwünschtesten die Wegnahme von San Salvador wäre.

Der Statthalter entschloß sich, zu gehorchen. Doch zum Angriff auf die Hauptstadt fühlte er sich nicht in der Lage. Abgesehen vom Mangel an Schiffen und Truppen, litt er an großer Knappheit der Lebensmittel. Er beschränkte sich auf Besetzung der schon 1637 eroberten aber sich selbst überlassen gebliebenen Kapitanie Sergipe del Rey und auf einen Vorstoß in Westafrika. Erweiterung des holländischen Besitzes war hier dringend geboten, wenn man nicht nach dem Friedensschluß aus Mangel an Negerarbeitern den Zuckerrohrbau in Brasilien aufgeben wollte. Dazu kam, daß der Graf gegen einen neuen Angriff auf zweifellos portugiesischen Besitz unter den damals obwaltenden Umständen Bedenken hatte, während hinsichtlich Westafrikas noch nicht feststand, ob es Spanien oder Portugal zufallen werde, und die Unterbindung der Negerzufuhr nach Peru unter allen Umständen in erster Linie Spanien schädigte. Die Expedition wurde Ende Mai 1641 ins Werk gesetzt. Mit 20 Schiffen und 2000 Mann wurde im August die durch den Sklavenexport reiche Stadt S. Paulo da Loanda eingenommen. Dreißig im Hafen liegende Schiffe fielen dabei den Siegern in die Hände. Im Oktober nahm der holländische Befehlshaber, Admiral Jol, auch noch die Insel S. Thomé. Dieser Besitz erwies sich als so ungesund, daß Jol und verschiedene andere tüchtige Leute dem Klima erlagen.*)

---

*) Im Dezember waren alle holländischen Kapitäne bis auf einen tot. Von 600 Mann Besatzung lebten nur noch 230.

Graf Nassau schwankte daher, ob er diesen Besitz halten sollte. Aber die Kompagnie entschied sich dafür und ließ dort Zuckerrohrbau treiben. Dem Vorschlag des Statthalters, holländische Strafgefangene als Arbeiter zu verwenden, wurde so wenig wie dem früheren hinsichtlich Brasiliens nähergetreten. Nach S. Thomé kamen auch noch die kleine Insel Annobom und Axim an der Goldküste in holländischen Besitz.

Graf Nassau wünschte diese Eroberungen, aus denen er einen jährlichen Reingewinn von mehr als 2 Millionen Gulden zu ziehen hoffte, zu Brasilien geschlagen und seiner Regierung unterstellt zu sehen. Sollten die von da kommenden Sklaven ja doch hauptsächlich in Brasilien Verwendung finden und konnten ihre Bedürfnisse am bequemsten von da aus befriedigt werden. Doch die Kompagnie wollte davon nichts wissen. Sie traute ihrem Statthalter nicht mehr. Er war ihr ohnehin zu selbständig und mächtig. Sie schuf ein eigenes, direkt dem Rat der XIX unterstelltes afrikanisches Gouvernement und setzte die Zustimmung der Generalstaaten durch. Den Statthalter drängte sie dagegen zu weiterer Ausdehnung des brasiliauischen Besitzes. Wenn auch ungern, gehorchte er und sandte im Herbst eine Flotte nach der Provinz Maranham am Amazonen-Strom. Die Expedition bemächtigte sich ohne Schwertstreich des Hauptortes S. Luis und entwaffnete die Portugiesen. Ganz Nordbrasilien außer der Provinz Para war damit in Hollands Händen. Die Kompagnie blieb indessen unzufrieden und hätte den Statthalter gern abberufen, wenn sich nicht die Generalstaaten widersetzt hätten. Das übereinstimmende Urteil der höchsten Beamten Brasiliens, daß nur die Persönlichkeit Nassaus die unruhige Bevölkerung der Kolonie im Zaume halte, scheint auf sie wenig Eindruck gemacht zu haben. Sie fand, daß angesichts des bevorstehenden Friedens mit Portugal ihr Interesse in Brasilien nicht so weit gewahrt worden sei, wie es ihre Bedürfnisse erforderten.

Der vorläufige Friede in Europa war nämlich trotz aller Einwendungen der ost- und westindischen Kompagnien am 12. Juni 1641 im Haag zu stande gekommen. Die Portugiesen gestanden darin nach langen Verhandlungen zu, daß jeder Teil den Besitz behalten solle, der sich in seiner Gewalt befinde, und zwar in Ostindien ein Jahr nach der Ratifikation, in Westindien am Zeitpunkte der Verkündigung der Ratifikation. Holland verpflichtete sich, den Portu=

giesen eine Hilfsflotte von 20 Segeln zu stellen und eine ebenso große zu vermieten. — Dank der Tätigkeit Nassaus war zwar der westindischen Kompagnie vor Ablauf des genannten Termins noch ein großer und wertvoller Besitz zugeführt worden, den Portugal ihr wohl oder übel zuerkennen mußte, aber das Publikum fand ihre Lage verschlechtert. Ihre Aktien fielen von 128 auf 114, die der ostindischen sogar von 500 auf 400. Besonders unangenehm empfand man, daß mit Portugal nicht wenigstens ein förmlicher Friede geschlossen sei. Bei dem zehnjährigen Waffenstillstand mußte man alle Rüstungen weiter fortführen und immer auf neuen Kampf gefaßt bleiben.

Anfangs schien es freilich, als ob für Brasilien weitere Opfer nicht nötig sein würden. Mit der Einkehr des Friedens begann hier ein sichtlicher Aufschwung einzutreten. Ackerbau und Handel blühten auf, die Ansiedler fanden reichlich lohnende Beschäftigung. Recife blühte zu einer schönen Stadt empor. Während es 1630 nur 150 Häuser zählte, gab es deren damals über 2000. Olinda war zerstört worden. Aus seinen Trümmern war auf der Insel Antonio Vaz ein neuer Ort, Mauritsstad, entstanden, den zwei Brücken mit Recife verbanden. Auf seine Kosten hatte der Statthalter bei Mauritsstad unter Aufwand von etwa 600 000 fl. sich ein Palais, Vryburg, erbaut. Ein anderes Palais, Schoonzigt (Bellavista), diente gleichzeitig Verteidigungszwecken. Die reichliche Zufuhr von Negern aus Westafrika förderte den Zuckerbau. Durch verschiedene Forschungsreisen begann man mit dem Innern näher vertraut zu werden, und es eröffnete sich Aussicht für Aufdeckung von Edelmetall-Minen. Doch die Gefahren, welche diesen Besitz von jeher bedrohten, hatten nicht abgenommen, sondern wuchsen. Die Beschränkungen der Kultusfreiheit in der Kolonie durch die Gesellschaft verstimmten die zahlreichen Juden und erbitterten die Portugiesen. Die letzteren empfanden auch ihre Verschuldung in Sklaven und Vorschüssen gegenüber der Kompagnie sehr unangenehm und suchten nach Gelegenheit, auf billige Weise ihrer Schulden quitt zu werden. Dazu kam, daß die Portugiesen entrüstet waren über die Art, wie Holland während der Ratifikationsfrist seinen Besitz erweitert hatte, und nicht aufhörten, gegen dasselbe zu arbeiten.

Graf Nassau verkannte diese Lage nicht. Er erachtete es für nötig, noch einige Jahre lang alle Kräfte anzuspannen, um das Land zu beruhigen, zu erschließen und in guten Verteidigungszustand zu setzen. Die unter ihren Verlegenheiten leidende Kompagnie dagegen hielt den Zeitpunkt für gekommen, eine neue gründliche Beschränkung der Ausgaben vorzunehmen. Sie entzog die Verfügung über die Finanzen dem Statthalter und ordnete Heimsendung von 1000 Soldaten schon 1641 an. Im folgenden verlangte sie Entlassung weiterer Truppenteile, obwohl für ganz Brasilien und Westafrika nur noch 5000 Mann zur Verfügung standen und inzwischen in Maranham infolge von Grausamkeiten der Holländer ein Aufstand der portugiesischen Bevölkerung ausgebrochen und die Hauptstadt verloren gegangen war. Unter diesen Umständen erachtete der Statthalter es für nötig, in der Heimat ernstlich vorstellig zu werden.

Er sandte seinen Geheimsekretär Johann Karl Tolner nach Holland und ließ durch ihn den Generalstaaten und der Kompagnie die Sachlage eingehend schildern. Doch weder der Hinweis auf die Mißstimmung der Portugiesen infolge der religiösen Beschränkungen und ihr durch die heimische Revolution gehobenes Volksgefühl, noch die Darlegung des Mangels an Munition und Lebensmitteln und die Mitteilung von Briefen der angesehensten Bewohner der Kolonie über die Sachlage machten Eindruck. Die am Ende ihrer Mittel stehende Kompagnie blieb bei ihren Weisungen und benachrichtigte den Grafen, daß sie seine wiederholten Abschiedsgesuche genehmigt habe und er 1643 heimkehren könne. Der Statthalter meldete das zunächst den Generalstaaten und erbat ihre Weisungen, indem er nochmals die gefährliche Lage der Kolonie schilderte. Er betonte, daß die portugiesischen Plantagenbesitzer damals der Kompagnie nicht weniger als 5 700 000 fl. schuldeten und daher mit Freuden von ihrer Herrschaft sich lossagen würden; er beklagte die unregelmäßige Zahlung des Soldes der Truppen, die Beschneidung seiner eigenen Bezüge, die mangelhafte Versorgung Brasiliens mit Kriegsvorräten und beschwerte sich bitter über die ihm bewiesene Undankbarkeit. Er richtete endlich auch nochmals eingehende Vorstellungen an die Kompagnie. Aber alles war vergeblich. Die Direktion fand seine Regierung zu teuer, seine Behandlung der Portugiesen verfehlt und seine Auffassung zu düster; sie verharrte in ihrer Haltung, und die Generalstaaten ließen sie schließlich gewähren. Am 6. Mai 1644 legte Graf Johann Moritz sein Amt nieder und begab sich über Parahyba nach Europa. Zu spät hat man in Holland sich bald darauf überzeugen müssen, daß man diesen Mann nicht voll nach Verdienst gewürdigt hatte.*)

Schon während der letzten Monate der Tätigkeit des Grafen in Brasilien zeigte sich, wie gerechtfertigt seine Sorgen gewesen waren. Es gärte unter der portugiesischen Bevölkerung. Die verschuldeten Pflanzer hofften durch Vertreibung der Holländer ihrer Zahlungsverpflichtungen ledig zu werden. In Maranham konnte man der Aufständischen nicht Herr werden. Im Innern von Parahyba hausten Banden von aufständischen Negern, gegen die ein Feldzug unternommen werden mußte. Ein Versuch der Kompagnie, Chile 1643 zu erobern, scheiterte. Eine bei Valdivia geschaffene Niederlassung mußte bald aufgegeben werden, und eine gegen La Plata geplante Expedition kam gar nicht zu stande.

Anfang 1644 war gar eine Empörung in Siara ausgebrochen und dieser Platz den Portugiesen in die Hände gefallen.

Viertes Kapitel.
Verlust des brasilianischen Reiches.

Mit des Grafen Nassau Abgang spitzten sich die Verhältnisse täglich mehr zu. Die Kompagnie führte überall Ersparungen ein und verminderte die Besatzungen. Ihre Beamten mußten lediglich ihre Befehle ausführen. Es waren unbedeutende und teilweise unzuver-

---

*) Neben seiner Regierungstätigkeit hat Graf Nassau Kunst und Wissenschaft in außerordentlicher Weise gepflegt. Der Arzt und Naturforscher Wilhelm Piso und der Deutsche Astronom Georg Marggraf haben unter seiner Leitung Studien gemacht und Werke verfaßt, die für Jahrhunderte mustergültig waren. Die von ihnen angefertigten Zeichnungen zur Naturgeschichte Brasiliens befinden sich heute in der Berliner Bibliothek. Ebenso große Förderung erfuhren der Baumeister Pieter Post, der Maler Franz Post, der Theologe und Dichter Plante, der seine Taten in einem Epos gefeiert, der Geschichtschreiber Barläus u. a.

Graf Nassau ist nach seiner Heimkehr 1645 als Generalleutnant wieder in die holländische Armee eingetreten und hat sich ein fürstliches Haus im Haag gebaut. 1647 bot ihm die westindische Kompagnie nochmals das Amt als Statthalter Brasiliens an. Während die Verhandlungen aber schwebten, gewann ihn der Große Kurfürst zum Statthalter für Kleve, Mark und Ravensberg. Am 20. Dezember 1679 ist er dort gestorben.

lässige Leute, die keinerlei Ansehen genossen und die Sympathien der Brasilianer für Holland noch weiter zerstörten. Graf Johann Moritz hatte dem Hohen Rate vor seiner Abreise ans Herz gelegt, größte Toleranz zu üben, die Schulden von den Portugiesen ohne Gewalt einzutreiben, sorgsam über Zustand der Befestigungen und des Heeres zu wachen, den Sold regelmäßig zu zahlen, der Immoralität und Ausschreitung zu steuern und endlich des portugiesischen Klerus Beziehungen mit Bahia sorgfältig zu überwachen. Von alledem geschah recht wenig, teils aus Mangel an Mitteln, teils aus Nachlässigkeit und weil eine einheitliche Spitze der Verwaltung nicht mehr vorhanden war.

Dagegen machte sich die Kompagnie einen anderen Gedanken des Grafen, in Vereinigung mit der ostindischen Kompagnie zu treten, um so in den Besitz größerer Mittel zu kommen, mit Eifer zu eigen. Es begann 1644 von ihrer Seite eine äußerst lebhafte Agitation gegen das Monopol der ostindischen Gesellschaft. Man verlangte entweder Vereinigung beider Kompagnien oder Aufhebung beider und Gründung einer neuen für die ganze Welt oder endlich Übernahme des Besitzes beider Gesellschaften durch den Staat und Freigabe des Handels. Als man sich bei dem Einflusse der reichen Leiter der ostindischen Kompagnie und dem Mangel eines kühnen Mannes an der Spitze der Regierung von der Aussichtslosigkeit dieser Pläne überzeugte, verlangte man wenigstens Besteuerung und Heranziehung der reichen ostindischen Gesellschaft zur Unterstützung der westindischen. Hierfür regte sich allgemein Neigung. Es war ja unzweifelhaft, daß die westindische Gesellschaft mehr als jedes andere Unternehmen zur Schwächung Spaniens und zur Hebung der Stellung Hollands beigetragen hatte, und daß ihre Verlegenheiten großenteils aus den großen Anstrengungen und Aufwendungen im vaterländischen Interesse herrührten. Wie früher erwähnt, wurde denn auch der ostindischen Gesellschaft bei Verlängerung ihres Privilegs die Zahlung einer ansehnlichen Summe zum Zwecke der Unterstützung des Schwesterunternehmens auferlegt.

Die neuen Mittel deckten indessen bei weitem nicht die Bedürfnisse der westindischen Kompagnie. Sie sah sich wohl oder übel gezwungen, ihre Ausgaben immer mehr einzuschränken. Die Folge war Verfall der Befestigungen in Brasilien, immer weitere Entlassung von Truppen und zwangsweises Eintreiben der Schulden von den portugiesischen Pflanzern. Daraus entstand allgemeine Unzufriedenheit und Gärung. Die jüdische Bevölkerung begann, Brasilien zu verlassen und sich in Surinam anzusiedeln, die Portugiesen in Recise verschworen sich zum Sturz der Holländer. An die Spitze der Unzufriedenen trat einer der reichsten und mit den Holländern stets in den besten Beziehungen stehenden Portugiesen Joao Fernandes Vieira. Die Jesuiten bearbeiteten die unteren Klassen der Bevölkerung.

Vieira wandte sich mit seinen Plänen und Vorschlägen an den Vizekönig Antonio Telles da Silva in San Salvador und gewann die Indianer und die aufständischen Neger des Inneren für Portugals Sache. Der Vizekönig entschloß sich, trotz des zwischen Portugal und Holland bestehenden Bündnisses, insgeheim den Aufstand zu unterstützen. Er sandte sechzig tüchtige Männer einzeln über die Grenze. Vieira versteckte sie dort in einem Landhause und hielt sie verborgen, bis genug Waffen und Munition beisammen waren. Dann versammelte er alle Verwandten und Freunde, teilte ihnen das Geschehene und Geplante mit und lud sie zur Mitwirkung ein. — Die Verschwörung wurde von einem dieser Leute an den Hohen Rat verraten. Doch dieser legte der Nachricht anscheinend nicht die volle Bedeutung bei. Man war von der Treue und Zuverlässigkeit des reichen Vieira überzeugt, weil man meinte, daß ihn schon sein eigenes Interesse an Holland fessele. Zu Haussuchungen und Entwaffnung des Landvolkes hatte man nicht Mut, da es eben an der nötigen Macht fehlte. Man begnügte sich mit geheimen Nachforschungen und erbat dringend von zu Hause Hilfe.

Während dessen setzten Vieira und seine Freunde, die wußten, daß sie verraten waren, ihre Vorbereitungen mit fieberhafter Eile aber unentwegt fort.

Vorräte wurden ins Innere geschafft, Freiwillige geworben und militärisch organisiert. Ein Gerücht, daß der Hohe Rat die wilden Indianer gegen die Kolonisten aufhetzen und alle Portugiesen, die älter als 15 Jahre, töten wolle, führte den Aufständischen immer neue Anhänger zu. Man beschloß endlich am 24. Juni 1645, die Mitglieder des Hohen Rates und die höchsten Beamten gelegentlich der Hochzeit der Tochter Vieiras beim Feste, zu dem sie geladen waren, zu ermorden und in ihren Kleidern Recise zu überrumpeln.

Der Plan erschreckte doch einige Eingeweihte. Sie fürchteten für ihren Besitz und ihr Leben und meldeten die Sache am 30. Mai 1645 den holländischen Behörden. Diese setzten nun in aller Eile die Forts in Verteidigungszustand und luden Vieira nach Recife. Natürlich kam er nicht. Er war bereits völlig gerüstet, und als er Nachricht bekam, daß Hilfstruppen vom Süden den San Francisco überschritten hatten, flüchtete er in den Urwald, wo er 1200 Mann um sich sammelte. Es begannen nun Überfälle auf die holländischen Pflanzungen und Niederlassungen. Bald war niemand auf dem Lande mehr seines Lebens sicher. Die holländische Regierung, die nur über 300 weiße und 200 eingeborene Soldaten in Recife verfügte und nicht mehr als ein Schiff im Hafen hatte, war machtlos, und die Stadt geriet bald aus Mangel an Lebensmitteln in Not. Ein Schritt des Hohen Rates beim portugiesischen Vizekönig Anfang Juli 1645 blieb fruchtlos. Er leugnete jede Verbindung mit den Aufständischen und lehnte jedes Eingreifen ab. Wenn man hört, daß einer der holländischen Abgesandten, der Kommandant des Forts Nazareth am Kap Augustin, Hoogstraeten bei diesem Anlaß mit den Portugiesen über verräterische Übergabe seines Postens verhandelt hat, kann man sich vorstellen, daß sie sich eines nahen Sieges sicher fühlten.

Auf die Nachrichten von dem Aufstand entschlossen sich die Generalstaaten zum Eingreifen. Sie sandten im Einverständnisse mit der Kompagnie eines ihrer Mitglieder, Walter van Schoonenborch, mit verschiedenen tüchtigen Männern nach Brasilien und gaben der Gesellschaft, deren Privileg vorläufig verlängert wurde, 700 000 Gulden zur Ausrüstung einer ansehnlichen Truppe. Während dessen wurden aber die Holländer in Brasilien Anfang August von Vieira geschlagen und in Recife eingeschlossen. Sie mußten aus Mangel an Leuten die Außenforts, ebenso wie Mauritsstab und das Schloß Vrnburg zerstören. Bei einem Ausfall fielen der Befehlshaber, Oberst Haus, und 240 Mann den Portugiesen in die Hände. Bald darauf verkaufte Hoogstraeten das Fort Nazareth für 18 000 fl. und die Befehlshaberstelle in einem portugiesischen Regiment an den Feind und veranlaßte die meisten seiner Soldaten, bei diesem Dienste zu nehmen! Dann fielen Itamaraca, Iguarassu, Porto Calvo und Fort Maurits am San Francisco den Aufständischen in die Hände. Alle Indianer und

Portugiesen, die zu Holland hielten, wurden grausam niedergemetzelt. Nur Rio Grande und Parahyba hielten sich neben Recife. Und auf dem Meere behauptete sich siegreich Admiral Lichthardt mit einem kleinen Geschwader von 8 Segeln. Er zerstörte damit eine portugiesische Flotte, die Hilfstruppen für die Aufständischen landen wollte, und fügte den Feinden großen Schaden zu.

Als am 1. August 1646 endlich Schoonenborch mit etwa 2000 Mann vor Recife eintraf, war die Lage der Stadt so schlecht, daß die kleine Besatzung entweder an Durchbruch ins Innere oder Kapitulation dachte. Trotzdem traten Schoonenborch und der ihn begleitende neue Hohe Rat zuversichtlich auf. Den Aufständischen wurde mitgeteilt, daß der Lissaboner Hof nichts mit ihnen zu tun haben wolle, und gleichzeitig volle Amnestie allen geboten, die sich unterwerfen würden, ausgenommen Hoogstraeten und zwei andere. Die Proklamation machte auf Vieira und seine etwa 14 000 Mann starken Anhänger keinen Eindruck. Verschiedene vom General Schloppe geleitete Ausfälle scheiterten. Man machte nun den Versuch, den Feind in der Flanke zu fassen. Lichthardt wurde zum San Francisco gesandt, um dort zu landen. Zum Unglück starb er kurz nach der Landung, der Versuch scheiterte damit, und die Einschließung Recifes dauerte fort.

Bei dieser Lage entschloß man sich Anfang 1647, ohne Rücksicht auf den Frieden Bahia anzugreifen. Schloppe landete auf der Insel Taparica, verjagte die Besatzung und verheerte die Umgegend von San Salvador. Von der Insel aus wurden den Portugiesen verschiedene Niederlagen beigebracht und Rache für die Gewalttaten der Aufständischen genommen. Ohne entscheidende Erfolge dauerte dieser Zustand fort, bis die Generalstaaten Portugal gegenüber Ernst machten und ihm mit einem Bunde mit Spanien drohten. Hierauf hin befahl König Joam IV. Einstellung aller Feindseligkeiten und Rückzug der im holländischen Gebiet befindlichen portugiesischen Truppen. Vieira aber und ein anderer Führer der Aufständischen Vidal weigerten sich, zu gehorchen, und setzten den Kampf fort. Bald entdeckte man in Holland durch aufgefangene Briefe, daß die portugiesische Regierung fortgesetzt mit den Empörern in Verbindung stand und ihnen Unterstützung zukommen ließ. Die öffentliche Meinung ganz Portugals jubelte eben Vieira zu und forderte Wiedereroberung Brasiliens. Die Krone mußte damit rechnen.

Die westindische Kompagnie kam dadurch in schlimmste Nöte. Wenn auch ihre Truppen inzwischen Itamaraca und die Mündung des San Francisco zurückerobert hatten, so war die Kolonie doch in voller Auflösung. Die wenigen den Holländern ergebenen Indianer waren infolge unkluger Maßnahmen erbittert abgefallen. Man litt Not an allem. Ohne große Verstärkungen war an Rettung der Kolonie nicht zu denken. Die Aktien der Kompagnie fielen auf 30. Hilfe konnte nur von den Generalstaaten kommen. In ihnen aber walteten viele Bedenken ob. Die Vertreter von Amsterdam wollten von neuen Aufwendungen für die Kompagnie nichts wissen und ebensowenig von einem Krieg gegen Portugal, da sie für Ostindien sich davon nicht viel Nutzen versprachen. Man beriet und beriet, ohne zu einem Entschluß zu kommen, bis schließlich die laute Entrüstung der Bevölkerung über das Verhalten Portugals zu entschlossenen Maßregeln drängte. Das Privileg der Gesellschaft wurde, um ihr neuen Rückhalt zu geben, im März 1647 auf weitere 25 Jahre verlängert und eine Flotte von 12 Kriegsschiffen und 6000 Soldaten mit den nötigen Transportfahrzeugen zur Unterstützung für den Feldzug in Brasilien ausgerüstet. Zum Oberbefehlshaber ersahen die Generalstaaten den Grafen Johann Moritz aus. Widerwillig ließ sich dieser auf Verhandlungen ein. Er verlangte endlich größere Machtvollkommenheit, Unabhängigkeit vom Hohen Rate Brasiliens, 12 000 Mann und ein lebenslängliches Jahrgehalt von 60 000 fl. Das konnte die Kompagnie nicht leisten, und die Generalstaaten wollten ihrerseits so bedeutende Opfer für sie nicht bringen. So brach man die Verhandlungen ab und begnügte sich mit halben Maßregeln. Ende Dezember 1647 segelte die erwähnte Flotte unter Admiral Witte Corneliszoon de With nach Brasilien ab, und den Oberbefehl zu Lande erhielt General v. Schoppe. Die Portugiesen hatten, als sie sahen, daß man ihren Versprechungen wegen Rückgabe aller von den Aufständischen eroberten Flecken und Herstellung des Friedens nicht mehr traute, ihrerseits ebenfalls ein Geschwader mit Verstärkungen nach der Kolonie gesandt.

Als de With am 18. März 1648 vor Recife erschien, war die Stadt von den Aufständischen eng eingeschlossen, und außer ihr befanden sich nur noch die Forts von Parahyba, Rio Grande und Itamaraca in der Hand der Holländer. Die letzteren beschlossen, zum Angriff überzugehen. Mitte April 1648 traten sie mit 4500 Mann den Aufständischen, welche jetzt von einem portugiesischen Offizier Bareto be Menezes geführt wurden, entgegen. Aber die holländischen Truppen waren unzufrieden, weil man ihnen den rückständigen Sold für einen Monat nicht gezahlt hatte. Sie meuterten offen und zogen sich dadurch eine schwere Niederlage zu. Fast 1000 Mann fielen oder wurden verwundet, obwohl der Feind nur 2400 Mann stark gewesen war! Noch schlimmer war, daß die holländische Flotte aus Mangel an Proviant nicht im stande war, eine in Bahia gegen Westafrika ausgerüstete Expedition abzufangen. Es gelang letzterer im Oktober 1648 mit leichter Mühe, Angola und S. Thomé wieder zu erobern. Vorstellungen gegen diesen Friedensbruch in Lissabon blieben fruchtlos, obwohl die Holländer jetzt Anfang 1649 die ostindische und westindische Kompagnie zu Repressalien gegen die Portugiesen ermächtigten. Diese fühlten sich vom Glück begünstigt und ihres Erfolges sicher. Sie riefen nach dem Muster der holländischen Kompagnien eine privilegierte Handelsgesellschaft, Companhia geral para o Estado do Brazil, ins Leben und setzten den Kampf um Rückeroberung ihres früheren Überseereichs mit ungeschwächtem Eifer fort. Im Februar 1649 gelang es ihnen, Schoppe eine zweite, schwere Niederlage beizubringen und ihm seine ganze Artillerie wegzunehmen.

Die Lage wurde um so schlimmer für die Holländer, als ihre Führer untereinander in bitterem Zwist lagen. Mehrere von ihnen kehrten eigenmächtig nach der Heimat zurück. Ende 1649 tat das auch der Admiral de With. Die Militärs konnten sich nicht genug tun in Klagen über die Kleinlichkeit und den Geiz der Kompagnie, letztere beschwerte sich über Eigenmächtigkeit und Unfähigkeit der Truppen und Schiffsführer. Da neue Verstärkungen ausblieben, sahen sich die Holländer gezwungen, in den wenigen Punkten, die sie noch besaßen, sich so gut wie möglich gegen die unaufhörlichen Angriffe der Portugiesen und ihrer Verbündeten zu verteidigen. Ihre letzte Hoffnung blieb ein neues kräftiges Eingreifen der Generalstaaten. In der Tat zogen diese, trotz des Widerspruchs von Amsterdam und Friesland, und, trotzdem 1650 Portugal es mit Anknüpfung von Verhandlungen versuchte, die Ausrüstung einer neuen Expedition in Erwägung. König Joam IV. bot damals mit der Begründung, daß es ihm unmöglich sei, die Aufständischen zum Gehorsam zu

bringen, der Kompagnie für Verzicht auf Brasilien 8 Millionen
Gulden und der besonders betroffenen Provinz Seeland außerdem
800 000, dazu Freigabe des Handels mit Brasilien und des Salz-
handels mit Setubal in Portugal. Die Kompagnie hatte ähnliche
Anträge Portugals schon wiederholt abgelehnt. Jetzt wiesen die
Generalstaaten den Vorschlag rund ab und entschlossen sich zum
Krieg.

Es ist anzunehmen, daß, wenn Holland, das damals 10000 Schiffe
im Übersee- und Küstenhandel beschäftigte, den Kampf nachdrücklich
begonnen hätte, Brasilien sehr bald in seine Hände gefallen wäre.
Doch in diesem Augenblicke konnte es seine Pläne nicht ausführen.
Am 7. Juli 1652 erklärte ihm England den Krieg, und es mußte
seine ganze Kraft gegen letzteres wenden. Brasilien blieb somit
seinem Schicksal überlassen, und der Kleinkrieg ging unentschieden
weiter. Die Aufständischen waren trotz der Schwäche der Holländer
nicht im stande, sich ihrer Forts zu bemächtigen, da sie über keine
Seemacht verfügten. Die Holländer waren nicht in der Lage, der
Gegner zu Lande Herr zu werden. Auf ihre dringenden Vorstellungen
und Bitten entschlossen sich die Generalstaaten 1653 ihrerseits zur
Anknüpfung von Verhandlungen mit Portugal. Sie verlangten nur
noch Überlassung von Recife, Parahyba, Rio Grande und Ciara
sowie Handels- und Religionsfreiheit in Brasilien. Nun aber wollten
die Portugiesen nichts mehr von Zugeständnissen wissen. Sie fühlten
sich des Triumphes sicher. In der Tat mußte Schkoppe am
26. Januar 1654 kapitulieren, als eine Flotte der brasilianischen
Kompagnie vor Recife erschienen war und ihn auch vom Meere abgeschnitten hatte. Gegen freien Abzug und Amnestie für die auf
Hollands Seite getretenen Portugiesen und Juden übergab er die
letzten Besitzungen Hollands in Brasilien an Portugal.

Fünftes Kapitel.
Niedergang der westindischen Kompagnie.

Schkoppe, Schoonenborch und Haecxs, die letzten Leiter der
Kolonie, wurden zu Hause verhaftet und vor Gericht gestellt. Ein
greifbares Verschulden war ihnen nicht nachzuweisen und sie wurden

schließlich freigesprochen. Die öffentliche Meinung hat sie jedoch für immer verurteilt. Holland versuchte, sobald es am 5. April 1654 mit England Frieden geschlossen hatte, nachträglich noch zu retten, was möglich. Es dachte erst daran, die Vermittlung Louis' XIV. bei einer Verhandlung mit Portugal in Anspruch zu nehmen. Als aber 1656 König Joam IV. starb und ein Knabe ihm auf dem Throne folgte, zog es einen andern Weg vor. Es sandte eine Flotte zum Tajo und verlangte kurzer Hand Rückgabe von Brasilien, Angola und S. Thomé nebst Geldentschädigung. Die Portugiesen wollten höchstens von letzterer hören und versuchten, die Verhandlung hinzuziehen. Da erklärte Holland im Oktober 1657 den Krieg. Er hat Portugal bedeutenden Schaden besonders in Indien zugefügt, zu einer Rückeroberung Westafrikas und Brasiliens jedoch nicht geführt. Verwickelungen mit Schweden, die Einmischung Frankreichs und die drohende Haltung Englands, dessen König Charles II. eben eine portugiesische Prinzessin heiraten wollte, hemmten Holland zu sehr in seiner Bewegungsfreiheit. Als am 6. August 1661 der Friede zustande kam, begnügte es sich mit einer Zahlung von 8 Millionen Gulden, Rückgabe der von Portugal erbeuteten Geschütze sowie Zusage von Handels- und Religionsfreiheit in den portugiesischen Kolonien.

Der westindischen Kompagnie verblieben damals außer Neu-Niederland in Nordamerika, der Besitz von Elmina an der Goldküste und die Inseln Curaçao, St. Eustatius und Tabago in Westindien.

1642 siedelte eine kaufmännische Kompagnie aus Seeland auf Tabago 200 Leute an und nannte es Neu-Walcheren. Die Eingeborenen töteten eine Anzahl der Ansiedler und verjagten den Rest 1650 wurde die Insel von Vlissingen aus aufs neue besetzt, um von da Schmuggel nach Spanisch-Amerika zu treiben.

Neu-Niederland hatte sich seit 1623, wo die ersten festen Plätze dort angelegt worden waren, zu einer sehr wertvollen Kolonie entwickelt. Wenn auch die 1629 zur Beförderung einer raschen Ansiedelung des Landes getroffene Einrichtung der Patrone, welche eine Verpflanzung des Feudalwesens nach Amerika darstellte, mit der Zeit viel böses Blut machte, waren doch Landbau und Handel stetig fortgeschritten. Zu hohe Abgaben auf Verbrauchsgegenstände, Mißwirtschaft und Untreue der Beamten, Streitigkeiten mit den englischen Nachbarkolonien und Indianerkriege konnten das Gedeihen der Ansiedlung nicht dauernd schädigen. Der Tabakbau machte große Fortschritte, der Handel wuchs nach dem Innern wie nach Holland und den Besitzungen der Kompagnie in Brasilien, Afrika und Westindien. Allerdings war die Entwickelung der Kolonie keine so rasche wie die der benachbarten englischen, und es war schwedischen Ansiedlern, die 1639 am Delaware erschienen, möglich, hier dicht neben den Holländern auf einem von diesen beanspruchten Gebiet sich niederzulassen. Der Grund war die verhältnismäßig geringe Bevölkerung des Mutterlandes und ihre wenige Neigung zur Auswanderung. Auch fehlte der religiöse Ansporn, der die ihres Glaubens wegen übersiedelten Kolonisten Neu-Englands belebte. Dazu litt die Ansiedelung unter Streitigkeiten mit den englischen Kolonien, die sie von jeher scheel ansahen und der Versorgung der Indianer mit Waffen beschuldigten, sowie mit den Schweden, welche den Handel zu sich abzulenken suchten. Und endlich waren ewige Streitigkeiten der auf ihre großen Privilegien sich stützenden Patrone mit ihren Beamten und dem Gouvernement, sowie des letzteren mit den freien Kolonisten, die größere Selbstverwaltungsrechte forderten, auch nicht sehr angetan, die Blüte der Ansiedelung zu fördern.

Immerhin war die Kolonie so wertvoll, daß sie unausgesetzt die Begehrlichkeit der Engländer reizte. Als es in den 50er Jahren zum Krieg zwischen Holland und England kam, rüstete letzteres 1654 bereits eine Flotte gegen Nieuw-Amsterdam aus, Connecticut bemächtigte sich des Forts Gute Hoffnung, und auf Long Island empörten sich die dort wohnenden Engländer. Zum Glück für die Kolonie kam der Friede zu stande, ehe ein ernstlicher Angriff erfolgt war. Sie wäre sonst schon damals verloren gewesen. Gewitzigt hierdurch, wurde nach dem Frieden Neu-Amsterdam besser befestigt und der schwedischen Niederlassung am Delaware der Garaus gemacht. An ihrer Stelle erhob sich bald das Fort Neu-Amstel. Auch versuchte man mehr Einfluß auf die Indianer zu gewinnen und aufs neue mehr Ansiedler ins Land zu ziehen. Der Handel erfuhr Erleichterungen, Neu-Amsterdam wurde eine den Einrichtungen der holländischen Städte entsprechende Verfassung verliehen, wonach Bürgermeister und Schöffen von den Bürgern zu wählen waren.

Nur leider wurde die gute Wirkung dieser Maßnahmen damals wieder aufgehoben durch Verfolgung aller religiösen Sektierer, Beförderung sozialer Unterschiede und Mißwirthschaft einzelner Beamter. Dazu gelang es weder, mit den Indianern in geordnete friedliche Beziehungen zu gelangen, noch sich mit den Engländern über die Grenzen der Kolonie auseinander zu setzen. Immer aufs neue kam es zu offenen Streitigkeiten mit den Neu-Englandstaaten und unausgesetzt drängten diese in London auf Verjagung der Holländer. Lange hatte die englische Regierung diesem Drängen sich widersetzt und 1662 nicht allein Frieden, sondern sogar ein Bündnis mit den Generalstaaten geschlossen. Aber die Niederlage Hollands in Brasilien und Westafrika belebte den Mut seiner Feinde. Unter ihnen stand an der Spitze der Duke of York, der Bruder des Königs von England, der nicht allein aufgebracht war über verschiedene bösartige Flugschriften, die gegen ihn in Holland erschienen waren, sondern als Gouverneur der englischen Royal-Afrika-Kompagnie den Holländern es sehr verübelte, daß sie den Sklavenhandel der Goldküste ziemlich monopolisierten.

Er entschloß sich auf eigene Hand, ohne Mitwissen des englischen Ministeriums, vorzugehen. Er veranlaßte seinen Bruder Charles II. ihm eine Charter für Long Island und den ganzen holländischen Besitz zu erteilen und ihm 4 Kriegsschiffe zur Verfügung zu stellen. Eine darauf eingeschiffte Kommission sollte mit 450 Mann Soldaten nicht allein in den Neu-England-Kolonien Ordnung schaffen, sondern auch Neu-Niederland mitten im Frieden wegnehmen. In Neu-Amsterdam erhielt man die erste Nachricht hiervon aus Boston. Der Gouverneur rüstete darauf sofort nach Kräften und wußte auch die Kolonisten zu ungewohnten Anstrengungen anzufeuern. Mitten in den Rüstungen meldeten indessen Briefe der Kompagnie aus Amsterdam, daß alle Gerüchte unwahr seien und die englische Expedition nur in den Neu-Englandstaaten Ordnung schaffen solle. Darauf hin stellte man die Arbeiten ein und war unvorbereitet, als Ende August 1664 die Engländer nun doch vor Neu-Amsterdam erschienen. Die Kolonisten im Innern und Long-Island verweigerten jeden Beistand. Der Gouverneur sah sich hilflos. Seine Anfragen beim englischen Kommandeur nach dem Grunde seines Kommens beantwortete dieser mit der Aufforderung zu sofortiger Übergabe der Kolonie. An Widerstand war nicht zu denken, der Gouverneur suchte nur durch Verhandeln Zeit zu gewinnen. Aber die Bürger waren völlig mutlos, sie bestürmten ihn, zu kapitulieren und sie nicht unglücklich zu machen. Am 6. September wurde daher eine Kapitulation abgeschlossen, wonach der Kompagnie und allen Kolonisten ihr Besitz zugesichert, Freiheit zum Wegzug und freie Religionsübung, eigenes Erbrecht und dergleichen mehr gewährt wurde. Die Forts Orange und New-Amstel ergaben sich auch ohne Schwertstreich.

Die Kompagnie verlor so einen Besitz mit etwa 10 000 weißen Bewohnern und einer Jahreseinnahme von etwa 42 000 fl. Allerdings hatte diese seit längerer Zeit die Ausgaben nicht gedeckt, und die Kolonisten waren außerdem mit verschiedenen Steuern stark im Rückstande. —

Die Folge dieses Gewaltstreichs Englands war neuer Krieg mit Holland. Bei dem elenden Zustande der westindischen Kompagnie, der schon recht gefährdeten Geldlage Hollands und dem Streit der dortigen Parteien unter einander wurde aber die erhoffte Genugtuung nicht erreicht. Vielmehr verlor die Kompagnie damals auch noch ihren Besitz an der Goldküste sowie Tabago und St. Eustatius. Als Ersatz eroberte de Ruyter englische Faktoreien in Gorée, Sierra Leone und an der Goldküste sowie die kleinen westindischen Inseln Montserrat, Nevis und St. Christoph und nahm eine Menge englischer Schiffe weg. Der einzige nennenswerte Ersatz für die erlittenen Verluste war aber die 1667 bewirkte dauernde Festsetzung in Surinam. Die westindische Kompagnie hatte trotz verschiedener Versuche dort damals noch keinen festen Fuß gesetzt. Eine 1659 gegründete Ansiedelung von Juden, die aus Brasilien geflüchtet waren, hatten die Franzosen zerstört, und nachher hatten sich Engländer auf Grund einer dem Lord Willoughby von Charles II. erteilten Charter hier festgesetzt. Der holländische Kommandeur Krynssen nahm 1667 Surinam und Essequibo*), das holländische Seefahrer schon oft besucht hatten, ein und gründete hier Niederlassungen. Allerdings fiel Surinam bald darauf einer von Jamaica entsandten englischen Expedition wieder in die Hände; doch inzwischen war zu Breda Friede mit England zustande gekommen. Surinam

---

*) Essequibo nebst Zubehör, welches seit dem 1. Viertel des 17. Jahrhunderts im holländischen Besitz gewesen war, hatte die Kompagnie aus Geldmangel 1657 an Seeland abgetreten, welches die Kolonie Nova Zelandia nannte und am Pomeronflusse eine Ansiedelung schuf. 1666 hatten die Engländer sich des Fleckens bemächtigt.

Tabago, St. Eustatius wurden dabei Holland überlassen. Neben der Goldküste und dem 1634 eroberten Curaçao stellten sie fortan den Besitz der westindischen Kompagnie vor.

Wenige Jahre später schien sich Gelegenheit zu bieten, die erlittenen Verluste wieder gut zu machen. Während des 1672 zwischen England und Frankreich ausgebrochenen neuen Krieges eroberte Cornelis Evertsen das schlecht befestigte New-York, das ehemalige Nieuw-Amsterdam, zurück und nahm das von England noch immer nicht geräumte St. Eustatius ein. Zu halten war indessen der nordamerikanische Besitz auf die Dauer damals nicht. Im Frieden zu Westminster 1674 wurde er aufs neue und nun dauernd an England abgetreten.

Mit der Herrlichkeit der westindischen Kompagnie war es von da an vorbei. Noch 1663 hatte sie sich ihrer Zukunft so sicher gefühlt, daß sie Schritte getan hatte, um eine Verlängerung ihres noch nicht abgelaufenen zweiten Privilegs im Voraus zu sichern. Die Generalstaaten hatten auch, ihrem Wunsche entsprechend, 1670 die Geltung des Octroi bis 1700 erstreckt. Der Verlust ihrer wertvollsten Besitzthümer raubte ihr aber die Aussicht, in absehbarer Zeit ihre auf 6 Millionen gestiegenen Schulden tilgen und neue Unternehmungen ins Werk setzen zu können. Als der Plan der Regierung, die ostindische Kompagnie für diese Unternehmungen zu gewinnen, scheiterte, blieb nichts übrig, als die Kompagnie 1674 aufzuheben.

Die an ihrer Stelle errichtete neue Gesellschaft war in keiner Weise mehr mit ihrer Vorgängerin zu vergleichen. Mit dem Verschwinden der alten westindischen Kompagnie hatten die Niederlande auf Ausdehnung ihrer Macht in Afrika und Amerika verzichtet. Sie mußten sich angesichts des erbitterten Weltkampfs mit England und Frankreich fortan auf Erhaltung und Bewirtschaftung der ihnen verbliebenen Kolonien beschränken.

Dritter Teil.

Erstes Kapitel.
Ausdehnung der Herrschaft der ostindischen Kompagnie.

Man tröstete sich in Holland über das in Amerika und Afrika erlittene Mißgeschick mit den fortdauernden Erfolgen in Indien. Anfang 1646 starb der größte Feind der Holländer in Java, der Fürst von Mataram, der Soesoehoenan Hagoeng, kurz nach Antonio van Diemen. Sein Nachfolger, Soesoehoenan Mangkoerat, bot in Batavia Freilassung aller Gefangenen und Frieden an, falls die Niederländer den ersten Schritt tun wollten. Der Raad van Indie ging darauf ein. Er sandte einen Beamten mit einer einst auf der Reise nach Mekka abgefangenen Gesandtschaft nach Samarang und wechselte sie gegen die noch lebenden 33 gefangenen Holländer aus. Hierauf erschien eine Gesandtschaft aus Mataram in Batavia mit einem Vertragsentwurfe, auf dessen Grundlage binnen kurzem eine Verständigung zustande kam. Die Kompagnie sollte danach jährlich eine Gesandtschaft zu dem Soesoehoenan abfertigen und ihm mitteilen, welche Waren aus fremden Ländern bei ihr eingetroffen wären. Sie verpflichtete sich, Personen, die aus Mataram nach anderen Ländern (d. h. Mekka) reisen wollten, auf ihren Schiffen zu befördern, dem Fürsten Hilfe gegen gemeinsame Feinde zu leisten und Handel von Mataram nach anderen Ländern zu gestatten. Nur die Molukken wurden hiervon ausgenommen, und für Fahrten nach und in die Gegend von Malakka holländische Pässe für nötig erklärt. Dafür versprach der Soesoehoenan Auslieferung aller Überläufer und Hilfe im Krieg. —

Ließ der Vertrag auch die Kompagnie in einer gewissen Abhängigkeit von Mataram erscheinen, so begrüßte man ihn doch mit Freuden in Holland, umsomehr, als kurz vorher auch mit Bantam ein Friedens- und Auslieferungsvertrag zustande gebracht worden war. Jetzt erst war die Herrschaft der Kompagnie auf Java wirklich befestigt, und man konnte daran denken, den Hauptnachdruck nicht mehr auf kriegerische Maßnahmen, sondern die Entwickelung und Regelung von Handel und Landwirtschaft zu legen. Man sorgte für Besserung des Gesundheitszustandes von Batavia, baute Schulen und Kirchen und legte ausgedehnte Maisfelder an. Den Hauptnachdruck legte man aber auf Ausrottung des Handels, den trotz aller Verbote die Beamten trieben, Unterdrückung alles Wettbewerbes und Hochhaltung der Gewinne. Zu diesem Zwecke wurde die Ausrottung der Nellenwälder in den Molukken fortgesetzt und der Handel der Eingeborenen vernichtet. Auf ihre Bedürfnisse, Anschauungen und Sitten wurde überhaupt kaum irgend welche Rücksicht genommen. — Die Finanzlage der Kompagnie macht das begreiflich. Ihre Gewinne waren trotz der hohen Dividenden oft recht bescheiden. Sie konnte sich nur halten, wenn sie aus dem indischen Handel große Summen herausschlug. Wie schwer das war, zeigen die Ausweise über den Wert ihrer Einfuhren aus Indien. Sie beliefen sich

```
1640 bis 1642 . . .   auf 6 585 500 fl.
1643 . . . . . . . .    »  3 227 900 »
1644 . . . . . . . .    »  4 951 800 »
1646 . . . . . . . .    »  2 628 900 »
1647 . . . . . . . .    »  1 968 000 »
1648 . . . . . . . .    »  2 149 500 »
1649 . . . . . . . .    »  2 230 100 »
1650 . . . . . . . .    »  1 955 900 »
```

Die ganze Verfassung von Niederländisch-Indien, die damals entstand, ist unter dem Gesichtspunkte zu beurteilen, daß es der Kompagnie in erster Linie darauf ankam, ihre finanziellen Interessen zu wahren. Die Macht und die Verantwortlichkeit des Generalgouverneurs wurden fortgesetzt gesteigert. War er auch in einzelnen Fragen angewiesen, die Zustimmung der Kammer der Siebzehn einzuholen, und war er auch an die Zustimmung des Raads von

Indie gebunden, so war doch seine Stellung derart, daß er immer seinen Willen durchsetzen konnte.

Der Raad van Indie bestand aus 6 ordentlichen und 2 außerordentlichen Mitgliedern. Das älteste Mitglied war gewöhnlich zugleich Generaldirektor des Handels. Generalgouverneur und Rat besaßen das Begnadigungsrecht und besetzten alle mittleren und niederen Beamtenstellen. Mit der eigentlichen Rechtsprechung aber hatten sie nichts zu tun. Diese lag in der Hand des Raads van Justitie, dessen Mitglieder ebenso wie die des Raads van Indie und die Prediger von der Kammer der Siebzehn angestellt wurden. Die Laufbahn der Beamten gestaltete sich folgendermaßen: Als Assistenten wurden sie von Europa geschickt. Die nächsten Stufen waren Boekhouder (Buchhalter), Onderkoopman, Koopman, Opperkoopman. Die Direktoren und Gouverneure der einzelnen Kontore besaßen gewöhnlich letzteren Rang. Die Anstellungen liefen immer nur für eine bestimmte Zeit auf Grund besonderen Vertrags. In den unteren Stellen war Heiraten verboten. Indische Frauen durften nicht nach Europa mitgenommen werden. Die Gehälter waren durchweg sehr niedrig, ja ungenügend. — Die weißen Ansiedler wurden auf Schritt und Tritt behindert. Man machte ihnen nicht allein im Handel, sondern auch im Landbau allerlei Schwierigkeiten, um das finanzielle Interesse der Kompagnie zu wahren. Ihr waren Chinesen und farbige Ansiedler, die keine Ansprüche machten und besonders die Zuckerkultur hoben, lieber. 1648 lieferten die Zuckerfelder 24 500 Pfund. Dank den Chinesen wurden 1649: 598 200, 1652: 969 800 Pfund erzeugt.

Besondere Sorgen machte der Kompagnie das in Indien notwendige Heer. Sie unterhielt fortdauernd 2000 bis 3000 Mann und sandte regelmäßig Nachschub aus Europa. Doch die Leute vertrugen meistens das Klima nicht, erkrankten und starben. Man sah sich daher nach einheimischen Truppen um und verwendete Söldner aus Japan, Bali, Makassar, Amboina ꝛc. Auch auf den Schiffen wurden Farbige oft verwendet. — Die Verbindung zwischen den einzelnen Häfen unterhielten kleine Schiffe oder Eingeborenen-Fahrzeuge. Haupthafen für die großen Schiffe blieb immer Batavia. Die Zahl der von der Kompagnie jährlich abgefertigten Indienfahrer schwankte. In den Jahren 1640 bis 1650 belief sie sich im Jahr auf 13 bis 21. Die Vorschriften für ihre Benutzung wurden

1650 zusammengestellt.*) Danach war den Beamten das Mitsenden von Privateigentum verboten. Wer heimreiste, sollte all sein Eigentum der Kompagnie überlassen, die ihm dafür Wechsel ausstellte. Karten und Aufzeichnungen mußten vor der Heimfahrt den Behörden abgeliefert werden. Briefe oder Sachen an Privatpersonen aus Indien zu senden oder mitzunehmen, war verboten. Jede Korrespondenz sollte durch die Hände der Behörden gehen. Man wollte damit nicht allein allen Privatgeschäften der Angestellten und dem Handel der Kolonisten den Garaus machen, sondern auch verhüten, daß neue Konkurrenten angelockt würden. Diese Maßnahmen halfen aber so wenig wie die früheren. Die meisten Beamten wußten in Indien ein Vermögen zu machen. Die Privatgüter wurden außerhalb der Häfen eingenommen und ausgeladen, und es war unmöglich, die Geschehnisse in Ostindien so geheim zu halten, als es die Kompagnie wohl gewünscht hätte.

Der zu Anfang der 40er Jahre hergestellte Friede im indischen Reiche war nicht von langer Dauer. Bald brachen in Ceylon Streitigkeiten mit dem Herrscher von Candy aus, die zur Gefangennahme vieler Holländer führten, und erst 1649 mit Mühe beigelegt werden konnten. 1648 kam es zu neuen Unruhen auf Amboina und 1650 auf Ternate. Anlaß war hier das von der Kompagnie angeordnete Ausrotten aller für sie nicht nötigen Nelkenbäume, wodurch das Hochbleiben der Preise erreicht und Entstehung jeder Konkurrenz verhindert werden sollte. Der Aufstand nahm einen sehr gefährlichen Charakter an. Viele holländische Posten wurden eingenommen und ihre Besatzungen niedergemacht. Es bedurfte der Entsendung einer ansehnlichen Macht, um der von Makassar unterstützten verzweifelten Insulaner Herr zu werden. Nachdem verschiedene kleinere Inseln völlig verwüstet und viele Pflanzungen von Sagopalmen und Nelkenbäumen zerstört waren, ließ sich der Fürst von Ternate 1652 zu einem neuen Vertrage herbei. Er gestattete darin gegen eine jährliche Zahlung von 14 000 Rijksdaalders Ausrottung aller Nelkenbäume auf Ternate. 1653 wurde eine ähnliche Vereinbarung mit Batjan getroffen, und in den folgenden drei Jahren wurden auch die übrigen Molukkeninseln grausam verwüstet. Mit dem Herrscher von Makjan kam

---

*) 1658 von den Staaten genehmigt, 1672 verschärft.

ein ähnlicher Vertrag wie mit Ternate zustande. Die Insulaner wurden entwaffnet, die Bewohner verschiedener Inseln von dort gewaltsam entfernt und nach anderen verpflanzt, die alten Ortschaften aufgelöst und neue unter der Leitung zuverlässiger Leute angelegt, alle gefährlich erscheinenden Personen gefangen gesetzt und überall das Christentum zwangsweise eingeführt. 1657 hatte die Kompagnie besonders dank der Tätigkeit des Gouverneurs Arnold de Blaming van Oudshoorn ihr Ziel erreicht; die Inseln waren völlig in ihrer Gewalt, und das Maß der Erzeugung von Gewürznelken wie die Bemessung des Preises in ihrem Belieben! Nur auf Amboina und den Oeliassers wurden fortan noch Nelkenwälder gebuldet. Die Spanier, welche auf Tidore ihre Befestigungen immer noch festhielten, waren außer sich über die Gewalttaten der Kompagnie und die Vernichtung ihrer letzten Handelsaussichten. Aber sie waren machtlos. Die Regierung in Madrid verlor daher schließlich alles Interesse an diesem Besitz. Sie sandte weder Geld noch Vorräte mehr. Die Besatzung geriet zuletzt in größte Not und räumte 1662 in aller Stille die Festungen Chiobbe, Romi und Gamalama. Sie wurden von den Holländern geschleift, die von da an Alleinbesitzer dieser Inseln waren und angesichts der Niederwerfung aller widerstandsfähigen Elemente ihre Besatzung fortan auf wenige Punkte beschränken konnten. Bei der Vernichtung aller früheren Handelsmöglichkeiten, der Erhebung drückender Steuern und der Forderung zahlreicher Frondienste verarmten die Bevölkerung wie ihre Fürsten so rasch, daß sie ungefährlich wurden.*) Die Kompagnie benutzte diese Lage, um bald auch die den Fürsten zu zahlenden Pensionen zu beschneiden und mit der Zeit einzuziehen.

In dem Zeitpunkt, als die Holländer in den Molukken ihr so lange und rücksichtslos erstrebtes Ziel erreicht und die unumschränkte Gewalt über die Erzeugung, den Handel und Preis der wertvollsten Gewürze erlangt hatten, war das Machtgebiet der Kompagnie auch im Osten bedeutsam erweitert worden. Im Jahre 1648 war an der Südspitze Südafrikas, dem Kap der Guten Hoffnung, ein

---

*) 1677 wurde auf Anstiften der Holländer auch der spanische Posten auf der Insel Siau niedergemetzelt und diese Insel wie Menado und andere kleinere Eilande dem holländischen Reich einverleibt. Von dem 1654 ihnen wieder eingeräumten Run (Poleroon) wurden die Engländer 1666 vertrieben und hier wie anderweitig allen Pflanzungen ein Ende gemacht.

holländisches Schiff gescheitert, und die Mannschaft hatte sich längere
Zeit an der unwirtlichen Küste einrichten müssen; dabei hatte sie
aber bessere Erfahrungen gemacht, als sie anfangs befürchtet hatte.
Es gab Vieh in Fülle, welches die Eingeborenen willig für euro-
päische Kleinigkeiten abließen, und alle Gemüse gediehen vorzüglich.
Die Folge war, daß die Schiffbrüchigen, als sie endlich nach der
Heimat zurückgelangten, der Kompagnie den Platz für Anlage einer
Erfrischungsstation empfahlen. — Die Gesellschaft hatte bis dahin
ihre indischen Flotten die Insel St. Helena oder die Tafelbai in
Südafrika anlaufen lassen, um Wasser und Lebensmittel einzunehmen.
Mit der wachsenden Zahl der Schiffe erwiesen sich diese Plätze als
unzureichend. Sie konnten nicht genug frische Gemüse und Schlacht-
vieh liefern, wenn Flotten mit Hunderten von Skorbutkranken, die
rasch frischer Nahrung bedurften, dort anliefen. Dieses Ziel ließ
sich nur mit Hilfe einer dauernden Ansiedelung erreichen, und eine
solche schlugen die Führer der heimgekehrten Schiffbrüchigen mit
eingehender Begründung im Juli 1649 vor. Sie wiesen, abgesehen
von der Fruchtbarkeit und dem Viehreichtum des Kaplandes, auf die
Fülle von Wild, Fischen und Walen in jenen Gegenden hin und
warnten davor, daß, falls Holland nicht zugreife, eine ihm feindliche
Nation sich dort vielleicht festsetzen und seinen Handel schwer
schädigen könnte.

Diese Darlegungen fanden Anklang bei den verschiedenen
Kammern. Die Kompagnie beschloß Absendung einer Expedition
und Gründung einer Station am Kap. Da Nicholas Proot,
der Führer des in der Tafelbai gescheiterten Schiffes, der mit Leen-
bert Jansz die erwähnte Denkschrift verfaßt hatte, die Leitung
des Unternehmens ablehnte, wurde Joan van Riebeed, der seine
Laufbahn bei der Gesellschaft als Feldscherer begonnen hatte, mit
der Führung betraut. Er hatte Auftrag, vor allem freundliche
Beziehungen mit den Eingeborenen anzuknüpfen und alle Streitigkeiten zu vermeiden. Als Stützpunkt sollte er eine Befestigung er-
bauen und alles für die Kompagnie geeignete Land in Besitz nehmen.
Indessen war ihm verboten, irgend welche fremde Nation mit Ausnahme der Portugiesen an einer Niederlassung in jenen Gegenden
zu hindern.

Riebeeck, ein weitgereister, kluger und gewandter Mann, trat
die Fahrt Weihnachten 1651 an und gelangte am 7. April 1652

ans Ziel. Er begann sofort mit dem Bau des Forts und der Anlage von Gemüsegärten, kaufte Herden von Rindern und Schafen zusammen und erforschte das Land auf Edelmetalle und dergleichen.*) Unter unzähligen Schwierigkeiten, welche die ungewohnten klimatischen Verhältnisse, Reibereien mit den Eingeborenen, Mißernten u. dergl. bereiteten, gelang es ihm, hier für die Kompagnie eine wertvolle Besitzung zu schaffen. Bald stellte sie den von und nach Indien segelnden Flotten nicht allein Lebensmittel in Fülle, sondern erzeugte auch Wein, lieferte Sklaven und Vieh und ließ sich als Verbannungsort für unbequeme Inder verwenden. Schon 1657 entstand neben der Station der Kompagnie die erste Niederlassung freier Bürger, und bald breiteten sich solche über die Berge nach dem Innern hin aus. Von 1660 an deckte die Kolonie in der Hauptsache ihre Kosten. Doch erst als um jene Zeit die englischostindische Kompagnie sich dauernd auf St. Helena**) einrichtete, und der Wert der Kapstadt für die Wiederherstellung der zahlreichen Skorbutkranken immer fühlbarer wurde, begann man die dafür gelegentlich erforderlichen Aufwendungen zu verschmerzen. Man fand sich allmählich veranlaßt, die erste nur mit Widerstreben zugelassene Ansiedelung freier Weißer zu fördern und Kolonisten dafür zu werben. Nach Aufhebung des Edikts von Nantes sandte die Kompagnie große Scharen flüchtiger Hugenotten nach Südafrika und legte dadurch den Grund zum Aufblühen dieses Besitzes.

Zweites Kapitel.
Verlust von Formosa.

Während der Jahre, wo die Kompagnie sich in Südafrika festsetzte, erblühten ihr neue Erfolge in Indien. Schon 1649 war es dem späteren Generalgouverneur Maetsuyker geglückt, den Rajah

*) Vergl. Näheres in meinen Kolonialgeschichtlichen Studien. Oldenburg und Leipzig 1896. S. 14 ff.
**) 1672 hatten die Holländer St. Helena wieder erobert, doch schon im folgenden Jahr überfiel eine englische Flotte die holländische Besatzung und ergriff von der Insel und drei im Hafen liegenden Schiffen Besitz. Sie wurde von da an stark befestigt und Hauptstation der englisch-ostindischen Kompagnie.

Singha von Kandia als Bundesgenossen gegen die Portugiesen zu gewinnen. Wenn der Fürst auch wenig ausrichtete, beschäftigte er sie doch und hielt der Kompagnie, welche damals vollauf durch die Moluktenkämpfe in Anspruch genommen war, den Rücken frei. Als mehr Mittel zur Verfügung standen, wurde der Krieg gegen die Portugiesen von holländischer Seite ernstlich in die Hand genommen. 1655 erschien der Generaldirektor Gerard Hulft mit ansehnlicher Macht in Ceylon, nahm erst Caliture, schlug ein portuglesisches Heer und belagerte Colombo. Im folgenden Frühjahr wurde dieser Platz den Portugiesen, die ihn 150 Jahre besessen hatten, entrissen. Allerdings entstand nun Streit mit Rajah Singha, der auf Grund fester Zusagen Auslieferung der Stadt forderte, während die Holländer erst die Rückzahlung aller Vorschüsse verlangten. Die Portugiesen hätten bei energischer Ausnutzung dieses Zwiespalts vielleicht die erlittenen Verluste wieder einbringen können. Es fehlte ihnen indessen an Geld wie an Truppen und entsprechender Leitung, und die Holländer konnten mit leichter Mühe sie jetzt nicht allein gänzlich von der Insel vertreiben, sondern auch auf dem Festlande verschiedene Eroberungen machen. 1658 wurde das wichtige Megapatnam eingenommen, 1661 fielen Koilang und Kranganore, 1663 mit Hilfe des Zamorin von Calicut Cochin in die Hand der Kompagnie. Bald darauf hatte Kananore dasselbe Schicksal, und der letzte Stützpunkt Portugals, Goa, wäre ihm auch noch entrissen worden, wenn nicht die Ratifikation des 1661 geschlossenen Friedens dem Kriege ein Ende gemacht hätte. Die Frucht dieser Siege war für die Kompagnie insbesondere das Monopol des Zimmethandels, der von Alters her in Ceylon seinen Sitz hatte, und Beherrschung des Pfefferhandels von Südindien.

Weniger glatt verliefen die Dinge in Java. Infolge der Fortschritte der Holländer in den Molukken und der immer strengeren Durchführung des Verbotes fremden Handels eröffneten die Fürsten von Mataram und Bantam 1656 neue Feindseligkeiten gegen die Kompagnie. Ersterer sperrte ihr seine Häfen und verbot die Reisausfuhr, letzterer nahm holländische Schiffe weg und verwüstete die Umgegend von Batavia. Die Kompagnie, der durch das Entweichen zahlreicher Sklaven bei dieser Gelegenheit doppelter Schaden erwuchs, antwortete darauf mit Blockade der Häfen Bantams. Obwohl sie hierdurch mit England, das hier seine Faktoreien besaß, in

Streit kam, führte sie ihre Maßregeln so streng durch, daß der Sultan schließlich um Frieden bitten mußte. 1659 kam ein Vertrag zu stande, wonach alle Gefangenen ausgetauscht wurden und der Sultan vollen Schadenersatz leisten mußte. Die Kompagnie ihrer= seits wurde allerdings durch England gezwungen, ihm für das An= halten von vier Schiffen, die die Blockade brechen wollten, eine Geldvergütung zu zahlen. Länger zogen sich die Schwierigkeiten mit Mataram hin, da der Soesoehoenan über das Vorgehen der Holländer gegen Makassar auf Celebes entrüstet war. Hier hatten die Portugiesen und Engländer fortgesetzt Handelsbeziehungen unter= halten, die der Kompagnie ein Dorn im Auge waren. Außerdem hatte Makassar, ein Hauptsitz des Mohammedanismus in jenen Meeren, jederzeit die Molukken im Kampfe gegen die Kompagnie unterstützt. Um dieser Lage ein Ende zu machen, griff die Kom= pagnie 1660 Makassar ganz plötzlich an und zwang es durch rasche Schläge zu einem ihren Wünschen entsprechenden Frieden. Als dieser die Makassaren von neuen Übergriffen nicht abhielt, erschien 1666 eine neue Flotte und legte ihnen 1667 noch schwerere Be= dingungen auf. Sie mußten alle Kriegskosten zahlen, Sklaven liefern, alle Befestigungen schleifen, Holland ein Fort einräumen und auf allen Handel östlich von Kap Lasoa verzichten. Einige makassarische Fürsten wurden als Geiseln nach Batavia geschafft. Nachdem 1668 und 1669 die übrigen Stämme von Celebes ähn= lichen Bedingungen unterworfen und der Handel mit Portugiesen und Engländern verboten worden war, wurden auch die hier an= gesiedelten Jesuiten verjagt, und die Kompagnie war Herrin auf der Insel.

Bei ihren Maßnahmen gegen andere Teile des indischen Archipels war Erfolg ihr nur zeitweilig beschieden. 1659 wurde die Stadt Palembang an der Ostküste Sumatras, deren Sultan die zwei holländischen Schiffe angegriffen hatte, erobert, ein Fort in ihr erbaut und der dortige Pfefferhandel der Kompagnie gesichert. 1662 bewog sie die Häuptlinge der Westküste Sumatras, mit denen seit langem Handelsbeziehungen bestanden, sich unter holländischen Schutz zu stellen. Als der Sultan von Atjih, der hier fremde Einflüsse nicht dulden wollte, gegen diese Fürsten vorging, erschien 1664 eine holländische Expedition und schlug seine Truppen. Es wurde ein Hauptkontor in Padang errichtet, und der holländische

Einfluß auf der Insel immer weiter ausgedehnt. 1660 kam ein Vertrag mit Bandjermasin auf Borneo zu stande, wonach der Kompagnie das Monopol des dortigen Pfefferhandels zugestanden wurde. — Ein ähnlicher Vertrag war hier bereits 1635 geschlossen worden. Unter dem Einfluß englischer Konkurrenten hatten indessen die Eingeborenen 1638 die holländischen Faktoreien ausgeplündert und ihre Besatzung niedergemetzelt. Die Kompagnie hatte sich angesichts anderer brennender Aufgaben auf eine ziemlich wirkungslose Blockade beschränken müssen. — Als endlich sich Gelegenheit bot, mit Bandjermasin aufs neue anzuknüpfen, war von dem Überfall auf die Faktoreien und einer Entschädigung keine Rede. Die Verhältnisse lagen indessen hier sehr schwierig. Man verfügte nicht über die nötige Macht, um mit den wilden Bergstämmen fertig zu werden. Schon 1667 wurde die Faktorei zeitweilig geschlossen, und, nachdem 1669 ihre Besatzung wieder das Opfer eines Überfalles geworden war, gab man für lange den Versuch von Niederlassungen auf Borneo auf.

Den schwersten Verlust erlitt die Kompagnie um jene Zeit in dem chinesischen Meere. Ihre für den dortigen Handel so wichtige, 1624 eroberte Kolonie Formosa ging ihr 1661 verloren. Wiederholt schon hatten die dort zahlreich angesiedelten Chinesen den Versuch gemacht, die Holländer zu vertreiben. Immer waren aber ihre Anschläge an der Wachsamkeit der letzteren gescheitert. Noch 1652 war ein gefährlicher Aufstand glücklich unterdrückt worden. Da gelang es, nach der Eroberung Chinas durch die Tataren einem auf Formosa angesessenen Chinesen, Führer einer ansehnlichen Seeräuberschar zu werden. Die chinesische Regierung, der er sehr beschwerlich fiel, fand Mittel und Wege, ihn zu beseitigen und seiner Flotte das Handwerk zu legen. Da kam sein Sohn Coxinga auf den Gedanken, Formosa zu erobern und sich dort einen Stützpunkt für fernere Angriffe gegen die Tataren zu schaffen. Das Gerücht von diesem Plane drang bald nach der Insel. Die Holländer schenkten ihm die nötige Beachtung, waren indessen zu ernstlichem Widerstande kaum in der Lage, die Forts waren zu schwach, die Besatzungen zu klein und die Bevölkerung fast durchweg chinesisch und unzuverlässig. Sie konnten auf Hilfe nur aus Batavia rechnen, wohin sie schleunigst Kunde sandten.

Hier legte man der Sache keine Bedeutung bei. Ein einfluß-

reicher Feind des Gouverneurs von Formosa mußte dem Generalgouverneur darzutun, daß das Hilfegesuch nur eine Folge von
Feigherzigkeit sei. Der Gouverneur Coyet blieb somit sich selbst
überlassen. Er rüstete, so gut er konnte, suchte alle Verbindungen
Coxingas mit den Chinesen auf Formosa abzuschneiden und schrieb
fortgesetzt nach Batavia um Unterstützung. Aber erst im letzten
Augenblicke, als Coxinga eben sich zum Angriffe vorbereitete, sandte
das Generalgouvernement 12 Schiffe, die, falls Formosa in keiner
ernsten Gefahr sei, Makao den Portugiesen abnehmen sollten. Auf
die Kunde hiervon verlagte Coxinga den Angriff, und der Kommandeur der Flotte, van der Laan, erklärte nun, daß überhaupt
keine Gefahr vorliege. Mit Mühe ließ er sich bewegen, vier Schiffe
und die Truppen auf Formosa zu lassen. Kaum war er mit dem
Reste der Flotte abgesegelt, so erschien April 1661 Coxinga mit
25000 Mann und landete ohne Widerstand. Die ganze chinesische
Bevölkerung trat auf seine Seite. Die Holländer wurden in ihren
Forts eingeschlossen. Binnen kurzem mußten diese bis auf das
stärkste, Zelandia, kapitulieren.

Als die Nachricht hiervon nach Batavia kam, wo man bisher
noch immer nicht an eine wirkliche Gefahr geglaubt hatte, entstand
große Bestürzung. Vor kurzem noch hatte man Coyet getadelt,
daß er ohne Not Geld für neue Befestigungen ausgegeben hatte.
Jetzt wurden in aller Eile 700 Mann auf 10 Schiffen nach Formosa
geschickt. Die Führung erhielt ein Mitglied des batavischen Gerichts-
hofes, Jakob Cau. Mitte August 1661 erschien er vor Zelandia
und belebte den Mut der Besatzung aufs neue. Doch ein Sturm
hinderte ihn erst am Landen, und eines seiner Schiffe scheiterte.
Als er endlich nach Verlauf von vier Wochen einen ernstlichen
Landungsversuch machte, hatte Coxinga so gute Vorkehrungen getroffen, daß Cau nicht zum Ziele kam und endlich nach Batavia
zurückkehrte. Die Besatzung von Zelandia wurde dadurch so entmutigt, daß sie Coyet Anfang 1662 veranlaßte, zu kapitulieren. Er
erhielt freien Abzug und begab sich mit dem Rest der Leute nach
Batavia, wo man ihn, um die eigene Schuld zu bemänteln, zu
lebenslänglicher Verbannung nach Banda verurteilte.*)

Jetzt, wo es zu spät war, entschloß man sich zu den früher

---

*) Er ist erst 1674 begnadigt worden.

verschmähten Maßnahmen. Admiral Both wurde mit 12 Schiffen noch 1662 nach Formosa gesendet. Als diese Expedition vergeblich blieb, wurde 1663 eine Flotte von 16 Schiffen mit der Wiedereroberung der Insel beauftragt. Der Admiral schloß ein Abkommen mit den Tataren und ging mit ihnen gemeinsam gegen die Seeräuber vor. Verschiedene kleinere Inseln fielen in seine Hand, und die Einnahme Formosas schien gesichert; da kündigten die Tataren den Holländern die Freundschaft, da sie die Inseln selbst in Besitz nehmen wollten. Allein fühlte sich Both zum Angriff auf Formosa zu schwach. So blieb dieser wichtige Punkt verloren, und die Holländer mußten sich fortan für den Handel mit China mit den geringen Vorteilen eines Handelsvertrages begnügen, der die einzige Frucht von 1665 und 1666 dahin abgeordneten Gesandtschaften war.

Drittes Kapitel.
Auseinandersetzung mit Frankreich.

Entschädigung für diesen nicht allein den Handel sondern auch die Kassen der Kompagnie schwer schädigenden Verlust, fand sie in den Fortschritten ihrer Herrschaft auf Java. Angriffe von Makassaren, die sich nach Madoera geflüchtet hatten, auf Mataram, veranlaßten den Soesoehoenan, trotzdem seine Beziehungen mit den Holländern recht locker geworden waren, 1675 sie um Hilfe anzurufen.

Der Generalgouverneur entschloß sich mit Rücksicht auf den Schaden, den auch die Kompagnie von den Seeräubereien der Makassaren litt, diesem Gesuche zu entsprechen. Dabei gelang es, von dem Fürsten, der seine Macht erschüttert fühlte, nicht allein Zahlung aller Kosten, sondern auch noch eine Reihe besonderer Vorteile zu erhalten. Ein Vertrag, der 1677 zustande kam, erneuerte den von 1646, gestand den Holländern den Fluß Krawang als Ostgrenze zu und gewährte ihnen Zollfreiheit in ganz Mataram. Ferner verpflichtete unter anderen Vergünstigungen sich der Fürst, ihnen jährlich 4000 Lasten Reis zum Marktpreise zu liefern und als Kriegskosten 250 000 Rijksbaalders und 3000 Lasten Reis zu zahlen. Endlich erlaubte er noch Befestigung der Faktorei Japara und verpflichtete sich, die Kosten der Besatzung zu zahlen.

Der Soesoehoenan hatte wenig Nutzen von diesem Entgegenkommen. Die von Admiral Cornelis Speelman geführten Holländer schlugen zwar seinen Hauptgegner, vermochten aber gegen die immer zahlreicher in den Bergen auftauchenden Feinde nichts auszurichten. Der schwache Fürst mußte schließlich flüchten und starb unterwegs machtlos und verlassen. Um seine Nachfolge stritten vier Söhne. Speelman benützte diese Lage. Er trat auf die Seite des ältesten Sohnes und veranlaßte ihn dafür, im Oktober 1677 nicht nur den im Februar von seinem Vater geschlossenen Vertrag anzuerkennen, sondern der Kompagnie neue Vorteile einzuräumen. Alle Seehäfen von Krawang bis zum fernsten Osten gingen als Unterpfand für die Kriegsschuld in ihren Besitz über, und das Gebiet von Batavia wurde bis zum Flusse Pamanoekan erweitert. Alle Untertanen Matarams im Gebiete der Kompagnie sollten fortan ihren Gesetzen unterstehen. Ferner trat der Soesoehoenan ihr alle seine Ansprüche auf das große Gebiet von Jakatra, zwischen Krawang und Ontong Java, ab und räumte ihr das Monopol des Handels mit indischen und persischen Stoffen ein. Abgesehen von diesen großen Vorrechten, erwuchs aus den geschilderten Ereignissen für die Holländer der Vorteil, daß das einst so gefürchtete Reich Mataram zerfiel, und daß nicht sie mehr von Eingeborenen sondern diese von ihnen abhingen. Speelman, auf den der junge Soesoehoenan alle Hoffnungen setzte, wußte die Lage gebührend auszunützen. Anfang 1678 setzte er noch Abtretung der Provinz Samarang an die Kompagnie durch und sicherte ihr das Monopol des Einkaufes von Reis und Zucker.

Batavia war damit fortan nicht allein völlig unabhängig und in der Lage, sich selbst zu ernähren, sondern die fremde Konkurrenz war gleichzeitig für einen großen Teil der Insel unterbunden. Bezeichnender Weise war das Generalgouvernement anfangs von diesem Machtzuwachs nicht sehr erbaut. Es überlegte erst lange, ob es die Landstrecken, deren freiwillige Abtretung ihm zweifelhaft erschien, übernehmen und sich in die inneren javanischen Angelegenheiten tiefer einmischen sollte. Sowohl die Rücksicht auf die Kosten als die Furcht vor gleichzeitigen Verwickelungen mit Bantam, dem es sich nicht gewachsen fühlte, hielten es nicht mit Unrecht zurück. Erst nach langen Erörterungen trug Speelmans Auffassung den Sieg davon, und der Kampf gegen die Feinde des jungen Soesoehoenan wurde kräftig fortgesetzt. Es gelang 1678 und 1679 seine Hauptgegner zu vernichten und den Fürsten in seiner Stellung zu befestigen. Dabei wurde das Gebiet der Kompagnie fortgesetzt auf Matarams Kosten erweitert. Mitte der 80er Jahre befanden sich bereits Jakatra, Krawang, Tjianbjoer, sowie Tjeribon in holländischem Besitze. Der Herrscher von Mataram war der Kompagnie tief verschuldet und völlig von ihr abhängig.

In denselben Jahren gelang es den Holländern, einer unvermutet von Europa auftauchenden Gefahr glücklich Herr zu werden. Herbst 1671 erschien nämlich plötzlich eine starke französische Flotte unter Führung des Obersten de la Haye aus Madagaskar in Ostindien,*) wo die französisch-ostindische Kompagnie einige unbedeutende Faktoreien betrieb. Es war die Aufgabe dieser Seemacht, französische Stationen auf Ceylon und Banta zu gründen. Die von Louis XIV. erteilte Instruktion nahm an, daß dies Ziel auf friedlichem Wege zu erreichen sein werde; indessen war Anwendung von Gewalt gegebenen Falles de la Haye anheimgestellt. Da Frankreich damals bereits einen Vernichtungskrieg im Verein mit England gegen Holland plante, hatte das Unternehmen den Zweck, die Grundlage für ein Vorgehen gegen das Reich der holländisch-ostindischen Kompagnie zu bilden. Man glaubte sich in Paris des Erfolges um so sicherer, als es gelungen war, einen früher, zuletzt als Generaldirektor des Handels, lange im Dienste der holländischen Gesellschaft tätigen Mann, Caron, für das französische Unternehmen zu gewinnen.

Caron war es gewesen, der dem König Louis XIV. erst den Ankauf des in Besitz Dänemarks befindlichen Tranquebar, dann Besetzung der Insel Sandrocar in der Bucht von Cambaya und endlich Eroberung Ceylons vorgeschlagen hatte. Zum Glück für Holland trauten die meisten Franzosen indessen dem vom Koch emporgediehten Manne nicht, und die französische Kompagnie verfügte infolge vieler Mißerfolge in Madagaskar nur über ungenügende Mittel. Die holländische Kompagnie, die durch ihre Spione oder,

---

*) Vergl. darüber meine Europäischen Kolonien, Band IV, S. 111 ff.

wie die Franzosen behaupteten, durch Caron gut unterrichtet war, hatte daher leichtes Spiel. Als die Franzosen im März 1672 in der Bai von Trinkonomale auf Ceylon erschienen, wo der erste Schritt geschehen sollte, fanden sie hier bereits ein holländisches Fort vor. De la Haye besetzte darauf zwei kleine Inseln in der benachbarten Bai von Coiearn und trat mit dem Herrscher von Candy in Verhandlungen. Der König, der die Holländer nicht minder wie früher die Portugiesen haßte, ließ sich gern herbei, über den Kopf der Holländer hinweg den Franzosen Trinkonomale und Candy abzutreten. Daraufhin begann de la Haye mit dem Bau einer Befestigung und versuchte sich dauernd einzurichten, obwohl die Holländer auf Grund älterer Rechte dagegen Einspruch erhoben. Den fehlenden Proviant versuchte er aus Tranquebar zu beziehen.

Da erschien im Mai 1672 der holländische Admiral Ryklof van Goens mit einer der französischen überlegenen Flotte, nahm die französischen Proviantschiffe weg und begann Maßnahmen gegen den König von Candy. Bei dieser Sachlage hielt de la Haye, zumal die Nachricht vom Ausbruche des europäischen Krieges noch nicht nach Indien gelangt war, es für angezeigt, zu weichen. Nach Hinterlassung einer kleinen Besatzung und zweier Schiffe auf der Station segelte er nach dem von Portugal kurz zuvor geräumten Platz San Thomé an der Coromandel-Küste. Diese Stadt beherrschte ein weites und fruchtbares Gebiet, wurde von keiner europäischen Macht in Anspruch genommen und unterstand dem Herrscher von Golconda. Die Franzosen fanden daher den Ort sehr geeignet für ihre Zwecke. Unter dem Vorwand, daß ihre zum Einkauf von Lebensmitteln ans Land geschickten Leute beschimpft und beleidigt worden seien, griffen sie die Stadt an und bemächtigten sich ihrer ohne Mühe. Man glaubte, in ihr einen reichlichen Ersatz für die Niederlassung auf Ceylon gefunden zu haben, deren sich inzwischen die Holländer bemächtigt hatten. Es wurden Truppen angeworben, die Befestigungen verstärkt und die Flotte ausgebessert.

Man war noch nicht weit mit diesen Vorbereitungen gediehen, als der Herrscher von Golconda die Stadt angriff. Es gelang, sein Heer zurückzuschlagen; aber alle Versuche, ihn zu versöhnen und mit ihm in freundschaftliche Beziehungen zu treten, scheiterten. Dafür sorgten nicht allein die Holländer, sondern auch die im benachbarten

Madras sitzenden, eifersüchtigen Engländer. Ende Dezember 1672 fand ein zweiter Angriff Golconbas auf San Thomé statt. Obwohl die Inder diesmal hartnäckig fochten, vermochten sie der Franzosen nicht Herr zu werden. De la Haye glückte es vielmehr, durch ein Bombardement des nahen Mazulipatam die Golconbaer so in Schrecken zu setzen, daß sie die Abtretung von San Thomé anboten. Ehe ein formeller Vertrag darüber zustande kam, erschien indessen 1673 eine holländische Flotte vor San Thomé und griff es von der Seeseite an. Der Herrscher von Golconda brach auf diese Nachricht hin die Verhandlungen ab und schloß wieder von der Landseite die Franzosen ein. So begann eine langwierige Belagerung. Die Franzosen hielten sich tapfer, die Feinde gingen offenem Kampfe aus dem Wege, da sie sich des Erfolges sicher fühlten. Ende 1674, als die französische Macht auf 519 Mann zusammengeschmolzen war, gab de la Haye den Kampf auf und räumte die Stadt. Auf zwei von den Holländern geborgten Schiffen kehrte er nach Frankreich zurück und brachte dem König die Kunde vom Scheitern seiner hochfliegenden überseeischen Pläne.

Viertes Kapitel.
Kämpfe in Java.

Die glänzenden Erfolge in Indien trugen nicht wenig dazu bei, Hollands Macht und Ansehen in Europa zu heben und es in stand zu setzen, den Angriffen Englands und Frankreichs erfolgreich zu widerstehen. Damals vermochte es im Frieden von Breda England zu zwingen, seine Schiffahrtsakte von 1651, die gerade darauf berechnet war, den holländischen Handel lahm zu legen, für die holländischen Frachten außer Kraft zu setzen. Die Kompagnie unterstützte die Generalstaaten bei diesen Kriegen mit Kriegsschiffen und Geld. Ihr Kredit war unbeschränkt, da der Glaube wohl berechtigt schien, daß ihre Geschäfte in unvergleichlicher Blüte ständen. Wie die Aktenveröffentlichungen unserer Zeit indessen ergeben, war das keineswegs der Fall. Das Hauptkomptoir Batavia kostete oft mehr, als es einbrachte. 1676 beliefen sich seine Einnahmen auf eine Million weniger als die Ausgaben. Der ganze Gang des Handels der Gesellschaften war in jener Zeit alles andere als befriedigend, wie nachstehender Auszug aus den Aufstellungen van Dams ergibt:

	Zahl der abgesandten Schiffe	Wert der aus Indien eingegangenen Waren	Gewinne oder Verluste in Indien	Kassenstand in Holland	Dividenden
		Gulden	Gulden	Gulden	Prozent
1651	19	2 699 991	+ 1 152 477	+ 337 701	15
1652	26	2 811 243	+ 484 087	+ 1 511 996	25
1653	17		+ 1 107 527	+ 446 075	12½
1654	21		− 654 621	+ 4 623 140	15
1655	27	10 303 299	+ 54 837	+ 86 877	12½
1656	15		− 37 624	− 243 740	27½
1657	14		− 471 062	− 599 136	0
1658	18	5 804 061	+ 971 696	− 60 278	40
1659	16	1 726 552	+ 366 746	+ 1 268 272	12½
1660	18	3 249 988	+ 743 404	+ 1 615 928	40
1661	15	2 133 791	+ 933 366	+ 1 971 947	25
1662	27		+ 33 180	+ 333 146	0
1663	18	7 443 990	+ 307 211	− 1 339 087	30
1664	19		+ 163 838	− 647 326	—
1665	18	8 421 926	− 1 658 506	+ 586 421	27½
1666	20		+ 1 906 687	+ 1 569 436	0
1667	27	2 855 657	+ 2 192 201	− 2 144 614	0
1668	26	8 141 646	+ 3 303 240	− 4 458 540	12½
1669	24	4 001 681	+ 3 067 514	− 4 539 797	12½
1670	31	5 009 390	+ 2 660 435	− 340 712	40
1671	30	5 146 820	+ 2 844 884	+ 2 910 641	60
1672	28	8 977 041	+ 1 119 617	+ 2 967 241	15
1673	21	—	+ 476 658	+ 1 098 074	33½
1674	20	2 085 641	− 384 425	− 832 195	0
1675	20	8 678 781	− 1 896 564	− 5 138 409	0
1676	22	4 127 657	− 333 498	− 8 626 048	25
1677	17	8 577 483	+ 480 916	− 2 685 961	0

Die Kompagnie schob die Schuld an dieser Sachlage auf den immer noch fortdauernden Handel der Eingeborenen und Kolonisten. Sie suchte immer aufs neue, ihm gründlich den Garaus zu machen und die Kolonisten zu zwingen, sich ganz und gar auf Ackerbau zu beschränken. Sie setzte nach wie vor alle Hoffnungen auf die Durchführung des vollen Monopols. Freiblickende Männer, wie der außerordentliche Rat von Indien, Pieter van Hoorn, teilten diese Ansicht aber nicht. In einer Schrift: „Preparatoire Consideratien en Advys wegens de Nederlandsche Colonie in deze Indische Gewesten" legte er dar, daß gerade das Monopolwesen und das zu ausschließliche Streben nach raschem Gewinn die Geschäfte der Kompagnie lähmten. Er erklärte offen, daß Kaufleute, welche immer nur dem augenblicklichen Gewinn nachjagten, keine Kolonien schaffen könnten. Dazu gehöre Geduld und Zeit, und die Kolonie müsse die Freiheit haben, Erzeugnisse nach eigenem Ermessen ein- und auszuführen. Die Portugiesen hätten ihr Kolonialreich verloren, da sie zu viel gewollt und mehr Orte besetzt hätten, als sie bevölkern konnten. Die Kompagnie verfalle in denselben Fehler, indem sie ihre Ansiedelungen nicht fördere, sondern hemme. Es war offenbar Hoorns Ansicht, daß es am besten wäre, den Handel mit Batavia frei zu geben.

Solche Ratschläge fielen aber bei der „Kamer van XVII" auf unfruchtbaren Boden. Hoorn wurde 1679 abberufen und der Kampf gegen allen fremden Wettbewerb mit neuem Nachdruck aufgenommen, ohngeachtet, daß die Lage des Handels in den Kolonien immer schlechter wurde, da die einheimischen Händler sich mehr und mehr von den holländischen Plätzen zurückzogen, und daß die finanzielle Lage der Kompagnie sich unausgesetzt verschlechterte. Der große Kredit, den sie genoß, half ihr über alle Schwierigkeiten hinweg. Sie entschloß sich 1696, wenn auch nach längerem Zögern, für Verlängerung ihres Privilegs von 1700 an auf 40 Jahre der Regierung 3 Millionen Gulden zu zahlen, und stürzte sich in immer größere Schulden. 1698 beliefen diese sich schon auf 11 000 000 fl., d. h. beinahe das Doppelte des Einlagekapitals!

Nicht allein der Rückgang des Handels in Indien, sondern auch die im letzten Viertel des 17. Jahrhunderts erfolgende Schwächung der Weltstellung Hollands und die Kosten der unaufhörlichen Kriege trugen die Schuld an dieser Sachlage. Holland hatte 1674 die Herrschaft der englischen Flagge vom Kap Finisterre bis Norwegen anzuerkennen sich herbeilassen und der Schiffahrtsakte sich wenigstens äußerlich fügen müssen. Während seiner langwierigen und blutigen Kämpfe mit Frankreich gelang es England, die holländische Schiffahrt immer mehr in den Hintergrund zu drängen. Darunter litt natürlich auch das Geschäft der Kompagnie. Und dann kamen noch die Kosten der nicht endenden Kriege in Java. Den Kämpfen in Mataram folgten hier solche mit Bantam. Mehr und mehr überzeugte sich hier der Sultan Agoeng, daß das Vorgehen der Holländer auf die Länge nicht allein den Wohlstand, sondern sogar die Existenz seines Reiches bedrohte. Nachdem die Erfolge der Kompagnie in den Nachbarinseln seinen Handel schon schwer geschädigt hatten, sah er selbst den Fortbestand des Handels im Innern Javas durch die in den Kämpfen wegen Mataram erzielten Landerwerbungen Hollands gefährdet. Es steigerten seine Besorgnisse begreiflicherweise nach Kräften die englischen, französischen und dänischen Agenten, die in Bantam noch immer tätig waren. So unterstützte der Sultan die Feinde Hollands in Java wie in Malakka, Sumatra und den Molukken. Vor allem aber trachtete er danach, Batavia vom Hinterlande abzuschneiden und sich dadurch den Weg nach Ostjava offen zu halten.

Der Generalgouverneur versuchte 1678 durch eine Gesandtschaft den Sultan umzustimmen und gleichzeitig sich über die Lage der Dinge am Hof zu unterrichten. Der Schritt hatte Erfolg. Wenn auch der holländische Agent keine sehr entgegenkommende Aufnahme in Bantam fand, gelang es ihm doch, mit dem Sohne und Mitregenten des Herrschers, dem Sultan Hadji, und einigen einflußreichen Beamten in Berührung zu kommen. Während der alte Sultan entschlossen war, dem Vordringen der Holländer ein Ende zu machen und zu diesem Zwecke den ganzen Archipel gegen sie in Aufruhr zu bringen suchte, wünschte der Sohn mit ihnen in Frieden zu leben. Diese Sachlage wurde von der Kompagnie mit Geschick ausgenutzt. Dem Sultan Hadji wurde der Verdacht eingeflößt, daß sein Vater beabsichtige, ihn durch einen jüngeren Bruder zu ersetzen. Gleichzeitig wußte man die bei ihm schon vorhandene Furcht vor der Macht Hollands und den Gefahren eines Krieges mit ihm immer mehr zu steigern. Während Sultan Agoeng ohne förmliche Kriegserklärung fortgesetzt gegen die Kompagnie Feindseligkeiten ausübte, suchte der Sohn offenem Kriege vorzubeugen. Inzwischen gingen die Holländer gegen die Bantamer zu Wasser und zu Lande vor, und wußten sich insbesondere zu Herren des von Bantam hartnäckig beanspruchten Gebietes von Tjeribon zu machen. Die Folge war, daß es zwischen dem alten Sultan, der zu Tirtajasa hauste, und dem in Bantam regierenden Sohne zu ernstem Streit kam. Die Truppen des letzteren empörten sich 1682, er selbst mußte in sein Kastell flüchten und in Batavia um Hilfe bitten.

Der damalige Generalgouverneur Speelman sandte in aller Eile ein Geschwader mit ein paar hundert Mann nach Bantam. Der Befehlshaber St. Martin zeigte sich aber seiner Aufgabe wenig gewachsen. Er ließ dem Sultan Zeit, seine Truppen in Bantam zusammenzuziehen und das Kastell einzuschließen. Als er landen wollte, hinderte ihn daran das Feuer der von Dänen und Engländern bedienten Geschütze. Es blieb nichts übrig, als Verstärkungen von Batavia zu verlangen. Angesichts der weittragenden Folgen, die ein Sieg Sultan Agoengs haben konnte, und mit Rücksicht darauf, daß Sultan Hadji in seiner Angst der Kompagnie das Monopol des gesamten Handels anbot, entschloß sich der Hohe Rat in Batavia zu weiteren Aufwendungen. Der Kommandeur François Tak segelte schleunigst mit neuen Mannschaften nach Bantam, erzwang die Landung und entsetzte das Kastell. Da gleichzeitig eine holländische Truppe zu Lande die Bantamer in Tangeran schlug, mußte Sultan Agoeng schleunigst flüchten. Die Frucht des Sieges war für die Holländer das Handelsmonopol in Bantam. In seiner Wut gegen die Engländer, Dänen und anderen Europäer, die gegen ihn gefochten, verjagte Sultan Hadji sie sämtlich aus dem Lande. Es bedurfte der Verwendung der Kompagnie, um ihr Leben zu schützen. Nicht genug damit, siedelten viele reiche Chinesen, in deren Händen der Handel mit den Philippinen und Ostasien lag, nun von Bantam nach Batavia über. Um für immer neuen Gefahren von dieser Seite vorzubeugen, wurde der Feldzug gegen Sultan Agoeng zu Wasser und zu Lande kräftig fortgesetzt, seine Hauptstadt 1683 genommen und er selbst bald darauf zur Ergebung gezwungen. Um sein Leben zu sichern, war er genötigt, Zuflucht in Batavia zu suchen. Sultan Hadji seinerseits hat 1684 der Kompagnie das Monopol des Pfefferhandels und der Stoffeinfuhr erteilt und sich für 600 000 Rijksdaalders in ihrer Schuld erklärt. Ganz Java war jetzt unter dem ausschließlichen Einfluß der Kompagnie.

So groß die Erfolge waren, für den Augenblick fühlte die Kompagnie wohl mehr die erforderlich gewesenen großen Ausgaben als die Vorteile, welche erst mit der Zeit sich geltend machen konnten. Diese Lage machte sich doppelt fühlbar, da von nun die Kriege kein Ende mehr nahmen und die Kompagnie immer weniger dazu im stande war, so viel Kapital und Kraft auf den Handel und die wirtschaftliche Entwickelung ihres großen Reiches zu verwenden, wie notwendig gewesen wäre. Litten doch ihre Einnahmen auch darunter, daß in den entfernteren Distrikten von den Beamten große Unterschleife verübt wurden,*) und daß der Ertrag des von ihr gehandhabten Opiummonopols sank, seit die eingeborenen Fürsten dem Opiumverbrauch zu steuern begannen. Vergebens versuchte sie den Unterschleifen der Beamten dadurch entgegenzuwirken, daß sie 1694 einen „Commissaris-Generaal" zur Untersuchung der Lage nach Indien sandte. Dieser Beamte richtete so wenig aus wie die schon 1626 getroffene Einrichtung der regelmäßigen Revision der Komptoire durch zwei Aufsichtsbeamte. Es war aber nie möglich, im Handumdrehen hinter alle Unregelmäßigkeiten zu kommen, zu denen die schlechte Bezahlung**) die Beamten veranlaßte. Auch die etwas später angeordnete Anstellung unabhängiger, der obersten Leitung allein unterstehender Fiskaals in Coromandel, Bengalen, Surat, Malakka und am Kap, und der Beschluß der Stationierung zweier ständiger Kommissare in Java blieben wirkungslos. Man fand nicht die geeigneten Personen für diese Posten, oder sie verübten gar selbst Unterschleife. —

Die Kämpfe jener Jahre bezweckten sämtlich Befestigung des Reichs der Kompagnie. In Bantam und Mataram mußten gelegentlich Unruhestifter beseitigt werden. In Sumatra strebte man danach, mit Hilfe Bantams die Engländer, welche sich an der

---

*) Wie aus den von de Jonge veröffentlichten Akten sich ergibt, wurde z. B. 1685 ermittelt, daß das Komptoir Tjeribon in 4½ Jahren 147 000 fl. Defizit gehabt hatte, während die Bevölkerung zugleich in unglaublicher Weise ausgesogen worden war.

**) Die Gehälter der Kompagniebeamten hatten damals folgende Höhe:

Gouverneur-Generaal	monatlich 1200 fl.
Directeur-Generaal	" 600 "
Ordinärer Raad	" 850 "
Extraordinärer Raad	" 200 "
Secretaris der Hooge Regierung	" 150 "
Raad van Justitie	" 150 "
Opperkoopman	" 150 "
Fiskaleur-Generaal	" 150 "

Die Gouverneure von Amboina, Banda, Ternate, Makassar, Malakka, Coromandel, Ceylon, Kaap bezogen je 200 fl., von Bengalen und Surat je 150 fl., von Malabar 150 fl.

dortigen Westküste festgesetzt hatten, zu vertreiben. In Ostindien mußte man Anstrengungen machen, um sich gegen den Großmogul, der damals den Süden des Landes unterworfen hatte, zu behaupten. 1693 wurde auch während des neuen Krieges mit Frankreich Pondichery erobert und einige Jahre besetzt gehalten, bis es im Ryswyker Frieden wieder an die Franzosen kam. Streitigkeiten mit Persien führten 1684 zur Besetzung einer Insel im persischen Golf. In Celebes hat e man fortwährend Mühe, den Frieden zwischen den einzelnen Fürsten zu erhalten und Unruhestifter zu beseitigen. Auf den Molukken machte es fortgesetzt Schwierigkeiten, die Nelkenproduktion gemäß den Bedürfnissen und Wünschen der Kompagnie zu regeln. In Borneo mußte gegen die Eingeborenen und die mit ihnen verbündeten Engländer ein förmlicher Krieg geführt werden, um Bantams Ansprüche auf die dort stattfindende Diamantengewinnung zu befestigen.

Ein empfindlicher Schlag für die Kompagnie war 1699 ein Naturereignis, das die gesundheitlichen Verhältnisse Batavias von Grund aus veränderte. Der dort mündende Fluß wurde durch ein Erdbeben von seinem alten Bett abgelenkt. Die Kanäle der Stadt füllten sich mit Schlamm, und es machten sich von da an gefährliche Fieber in der Stadt bemerkbar, während sie bis dahin gesund gewesen war. Entschädigt wurde die Kolonie hierfür durch die Einführung des Kaffeebaus, die 1696 mit einigen Pflanzen aus Cananor auf Veranlassung des Generalgouverneurs van Hoorn stattfand. Die holländisch-ostindische Kompagnie machte damals mit Kaffee, den sie aus Mekka bezog und zuerst in Persien, später in Europa absetzte, bereits ein ansehnliches Geschäft. 1699 verkaufte sie 51 402, 1700: 356 402 Pfund davon. Der hohe dabei erzielte Gewinn lenkte die Aufmerksamkeit der batavischen Regierung auf das Gewächs. Da es gut gedieh, wurde seine Anpflanzung gefördert, bis das Erdbeben von 1699 die Plantagen zerstörte. Aber es wurden neue Pflanzen von der Malabar-Küste bezogen, und 1706 konnte die erste Ernte nach Holland geschickt werden. Da die Bohnen dort großen Anklang fanden*) wurden Pflanzen und Bohnen an die Eingeborenen verteilt. Allerdings kostete es große Mühe, sie zum Betrieb der neuen Kultur zu bringen, doch in

---

*) Der Kaffee erzielte in Holland 38 Stuyvers für 1 Pfund.

Preanger, Cheribon und den Bergen hinter Batavia gab es schon 1713 ansehnliche Pflanzungen. 1716 führte Batavia 8116 Pfund, 1707: 13279 Pfund, 1718: 278117 Pfund, 1721: 198768 Pfund Kaffee aus. Gleichzeitig entwickelte sich damals die aus Ostindien eingeführte Indigokultur. Nutzen hatten freilich die Eingeborenen davon sehr wenig. Die Kompagnie, welche fast den einzigen Abnehmer bildete, zahlte nur sehr geringe Preise.

Die Verfehltheit des ganzen von der Kompagnie befolgten Systems tritt in dem letzten Jahrzehnt des 17. Jahrhunderts noch deutlicher als zuvor aus ihren Büchern an den Tag. Ihre Ausgaben wuchsen, aber ihre Einnahmen gingen trotz der enormen Erweiterung des Monopolgebiets und der Zunahme der Zucker- und anderer Kulturen ständig zurück. Von 1681 bis 1706 wurde nur in sieben Jahren in Indien ein Gewinn erzielt, in 19 übertrafen die Ausgaben die Einnahmen. Wenn trotzdem jährlich ansehnliche Dividenden gezahlt und der Kredit der Kompagnie immer höher angespannt wurde, geschah es wohl nur aus politischen Rücksichten und in der Hoffnung auf die Zukunft. Wenn sich diese Hoffnung nicht erfüllt hat, ist die Schuld nicht allein dem Umschwung der Weltlage, sondern ebenso dem ohne Unterlaß fortgeführten engherzigen und beschränkten System der Kompagnie beizumessen. Nach ihren Büchern standen ihre Geschäfte damals folgendermaßen:

	Zahl der gesandten Schiffe	Wert der aus Indien eingegangenen Waren	Gewinne und Verluste in Indien	Dividenden	Kassenbestand in Holland
1678	10	2459538	360580	0	- 507836
1679	19	3844977	+ 518284	12½	— 799298
1680	18	8410678	+ 909608	25	-- 315443
1681	21	5105363	+ 980203	22½	+ 544406
1682	16	2987190	+ 2085054	33½	+ 3196754
1683	27	}7922325	+ 69430	0	+ 1521146
1684	19		+ 1706806	0	+ 841846
1685	25	4619637	+ 143669	40	— 513027
1686	16	5111518	— 1147658	12½	— 287437
1687	19	5630940	— 1069589	20	— 253625
1688	18	4277722	— 816484	33½	+ 873128
1689	16	3092696	+ 65015	33½	+ 1223598
1690	23	2919466	+ 937862	40	+ 1994877
1691	30	2604724	— 12365	20	+ 1486482
1692	20	3085621	+ 116097	25	— 888305
1693	24	3303248	— 677635	20	— 2318668

	Zahl der gesandten Schiffe	Wert der aus Indien eingegangenen Waren	Gewinne und Verluste in Indien	Dividenden	Kassenbestand in Holland
1694	22	2 990 908	— 126 596	20	— 3 493 498
1695	24	5 179 632	— 1 144 404	25	— 4 713 912
1696	18	3 532 244	— 1 231 645	15	— 4 258 578
1697	20	4 424 661	— 1 488 031	15	— 6 446 550
1698	23	5 757 120	— 1 512 378	30	— 1 946 036
1699	25	4 773 506	— 1 079 596	35	— 3 629 368
1700	29	5 300 812	— 1 874 262	25	— 2 396 407
1701	28	6 569 773	— 1 311 646	20	—14 116 118
1702	26	6 726 036	— 1 141 248	20	586 833

Wenn bei dieser Lage die Kompagnie sich 1696 entschließen konnte, die Verlängerung ihres Monopols auf 40 Jahre mit einer Zahlung von 3 Millionen Gulden zu erkaufen, beweist das jedenfalls, wie wenig die Welt vom Stande ihrer Finanzen wußte und wie zuversichtlich ihre Leitung fortgesetzt war!

Unter den damaligen Verhältnissen mußte das Streben der Verwaltung in Batavia sein, tunlichst neuen Verwickelungen in Indien vorzubeugen und im Frieden die wirtschaftlichen Interessen der Kompagnie zu fördern. Versucht ist das in der Tat worden, doch die Lage der Dinge verwickelte die Kompagnie wider Willen bald in neue Kämpfe. Hatte schon der durch ihre Hilfe auf den Thron gesetzte Soesoehoenan ihr allerlei Schwierigkeiten bereitet, so machte sein 1703 ihm folgender Sohn Depati Anom Miene, die bestehenden Verträge kurzer Hand als erloschen zu betrachten und die Beziehungen mit den Holländern abzubrechen. Das Generalgouvernement war daher erfreut, als einige Zeit später der von ihm vertriebene Onkel des Fürsten Pangeran Poeger in Samarang erschien und die Hilfe der Kompagnie anrief. Er wurde 1704 an Stelle des widerspenstigen Neffen zum Soesoehoenan proklamiert, und von den Holländern bei einem Feldzug mit Mannschaften und Schiffen unterstützt. Depati Anom zog nun andere Seiten auf und bot Befriedigung aller Wünsche der Kompagnie. Aber diese verlangte unbedingte Unterwerfung und jagte ihn, als er Widerstand leistete, aus dem Lande. 1705 zog Pangeran Poeger in der Hauptstadt Kartasoera ein, erneuerte die bestehenden Verträge und machte der Kompagnie Zugeständnisse. Zur Abtragung der Schuld von 1 260 600 Rijksdaalders versprach er 25 Jahre

lang je 800 Kojans Reis zu liefern. Ferner verpflichtete er sich, der
Kompagnie so viel Reis, als sie brauchte, zum Marktpreis zu verkaufen,
gestattete ihr Anlage von Faktoreien und Werkstätten und verbürgte
Stellung von Arbeitern und Ausschluß aller von ihr nicht autori-
sierten Europäer. Die Javanen sollten in Zukunft keinerlei Handel
mehr treiben als im Osten nach Bali und Lombok, im Norden
nach Borneo (bis Bandjermasin), im Westen an der Nordküste
Javas bis zu den Lampongs und endlich mit Pässen der Kompagnie nach Ostsumatra und Malakka. Für Stationierung von
300 Mann holländischer Truppen in Kartasoera, versprach er neben
freier Verpflegung monatlich 1300 Reichstaler. Der Krieg war
damit indessen nicht zu Ende. Der geflüchtete Fürst fand Hilfe beim
Soerapati von Malang, und es bedurfte mehrerer kostspieliger
Feldzüge ins Innere, ehe man 1708 seiner Herr wurde. Er hat
sein Leben als Gefangener in Ceylon beschlossen.

Fünftes Kapitel.
Beginn der Kaffeekultur auf Java.

Trotz der auf Java neu errungenen Vorteile blieb die finanzielle
Lage der Kompagnie unbefriedigend. Die früheren Ursachen wirkten
in dieser Hinsicht ungeschwächt weiter, und dazu kam, daß mit dem
Wachsen der Macht Englands um jene Zeit es immer stärkeren
Wettbewerb in Indien übte. Auch auf Java erschienen häufig seine
Schiffe, schmuggelten Opium ein und beförderten den heimlichen
Handel der Beamten und Eingeborenen. Auf Vorschlag des General-
gouverneurs van Hoorn wurde, um den Handel zu heben, der
Verkehr mit China damals erleichtert. Konnte man die Eröffnung
der chinesischen Häfen nicht durchsetzen, so bot doch die Ankunft
zahlreicher chinesischer Schiffe und Waren in Java und ihr
Verkauf gegen holländische und indische Erzeugnisse einen gewissen
Ersatz. Dagegen fand sein Drängen auf Beförderung der weißen
Besiedelung der Insel, um einen größeren und kräftigeren Markt
zu gewinnen, bei der Kammer der Siebzehn so wenig Anklang wie
frühere derartige Vorschläge. Er wie sein Nachfolger, Abraham

van Riebeek, der Sohn des Gründers von Kapstadt, mußten damit rechnen und durch Förderung und Ausbreitung des Kaffeebaues die Einnahmen zu heben suchen. Diese Bestrebungen wurden aber größtenteils ihres Erfolges beraubt durch unvorhergesehene Unfälle und neue kriegerische Verwickelungen. In ersterer Hinsicht waren für die Kompagnie besonders schmerzlich Ereignisse in Ostindien und Nachbarschaft. Mit dem Einbruch der Afghanen in Indien und der Unterwerfung der dortigen Fürsten durch den Großmogul hatte man sich abgefunden. Man hatte sogar 1710 durch eine prächtige Gesandtschaft und Geschenke im Werte von 1 333 000 fl. seine Gunst erworben und darauf hohe Erwartungen gesetzt. Aber 1712 starb der Fürst. Seine Nachfolger stritten um den Thron, schwächten sich gegenseitig und gaben damit den Engländern Gelegenheit, hier immer festeren Fuß zu fassen und den holländischen Einfluß lahm zu legen. Ebenso empfindlich waren schwere Verluste, welche die Kompagnie um jene Zeit in Persien erlitt. Dazu kamen nun immer neue Verwickelungen, die bewaffnetes Eingreifen erforderten und den Handel schädigten. Auf Celebes bekriegten sich die Fürsten von Boni und Gowa. In den Molukken mußte gewaltsam zwischen Ternate und Tidore Ruhe gestiftet werden. Auch in West-Sumatra mußte man Krieg führen. Nur in geringem Maße entschädigte dafür ein Vertrag mit dem Sultan von Johore 1713, wonach das ihm gehörige Siak in Ost-Sumatra und ganz Johore dem Handel der Kompagnie geöffnet und ihr das Opiummonopol zugestanden wurde.

Am unangenehmsten machten sich aber neue Unruhen auf Java fühlbar. Seit 1712 hatten sich hier der Fürst von Soerabaja und einige andere Machthaber gegen den Soesoehoenan von Mataram empört. Der letztere rief die Hilfe der Kompagnie an. Diese wollte nicht eingreifen, da sie genug andere Sorgen hatte. Es war nämlich zwischen ihren Vertretern an der Malabar-Küste und dem Zamorin von Calicut wegen Erbauung eines Forts in dieser Stadt zum Streite gekommen. Der Fürst hatte das Fort zerstört, das alte zur Ergebung gezwungen und machte Miene zu weiteren Gewalttaten. Es bedurfte einer Expedition aus Batavia, um sie zu hindern und mit Hilfe von Cochin den Zamorin zum Nachgeben zu zwingen. Abgesehen davon, waren Schwierigkeiten mit China entstanden. Um mehr Gewinn zu machen, hatte man 1717 die Chinesen

liche Hemmung der Entwickelung des Kaffeebaues. Man mußte die Eingeborenen zwingen, neue Bäume zu pflanzen, und darüber wachen, daß sie nicht die vorhandenen zerstörten. 1729 wurden in Tjeribon und Jacatra nur 520 580 Pfund geerntet. Man sah sich genötigt, in Jacatra den Preis auf 6 und 7 Rijksdaalders zu erhöhen. Trotz der wachsenden Nachfrage für Kaffee duldete die Kompagnie aber aus Furcht vor Mitbewerb und Verletzung ihres Monopols nicht die Ausbreitung der Kaffeekultur außerhalb ihres eigenen Machtbereichs. Wie einst die Gewürze in den Molukken, wurden 1735 die Kaffeebäume im Gebiet des Soesoehoenan auf Grund eines 1733 mit ihm geschlossenen Vertrages ausgerottet. Dafür suchte man den Anbau von Pfeffer durch Angebot von 5 Rijksdaalders fürs Pikol und Zahlung von Prämien zu heben. Ungeachtet der Maßregeln der Kompagnie wuchs aber die Kaffeeproduktion bald unaufhaltsam. 1738 lagerten in Batavia von den früheren Ernten 13 236 680 ½ Pfund. Die Kompagnie ordnete daher in jenem Jahre Ausrottung der Hälfte aller Kaffeebäume und Zahlung des halben Preises in Form einer Rente von 4 ½ pCt. an. In Tjeribon erwies sich die Ausführung dieser Anordnung als undurchführbar, da zu einflußreiche Leute betroffen worden wären. In Preanger und Jacatra setzte die Kompagnie ihre Absicht durch. Sie nahm fortan jährlich nur 21 740 Pikols Kaffee ab. 1740 wurde die Menge auf 4 Millionen Pfund festgesetzt, wovon 1 500 000 Tjeribon, 2 500 000 Preanger und Jacatra liefern sollten.

Sechstes Kapitel.
Der Chinesenaufstand.

Wenn das Aufblühen der Kaffeekultur der Kompagnie nicht so großen Nutzen gebracht hat, wie man erwarten könnte, dürfte die Mißwirtschaft vieler ihrer Beamten daran nicht wenig Schuld getragen haben. Der Gouverneur von Ceylon, Peter Buyst, hat sich solcher Grausamkeiten gegen Europäer und Eingeborene und so großer Amtsmißbräuche schuldig gemacht, daß er 1730 in Batavia hingerichtet werden mußte. Der Gouverneur von Malakka steckte

unter einer Decke mit den Engländern, welche einen großen Opium-
schmuggel nach Java betrieben. Ein anderer Gouverneur von
Java mußte den Reispreis so hoch zu treiben, daß eine Hungers-
not in der Bevölkerung entstand. Dafür verschaffte er sich durch
seine Kniffe jährlich ein Einkommen von 200 000 Rijksdaalders. Die
Schiffe der Kompagnie waren mehr als je mit Privatgütern der
Beamten gefüllt, und der verbotene Handel blühte. Die höchsten
Beamten in Batavia übten eine schamlose Günstlings- und Er-
pressungswirtschaft. Es kam so weit, daß Ende 1731 einmal der
Generalgouverneur, der Generaldirektor und verschiedene andere hohe
Beamte plötzlich abberufen wurden. Während sie sich dem Befehle
fügten, setzte sich der wegen seiner Erpressungen zur Verantwortung
gezogene Gouverneur von Ceylon zur Wehr und mußte gewaltsam
entfernt werden. Er ist in Batavia gefangengesetzt worden, eine
ernstliche Strafe ist ihm aber nicht widerfahren. Man wußte es
so einzurichten, daß sein Prozeß vergessen wurde. Alle die Beamten
bildeten Kliquen und arbeiteten sich gegenseitig in die Hände. Auch
die Generalgouverneure, welche hundert Jahre lang immer aus der
Zahl der indischen Beamten hervorgingen, waren unter dem Einfluß der Kliquen. Es ging so weit, daß dreijährige Söhne von Beamten in den Listen der Angestellten geführt wurden und Gehälter
bezogen.

Über solche Erfahrungen tröstete man sich in Holland mit
der steten Erweiterung der Macht der Kompagnie auf Java. Gelang es doch 1733, mit dem damaligen jungen Sultan von Bantam
einen Vertrag zustande zu bringen, worin der Kompagnie das
Monopol des Pfefferhandels eingeräumt und allen Ausländern der
Handel verboten wurde. Zur Durchführung des Monopols erhielt
die Kompagnie 1738 auch noch das Recht, ein Fort in Toelong
Bawang zu errichten. Auch in Bandjermasin wurde ihr 1733 das
Pfeffermonopol eingeräumt. Noch vorteilhafter waren Zugeständnisse,
die der Soesoehoenan der Kompagnie Ende 1733 machte. Er verpflichtete sich nicht nur zur Zahlung aller Rückstände und der
Lieferung von jährlich 1000 Kojans Reis, sondern er verbot auch
den Kaffeeanbau in seinem Reiche und übernahm die Instandhaltung
der Forts in Samarang und Japara.

Die Freude über diese Erfolge sollte bald getrübt werden.
Es entstanden sehr gefährliche Schwierigkeiten mit der zahlreichen

chinesischen Bevölkerung. In und um Batavia allein lebten gegen 100 000 Chinesen. Sie waren ebenfalls zahlreich in allen andern holländischen Niederlassungen. Die Zuckerpflanzungen und -mühlen waren meist in ihrem Besitz. Sie verwendeten als Arbeiter meist die eigenen Landsleute, vielfach hatten sie auch die Steuererhebung gepachtet. Die Holländer hatten ihre Einwanderung lange Zeit begünstigt, da sie Ackerbau und Handel des Landes förderten. Doch mit der Zeit wurde ihre Zahl bedrohlich und ihre Tätigkeit unbequem. Viele Tausende lebten als Vagabunden und Räuber, andere trieben umfangreichen Schleichhandel. So begann man daran zu gehen, ihrer Einwanderung zu steuern. Erst wurde verordnet, daß kein Schiff mehr als 100 Chinesen ins Land bringen dürfe. Als das nichts half, wurde den Chinesen die Lösung von Erlaubnisscheinen für ihren Aufenthalt vorgeschrieben. Wer ohne den Schein betroffen wurde, sollte nach dem Kapland deportiert werden. Um dem Vagabundieren und Schleichhandel zu steuern, wurde den Chinesen das Halten von Gast- und Einkehrhäusern im Innern verboten.

Die verschiedenen Maßregeln sind nicht streng durchgeführt, sondern von den Beamten meist nur benutzt worden, um Geld zu erpressen. Machte das die Chinesen schon unzufrieden, so stieg ihre Erbitterung, als man einzelne chinesische Verbrecher nicht, wie sonst der Brauch war, hinrichtete, sondern grausam pfählte. Allgemein entstand der Glaube, daß die auf Schiffe geschafften Chinesen nicht nach dem Cap oder Ceylon gebracht, sondern ertränkt würden. Viele flohen in die Berge, vereinten sich zu Banden und rüsteten sich zu offenem Widerstand. In Batavia kümmerte man sich aber wenig darum, man hatte genug andere Sorgen. So war man sehr unangenehm überrascht, als Ende September 1740 drei chinesische Beamte dem Generalgouverneur Andrian Vallenier vertraulich von einem drohenden Aufstand Kenntnis gaben. Abends um 7 wurde der Raad van Indie zusammengerufen und von der Sachlage in Kenntnis gesetzt. Hier fand indessen die Kunde wenig Glauben. Der friedfertige Charakter der Chinesen schien gegen die Wahrheit der Anzeige zu sprechen. Man begnügte sich, dem Kapitän und den andern Beamten der Chinesen besondere Aufmerksamkeit einzuschärfen. Die von dem Rat van Imhof geführten Gegner des Generalgouverneurs hielten alles für Erfindungen, um ihre

Aufmerksamkeit von andern Dingen abzulenken. Sie blieben dabei auch, als am 1. Oktober Nachricht kam, daß 1000 bewaffnete Chinesen gesehen worden seien. Sie verlangten, daß man mit dem Aufgreifen und Verhaften der Leute aufhöre, die Unschuldigen freigebe und auch von der durch den Gouverneur angeordneten Verdoppelung der Wachen absehe. Erst als am 5. Oktober Meldung vom Auftauchen neuer Chinesenschaaren und von Ermordung eines Sergeanten kam, schlug die Stimmung um. Man beschloß Verstärkung der Außenposten Batavias und Sendung der Räte van Imhof und van Aerben zur Untersuchung der Sachlage. Ehe sie noch abreisten, kam ein Brief des Führers der Aufständischen, der als natürlicher Sohn des verstorbenen Kaisers von China galt, an den Kapitän der Chinesen in Batavia, worin ein Angriff auf die Stadt angekündigt wurde. Nun erst entschloß man sich zu ernsten Maßnahmen. Man verbot Wegzug der chinesischen Frauen und Kinder aus der Stadt, befahl, alle nach der Stadt kommenden Chinesen, die ihre Waffen nicht ablegten, zu erschießen, ließ alle chinesischen Häuser nach 7 Uhr abends sperren und eine in der Nähe stehende Chinesenschar angreifen. Das half jedoch nur sehr wenig. Am Abend des 8. Oktober erschienen starke Chinesenscharen vor Batavia und versuchten die Außenposten zu stürmen. Als das mißlang, steckten sie alle erreichbaren Baulichkeiten in Brand. Nun entstand in Batavia große Aufregung. Man fürchtete eine Erhebung der zahlreichen Chinesen in der Stadt. Der Generalgouverneur wollte, um vorzubeugen, sich ihrer bemächtigen, die Mehrheit des Rats war dagegen. Man hielt eine Proklamation, worin die Chinesen zur Ruhe ermahnt wurden, für ausreichend. Doch das Volk war damit nicht zufrieden. Als immer schlimmere Nachrichten von angeblichen Greueltaten der Chinesen im Felde und den Rüstungen derer in der Stadt sich verbreiteten, fiel der Pöbel über ihre Häuser her, zündete sie an und machte ihre Bewohner nieder. Drei Tage lang dauerte das Gemetzel. Am 12. Oktober waren gegen 600 chinesische Häuser zerstört und etwa 10 000 Menschen umgebracht. Auf Anweisung des Generalgouverneurs sind auch die in den Gefängnissen und Hospitälern befindlichen Chinesen getötet worden! Auf den Kopf der im Felde stehenden Chinesen setzte man eine Prämie von je 2 Dukaten, um dadurch die Eingeborenen gegen sie aufzustacheln.

Nachdem das Morden und Plündern mehr als 8 Tage gedauert hatte, und fast kein Chinese mehr in der Stadt am Leben war, beschloß der Rat von Indien, allen Chinesen, die sich binnen Monatsfrist unterwerfen würden, Amnestie zu erteilen. Doch nur wenige der im Felde stehenden unterwarfen sich. Es bedurfte noch mehrerer Expeditionen ins Innere, um des Aufstandes Herr zu werden. Noch viele Chinesen büßten die Erhebung mit dem Leben. Die sich ergaben, durften nicht mehr in Batavia sich niederlassen, sondern erhielten Wohnplätze außerhalb der Stadt. Erst die Regenzeit, welche das Innere unwegsam machte, brachte vorläufige Ruhe.

Dafür kam der seit langem zwischen dem Generalgouverneur und seinem Rat bestehenden Gegensatz nun zu einem gewaltsamen Ende. Valkenier ließ Anfang Dezember 1740 seinen Hauptwidersacher van Imhof und 2 andere Räte verhaften und einige Wochen später getrennt als Gefangene nach Holland senden. Auch zwei andere Räte, die gegen sein Verfahren Einspruch erhoben, wurden in Arrest gesetzt.

Es ist möglich, daß die Nachricht von diesen Vorgängen den Mut der Reste der Chinesen erhöht hat. Jedenfalls haben sie dazu beigetragen, die Treue der Javanen zu erschüttern. Im Frühjahr 1741 wurden verschiedene Plätze im Reiche des Soesoehoenan von Chinesen angegriffen und eine Reihe holländischer Niederlassungen wurde zerstört. Dabei zeigte sich, daß die Javanen mit den Chinesen im Einverständnis waren. Einzelne Fürsten traten offen auf ihre Seite. Im Juli fielen Kartasoera und Rembang den Javanen und Chinesen in die Hände und wurden verbrannt. Samarang wurde von ihnen und Javanen belagert und selbst Soerabaja, wo die Besatzung die Chinesen umgebracht hatte, war bedroht. Dasselbe war mit den Logen Tegal, Japara und Demak der Fall. Der von der Kompagnie zur Hilfe aufgeforderte Soesoehoenan erwies sich mehr als zweideutig. Der Aufstand breitete sich bald im ganzen Gebiete der Kompagnie aus, und javanische Truppen nahmen, als die Kompagnie sich auf Seite des Pangeran von Madoera stellte, der sich der Oberhoheit des Soesoehoenan entzogen hatte, offen am Kampfe gegen die Holländer teil.

Angesichts dieser Gefahr raffte der Generalgouverneur alle Kräfte zusammen. Ein Teil der heimzusendenden Mannschaften wurde zurückbehalten, Militär aus Makassar und Amboina herbei-

Niederwerfung des javanischen Aufstands. 113

geschafft und Hilfe nach den bedrohten Punkten geschickt. Ein energischer Mann, Hugo Veryssel, wurde mit dem Oberbefehl an der Ostküste betraut. Ihm gelang es, die Belagerer von Samarang zurückzuschlagen und den Mut des Feindes zu brechen. Da gleichzeitig der Pangeran von Madoera den Javanen mehrfach Niederlagen beibrachte, erachtete es der Soesoehoenan für angezeigt, Ende 1741 wieder mit der Kompagnie anzuknüpfen. Zwei Bevollmächtigte wurden zu ihm nach Kartasoera gesandt. Ehe aber ein Abschluß zustande kam, erhoben sich gegen ihn seine mit den Chinesen verbundenen Untertanen und nötigten ihn zur Flucht. Der hilflose Fürst bot den Holländern für Wiedereinsetzung auf den Thron Abtretung aller Strandprovinzen und das Recht der Ernennung des Reichsverwesers.*) Sie waren geneigt, auf den Handel einzugehen, da kam ihnen ihr Verbündeter, der Pangeran von Madoera zuvor. Er bemächtigte sich Kartasoeras und schlug die Feinde aufs Haupt. Er wollte sich selbst in der Stadt festsetzen und sie dem Soesoehoenan nicht ausliefern. Es gelang aber dem Kommandanten von Soerabaja, ihn umzustimmen. So übergab er den Holländern den Platz, und diese führten Ende Dezember 1742 den Soesoehoenan dahin zurück. Die größte Gefahr war damit beseitigt. Die meisten Aufständischen unterwarfen sich, und es entstand wieder Ruhe.

Inzwischen war auch ein Wechsel im Generalgouvernement eingetreten. Vallenier war November 1741 abgelöst und an seiner Stelle van Imhof ernannt worden. Bis letzterer aus Holland, wohin er als Gefangener geschickt war, zurück sein konnte, übernahm der Generaldirektor des Handels, Johann Tebens die Geschäfte. Vallenier, der nach der Heimat abgereist war, ist infolge eines in Kapstadt erhaltenen Befehls nach Batavia zurückgebracht und dort in Untersuchung genommen worden. Er hat den Ausgang nicht mehr erlebt, sondern ist Sommer 1751 im Gefängnis gestorben. Sein Vermögen, das angeblich 5 Millionen Gulden betragen haben soll, wurde konfisziert.**)

---

*) Rijksbestierder.
**) Nach langwierigen Prozessen hat die Kompagnie 1760 an Valleniers Sohn, der Schöffe der Stadt Amsterdam war, 725 000 Gulden herausgezahlt.

Siebentes Kapitel.
Beginn der Eroberung von Java.

Van Imhof blieb es vorbehalten, die Verhältnisse in Java nach dem Aufstand zu regeln. Das Wichtigste war die Auseinandersetzung mit dem Soesoehoenan, der nach dem Scheitern der Erhebung ganz in Hollands Hand war. Man dachte erst an seine Beseitigung. Doch als er die beiden Hauptrebelsführer bei seinem verräterischen Vorgehen ausgeliefert hatte, begnügte man sich mit weiterer Beschneidung seiner Macht. Ein Vertrag vom 11. November 1743 brachte in den Besitz der Kompagnie: den Ostzipfel Javas, einen breiten Streifen längs der ganzen Küste im Norden und Süden, sowie Soerabaja, Rembang und Japara. Außerdem mußte der Soesoehoenan auf Madoera und Sidajoe verzichten, was dem Verbündeten der Kompagnie zufiel. Auch die Zolleinnahmen von Taligawe, Torbaja und Goemoelal, die 1705 der Soesoehoenan sich vorbehalten hatte, gingen ihm verloren. Sein Reich wurde auf ein verhältnismäßig kleines Gebiet im Innern der Insel beschränkt. Der Reichsverweser und die Regenten der Strandprovinzen sollen der Kompagnie Treue schwören und von ihr ausgewählt werden. Die Besatzung von Kartasoera und den Forts zwischen diesem Platz und Samarang stellte die Kompagnie, wofür sie sich 31 200 Realen ausbedang. Diese Summe sollte aus den Zolleinkünften der abgetretenen Provinzen gedeckt werden. Während für Tilgung der noch rückständigen Zahlungen eine Frist von sechs Jahren bewilligt wurde, erließ die Kompagnie dem Fürsten die Kriegskosten gegen die Verpflichtung zur Lieferung bestimmter Massen Reis, Pfeffer und anderer Waren zu billigen Preisen und zur Förderung der Indigo- und Seidenkultur. Nicht genug damit, verpflichtete man den Fürsten, seinen Untertanen Schiffahrt nur noch bis Bali zu gestatten und Holland das Münzrecht sowie das Bergwerksmonopol einzuräumen! — Java war mit diesem Vertrage so gut wie vollständig im Besitze der Gesellschaft, und nicht mit Unrecht konnte man große Hoffnungen auf diesen Erfolg setzen.

Doch ehe man der Früchte des Sieges teilhaftig wurde, tauchten neue Schwierigkeiten auf. Erst weigerten sich verschiedene javanische Beamte, den ihnen auferlegten Eid abzulegen und sich der neuen Ordnung zu fügen. Man war genötigt, sich ihrer Person gewaltsam zu versichern. Andere flohen ins Gebirge. Am unbequemsten war, daß der frühere Bundesgenosse, der Paugeran von Madoera, plötzlich unverkennbare Zeichen von Unzufriedenheit gab. Sein Ziel war nicht allein Unabhängigkeit vom Soesoehoenan, sondern auch Erwerbung von Soerabaja, Grissée und Toeban gewesen. Als er fand, daß ihm nur das kleine Sidajoe überlassen wurde, und er statt des Soesoehoenan nun die Kompagnie als Oberherrn anerkennen sollte, dachte er an Widerstand. Er warb Hilfstruppen in Bali und weigerte sich, die von ihm eroberten Plätze zu räumen. Umsonst versuchte das Generalgouvernement, ihn in Güte umzustimmen. Der Pangeran sandte nach einem zufälligen Zusammenfluß seiner Truppen mit holländischen 2000 Mann gegen Soerabaja, besetzte die Insel Mengari und griff die Schiffe an, welche die Straße von Madoera befuhren. Die Holländer brachten ihm einige Schlappen bei, dafür hielt er sich durch Wegnahme von Soemanap und Pamakassan schadlos. Daraufhin ächtete ihn das Generalgouvernement im Februar 1745 und setzte einen Preis auf seinen Kopf aus. Holländische Schiffe erschienen an der Küste Madoeras, und Kommandant Sterrenberg rückte nach Wiedererroberung Pamakassans und Soemanaps in Madoera ein. Er wurde hier zwar vom Feinde eingeschlossen, doch bald darauf rückte Beryssel mit neuen Truppen heran, nahm Grissée, Toeban, entsetzte Sterrenberg und griff die Residenz des Pangerans Sampang selbst an. Nun verlor der Fürst den Mut. Er flüchtete mit seiner Familie und seinen Schätzen nach Bandjermasin auf Borneo. Als er von dort auf einem englischen Schiff nach Bentoelen sich begeben wollte, wurde er von einem holländischen Kaper gefangen und nach Batavia gebracht. Während er nach Kapland verbannt wurde, und zwei seiner Söhne nach Ceylon, setzte die Kompagnie einen ihr treu gebliebenen anderen Sohn als Regenten in Westmadoera und einen zweiten in Sidajoe ein. Beide waren nichts mehr als eine Art höherer Beamter der Gesellschaft, die somit ihr lang erstrebtes Ziel, alleinige Herrn im Lande zu sein, erreicht hatte.

Van Imhof begab sich persönlich im Jahre 1746 in die neu eroberten Gebiete, um sie zu besichtigen und die Verhältnisse zu ordnen. Er regelte die Grenzen und die Verpflichtungen der Regenten und einigte sich mit dem Soesoehoenan über die Einzelheiten der Ausführung des letzten Vertrages. Gegen Zahlung von 12000 Realen jährlich überließ der Fürst der Kompagnie die Erhebung aller Zölle und Steuern, darunter derjenigen für die eßbaren Vogelnester, und trat ihr gegen eine weitere Rente von 5000 Realen auch die Regentschaften Tagal und Pekalongan ab. Beinahe ganz Java wurde vom Generalgouverneur besucht; das erste Mal, daß der oberste Vertreter der Kompagnie sich einmal persönlich überall vom Stande der Dinge überzeugte. Ein Jahr später, 1747, wurde mit Genehmigung der Kompagnie im Bezirke Kampong Baroe als Erholungsort für die Europäer und Sommerresidenz für das Generalgouvernement Buitenzorg gegründet.

Nur leider ließen die Verhältnisse dem Generalgouverneur nicht lange Zeit für diese Friedensarbeiten und die Ausführung von Reformplänen, derer noch zu gedenken sein wird. Kaum hatte er Mataram verlassen, so brachen dort aufs neue Unruhen aus. Ein Bruder und ein Neffe des Soesoehoenan brachten Truppen zusammen und empörten sich. Ein langwieriger Buschkrieg begann, bei dem kein Teil entscheidende Erfolge errang. Immerhin begannen die Aufrührer des Kampfes müde zu werden, als 1749 der Soesoehoenan erkrankte und aus Zorn gegen seinen zum Nachfolger bestimmten Sohn, der mit einer seiner Frauen eine Liebelei begonnen hatte, sein Reich an die Kompagnie abtrat. Ihr Vertreter, v. Hohendorff, sollte nach eigenem Ermessen den Thron besetzen. v. Hohendorff wählte im Dezember 1749 den von van Imhof auserkorenen bisherigen Kronprinzen, obwohl er nach mohammedanischem Recht wegen eines Fehlers an den Augen nicht geeignet war und wenig Freunde besaß.

Um seine Stellung zu befestigen, wurden die anderen Prinzen gefangen genommen und nach Samarang geschafft. Doch der einflußreichste, der aufständische Onkel des neuen Soesoehoenan, Mangloe Boemi, war nicht darunter. Er hatte sich seinerzeit zum Soesoehoenan ausrufen lassen und fand viel Anhang, da die Abtretung der Herrschaft an die Kompagnie und die Einsetzung des Kronprinzen als Lehensmann der Kompagnie große Mißstimmung erregte. Der Krieg entbrannte nun heftiger als je. Die Holländer riefen die Madoeresen zu Hilfe, konnten aber nicht hindern, daß ganz Mataram den Aufständischen in die Hände fiel. Es dauerte einige Monate und kostete große Opfer, ehe v. Hohendorff 1750 den Feind in die Berge treiben konnte. Auch dann war die Lage noch so schlecht, daß man an Aufgabe von Soerakarta dachte. v. Hohendorff kam schließlich auf den Einfall, den Neffen Mangkoe Boemis dadurch zu gewinnen, daß man ihn zum Kronprinzen ernannte. Doch das war dem durch seine Erfolge verwöhnten Manne nicht genug. Er verlangte den Thron anstelle des damaligen machtlosen Soesoehoenans, und der Kampf dauerte fort. v. Hohendorff erbat schließlich 1754 seinen Abschied. An seine Stelle trat der mit den Eingeborenen sehr vertraute Opperkoopman Nikolaas Hartingh. Ihm glückte es, durch Vermittelung türkischer und arabischer Priester mit Mangkoe Boemi, der mit seinem Neffen Mas Said völlig zerfallen war, in ein Einverständnis zu gelangen. Er griff gemeinsam mit den Holländern Mas Said an und trieb ihn in die Enge. Anfang 1755 versöhnte er sich mit dem Soesoehoenan und schloß Frieden mit der Kompagnie gegen Belehnung mit der Hälfte von Mataram. Mas Said setzte den Kleinkrieg noch eine Weile fort. März 1757 unterwarf er sich aber auch. Er erhielt ein kleines Gebiet als Lehen vom Soesoehoenan überwiesen! An Stelle eines Fürsten saßen in Mataram damit jetzt drei, alle Lehensleute der Kompagnie und immer untereinander im Streit. Hollands Herrschaft war dadurch mehr als früher befestigt.

In denselben Jahren hatte die Kompagnie auch neue Vorteile in Bantam errungen. 1747 hatte sie auf Wunsch der Gemahlin des Sultans den rechtmäßigen Kronprinzen nach Ceylon verbannt und gegen Abtretung eines Gebietes am Tangeran und der Hälfte des Ertrages der Goldwäschereien von Toelang Bawang den Neffen der Sultanin zum Thronfolger ernannt. Noch in demselben Jahre wurde der alte Sultan geisteskrank. Seine Frau wollte die Regentschaft übernehmen, aber gegen sie brach wegen ihrer Willkür und Habgier ein Aufstand aus, bei dem die holländische Besatzung in arge Gefahr kam. Der Generalgouverneur ließ darauf die Sultanin und ihren Neffen nach Batavia schaffen und verbannen und den rechtmäßigen Thronfolger zurückrufen. Ehe er eintraf, wurde der Aufstand unterdrückt und ein vorläufig als Prinzregent eingesetzter schwacher Abkömmling der Sultansfamilie 1752 zum Sultan ernannt. Die Kompagnie, welche Bantam als erobert ansah, gab es dem neuen Herrscher nur zu Lehen. Er mußte jährlich als Abgabe 100 Baar Pfeffer nach Batavia senden, durfte keine Befestigungen anlegen und mußte sich in jeder Hinsicht den Anordnungen der Kompagnie fügen. Anbau von Kaffee in Bantam war verboten. Die Zahl der Zuckerpflanzungen bestimmte Holland. Die Insel Pandjang, das Fort Speelwyk und die Schanze Karang Antoe gingen in den Besitz der Kompagnie über.

Die Kriegswirren hinderten van Imhof an voller Durchführung seiner Reformpläne. Er hatte 1741 in Holland an die Kompagnie eine Denkschrift gerichtet, in der er nach eingehender Prüfung ihrer ganzen Lage eine Anzahl von Vorschlägen zur Beseitigung der Mißstände machte, unter denen die Geschäfte litten. Den Grund des Übels fand er erstens in zu großer Ausbreitung der Geschäfte der Kompagnie, zweitens in der Verschlechterung der allgemeinen Weltlage und drittens darin, daß die Angestellten der Kompagnie nicht mehr so tüchtig wie früher wären. Die zu große Ausbreitung der Geschäftstätigkeit erklärte er für eine Folge des Wunsches der Kompagnie, alles allein tun zu wollen. Damit habe man eine Menge nichtzahlender Sachen sich aufgeladen und sich in überflüssige Unkosten gestürzt. Ziemlich unumwunden meinte er, daß es unmöglich sei, auf die Länge die Geschäfte des Kaufmannes mit der Stellung als Souverän zu verbinden.*) Doch da an eine Änderung dieser Lage bei der Natur der Kompagnie damals nicht zu denken war, ging van Imhof hierauf nicht des weiteren ein. Die Verschlechterung der Weltlage fand er besonders darin, daß die Inder zum Umsatz ihrer Erzeugnisse mehr Gelegenheit als früher hätten, und daß mit Holland so viele andere europäische Mächte wetteiferten.

Als Abhilfsmittel schlug er in erster Linie vor, Heranziehung besseren Schiffspersonals und Hebung seiner Stellung, Verbesserungen in der Einrichtung der Flotten und sorgfältigere Auswahl der Schiffe. Um dem verbotenen Handel der Beamten zu steuern, empfahl er, die Ausfuhr von Getränken und gewisser Industrieartikel nach Indien gegen bestimmte Abgaben freizugeben und dafür

---

*) Generalgouverneur Mossel schrieb 1763 in selben Sinne: „Was der Herr verzehrt, muß der Kaufmann bezahlen, und der Handel muß den Ausfall in den Einnahmen decken". 1761 schrieb Rit. Harlingh, Gouverneur der Ostküste: „Ach wäre doch die Kompagnie Kaufmann geblieben und hätte die Leine nicht zu straff gespannt".

statt des den Beamten zustehenden Freigepäckes eine Geldabfindung zu gewähren. Desgleichen erklärte er Öffnung des Handels zwischen Batavia, Siam, Pegu, Atjih und ferneren Gebieten gegen bestimmte Zölle für geeignet, den Verkehr zu beleben, der Kompagnie viel Geld zu ersparen und neue Einkünfte zuzuführen. Den Theehandel zwischen Batavia und Holland wollte er ganz freigeben. Er hoffte, daß damit den Schiffen der Kompagnie neue Frachtgewinne zugeführt werden würden. Nur hinsichtlich des Pfeffermonopols und des Handels mit Japan und den Molukken sollte alles beim alten bleiben. Den Häfen auf dem indischen Festlande schlug er dagegen, größere Handelsfreiheit einzuräumen, vor. Abgesehen hiervon, regte van Imhof zur Hebung Batavias Errichtung von Gilden, Verstärkung der Macht des Schöffenkollegiums, ferner Anlage von Dörfern in der Umgegend, Schaffung größerer Landbesitze und planmäßige Ansiedelung europäischer Kolonisten, an. Der Schluß seiner Darlegungen erörterte die Notwendigkeit geschickterer und gerechterer Behandlung der Eingeborenen sowie eifrigerer Förderung von Religion und Christentum.

Van Imhofs Vorschläge wurden einige Monate lang von dem „Rat van XVII" eingehend beraten und in den meisten Punkten genehmigt. Freilich nicht in allen. So wurde z. B. die Ausfuhr gewisser Industrieartikel nach Java nicht freigegeben, und viele der neuen Zugeständnisse wurden an so viele Bedingungen gebunden, daß sie fast wertlos wurden. Nichtsdestoweniger ging der Generalgouverneur 1743 mit großem Eifer an das Reformwerk. Er begann besonders die Ausbildung der Seeleute zu fördern, indem er Seekadettenkorps vorbereitete und eine Marineakademie schuf. Er arbeitete auch eifrig an Besserung der gesundheitlichen Verhältnisse Batavias, gestaltete die Pachtbedingungen für Kompagnieland und Steuern um und führte das Monopol des Opiumhandels nun streng durch. Der Einzelverkauf wurde 1745 an eine privilegierte Kompagnie vergeben. Sie sollte jährlich 1200 Kisten Opium für je 450 Rijksdaalders abnehmen. Man hoffte dadurch, allem Schmuggelhandel zu steuern, was indessen nicht gelang. Schon 1762 konnte die Kompagnie nur 800 Kisten absetzen. — Die größten Hoffnungen setzte der Generalgouverneur auf die Freigabe des Handels zwischen Batavia und gewissen Teilen Indiens. Die Kompagnie hatte mit diesem Handel infolge zu großer Kosten für die Schiffe seit 1690 immer schlechtere Geschäfte gemacht. Nun sollte das anders werden; aber dem standen die zu lästigen Bedingungen entgegen. Die privaten Schiffe sollten zwischen Batavia und dem Bestimmungsort keinen Zwischenhafen anlaufen und durften Leinenwaren, Kleider, Gewürze, Kaffee, Zinn, Pfeffer, Opium nicht führen. Die Beamten, die in den Schiffern Konkurrenten sahen, machten ihnen solange Schwierigkeiten, bis sie bestochen waren. Diese Umstände raubten Imhofs Bemühungen einen guten Teil des Erfolges. Umsonst schuf er 1746 eine eigene Behörde für Schiffahrt und Handel der Privaten, setzte Erhöhung der Zahl der Theeschiffe der Kompagnie von zwei auf vier und Beförderung des direkten Theehandels von Kanton nach Holland durch Private durch. Als er sich, um zur Hebung des privaten Unternehmungsgeistes mehr Silber ins Land zu bringen, entschloß, zwei Expeditionen nach Mexiko zu senden, entstanden daraus nur schwere Unkosten und Unannehmlichkeiten mit der spanischen Regierung.

Auch mit seinen Versuchen, europäische Ansiedler ins Land zu ziehen, hatte Imhof nicht viel Erfolg. Die Leute sollten je nach der Art des Landes, 100 oder 150 Morgen gegen 50 Rijksdaalders Jahrespacht erhalten; doch allerlei bureaukratische Belästigungen schreckten die Ansiedler ab. 1752 sind nur 28 solcher Parzellen verteilt worden, und dann nahm der Zuzug noch weiter ab. Nach 1764 hört man von diesen Kolonisten nichts mehr. — Mehr Nutzen schafften Imhofs Bemühungen um Hebung der einheimischen Kulturen, die unter den Kriegen schwer gelitten hatten.

Abgesehen von den Kämpfen auf Java, haben auch andere Sorgen Imhof während seiner Amtstätigkeit zu sehr in Anspruch genommen, als daß sein Reformwerk die erwarteten Früchte tragen konnte. Während des französisch-englischen Krieges hatte er einem englischen Kaper drei Schiffe der französisch-indischen Kompagnie abgekauft. Das erregte größte Entrüstung in Frankreich. Die Regierung setzte den Handelsvertrag von 1739 außer Kraft und drohte mit anderen Maßnahmen, wenn Holland nicht die Schiffe zurückgebe. Die Kompagnie mußte sich am Ende entschließen, die Fahrzeuge auf ihre Kosten nach Frankreich zu schaffen und für ihre Ladung 9 Millionen Francs zu zahlen. Außerdem nahm ihr ein französischer Kaper ein Schiff weg. Nicht genug damit, hörten Schwierigkeiten mit England wegen der holländischen Faktoreien in

Ostindien und auch anderweitig nicht auf. Nur mit Gewalt konnte verhindert werden, daß Engländer in Bandjermasin sich ansiedelten und die ausländischen Javanen mit Waffen versorgten. Auch in den Molukken und auf Sumatra nahmen die Zwistigkeiten zwischen den Eingeborenen und zwischen der Kompagnie und ihnen kein Ende. 1757 wurde Malakka von den Boeginezen, die sich an der Küste bei Linggi angesiedelt hatten, belagert, und es mußte ein richtiger Feldzug gegen sie unternommen werden. Auf dem ostindischen Festlande litten die holländischen Unternehmungen sehr durch den französisch-englischen Krieg. Wiederholt wurden ihre Schiffe und Forts in Mitleidenschaft gezogen und ihr Ansehen gegenüber den eingeborenen Fürsten immer mehr geschädigt. Auch die Faktoreien am persischen Golf hatten mit Schwierigkeiten zu kämpfen. Hier gelang es allerdings, ihrer Herr zu werden. Von der Insel Karcek aus beherrschte die Kompagnie den Handel von Bassora und Buschir. — Von ihrer Besitzung am Kap hatte die Kompagnie auch nur wenig Freude. Wenn auch Kapstadt als Erfrischungsstation für die Flotten der Gesellschaft von großem Werte war, so wollte doch die Kolonie sich nicht entwickeln und ihre Kosten decken. Gegen Ende des 17. Jahrhunderts beliefen sich diese jährlich auf gegen 160 000 Mk., die Einnahmen aus Zöllen und Steuern aber nur auf 100 000 Mk. Im 18. Jahrhundert stiegen die Einnahmen auf 160 000 Mk., dafür aber die Ausgaben auf 200 000 Mk. Trotz der Ansiedelung einer Anzahl aus Frankreich geflüchteter Hugenotten und dem Aufblühen von Getreide- und Weinbau krankte die Ansiedelung. Die schlecht bezahlten Beamten suchten durch allerlei Handelsbetrieb und Privatgeschäfte Geld zu machen und hinderten eine umfangreichere Besiedelung. Die Kolonisten klagten über Mangel an Arbeitskräften, Schwierigkeiten mit den Eingeborenen und die Bestechlichkeit und Willkür der Beamten. Kurz, wäre nicht die Notwendigkeit des Besitzes einer Zwischenstation für die Flotten zwischen Holland und Indien gewesen, die Kompagnie hätte sicher diese Kolonie längst aufgegeben. Am Kap selbst sprachen noch 1751 die obersten Beamten dem Lande jede Zukunft ab!

Achtes Kapitel.
Verfall der ostindischen Kompagnie.

Die großen Gebietserwerbungen in Indien während des 18. Jahrhunderts haben der Kompagnie einen völlig veränderten Charakter gegeben. Notgedrungen traten die Handelsinteressen vor den Regierungssorgen zurück, und die fast ausschließlich aus dem Handel fließenden Gewinne sanken immer bedenklicher. Man empfand das sehr unangenehm, sowohl bei der Verteilung der Dividenden als gegenüber den Ansprüchen des Staats, die mit dem Niedergang der Macht Hollands fortgesetzt stiegen. Hatte die Kompagnie Ende des 17. Jahrhunderts die Verlängerung des Privilegs von 1700 bis 1740 noch für drei Millionen Gulden erlangt, so konnte sie 1743 nach langen Verhandlungen nur eine Verlängerung auf 12 Jahre gegen 3 pCt. Abgabe von ihren Dividenden durchsetzen. 1747 mußte sie sich nach längerem Sträuben gefallen lassen, daß eine von Prinz Willem IV. in Holland erhobene Einkommensteuer auch ihren Besitzungen auferlegt wurde. Allerdings sind dabei nur 1 081 000 fl. aufgebracht worden. Dafür, daß die Kompagnie damals in Anbetracht von Pulvermangel dem Staat ihren gesamten Salpetervorrat überließ, setzte sie erst eine Verlängerung ihres Privilegs bis Ende 1774 durch. Sie zahlte als Entschädigung an den Staat 1 200 000 fl. Der größere Teil der Summe wurde als durch Salpeterlieferung gedeckt betrachtet. Prinz Willem IV. wurde damals aus Dankbarkeit von der Kompagnie zum Oberbewindhebber und Gouverneur-Generaal gewählt.

Abgesehen von den erwähnten Leistungen, hatte die Kompagnie Zölle für ihre ein- und ausgeführten Güter zu zahlen, und seit 1716 wurden von den Aktien Abgaben erhoben. Nichtsdestoweniger wurde nie unter 12½ pCt. Dividende ausgeteilt, und der Kurs der Aktien stand immer recht gut. Zur Zeit des Südseeschwindels 1719 und 1720 wurden sie bis zu 1200 pCt. gehandelt.

Die Art des Geschäftsbetriebes der Kompagnie war im 18. Jahrhundert noch ziemlich dieselbe wie zuvor. Jede Kammer rüstete ihre eigenen Schiffe aus und empfing ihre Heimfracht.

Außer Muskatnüssen und Gewürznelken wurden alle indischen Waren zweimal im Jahr in öffentlichen Auktionen zu Amsterdam versteigert. Ihr Ertrag schwankte zwischen 12 und 20 Millionen Gulden. Die Ausfuhr aus Holland nach Indien war viel geringer. Außer gemünztem Gelde sandte man fast nur für einige 100000 fl. Stoffe aus Haarlem und Leyden dahin. Außer den Kompagniegütern wurden bei den Auktionen auch Waren versteigert, die die Beamten laut Reglements von 1698, 1711 und 1750 heimsenden durften. Ausfuhr von Gold, Edelsteinen und Geld aus Indien war Privaten verboten. Sie mußten solche Güter dort abliefern und dafür Wechsel nach Holland annehmen. Gewöhnlich wurden dreimal im Jahre Flotten nach Indien gesandt. Von dort segelten zwei im Jahre nach Kapstadt und von da gemeinsam nach Holland. Die Fahrt dauerte gewöhnlich 6 bis 7 Monate. Die Strapazen, welche sie den Leuten auferlegte, zusammen mit den Wirkungen des Tropenklimas während des vorgeschriebenen, mindestens dreijährigen Aufenthalts in Indien erforderten viele Menschenopfer. Auch Verluste an Schiffen waren aus Mangel an erprobten Kapitänen und bei häufiger Überladung der Fahrzeuge mit privaten Gütern nicht selten. Abgesehen von der mangelhaften Vorbildung der Seeleute, trug dazu der Umstand bei, daß die Kapitäne jedem Beamten an Bord vom Rang des Koopmans an unterstellt waren.

Mittelpunkt des ganzen Betriebes der Kompagnie war Batavia. Alle Schiffe aus Europa mußten zuerst hier anlaufen und wurden umgekehrt wieder nur dort nach Europa abgefertigt. Auch der größte Teil des Handels aus anderen Faktoreien der Kompagnie, abgesehen von Ceylon, ging über Batavia. So umständlich, kostspielig und zeitraubend das war, man glaubte nur so das Handelsmonopol behaupten zu können. Der größte Teil der Ausfuhrgüter in den Besitzungen der Kompagnie mußte durch die eingeborenen Herrscher als Kontingent umsonst, ein anderer Teil gegen feste Preise geliefert werden.*) Für Kaffee, der allein in den heutigen Preanger-Regentschaften gebaut wurde, zahlte die Kompagnie z. B. per Pikol von 125 Pfund 6 Rijksdaalders. Die Beamten machten ihr Geschäft dabei in der Art, daß sie die Eingeborenen nötigten, Pikols von 180 bis 240 Pfund zu liefern! Reis erhielt die Kom-

---

*) Die ganze Einrichtung hieß danach: „Kontingen-stelsel."

pagnie meist als Kontingent umsonst. Zucker gegen festen Preis von den Fabrikanten. Pfeffer kam teils als Kontingent, teils wurde er in Bantam gekauft. Opium und Leinenwarenhandel bildeten ein Monopol der Kompagnie. — Nächst Java war der wichtigste Besitz der Kompagnie Sumatra. Ihr Hauptkomptoir an der Westküste war Padang, an der Ostküste Palembang. Ersterem tat mit der Zeit eine englische Niederlassung in Benkoelen viel Abbruch. Letzteres, das durch seinen Zinnhandel von Wichtigkeit war, litt unter dem Schmuggel von Chinesen und Boeginezen. Das benachbarte Malakka hatte unter holländischer Herrschaft alle handelspolitische Bedeutung verloren und war nur noch eine Militärstation. Gering war der Handel Hollands mit Borneo. Den meisten Pfeffer aus Bandjermasin bezog die Kompagnie durch Vermittelung von Chinesen. Noch weniger kümmerte sie sich um Celebes. Man holte von hier nur kostbare Hölzer, Vogelnester und endlich Sklaven für die Banda-Inseln. Um so sorgsamer pflegte man die Beziehungen mit den Molukken, welche fortgesetzt die größten Gewinne abwarfen. Die Gewürznelkenwälder waren in 4000 Abteilungen (Tuinen) geteilt, jede zu 125 Bäumen. Jeder Baum lieferte im Durchschnitt 2 bis 2½ Pfund Nelken. Für 10 Pfund wurden von der Kompagnie 48 Stuivers, zum Teil in Waren, bezahlt. Gewöhnlich wurden 400 000 Pfund in Holland, 150 000 bis 200 000 Pfund in Indien an Nelken abgesetzt. Was mehr geerntet wurde, kam, abgesehen von einigen Vorräten, ins Feuer. Der Preis war meist 13 Stuivers fürs Pfund. Die auf den Banda-Inseln angesiedelten Europäer und ihre Nachkommen waren ganz auf die Gnade der Kompagnie angewiesen. Sie mußten ihr alle Muskatnüsse und Muskatblüte abliefern und erhielten dafür die zum Lebensunterhalt nötigen Waren. Der Handel Ternates war seit der Ausrottung der Gewürzbäume ruiniert. Die Kompagnie hielt ihre Hand auf diesen Inseln nur noch, um neuen Anpflanzungen vorzubeugen.

Kaum minder wertvoll war Ceylon. Die Kompagnie bezog von da den Zimmet, der ihr jährlich gegen 3 500 000 fl. abwarf. Die Zimmetwälder waren seit Mitte des 17. Jahrhunderts in ihrer Hand und sie handhabte streng das Monopol. Die Regierung der Insel führte sie im wesentlichen durch den Maharadja von Kandia. Die Perlfischereien von Tutikorin und Manaar waren für 100 000 fl.

Die Verwaltung in Europa. Das Beamtenwesen.

im Jahre verpachtet. Die zahlreichen Faktoreien auf dem vorder-
indischen Festlande litten im 18. Jahrhundert schwer unter der Eifersucht und der wachsenden Übermacht Englands. In Hinterindien beschränkte sich die Kompagnie damals auf den Verkehr mit Siam.
Der Handel mit China und Japan war stark zurückgegangen. In
letzterem wurde zuletzt die Faktorei zu Desima nur noch gehalten,
da die Beamten privatim gute Geschäfte mit Japan machten. Der
Verkehr der Kompagnie mit Persien litt unter den dortigen inneren
Wirren; der mit Arabien schlief ein, seit man mehr als ausreichend
Kaffee in Java erzeugte.

Die Leitung der Geschäfte in Holland war mit der Zeit ganz
unter den Einfluß von Amsterdam geraten. Hier besaß man ³/₄
der Anteile und ernannte 18 von den 25 Direktoren. Die Kompagnie beschäftigte hier mit der Zeit etwa 1200 Beamte. Die
oberste Behörde, die „Kamer van Zeventienen", hatte ihren Sitz
früher vier, später sechs Jahre in Amsterdam und zwei in Middelburg. Sie trat dreimal im Jahr zusammen. Als eine Art
ständiger Ausschuß für die laufenden Geschäfte bestand seit der
Mitte des 17. Jahrhunderts die „Haagsche Besogne", zusammengesetzt aus zehn Direktoren. 1756 wurde eine weitere ähnliche
Kommission für den Handel mit China errichtet. Für die Rechnungsführung hatte jede Kammer eigene Beamten. Alle vier Jahre
wurde vor einer Kommission der Generalstaaten Rechnung abgelegt.

Der oberste Vertreter der Kolonie in Indien, der Gouverneur-
Generaal, bezog damals monatlich ungefähr 1200 fl. Gehalt und
800 fl. Tafelgeld neben freier Wohnung. Mit der Zeit hatte sich
für ihn und seine Familie ein verwickeltes Ceremoniell ausgebildet,
und eine Leibwache von Hellebardieren verlieh ihm auch nach
außen das gehörige Ansehen. Neben dem Raad van Indie,
welcher die Regierung leitete, stand der Raad van Justitie, in dem
neun Beamte saßen und dessen Präsident ein Rat von Indien war.
Seit 1711 wurden nur Juristen für den Raad van Justitie ernannt
und zwar nicht mehr durch den Generalgouverneur, sondern durch
die Leitung der Kompagnie in Holland. Der Raad entschied in
allen Angelegenheiten der Kompagnie und ihrer Beamten und war
Berufungsgericht für die anderen indischen Gerichtshöfe. Gegen
sein Urteil war aber Appell an den Raad van Indie zulässig.

Das zweite Gericht in Batavia war die Schöffenbank (Bank van Schepenen), die halb mit Beamten, halb mit Bürgern besetzt war und der auch ein indischer Rat vorstand. Daneben gab es noch ein „Kollegie van Weesmeesters" für Waisen=, eines „van Heemraden" (seit 1679) für Wege=, Brücken= ꝛc. Sachen. An seiner Spitze stand als Vizepräsident der „Drossaart ower de Bataviasche Ommelanden". In Bagatell= und Ehesachen entschied statt der Schöffenbank das „Kollegie van huwelijks en kleine Zacken".*) Endlich bestand noch ein „Kollegie van Boedelmeesters der Chinesche en andere onchristen Sterfhuizen". Der Sabandar oder Havenmeester stand an seiner Spitze.

In den Besitzungen glich die Verwaltung im Kleinen der zu Batavia. Einem Gouverneur stand ein „Raad van Politie en Justitie" zur Seite, in dem ein Opperkoopman, der Truppenkommandeur, der Chef der Komptoirs, der Fiskaal und ein Sekretär Stimme besaßen. Diese Körperschaft ernannte Beamte bis zum Rang des Buchhalters, Militärs bis zu dem des Sergeanten und übte die Rechtspflege. In Strafsachen wurden der Oberchirurg, die Bürgerkapitäne und ein Freibürger zugezogen. Bei Eingeborenensachen wurde eine Anzahl Häuptlinge als Beisitzer einberufen.

Derartige Gouvernements gab es in Amboina, Banda, Ternate, Malassar, Malalla, Ceylon und Kapland. Gegen Mitte des 18. Jahrhunderts wurde nach dem großen Anwachsen des Kompagniegebiets in Java auch dort noch ein Gouverneur ernannt. Den Faktoreien der Kompagnie in Gebieten, wo sie keine eigentliche Herrschaft übte, standen Direktoren oder Präsidenten vor. Der oberste Leiter der Faktoreien an der Coromandel=Küste hatte manchmal den Titel Gouverneur. An anderen Plätzen war den Vorstehern der Kompagnieniederlassungen der Titel Kommandeur oder Resident beigelegt.

Wenig Sorgfalt war auf die Regelung der Angelegenheiten der freien Bürger verwendet. Die Kompagnie fürchtete von ihnen Verletzung ihrer Monopole und wollte überhaupt keine ihr nicht unbedingt zu Gehorsam verpflichteten Kolonisten. Weit entfernt, ihre Niederlassung zu fördern, legte sie ihnen allerlei Hindernisse in

---

*) Ehen zwischen Holländern und Ungläubigen oder Ausländern, die nicht holländisch sprachen, waren verboten.

den Weg. Die freien Kolonisten wurden im ganzen schlechter als die Chinesen behandelt.

Am schlechtesten stand es mit der bewaffneten Macht. Es gab neben europäischen auch eingeborene Truppen im Dienste der Kompagnie, die teils auf europäische, teils auf ihre Art bewaffnet und organisiert waren. Die Europäer waren durchweg bösartiges, von überall zusammengebrachtes Gesindel. Von ihrem Sold erhielten sie nur die Hälfte, und auch diese nur zum Teil, in Geld. Der Rest wurde zur Tilgung ihrer Schulden in Europa behalten. Die Offiziere waren noch schlechter bezahlt als die Beamten und oft tief im Elend. Sie rekrutierten sich meist aus Leuten besserer Stände, die irgendwie Schiffbruch gelitten hatten. Das ganze Heer war in so trauriger Verfassung, daß die meisten Generalgouverneure bitter darüber klagten. Erst Imhof setzte durch, daß höhere holländische Offiziere die Kommandostellen übernahmen. Ebenso schlecht stand es mit der Seemacht der Kompagnie. Schiffe und Mannschaften ließen fast alles zu wünschen übrig. —

Die einzige gesetzlich anerkannte Kirche war die reformierte. Erst 1748 durften die Lutheraner eine Kirche bauen. Den Katholiken war Abhaltung von Gottesdienst verboten, Jesuiten waren aus ganz Indien ausgeschlossen. Mohammedaner und Chinesen durften ihren Kultus außerhalb der europäischen Ansiedelungen treiben. In Batavia gab es einen Kirchenrat, dessen Verhandlungen ein Regierungskommissar beiwohnte. Die Geistlichen wurden von der Kompagnie angestellt. Es gab ihrer aber recht wenige. Und noch weniger geschah für Schulwesen und Mission.

Über die finanzielle Lage der Kompagnie verlautete in der ganzen Zeit nach außen nichts. Die Welt sah nur die immer ansehnlichen Dividenden und nahm an, daß alles in bestem Zustand sei. Erst lange nach dem Zusammenbruch wurde bekannt, wie irrig das gewesen war. Raffles[*]) hat aus den Akten festgestellt, daß seit Ende des 17. Jahrhunderts der Gewinn der Kompagnie ständig gesunken und sie schließlich in eine riesige Schuldenlast gekommen ist.

Von 1613 bis 1696 belief sich der Reingewinn der Kompagnie auf 40 206 788 fl., von 1613 bis 1703 nur noch auf 31 674 645 fl., von 1613 bis 1713 gar nur noch auf 16 805 598 fl.! Von 1713

---

*) Raffles, History of Java. London 1830. I, S. XXV.

bis 1723 gingen die Geschäfte so schlecht, daß von den vielen Millionen, die die Kompagnie im Laufe der Jahre verdient hatte, nur 4838905 fl. übrig blieben. Auch diese Summe schmolz noch im nächsten Jahr auf 1037777 fl. zusammen, und dann begann das rasch wachsende Defizit. 1730 war das Ergebnis der gesamten Tätigkeit seit 1613 ein Defizit von 7337610 fl., 1779, wie hier vorausgeschickt sei, von 84985425 fl. und 1789 von 85000000 fl.!

Die Finanzwirtschaft der Kompagnie in Indien und Europa war getrennt. In Europa bestanden die Einnahmen aus dem Ertrag des Verkaufs der eingeholten Güter, die Ausgaben aus den Kosten für Ausrüstung der Schiffe, Ankauf von Handelsgütern und Schiffen, Unterhalt der Gebäude, Verwaltung, Leistungen an die Staaten, Zinsen und Dividenden. In Indien wurden die erforderlichen Gelder aufgebracht durch Steuern verschiedener Art, die verpachtet waren, Zölle und die den Eingeborenen auferlegten Naturallieferungen. Die Ausgaben umfaßten die Kosten für Verwaltung, Militär, Handel und Schiffahrt. Über Ausgaben und Einnahmen wurde in jedem Comptoir getrennt Buch geführt; eine allgemeine regelmäßige Rechnung wurde nicht für angezeigt erachtet.

Mit der Zunahme des Landbesitzes der Gesellschaft stiegen zwar die Einnahmen und Ausgaben, aber weit stärker wuchsen die Kosten für Verwaltung und Militär, und der Handel litt. Während Batavia noch 1752 einen Überschuß von 500000 fl. durch den Handel verzeichnete, erzielte es 1767 nur noch einen von 250000 fl. Als die Einnahmen immer weniger zur Deckung der Kosten ausreichten, mußte man Anleihen aufnehmen. Das Comptoir Batavia geriet auf diesem Wege bald tief in Schulden.*)

Nicht wenig zu diesem Verfall beigetragen zu haben scheint die für Regierungsaufgaben nicht geeignete Verfassung der rein kaufmännischen Kompagnie. Die Direktoren wurden von den Beamten nicht genügend über alle Vorgänge auf dem laufenden gehalten, sie besaßen auch nicht genug Vorbildung und Verständnis und hatten keine Zeit, den Beamten scharf auf die Finger zu sehen.

---

*) Von 500000 fl. im Jahre 1697 waren die Schulden in Indien 1723 auf 7800000 fl., 1733 auf 10800000 fl., 1743 auf 13200000 fl. gestiegen. Da die in Indien zu zahlenden Zinsen aber viel höher waren als in Holland, nahm man von da an Anleihen hier auf. 1779 belief sich daher die indische Schuld auch nur auf 13745912 fl.

kam zufällig etwas von Mißbräuchen und dergleichen heraus, so suchte man es zu vertuschen, denn die Bewindhebbers wollten sich nicht selbst bloßstellen und hatten oft Verwandte und Freunde in Indien. Sehr selten entschloß man sich einmal zu gerichtlichen Schritten gegen die Beschuldigten, noch seltener zur Durchführung des Prozesses oder einer Verurteilung. Ähnlichen Rücksichten entsprang der Unterhalt einer viel zu großen Beamtenschar in Indien. Direktion und höhere Beamte suchten ihre Freunde dort zu versorgen. Man schuf überflüssige Posten und sah den viel zu schlecht bezahlten Leuten durch die Finger bei ihren Bestrebungen, Gewinn zu machen. 1755 wurden Reglements erlassen, die den Beamten gewisse Werte über ihre Gehälter hinaus geradezu zubilligten, um die Kompagnie vor zu großer Benachteiligung zu bewahren. Das half aber nichts. Man machte Geld nicht bloß bei Einkauf von indischen Waren für die Kompagnie, sondern man benachteiligte sie durch Lieferung schlechtester Güter zu höchsten Preisen und Betrügereien bei Ausrüstung der Schiffe, Hospitäler ec. Es kam vor, daß man die aus Holland kommenden Waren als verdorben oder verloren bezeichnete und an Chinesen oder Kolonisten verkaufte, oder die Häuser und Einrichtungen der Beamten einfach den Magazinen ohne Bezahlung entnahm. Nicht genug damit, wurde der verbotene Privathandel ganz öffentlich getrieben. In Bengalen gab es eine Vereinigung von Kaufleuten und Beamten, die nach Batavia offen handelte, die sogenannte „Kleine Kompagnie". Noch schlimmer stand es in Japan.

Einsichtige Leute, wie der Generalgouverneur van Mossel, sahen auch damals kein anderes Mittel zur Besserung der Verhältnisse, als Einräumung größerer Freiheiten an den Privathandel, Aufgabe der Faktoreien in Westsumatra und Persien an England, gegen dessen Verzicht auf Fahrten östlich von Atjih, und dergleichen. Ihre Vorschläge blieben aber so fruchtlos wie die früheren. Die Kompagnie half sich über Verlegenheiten durch Inanspruchnahme ihres Kredits hinweg. Bei der Bereitwilligkeit, mit der das Publikum ihre dreiprozentigen Schuldverschreibungen nahm, fehlte es ihr nie an Mitteln. Erst als die Ausfälle in den Einnahmen immer fühlbarer wurden und der Mitbewerb der Engländer immer gewaltiger, gab man 1771 und 1774 den Handel zwischen Batavia und Java einerseits und Ostasien sowie der Westküste Indiens andererseits, in allen nicht der Kompagnie vorbehaltenen Gütern frei. Bald waren selbst die Monopole der Kompagnie nicht mehr durchzuführen. Unter den Augen der Beamten wurde mit Leinenwaren durch Private Handel getrieben, und man war froh, wenn englische Schiffe Opium nach Java brachten. Dank der Ausbreitung des englischen Einflusses in Bengalen floß nämlich den holländischen Faktoreien nur noch sehr wenig davon direkt zu.

Die Kompagnie hatte die Gefahr, die ihr von dem Vorgehen Englands in Indien drohte, allerdings erkannt, aber zu einem Zeitpunkt, als wenig mehr zu machen war. 1759 hatte sie eine Flotte ausgerüstet, die gegen den Nabob von Bengalen bestimmt war, der unter dem Einfluß Englands den holländischen Faktoreien viele Schwierigkeiten machte. Um den Zweck den Engländern zu verschleiern, lief man erst Nagapatnam an. Damit gewannen aber die Engländer Zeit zu Gegenrüstungen. Auf ihr Betreiben verbot Mir Jaffir, der Nabob Bengalens, den Holländern Befahrung des Ganges und Landung von Truppen, und zugleich wurde die Gangesmündung besetzt. Als die holländischen Schiffe im Oktober erschienen, konnten sie mit dem eigenen Fort Gustavus nicht in Verbindung treten und mußten drei Wochen untätig liegen bleiben. Endlich gelang es ihnen, den Fluß ein Stück hinaufzufahren und 700 Europäer und 800 Boeginezen zu landen. Nun aber griffen die Engländer die Flotte an und zwangen sie nach kurzem Kampf zur Ergebung. Wohl oder übel mußten sich die Holländer zu Verhandlungen verstehen und die von den Engländern gewährten Bedingungen annehmen. Die holländischen Faktoreien kamen unter Aufsicht der Engländer, konnten nur von ihnen Opium und Salpeter kaufen und mußten auf jedes Eingreifen in indische Angelegenheiten verzichten. Nicht genug damit, verlangte England im Haag Bestrafung der Kompagniebeamten. Es entspann sich daraus ein langer Schriftwechsel, denn die Holländer antworteten mit Beschwerden über das Verhalten der Engländer in Ostindien und den Molukken. An der völligen Zurückdrängung des holländischen Einflusses in Vorderindien war aber nichts mehr zu ändern.

Glücklicher war die Kompagnie in Ceylon, wo sie mit dem Fürsten von Kandia, dem Oberherrn der Insel, in Streit geraten war. Obwohl der Fürst von England Hilfe erhielt, gelang es den Holländern, ihn 1765 zur Unterwerfung zu bringen und sogar zur

Abtretung aller Küstenlande und der Zimmetwälder zu veranlassen. Auch im Osten Sumatras gewann die Kompagnie neue Vorteile. An der Westküste zerstörten die Franzosen 1760 die englischen Niederlassungen. Die Kompagnie errichtete nun ihrerseits dort Forts und suchte sich ausschließlichen Einfluß zu sichern. 1763 kamen indessen die Engländer zurück und mußten die Holländer bald wieder zurückzubrängen.

Auch der südafrikanische Besitz war für die Kompagnie eine schwere Last. Sie brauchte ihn, da der regelmäßige Verkehr der großen Flotten von und nach Indien ohne die Zwischenstation am Kap nicht aufrecht zu erhalten gewesen wäre, aber von den sonst auf die Ansiedelung gesetzten Erwartungen hatte sich keine erfüllt. Kämpfe mit den Eingeborenen, Streitigkeiten der Kolonisten untereinander und mit den Behörden rissen nicht ab. Mineralschätze wollten sich trotz aller Nachforschungen nicht zeigen. Von verschiedenen Pflanzungsversuchen gelangen nur die mit Reben. Aber der fertige Wein hatte einen unangenehmen Beigeschmack und fand keinen Absatz. Den meisten Ansiedlern gefiel es in der Kolonie so wenig, daß sie bei erster Gelegenheit nach Indien auswanderten. 1740 zählte man in der Kolonie erst etwa 6000 weiße Bewohner, und ihre Zahl nahm bis Ende des 18. Jahrhunderts nur äußerst langsam zu. Die gesamten Einnahmen beliefen sich im ersten Viertel des 18. Jahrhunderts auf kaum 160 000 Mark im Jahre und wuchsen bis gegen Ende des genannten Zeitraumes auf kaum mehr als 400 000 Mark. Ihnen standen Ausgaben bis zu mehreren Millionen für Regierungs- und Verwaltungszwecke entgegen, welche die Kompagnie aus ihrer Tasche bestreiten mußte.

Neben diesen Schwierigkeiten nahmen auch noch Kriege in Java die Kompagnie damals stark in Anspruch. Jahre lang dauerte es, ehe 1767 der Herrscher des der Kompagnie abgetretenen Osthoeks von Java unterworfen werden konnte. Auch dann gab es noch allerlei Unruhen in verschiedenen Teilen Javas und des Archipels. Währenddessen ging Hollands Handel immer zurück und der Englands nahm zu. Umsonst verbot man 1770 englischen Schiffen das Landen in Batavia zu anderen Zwecken als Vornahme von Reparaturen und Proviantankauf. Der Schleichhandel wurde dadurch nicht getroffen. Versuche, die Kompagnie durch strenge Handhabung ihres Gewürzmonopols und Abschluß neuer Verträge mit eingeborenen Fürsten wegen kontraktlicher Lieferung ihrer Erzeugnisse zu fördern, hatten wenig Erfolg. Immer allgemeiner wurden in Holland die Besorgnisse um die Zukunft des Unternehmens. Trotzdem auch Prinz Willem V. von Oranien die Würde als Oberbewindhebber und Gouverneur-Generaal der Kompagnie angenommen hatte, und es ihr an einflußreichen Verbindungen gewiß nicht fehlte, wollten die Generalstaaten 1774 ihr Privileg nicht mehr ohne weiteres verlängern. 1776 schlug Utrecht Einsetzung einer Untersuchungskommission vor. Der Antrag hatte keinen Erfolg, doch ebensowenig wollte man von einer Verlängerung des Privilegs unter den früheren Bedingungen hören, bis der Einfluß des Erbstatthalters, trotz des Einspruchs Utrechts, im Dezember 1776 eine Erneuerung des Privilegs auf 20 Jahre durchsetzte. Die Kompagnie sollte dafür nur eine Abgabe von 3 pCt. ihrer Dividenden an den Staat zahlen.

Neuntes Kapitel.
Beseitigung der ostindischen Kompagnie.

Der amerikanische Unabhängigkeitskampf verwickelte Holland in Krieg mit England. Die Gegner des Statthalters hatten so offen für Frankreich und Amerika Partei genommen und England herausgefordert, daß letzteres 1780 den Krieg erklärte. Für Holland war das ein schwerer Schlag. Ungeachtet der Anstrengungen des Prinzen Willem V. hatte man Heer und Flotte seit langem gleichmäßig vernachlässigt, und die Kompagnie hatte in ihren steigenden Nöten für die Wehrkraft Indiens immer weniger gesorgt. Jetzt das Versäumte nachzuholen, war unmöglich. Man vermochte weder Vorräte noch Mannschaften nach Indien zu senden, da es an der nötigen Seemacht mangelte. Nach dem Kapland mußte man sich begnügen, französische Truppen zu schicken, und im übrigen die Kolonien auf den Schutz der französischen Flotte und die eigene Kraft anweisen. Die Nachricht vom Ausbruche des Krieges gelangte an das Kap im März, nach Batavia im Juni 1781. Statt sofort alle erforderlichen Maßnahmen zu treffen, ließ man hier ein englisches Schiff ruhig absegeln und führte dadurch den Verlust der Posten in Westsumatra herbei. Das Schiff brachte nämlich die Nachricht sogleich nach Benkoelen, und dort rüstete man auf der Stelle ein paar Fahrzeuge aus, mit denen man die holländischen Faktoreien wegnahm. Gegen eine halbe Million Gulden ging dabei der Kompagnie an Waren verloren. Dasselbe Schicksal hatten die holländischen Niederlassungen in Ostindien. Negapatnam, der Hauptort an der Coromandel-Küste, wurde zu Wasser und zu Lande eingeschlossen und, trotzdem seine Besatzung der englischen Macht überlegen war, im November zur Übergabe gebracht. Schon vorher hatten die Faktoreien an der Coromandel-Küste und in Bengalen kapituliert. Wenn die an der Malabar-Küste nicht das gleiche Schicksal hatten, war es nur dem Umstande zu danken, daß England sie nicht angriff. Kapland wurde Holland damals nur durch Frankreichs Hilfe erhalten. Auch in Ceylon, wo England Anfang 1782 Trinkonomale erobert hatte, leistete Frankreich Beistand. Admiral Suffren schlug hier die englische Flotte und nahm Trinkonomale den Engländern wieder ab. Java, wo die Regierung aus Kräften gerüstet hatte, wurde von England nicht angegriffen. Ihrerseits wagten die Holländer keinen Schritt gegen die englischen Besitzungen.

Kein Wunder, wenn unter solchen Umständen der Krieg die Kompagnie dem Untergang nahe brachte. Abgesehen von den unmittelbaren Verlusten durch Wegnahme ihrer Besitzungen, Güter und Schiffe, verursachte er ihr noch größere mittelbare. Drei Jahre lang konnte sie keine Flotten nach Indien senden oder von dort empfangen. Die Verwaltung in Java konnte keine Waren einkaufen und mußte, um bar Geld zu bekommen, zu hohen Zinsen Anleihen machen oder ihre Waren verschleudern. Ja, man sah sich genötigt, sogar an die Engländer, mit denen man kämpfte, Waren zu verkaufen. — Nicht minder unglücklich als der Verlauf des Krieges war der Friede für die Kompagnie. Trotz alles Sträubens sah sich Holland gezwungen, den Engländern 1784 Negapatnam zu überlassen und ihnen freie Schiffahrt in Ostindien einzuräumen. Die Gesellschaft mußte noch froh sein, daß die Briten nicht, wie sie zuerst wollten, auf der Abtretung Trinkonomales, des Hauptzimmethafens, bestanden hatten. Das so ängstlich gehütete Handelsmonopol, an dem die Kompagnie noch immer festhielt, war damit auf die Länge kaum durchführbar geworden! Der schon immer vorhandene Schleichhandel gewann neue Kraft.

Die Erfahrungen des Krieges erweckten in Holland wie Indien die Überzeugung von der Notwendigkeit ernstlicher Reformen. In Batavia wurden Pläne für bessere Verteidigung der Kolonien entworfen und in Holland erwogen. Die Leiter der Kompagnie fanden sie indessen zu kostspielig. Sie verlangten, daß im Notfalle, wie in England, der Staat für die Kompagnie eintrete, und begnügten sich mit Sendung einiger Ingenieuroffiziere nach Java. Der Truppenkommandeur sollte auch an den Sitzungen des indischen Rats teilnehmen dürfen. Das wollten aber die Kaufleute dort nicht, da ihnen Militärs unangenehm waren. Nützlicher erschien in Batavia ein enges Bündnis mit den französischen Niederlassungen in Indien, wie es französischerseits vorgeschlagen war. Hiergegen sträubten sich die Freunde Englands. Dazu kam, daß der Versuch Frankreichs, durch einen Handelsvertrag mit Egypten von 1785*) die freie Durchfuhr indischer Waren zu erreichen und damit den Handel nach dem Wege über das Mittelmeer zurückzuführen, in Holland wie in England schwere Besorgnisse erregte. Als 1789 die Franzosen in der Tat zum ersten Male reiche Ladungen aus Pondichery über Suez nach Frankreich brachten, machten sich England und Holland gemeinsam in Egypten an das Werk, um solche Unternehmungen für die Zukunft unmöglich zu machen.

Die Kompagnie hatte nicht allein mit europäischen Feinden um jene Zeit zu kämpfen. Gleichzeitig mußte sie harte Kämpfe in Indien ausfechten. 1782 war sie mit dem Boeginezen-Häuptling Radja Hadji von Riouw in Streit geraten, der die Straße von Malakka durch seine Raubschiffe unsicher machte. Eine gegen ihn unternommene Expedition scheiterte. Den Boeginezen schlossen sich der Sultan von Johore, der Fürst von Rembao u. a. an. Vereint schlossen sie die Stadt Malakka im Jahre 1784 ein. Der Platz wäre verloren gewesen ohne Hilfe aus Europa. So gelang es einem holländischen Geschwader Malakka zu entsetzen und die Aufrührer zu bestrafen. Das Ergebnis war, daß der Sultan von Johore und andere Fürsten Lehensleute der Kompagnie wurden und ihr bedeutenden Einfluß auf die Regierung einräumen mußten. Auch Kämpfe in Borneo und Celebes zu Ende der 80er Jahre des 18. Jahrhunderts liefen glücklich für die Kompagnie ab und führten zu Erweiterungen

---

*) De Jonge, De Opkomst, XII. S. VI.

ihres Einflusses. Desgleichen gelang es ihr, verschiedenen aufständischen Regungen in Java erfolgreich zu begegnen. Doch zu tief war der Verfall der Kompagnie, zu eingewurzelt die Verderbtheit ihrer Verwaltung, als daß ihr noch ernstlich zu helfen gewesen wäre. An Vorschlägen zu Reformen fehlte es nicht. An ihre Durchführung aber war nur zu denken, wenn man das Unternehmen an Haupt und Gliedern völlig umgestaltete. Dazu aber war damals am wenigsten Aussicht. Man war froh, wenn man nur für den Augenblick sich helfen und über die dringendsten Verlegenheiten hinwegkommen konnte. Diese aber wuchsen immerfort. Als der Krieg mit England ausbrach, schwankte zum ersten Male der Kredit der Kompagnie, von dem sie seit Jahren so ausgedehnten Gebrauch machte. Man legte ihre Rezepisses in Massen zur Einlösung vor und wollte neue nicht nehmen. Es blieb nichts übrig, als von den Generalstaaten Januar 1781 eine Gewaltmaßregel zu erbitten. Für ein Jahr wurde das Kündigen der Rezepisses, von denen 19 Millionen Gulden umliefen, verboten. Das half für den Augenblick, aber der Kredit der Gesellschaft erhielt damit einen nicht zu verwindenden Stoß. Von da an waren die nötigen Mittel durch Ausgabe von Rezepisses nicht mehr zu erlangen. Man mußte jedesmal den Staat um Hilfe angehen. Schon im März 1781 erbat die Kompagnie einen Vorschuß zur Ausrüstung von sechs Schiffen und erhielt 1 200 000 fl. bewilligt. Kaum waren die Schiffe ausgerüstet, so verlangte man Stellung einiger Kriegsfahrzeuge zur Begleitung und Schutz des Geschwaders. Da die holländische Marine dazu nicht im stande war, wurde beschlossen, der Kompagnie neue Summen zur Bewaffnung ihrer Schiffe zu leihen. Aber nur die Provinz Holland hat die ihr auferlegte Zahlung von 1 800 000 fl. geleistet. — Inzwischen kam die Kompagnie in immer ärgere Verlegenheit, denn aus Indien blieben die üblichen Warensendungen infolge des Krieges aus, und die Kosten für das Chartern privater Schiffe wurden bei der vorhandenen Gefahr immer höher. Im Jahre 1782 mußte die Gesellschaft die Generalstaaten um eine Anleihe von 10 Millionen Gulden angehen. Sie erhielt 8 Millionen bewilligt, sah sich jedoch 1783 schon wieder in ärgster Klemme. Die Regierung in Batavia verlangte Geld; der Verlust zahlreicher Schiffe und Ladungen sowie verschiedener Besitzungen warf alle ihre Aufstellungen um. Es war bald nicht mehr genug Geld in den Kassen, um die Löhne der Angestellten und

Arbeiter zu zahlen! Trotzdem sträubte sich die Direktion gegen die von England gestellten Friedensbedingungen, besonders gegen seine Zulassung zum Handel in Indien, und sandte eine Deputation nach Paris, um dort auf die Verhandlungen einzuwirken. Den Generalstaaten stellte die Kompagnie vor, wie viel sie im Laufe der Zeit an den Staat gezahlt und wie viel Nutzen sie den Provinzen gebracht habe. Helfe man ihr jetzt nicht, so füge man dem Staat und den Privatleuten gleich großen Schaden zu. Sie verlangte neue Vorschüsse und Bürgschaften im Betrage von 14 Millionen.

Die Staaten von Holland beschlossen hierauf zunächst 1 200 000 fl. vorzuschießen und gleichzeitig die Lage der Gesellschaft durch eine Kommission prüfen zu lassen. Die letztere erstattete ihren Bericht bereits im Oktober 1783. Sie schlug vor, den Aktionären größeren Anteil an den Geschäften zu gewähren; neben der Kamer van Zeventienen eine eigene Behörde zu schaffen, die die Geschäfte genau überwachen sollte; das Personal zu vermindern und endlich den Handel mit Indien in ziemlichem Umfange freizugeben.

Diese Vorschläge waren sehr wenig im Sinne der Kompagnie. Sie ließ nichts unversucht, um unter der Hand die Arbeiten der Kommission zu durchkreuzen und das nötige Geld ohne besondere Bedingungen zu bekommen. Zu lebhaft war aber die Unzufriedenheit mit der Gesellschaft. Im Dezember 1783 beschlossen die Staaten von Holland eine Bürgschaft von 8 Millionen nur gegen das Zugeständnis der verlangten Reformen zu gewähren. Die Generalstaaten bewilligten 5 Millionen Vorschuß unter der Bedingung, daß die Provinz Holland dafür die Bürgschaft übernehme. Als die Kompagnie 1784 mit neuen Vorstellungen kam und 12 weitere Millionen verlangte, wollten die Staaten von Holland ohne sofortige Vornahme von Reformen durch die Kompagnie auf nichts mehr eingehen. Sie beanspruchten Ernennung von sieben neuen Hauptparticipanten und eines neuen Advokaten. Die Generalstaaten zögerten, diesem Wunsche beizustimmen. Sie befragten die verschiedenen Kammern, und diese waren aus Eifersucht gegen Amsterdam natürlich der weiteren Stärkung des Einflusses der Provinz Holland abgeneigt. Doch ohne deren Geldmittel konnte die Kompagnie nicht bestehen. So wurde schließlich durch die Generalstaaten beschlossen, die Kammer von Amsterdam durch sechs neue Bewindhebbers, davon zwei stets Mitglieder der Kamer van Zeventienen sein sollten, zu verstärken.

Die neuen Direktoren sollten eine besondere Behörde bilden und Korrespondenz und Handel mit Indien in die Hand nehmen. Sie erhielt den Namen „Preparatoir Besogne" oder 5. Departement. Die Leitung der Geschäfte der Kompagnie gelangte dadurch 1786 unter den fast unumschränkten Einfluß Amsterdams.

Es scheint, daß die Maßregel einen nicht ungünstigen Einfluß auf die Geschäfte geübt hat. Doch dafür vermehrte sie die Unruhigkeit im Schoße der Gesellschaft. Die Seeländer waren unzufrieden über die Lahmlegung ihres Einflusses, und die Direktoren machten dem neuen Departement die größten Schwierigkeiten. Das schlimmste war, daß die Finanznot kein Ende nahm. 1785 und 1786 hatte die Kompagnie neue Anleihen im Betrage von 17 Millionen bekommen. Als sie aber 1787 an die Generalitätskasse 3 Millionen zurückzahlen sollte, kam sie in neue Verlegenheit. Wieder wurden die Generalstaaten angegangen und 40 Millionen Vorschuß von ihnen beansprucht. An Verbesserung der Wehrkraft des Kolonialbesitzes, die eine auf Anregung des Opperbewindhebbers, des Erbstatthalters Prinzen von Oranien, vorgenommene Untersuchung als unbedingt nötig erwiesen hatte, war nicht zu denken. Die Generalstaaten veranstalteten im Mai 1788 eine eingehende Prüfung der finanziellen Lage der Kompagnie. Es ergab sich dabei, daß 23 Millionen zur Deckung der dringendsten Bedürfnisse und $13^{1}/_{2}$ Millionen zur Rückzahlung der Schulden nötig waren! Man beschloß, daß von diesen Summen Holland drei Viertel, Seeland ein Viertel aufbringen, und die einzelnen Kammern entsprechend mit Kapital und Rente belastet werden sollten. Doch es kam zu dieser Maßregel nicht mehr. Man überzeugte sich, daß der Kompagnie durch immer neue Anleihen nicht zu helfen sei, und daß man energischere Maßnahmen ergreifen müsse. Ende 1789 beliefen sich ihre Schulden auf 74 Millionen, wovon 45 Millionen auf Holland fielen. — Frühjahr 1790 wurde daher ein neuer Ausschuß mit Prüfung der Angelegenheiten der Kompagnie betraut. Es saßen in ihm der Bürgermeister von Amsterdam, der Altbürgermeister von Dordrecht, Baron van der Does, Herr van Moorbwijl, der Sekretär des Rats von Horn, der Pensionär von Middelburg Schorer und der Bürgermeister von Veere. Diese Kommission ging mit großem Eifer ans Werk. Schon im Juli 1790 erstattete sie den ersten Bericht und wies nach, daß die Schulden der Kompagnie binnen den wenigen Monaten von 74 auf 85 Millionen Gulden gestiegen wären und die Kompagnie in der Zeit von 1781 bis 1790 allein von Holland 68 Millionen Vorschuß erhalten habe, wovon kaum 11 Millionen zurückgezahlt seien. Immerhin sei die Sachlage nicht hoffnungslos, da allein in den Packhäusern für 17 bis 20 Millionen Gulden Waren lagerten. Für den Herbst seien 7 Millionen nötig. Die Kommission schlug vor, der Gesellschaft nochmals 8 Millionen zu borgen. Das geschah, und die aufgelegte Anleihe wurde um einige Millionen überzeichnet.

Damit nicht zufrieden, ging der Ausschuß an Prüfung der Mittel zu gründlicher Abhilfe. Er fand, daß es mit den ewigen Anleihen nicht weitergehen könne, man müsse vielmehr dauernd wirksame Maßregeln ergreifen. Dazu gehöre in erster Linie Einführung neuer Steuern und Eröffnung neuer Einnahmequellen in Indien, in zweiter eine gründliche Reform der Geschäftsführung. Man beschäftige zu viele Beamte, Arbeiter und Direktoren; die Haagsche Besogne sei überflüssig; die Dividendenzahlungen in Zucker und Gewürzen müßten aufhören; es sei billiger, gecharterte Schiffe als eigene zu verwenden; die Zahl der seit 1783 für Depeschenverkehr beschäftigten Schnellsegler sei zu groß, die Preise für Einkauf von Waren bei den verschiedenen Kammern zu ungleich. Besonders sei aber eine vollständige Reform in Indien unabweisbar. Die Kommission erklärte, aufs tiefste betroffen worden zu sein durch den dortigen allgemeinen Rückgang, die Untreue und den Eigennutz der Beamten, die Schwäche der Regierung. Um Wandel zu schaffen, müsse das Monopol der Kompagnie auf Opium, Gewürze, Kupfer, Zinn und Zucker beschränkt und der indische Binnenhandel ganz freigegeben werden. Eine Anzahl Faktoreien sei aufzuheben, die Reiskultur auszubreiten. Endlich empfahl man, holländische Waren nur noch nach Japan und China von Kompagnie wegen zu senden und in allen andern Gütern den Handel in Indien freizugeben. Mit Durchführung dieser Reformen sollte eine besondere Kommission betraut werden.

Noch ehe der Bericht bei den Generalstaaten einging, hatte die Kompagnie ihrerseits Erhebung einer Steuer von 2 pCt. in den Kolonien und Zahlung eines Amtsgeldes durch die Beamten bei der Anstellung oder Beförderung angeordnet. Sie entschloß sich außerdem, im März 1791 den Handel nach Kapstadt, dem westlichen

Indien und Batavia auf ihren Schiffen Privatleuten zu gestatten. Ohne Sträuben ließ sie sich auch dazu herbei, dem Wunsche des Ausschusses gemäß, eine Sonderkommission nach Indien zu senden. Der erste Advokat der Kompagnie, Neberburgh, und der Kapitän zur See Frykenius wurden neben dem Generalgouverneur Alting und dem Generaldirektor van Stokkum vom Prinzen Statthalter mit der Durchführung der Reformen in Indien betraut.

Die Kommission erhielt umfassendste Vollmachten und wurde trotz der Geldnot mit Mitteln reich ausgestattet. Allseitig setzte man auf sie die größten Erwartungen. Im Juni 1792 erreichte sie Kapstadt und begann ihr Werk. Auf Grund einer ausführlichen Instruktion wurden die vielen Beschwerden der dortigen Kolonisten untersucht und manchen Mißbräuchen gesteuert. Die Vollmachten der Beamten wurden eingeschränkt, für Ackerbau und Viehzucht manches getan und den Kolonisten etwas größere Bewegungsfreiheit im Lande gewährt. Zufrieden wurde freilich damit niemand gestellt. Die Ansiedler verlangten volle Freiheit für Ausfuhr ihrer Waren auf eigenen Schiffen, was von der Kompagnie verweigert wurde.*)

Im November 1793 langten die Kommissare Neberburgh und Frykenius in Batavia an, wo der Generalgouverneur Alting und an Stelle des inzwischen verstorbenen Stokkum sein Schwiegersohn Siberg ihr beitraten. Von der holländischen Regierung war an Stelle Stokkums der Gouverneur von Ceylon, van de Graaff, ausersehen worden. Aber er war abwesend, und so blieb nichts übrig, als sich Siberg gefallen zu lassen. — Der Zweck der Kommission war damit ziemlich vereitelt. Sie sollte gerade den Mißbräuchen der Beamten, dem Protektionswesen und den Familieneinflüssen steuern, und zählte nun im Schoße zwei nahverwandte Vertreter des angefeindeten Systems. Kein Wunder, wenn wenig aus den Maßnahmen der Kommission herauskam. Die Beamten, welche verschiedener Hinterziehungen und Durchstechereien verdächtig waren, blieben ungestraft, da sie mit den mächtigsten Familien in enger Beziehung standen; das eingeführte Amtgeld, welches wenigstens ein Viertel der gesamten Einnahmen betragen sollte, brachte an Stelle der erwarteten hohen Summen fast nichts. Da die eigent-

---

*) Zur Verminderung der Ausgabenlast, die die Kolonie verursachte, wurde ihre Besatzung verringert.

lichen Gehälter sehr gering waren, und die Haupteinnahmen der Beamten aus allerlei mit der Zeit erlaubten Nebeneinkünften flossen, lag es in der Hand der Beamten, sich möglichst niedrig einzuschätzen. Man hatte ihnen anfangs anheimgestellt, auf ihren Amtseid hin ihr Einkommen zu taxieren und die Abgabe ohne Namensnennung in die Kasse zu legen. Dabei kam sehr wenig heraus. Man versuchte es nun mit einer Herabsetzung der Abgabe auf ein Sechstel des Jahreseinkommens, aber auch ohne Erfolg. Es blieb schließlich nichts übrig, als eine willkürliche Abgabe von allen Beamten einzufordern. Außerdem führte man eine Erbschaftssteuer für Seitenverwandte ein.

Die Anordnungen zur Erleichterung des Handels von Privatleuten blieben erfolglos. Die Beamten, welche sich mehr und mehr trotz aller Verbote auf Handelsbetrieb geworfen hatten, wußten es so einzurichten, daß er für Privatleute fast unmöglich blieb. Sie ließen sie durch die chinesischen Zollpächter quälen und dergleichen mehr. Der Generaldirektor Siberg war selbst das Haupt einer heimlichen Gesellschaft für den Handel mit Bengalen. — Die Opiummonopolgesellschaft, die durch den Schmuggel ganz lahmgelegt war und nichts mehr brachte, wurde 1794 aufgehoben. Ihr Monopol fiel an die Kompagnie zurück.

Während die Kommission ihre wenig fruchtbringende Tätigkeit übte, wurde Holland 1793 in Krieg mit Frankreich verwickelt. Der Erbstatthalter mußte Januar 1795 nach England flüchten. Er forderte Februar 1795 auf Veranlassung Englands die Beamten der Kolonien auf, sich unter den Schutz Englands zu stellen, damit Frankreich sich nicht ihrer bemächtige.

Dieses Anschreiben brachte eine englische Flotte unter Admiral Elphinstone nach Kapstadt und forderte Übergabe der Kolonie. Der stellvertretende Gouverneur zögerte, zu gehorchen. Er fand, daß der Erbstatthalter Prinz Willem V. nach seiner Flucht keine Befehle mehr erteilen könne, und rüstete sich zum Widerstand. Ein holländischer Kapitän ter Zee Deller, der mit zwei Kriegsschiffen im Hafen lag, segelte in aller Eile nach Batavia ab, um dort zu warnen. Nun griff Elphinstone zur Gewalt. Er beschlagnahmte die Kompagnieschiffe im Hafen, landete und griff die Stadt an. Nach kurzem Kampfe kapitulierte sie am 16. September 1795.

Um dieselbe Zeit gingen die Besitzungen in Vorderindien an

England verloren. Der Gouverneur von Ceylon war, als ihm von Madras aus die Kunde von des Erbstatthalters Befehl zuging, bereit gewesen, ihm zu gehorchen. Als aber kurz darauf Nachricht kam, daß eine englische Flotte Trinkonomale mit Gewalt genommen habe, rüstete er sich zum Krieg. Die Folge war, daß England die Posten Oostenburg, Jasnapatnam, Manaar und Baticalo auf Ceylon eroberte. Bald waren hier nur noch Colombo und Ngombo in Hollands Besitz, und der Fürst von Kandia ergriff für England Partei. Wenige Monate später mußte man Ngombo räumen, und am 15. Februar 1796 fiel Colombo den Engländern in die Hände! Die Stationen in Vorderindien kapitulierten mit Ausnahme von Cochin ohne Schwertstreich. Letztere Stadt ergab sich im Februar 1796. Der Gouverneur Malaklas hatte schon im August 1795 die Stadt dem Befehle des Erbstatthalters gemäß an England übergeben. Die Posten an der Westküste Sumatras folgten seinem Beispiele. Im Januar 1796 kapitulierte Amboina. Von da segelte eine englische Flotte nach den Sundainseln. Die Regierung in Java hatte dorthin Verstärkungen gesandt, und der Gouverneur war zum Widerstand entschlossen. Nur leider fielen erstere unterwegs den Engländern in die Hände und traten in ihren Sold, und der Gouverneur wurde überrumpelt, so daß ihm nichts übrig blieb, als sich zu ergeben. Weniger glatt verliefen die Sachen in Ternate. Hier verteidigte sich der Gouverneur tapfer im Februar 1797 und zwang die Feinde zur Abfahrt. Sie nahmen dafür Menado und Kema und mit Hilfe der Eingeborenen bald auch Batjan und Tidore. Von hier aus wurde ein neuer Angriff auf Ternate unternommen. Er verlief indessen ebenso fruchtlos wie eine jahrelange Blockade der Insel. Als 1799 Hilfe von Java kam, mußten die Engländer abziehen.

Es läßt sich annehmen, daß auch andere Plätze zu behaupten gewesen wären, wenn die Regierung in Batavia in fähigeren Händen gewesen wäre. Sie versäumte die selbstverständlichsten Maßregeln. Sie ließ, als die Nachricht von den englischen Feindseligkeiten kam, ruhig die an der javanischen Küste liegenden englischen Schiffe absegeln, und entwaffnete sogar die zur Verfügung stehenden holländischen Kriegsschiffe. Als sich in Batavia unter den Bürgern Unzufriedenheit regte und man Anteil an der Regierung verlangte, wurde aus der inzwischen durch van de Graaff verstärkten Kommission und dem

Rat von Indien die „Gekombineerde Bergadering" geschaffen, welche
die Geschäftsführung übernahm. Alting mit seinen Leuten und
Nederburgh, der sich ihm ganz angeschlossen hatte, waren darin
maßgebend. Ein Ausschuß erhielt die Aufgabe, die nötigen Verteidigungsmaßregeln zu treffen. Als jedoch der darin sitzende
van be Graaff die Sache ernst nahm und wirksame Schritte vorschlug,
klagte ihn Nederburgh der Neuerungssucht und Unterwühlung der
gesetzlichen Autorität an und verlangte seine Heimsendung. Diesem
Antrage wurde stattgegeben. Van de Graaff wurde 1796 zur
Abreise gezwungen und jede weitere Verteidigungsmaßregel vernachlässigt.

Dabei blieb es auch, als Ende 1796 der zum Nachfolger
Altings ernannte neue Generalgouverneur van Overstraaten, auch
ein Günstling der herrschenden Partei, aber ein als tüchtig geltender
Mann, in Batavia eintraf. Von einer Tätigkeit der Kommission
und von Reformen war nicht mehr die Rede. Die Verbindungen
mit Holland wurden immer seltener und gefährlicher. Seit eine
holländische Flotte unter Lukas vernichtet worden war, verfügte
Holland über keine nennenswerte Seemacht mehr in Indien. Man
war ganz auf neutrale Schiffe angewiesen. Als im Mai 1797
Frykenius zu Batavia starb, war von der ganzen Kommission nur
noch Nederburgh übrig. — Er hat noch zwei Jahre lang in Java
gewaltet. Der Kaffeeanbau wurde auf Ost-Java ausgedehnt, die
Kultur von Pfeffer, Indigo ꝛc. gefördert und die Verbindung mit
dem Sultan von Bandjermasin, von dem viel Pfeffer bezogen wurde,
enger gestaltet. Die Hauptsorge Overstraatens war Verstärkung der
Verteidigungsmittel Batavias. Es wurden Truppen in Java angeworben, geeignete Sklaven als Soldaten ausgebildet, ein Lager
zu Weltevreden angelegt und für alle Fälle Vorsorge zu einem
Rückzuge ins Innere getroffen.

Zum großen Mißvergnügen der unumschränkt waltenden
Beamten erschienen Ende 1798 ein neuer, fast unabhängig gestellter
Truppenbefehlshaber, Generaal-Majoor Nordmann und ein Kommissar Wegener in Batavia, deren letzterer die Angelegenheiten der
Eingeborenen nach republikanischen Begriffen regeln sollte. Es kam
rasch zu Zwistigkeiten im Schoße der Behörde, und die herrschende
Clique ging gegen die Neuankömmlinge vor. Wegener sah sich
dadurch veranlaßt, Anfang 1799 das Feld zu räumen. Nordmann

mußte bald darauf seinem Beispiel folgen. Beide segelten nach Holland ab. Im Herbst entschloß sich auch Nederburgh auf wiederholte Weisungen von Hause hin hierzu. Mitte 1800 traf er in Amsterdam ein und hatte sich hier gegen zahlreiche Klagen zu verantworten. Es ist ihm zwar kein Haar gekrümmt worden, aber man täuschte sich nicht darüber, daß seine Tätigkeit im ganzen nutzlos gewesen ist. Ein großer Teil der Kolonien war verloren, im Reste bestanden die alten Mißbräuche fort, trotzdem inzwischen wichtige Umwälzungen stattgefunden hatten.

Angesichts der nicht endenden Finanznöte der Kompagnie, die alljährlich Vorschüsse oder Anleihen unter staatlicher Garantie nötig machten,*) hatte die Regierung allmählich sich an den Gedanken gewöhnt, ihren Zustand als hoffnungslos zu betrachten. Eine 1795 von den „provisionelen Repräsentanten" der Republik niedergesetzte Kommission hatte festgestellt, daß die Schuldenlast der Kompagnie 112 Millionen betrug und, angesichts der Beschlagnahme vieler Retourschiffe durch England, weder auf Einkünfte, noch bei ihrer schlechten Lage auf neue Anleihen zu rechnen sei. Auf Grund des Kommissionsberichts beschloß das Repräsentantenhaus, an Stelle

---

*) Nach den indischen Büchern betrugen die Gewinne der holländisch-ostindischen Kompagnie

	von 1613 bis				
	1653	1663	1673	1683	1693
			Gulden		
Gesammt-einnahmen	101 704 417	142 663 776	206 072 335	259 250 969	322 735 812
ausgaben	76 177 755	117 616 961	161 271 745	212 282 020	274 416 306
Reingewinn	25 526 662	25 046 815	44 880 590	46 968 949	48 319 506
Im Durchschnitt	640 000	500 000	750 000	670 000	600 000

Reingewinn von	Gulden	Reingewinn von	Gulden
1613 bis 1696	40 206 789	1613 bis 1724	1 037 777
„ „ 1697	38 674 645	„ „ 1780 Verlust von	7 837 610
„ „ 1708	31 674 645	„ „ 1779	84 985 425
„ „ 1718	16 505 598	„ „ 1769 bis Rückstände	
„ „ 1723	4 838 925	betrugen .	85 000 000

(Nach Raffles: History of Java, London 1830, Vol. I. S. XXV.)

der bisherigen Leitung der Kompagnie ein „Komité tot de Zaken van den Oostindischen Handel en bezittingen" aus 28 Mitgliedern zu setzen, von denen zwanzig durch Holland, drei durch Seeland, fünf durch die anderen Provinzen ernannt werden sollten. Hiergegen sträubten sich die Repräsentanten von Seeland und die Kamer van Zeventienen nach Kräften, doch die Generalstaaten traten der Ansicht der Vertreter Hollands bei und bestätigten den erwähnten Beschluß am 16. November 1795. Seeland versöhnte man in der Weise, daß man ihm 6 Vertreter in dem Komitee zubilligte. Von nun an wurden die höheren Beamten in Indien durch die Regierung der Republik ernannt. Die Leitung der Geschäfte kam ständig nach Amsterdam, die übrigen Comptoire wurden durch bloße Agenten ersetzt. Ein Visitateur-Generaal sollte sie beaufsichtigen und eine Staatskommission jährlich die Rechnungen prüfen. Die neue Gesetzgebung trat am 1. März 1796 in Kraft, das Privileg der Kompagnie wurde aber im übrigen bis Ende 1798 verlängert.*)

Die neue Regelung half nicht viel, denn die Kompagnie hatte die meisten Schiffe verloren, und Geldmittel standen so wenig wie früher zur Verfügung. Die wenigen, den Engländern entkommenen Schiffe waren nach Norwegen geflüchtet, und ihre Ladungen mußten

---

*) Die Erträge der Auktionen der Kompagnie in Europa beliefen sich nach Saalfeld II. S. 144 ff.:

	Gulden			Gulden			Gulden
1639 auf	5 809 800	1695 auf	10 806 600	1750 auf	19 024 200
1645 ,	7 505 700	1700 ,	13 475 200	1755 ,	19 806 100
1650 ,	5 480 500	1705 ,	14 064 200	1760 ,	18 720 400
1655 ,	7 602 000	1710 ,	15 005 600	1765 ,	19 002 400
1660 ,	7 913 800	1715 ,	16 117 900	1770 ,	21 899 600
1665 ,	10 579 800	1720 ,	19 597 900	1775 ,	19 376 000
1670 ,	10 645 800	1725 ,	19 385 400	1780 ,	19 201 400
1775 ,	8 556 600	1730 ,	16 562 400	1785 ,	15 834 200
1680 ,	9 012 700	1735 ,	15 969 000	1790 ,	14 721 100
1685 ,	10 298 200	1740 ,	15 726 600	1795 ,	10 891 200
1690 ,	10 777 700	1745 ,	16 926 200		

Von 1648 bis 1657 im Ganzen . . . . 79 433 088 Gulden,
im Durchschnitt jährlich . . . . . 7 943 308 ,
von 1770 bis 1779 . . . . 202 203 301 ,
im Durchschnitt jährlich . . . . . 20 220 320 ,
von 1782 bis 1790 . . . . 167 667 596 ,
im Durchschnitt jährlich . . . . . 18 972 299 ,

Aufhebung des Privilegs der Kompagnie.

dort für sehr geringen Preis losgeschlagen werden. 1797 war man in solcher Verlegenheit, daß eine entschiedene Maßregel unumgänglich war. An Rückzahlung der Schulden, ja nur an ihre Verzinsung, war damals nicht mehr zu denken. Und auf neue Zuflüsse von Indien war auch keine Aussicht, da man dort alle Mittel bringend selbst brauchte. — Die „Nationale Vergadering", die an Stelle der Generalstaaten getreten war, nahm die Angelegenheit in die Hand. Sie verlängerte zwar das Privileg nochmals bis Ende 1799, faßte aber gleichzeitig seine Aufhebung ins Auge. Noch im Verlaufe des Jahres 1798 kam es dazu. Die damals beschlossene Verfassung bestimmte in Art. 247, daß die „Bataafsche Republiek" alle Besitzungen und Eigentum der Kompagnie ebenso wie ihre Schulden übernehme und ihr Oktroi aufhebe, Art. 248, daß die Aktionäre durch den Staat entschädigt werden sollten, und Art. 249, daß die Republik einstweilen die Monopolrechte der Kompagnie übernehme. — Die Entschädigungsfrage hat viele Schwierigkeiten gemacht. Die Aktionäre sahen die Kolonie als ihren Besitz an; die Regierung behauptete, sie seien nur Nutznießer gewesen. Auch über die Höhe der Schulden, welche 1796 auf 119 000 000 fl. berechnet waren, stritt man. Das Ende war, daß kein Ausgleich erreicht wurde und im Laufe der inneren und äußeren Schwierigkeiten die Sache liegen blieb. Man scheint schließlich die Aktien, die vielfach im Besitz von Korporationen und dergleichen waren, unter die Staatsschulden aufgenommen zu haben.

Auch die allgemeine Regelung des Handels mit Indien nach Aufhebung der Kompagnie war nicht leicht. Während die Gebrüder van Hogendorp und andere für Freigabe des Handels gegen angemessene Zölle eintraten, verlangten die Leute der alten Schule Errichtung einer privilegierten Handelsgesellschaft. Der frühere Kommissar Neberburgh trat lebhaft für letzteres ein. Der Friede von Amiens kam zustande, ehe diese Frage gelöst war. Der „Raad der Aziatische Bezittingen", welcher seiner Zeit an Stelle der Direktion der Kompagnie getreten war, übertrug nun die Beratung der Frage der besten Regelung des Handels der Kolonien und ihrer Verwaltung im November 1802 einer besonderen Kommission. Auf Vorschlag dieser Körperschaft wurde Anfang 1803 der Küstenhandel in den Kolonien, der Handel mit den Besitzungen westlich von Batavia in allen Waren außer Munition und Opium, und in Batavia die Ausfuhr von Zucker und anderen Monopolprodukten freigegeben. Die Lieferungskontrakte mit den Fürsten von Bantam, Palembang und Bandjermasin wollte die Kommission ebenso wie das Gewürzmonopol in den Molukken erhalten sehen. Hinsichtlich der Zwangslieferungen in Java standen sich zwei Meinungen gegenüber; die Kommission entschloß sich für Fortbauer des Bestehenden. Der chinesische Theehandel sollte Monopol bleiben und einer Gesellschaft übertragen werden.

In Bezug auf die Reform der indischen Verwaltung empfahl die Kommission Beschränkung des Aziatischen Raads auf die Regierungsangelegenheiten, Trennung von Rechtspflege und Verwaltung, Einführung fester Besoldungen für die Beamten und Einteilung der letzteren in vier Klassen. Endlich wurde vorgeschlagen, die „gezwongen Leverantien" (Zwangslieferungen) nur in Reis, Kaffee und Pfeffer beizubehalten.

Im September 1804 wurde ein im ganzen den Vorschlägen der Kommission entsprechendes Gesetz für Regelung von Verwaltung und Handel der Kolonien erlassen. Ehe es noch zur Durchführung gelangen konnte, erfuhr aber die innere politische Lage Hollands einen Umschwung, und Januar 1806 wurde ein neues Reglement dafür erlassen, das zwei kurz zuvor für Indien ernannten Generalkommissaren als Norm dienen sollte. In diesem Aktenstücke wurde der Handel mit Kaffee und Pfeffer freigegeben und manche andere Änderung gegenüber dem Gesetz von 1804 vorgesehen.

Zur Durchführung ist es auch nicht gelangt. Kurz nach Abreise der Kommissare setzte Napoleon seinen Bruder als König von Holland ein, und die folgende neue Verfassung behielt die Regelung der Kolonialverwaltung besonderen Gesetzen vor. An Stelle des Aziatischen Raads trat Ende Juli 1806 das „Ministerie van Koophandel en Koloniën". Die Generalkommissare wurden zurückgerufen und an ihrer Stelle der Kolonel-Generaal Daendels als Generalgouverneur mit der Leitung der Kolonien östlich vom Kap betraut.

Vierter Teil.

Erstes Kapitel.
Die Festsetzung in Surinam.

Als die Seeländer 1667 die englischen Posten in Surinam eroberten und ihrer Kolonie Essequibo sich wieder bemächtigten, lebten als Ansiedler dort meistens wohlhabende Juden, die vor den Verfolgungen der Portugiesen aus Brasilien geflüchtet waren. Die Holländer räumten ihnen ohne weiteres nicht nur Gleichstellung mit den geborenen Holländern ein, sondern ließen sie auch im Genuß verschiedener ihnen von den Engländern erteilten Vorrechte. Einer aus ihrer Mitte wurde mit dem Kommando über das Gebiet der Flüsse Cracubo und Canamana betraut. Die Kolonie war noch in den Anfängen der Entwickelung, aber der Zuckerrohrbau versprach günstige Ergebnisse, und die Seeländer erachteten ihre Eroberung für sehr wertvoll. Nur dauerte die Freude nicht lange. Gegen 1200 englische und jüdische Kolonisten wollten unter holländischer Herrschaft nicht leben und siedelten mit ihren Sklaven und anderem Eigentum nach Jamaika über. Große urbar gemachte Ländereien wurden damit wieder zur Wildnis, und der Wohlstand der Ansiedelung erlitt schwere Einbuße. Dazu entstand Streit zwischen Seeland und den Generalstaaten über den Besitz der Kolonie. Ersteres beanspruchte Surinam als Eigentum, da der seeländische Kommandeur Krijnsen es erobert hatte. Letztere verlangten das Verfügungsrecht, da die Kosten aus der allgemeinen Kasse geflossen waren. So stritt man um die Person des zu ernennenden Gouverneurs und um die Art der Regierung der Kolonie. Seeland wollte unter allen Umständen verhindern, daß sie der 1674 aufs neue ins Leben gerufenen westindischen Kompagnie überlassen würde. Daher erbot es sich, Surinams Verteidigung zu übernehmen und es mit Sklaven zu versorgen. Die Generalstaaten wollten jedoch davon nichts hören, und die Sache blieb unentschieden, bis die Kolonie 1682 doch der westindischen Kompagnie zufiel.

Den Anlaß haben die schlechten Erfahrungen gegeben, die man fortgesetzt in Südamerika machte. Häufige Angriffe der Eingeborenen veranlaßten die Kolonisten zu lebhaften Klagen und Bitten um Hilfe. Dazu machte das schlechte Klima häufige Wechsel des Gouverneurs und der Beamten nötig. Die daraus erwachsenden hohen Kosten bewogen die Seeländer, welche die provisorische Regierung führten, 1679 mit der westindischen Kompagnie Verhandlungen anzuknüpfen. Letztere sollte sich verpflichten, 30 Jahre lang für genügenden militärischen Schutz Surinams zu sorgen, den Kolonisten 6 Jahre lang alle Steuern zu erlassen und nachher nur die Hälfte der bestehenden zu erheben, sowie endlich den Handel und die Schiffahrt zwischen der Kolonie und Holland freizulassen. Auf dieser Grundlage ist am 24. September 1682 eine Verständigung zustande gekommen. Die Generalstaaten übertrugen damals Surinam an die Kompagnie, die Seeland dafür 260 000 fl. Entschädigung zahlte.

Die westindische Kompagnie jener Jahre war durch ein Octroi vom 20. September 1674 ins Leben getreten an Stelle der aufgehobenen mittellosen alten. Ihr Privileg*) galt für die Zeit von 1675 bis 1700 und bezog sich auf die holländischen Stationen in Westafrika, Essequibo, Curaçao und St. Eustatius. Für Surinam nebst Berbice hatte die Kompagnie ursprünglich, solange sie Seeland gehörten, nur das Monopol der Sklavenzufuhr erhalten. Das Kapital der neuen Gesellschaft belief sich nur auf 630 000 fl. Durch die Übertragung von Surinam und Berbice kam sie in den Besitz eines großen amerikanischen Reichs und konnte auf größeres Interesse im Publikum rechnen. Sie gedachte denn auch Surinam

---

*) Das Privileg gab der Gesellschaft nicht mehr wie früher das Monopol des Handels im ganzen Gebiet, sondern nur an Plätzen, wo sie geregelte Verwaltung einführte; es wurde später 1700, 1730 und 1762 verlängert. Die verteilten Erträge der Kompagnie beliefen sich 1679 auf 2 pCt. und stiegen 1687 bis 10 pCt. Von da an überschritten sie selten 3 bis 5 pCt. Von 1773 an sanken sie auf Null. 1738 standen ihre Anteile: 92; 1740: 40; 1762: 38.

zum Mittelpunkt ihrer Unternehmungen zu machen. Um es möglichst rasch in die Höhe zu bringen, hielt sie sich nicht allein verpflichtet, jährlich Mengen von Negersklaven hinzuschaffen, sondern auch auf jedem Schiff zwölf weiße Ansiedler für je 30 fl. Fahrgeld überzuführen.

Sehr rasch überzeugte sich die Gesellschaft indessen, daß ihre Mittel der übernommenen Aufgabe nicht gewachsen waren. Sie mußte sich nach Beistand umsehen. 1676 verpachtete sie Berbice an einen Kaufmann Abraham van Pere, von dem es 1714 an einige Amsterdamer Kaufleute überging, die eine eigene Gesellschaft bildeten. Mit Genehmigung der Generalstaaten verkaufte sie ferner 1683 ein Drittel Surinams der Stadt Amsterdam und ein zweites Drittel dem Cornelis van Aerssens, Herrn van Sommelsdijk. Der Gesellschaft verblieben damals neben dem Rest noch Essequibo, die Inseln Eustatius und Curaçao sowie die Stationen an der Goldküste. Die drei Besitzer der Kolonie bildeten eine Vereinigung als „De geoctroijeerde Societeit van Suriname". Die Generalstaaten, welche die Oberhoheit behielten, verpflichteten sich, zur Verteidigung der Kolonie beizutragen, und stellten 300 Mann Soldaten. Sommelsdijk übernahm es, persönlich nach Surinam zu gehen und dort das Gouvernement ohne Entgelt zu führen. Nur eine Sendung Weine und Gewürze verpflichtete sich die Gesellschaft ihm jährlich zu senden. Im Falle sich Sommelsdijks Verwaltung bewährte, sollte er den Posten lebenslänglich behalten und einen Nachkommen als Nachfolger vorschlagen dürfen. Die westindische Kompagnie behielt das Monopol des Sklavenhandels, doch mit der Maßgabe, daß die neue Societät sich Neger auch anderweitig gegen eine Abgabe an die Kompagnie verschaffen dürfe.

Sommelsdijk, der Ende 1683 in Surinam eintraf, war Oberst eines Reiterregiments gewesen. Er gehörte zu den nahen Freunden Willems III. und zeichnete sich durch edlen, ritterlichen Charakter und aufrichtige Frömmigkeit aus. Er ging nach Surinam trotz der Vorstellungen seiner Freunde und trotz der ungünstigen Nachrichten über die dortige Lage der Dinge. Die Pflanzungen waren danach meist im Verfall. Schlimmste Sittenlosigkeit, Willkür und Grausamkeit waren allgemein. Paramaribo bestand aus kaum 30 Hütten, und die ganze Niederlassung schwebte in ewiger Angst vor Angriffen der Indianer. Alle diese Hindernisse entmutigten

Sommelsdijk nicht. Mit kräftiger Hand ging er sogleich daran, Ordnung zu schaffen. Anfang 1684 errichtete er einen Justiz- und Polizeirat aus geeigneten Beamten und Ansiedlern und begann der eingerissenen Mißwirtschaft entgegenzutreten. Verbrechen und Ausschreitungen, die bisher straflos waren, wurden verfolgt, die Verwaltung geordnet und die vernachlässigte Sonntagsruhe wieder durchgeführt. Eine Kirche wurde gebaut, die Verheiratung und Zusammenleben mit Negern verboten, die Gewalt der Pflanzer über die Sklaven beschränkt und den Angriffen der Indianer durch Erbauung zweier Forts gesteuert. Das Land wurde erforscht, der im Innern entdeckte Kakaobaum an die Küste gebracht und kultiviert und dem Arbeitermangel seit 1684 durch Einfuhr holländischer Strafgefangener abzuhelfen versucht. Die letztere Maßnahme hat sich freilich nicht bewährt. Die Sträflinge arbeiteten wenig, erhoben sich gelegentlich oder flüchteten und übten schlechten Einfluß auf die Bevölkerung. Man mußte ihre Sendung bald wieder einstellen. Erfolgreicher war die Ansiedelung französischer Protestanten, mit denen der Gouverneur nähere Beziehungen hatte. Auch zur Bekehrung und Zivilisierung der Eingeborenen geschahen Schritte.

Sommelsdijks Maßnahmen trugen reiche Früchte. Neue Einwanderer kamen, und der Plantagenbau nahm neuen Aufschwung. Von 50 stieg die Zahl der Pflanzungen bald auf 200. An einem 8 bis 10 Meilen von Paramaribo gelegenen Fleck, Savanne, entstand eine blühende Niederlassung portugiesischer Juden. — Trotz aller seiner Verdienste fehlte es nicht an Klagen gegen den Gouverneur. Den einen mißfiel die hergestellte Ordnung, anderen seine Barschheit und sein Hochmut; alle beschwerten sich über den Ausfuhrzoll von 2½ pCt. Um den Beschwerden abzuhelfen, hatte der Gouverneur 1687 alle Kolonisten aufgefordert, ihre Klagen ihm vorzutragen. Es meldete sich trotz wiederholter Aufforderung niemand. Um so eifriger aber beschwerte man sich bei der Sozietät und den Generalstaaten. Besonderen Anlaß gab dazu das Erscheinen zweier katholischer Priester in Surinam, welche Sommelsdijk nicht sofort auswies. Dieser Fall machte in Seeland so großes Aufsehen und dem Gouverneur so viel Scherereien, daß er die Leichen der beiden inzwischen verstorbenen Priester in Kisten nach Middelburg schickte mit dem Bemerken, Dukaten würden dort wohl willkommener sein, aber die wüchsen in Surinam noch nicht. Die

Seeländer beschwerten sich allerdings hierüber bitter bei den Generalstaaten, und diese sandten die Leichen zurück und lasen dem Gouverneur den Text, doch der ließ sich nicht entmutigen. Er beantwortete alle Vorstellungen offen und ehrlich, aber auch in oft sehr drastischer Form und setzte sein Werk fort. Das Fort Zeelandia wurde angelegt und der Plan zur Stadt Paramaribo entworfen. Zu den Arbeiten zwang er die Soldaten. Waren diese darüber schon unzufrieden, so wurden sie es noch mehr, als wegen Mangel von Zufuhr ihre Rationen herabgesetzt wurden. Im Sommer 1688 begannen sie deshalb zu meutern. Es gelang dem Kommandeur Verboom nur vorübergehend, sie zu beruhigen. Am 19. Juli erschossen sie ihn und den Gouverneur, der ihren Beschwerden kein Gehör schenken wollte.

Nach dem Morde bemächtigten sich die Meuterer des Forts, setzten die Offiziere gefangen und versuchten, mit den Kolonisten zu einer Verständigung zu kommen. Sie versprachen, gegen eine Geldentschädigung und Straflosigkeit das Land zu verlassen. Ehe sie diesen Zweck erreichten, entfloh indessen der Kapitän Bredenburch. Er zwang mit Hilfe der jüdischen Miliz die Meuterer, das Fort zu verlassen, und nahm sie gefangen. Die drei Hauptsrädelsführer wurden gerädert, acht andere gehängt, und der Rest von 60 Mann nach Holland geschickt. Die Leitung der Geschäfte nahm der Raad van Policie in die Hand.

In Holland bot die Sozietät, dem Vertrage mit Sommelsdijk gemäß, das Gouvernement seinem Sohne, einem Marineoffizier van Chatillon, an. Dieser lehnte jedoch den Posten ab, und seine Mutter bot ihren Anteil an Surinam der Sozietät zum Kauf an. Als diese davon nichts wissen wollte, verkaufte sie ihn 1692 an König Wilhelm III. von England.*) Januar 1689 sandte die Sozietät als Gouverneur ein in Holland auf Urlaub befindliches Mitglied des Surinamschen Polizeirats, Johan van Scharphuisen, mit Vorräten und Truppen nach der Kolonie.

So entschlossen und tüchtig dieser war, es gelang ihm nicht, die Ruhe und Ordnung dort im nötigen Maße herzustellen. Seine erste Maßregel war Schaffung einer Körperschaft für Ausübung

---

*) Später scheint der Anteil wieder an die Familie Sommelsdijk gekommen zu sein, da ihn 1770 Amsterdam ihr für 700 000 fl. ablaufte.

der Zivilgerichtsbarkeit und eines Kollegs für Bagatellsachen. Dann besserte er die Befestigungen, suchte den Plantagenbau zu heben und dergl. mehr. Noch war er nicht zwei Monate im Lande, da griff ein französisches Geschwader die Kolonie an. Es glückte ihm mit Hilfe der Bürger das Fort zu halten und den Überfall abzuschlagen. Wenn er trotz aller Tüchtigkeit nicht die nötige Einigkeit im Innern herzustellen vermochte, lag das vor allem an Streitigkeiten, in die er mit den jüdischen Kolonisten geriet. Sie führten dazu, daß Scharphuisen 1696 seinen Abschied erbat. Ein gewisser Paulus van der Veen wurde sein Nachfolger, der bis 1707 in Surinam gewaltet hat.

Zweites Kapitel.
Des Gouverneur Mauricius Wirken.

Zum ersten Male begannen damals ruhige Zeiten für die Kolonie. Die Zuckerpflanzungen nahmen damit großen Aufschwung, und das Land begann aufzublühen. Der beginnende Wohlstand reizte die Begehrlichkeit der in der Nachbarschaft hausenden Franzosen. Gelegentlich eines Kriegs überfiel daher der Freibeuter Jacques Cassard 1712 die Kolonie.*) Nachdem ein erster Angriff abgeschlagen war, erneuerte er ihn mit acht großen, 30 kleinen Schiffen und 3000 Mann. Diesmal gelang es ihm, verschiedene Plantagen zu besetzen und den Fluß in seine Gewalt zu bekommen. Die Kolonisten mußten sich herbeilassen, eine Brandschatzung von 682 800 fl. in Zucker, Sklaven, Waren und Wechseln zu zahlen. Der Feind räumte darauf zwar wieder die Kolonie, aber die Wunden, die er ihr geschlagen, machten sich schwer und noch lange fühlbar. Es entstand Zwiespalt unter den Kolonisten und zwischen ihnen und der Sozietät über die Höhe der Anteile an der Brandschatzung. Man beklagte sich bei den Generalstaaten über die ungenügenden Vorkehrungen zum Schutz und zur Verteidigung der Kolonie, die nicht

*) Essequibo wurde 1708 und 1709 wiederholt von französischen Kapern gebrandschatzt.

ausreichende Versorgung mit Sklaven durch die westindische Kompagnie, die Beamten ꝛc. Diese ihrerseits antworteten mit anderen Beschwerden, und in Holland sah man sich genötigt, eine Kommission aus den Provinzen Holland und Westfriesland mit Prüfung der Lage zu betrauen. Ihr Urteil fiel zu Ungunsten der Kolonisten aus. Den Führern der letztern wurde verboten, an Versammlungen teilzunehmen, die gegen die Sozietät gerichtet wären; sie sollten lieber dahin wirken, daß die Ansiedler verschiedene der Sozietät geschuldete Summen abzahlten. Diese Entscheidung steigerte noch die Unzufriedenheit in Surinam. Man fügte sich, aber die Entrüstung über die Sozietät schlug immer tiefere Wurzeln. Vergebens suchte letztere die Ansiedler zu Zahlungen für neue Befestigungsarbeiten zu bewegen. Erst als die Sozietät selbst den Ingenieur Draal kommen und einen Plan für Ausbau der Verteidigungswerke, der 800 000 fl. kosten sollte, entwerfen ließ, wurde 1733 eine Verständigung erreicht. Die Sozietät wollte Werkmeister und Baumaterial stellen, die Kolonisten sollten für Sklavenarbeit sorgen. Auf ihren Anteil entfielen sieben Jahre lang jährlich 60 000, auf den der Sozietät jährlich 20 000 fl. Hauptwerk sollte ein neues Fort zur Verteidigung der Mündung der Flüsse Surinam und Commewijne, Nieuw Amsterdam, werden. Sein Bau hat von 1734 bis 1747 gedauert und viel höhere Summen als berechnet verschlungen, so daß darüber immer neue Zwistigkeiten entstanden sind. Die häufig wechselnden Gouverneure konnten dagegen wenig ausrichten. Sie befanden sich in recht schwieriger Stellung zwischen den Interessen des Mutterlandes und der Kolonie. Abgesehen von den Geldfragen, machte ihnen der Kampf mit entflohenen und im Innern zusammengeströmten Negersklaven, die das Land unsicher machten, viele Schwierigkeiten.

Trotzdem ging die Entwickelung der Kolonie stetig vorwärts. Es strömten immer mehr Ansiedler zu, und gegen 1720 begann man Kaffeepflanzungen anzulegen, die reichen Gewinn abwarfen. 1724 wurde der erste Kaffee von hier nach Amsterdam verschifft. Der Kaffee verdrängte bald den Anbau von Indigo und Tabak und führte zur Einschränkung des Zuckerrohrbaues. Dazu kam in den 30er Jahren der Anbau von Kakao und in den 50er von Baumwolle in größerem Umfang. 1742 hat die Sozietät einer Gesellschaft das Monopol der Aufsuchung von Edelmetallen in der

Kolonie verliehen. Damit wurde jedoch damals ebensowenig Erfolg erzielt wie zu den Zeiten Walter Raleighs. Auch Versuche mit Ansiedelung von freien Bauern aus der Pfalz und Schweiz, die mit eigener Hand das ihnen zugewiesene Land bebauen sollten, sind gescheitert. Dagegen hat sich die Zulassung der mährischen Brüder, die 1739 erfolgte, bewährt. Sie haben nicht nur eine Anzahl Ansiedelungen geschaffen, sondern auch mit Erfolg die Belehrung und Erziehung der Eingeborenen begonnen.

Im Jahre 1742 entsandte die Sozietät einen sehr tüchtigen Mann, Jan Jacob Mauricius, als Gouverneur nach Surinam. Er war erst Landwirt, dann Schöffe und Pensionär der Stadt Purmerend, später ihr Deputierter bei der Regierung und zuletzt mit Erfolg Vertreter der vereinigten Niederlande bei dem Niedersächsischen Kreise in Hamburg gewesen. Er hat bis 1751 in Surinam gewirkt und mehr als irgend jemand zur Entwickelung und Blüte dieser Kolonie beigetragen. Als er landete, fand er als Grundlage der Verhältnisse in Surinam das Privileg der Westindischen Kompagnie von 1682 vor, das für die von ihr gegründete „geoctroieerde Societeit van Suriname" maßgebend geblieben war. Diesem Gesetz entsprechend lag die Regierung in den Händen des Gouverneurs, dem der „Politiele Raad" mit gewissen, beratenden, gesetzgebenden und richterlichen Vollmachten zur Seite stand. Gouverneur und Raad standen in einem gewissen Gegensatz, da beide bemüht waren, ihre Befugnisse, immer einer auf Kosten des anderen Teils, auszudehnen. Der Raad bestand aus dem Oberbefehlshaber des Militärs und 9 angesehenen Bürgern, die der Gouverneur für Lebenszeit aus der Zahl von 18 durch die Kolonisten vorgeschlagenen Kandidaten wählte. Er selbst führte den Vorsitz. Der Raad-Fiscaal nahm an den Beratungen teil, aber nur mit beratender Stimme. Doch übte er gewöhnlich bedeutenden Einfluß, da er in der Regel der einzige Rechtskundige war.

Der 1689 gegründete „Hof van Civiele Justitie" bestand außer dem Gouverneur aus 6 (später 10) unbesoldeten Mitgliedern. Sie wurden vom Gouverneur ausgesucht aus einer vom Politiele Raad vorgeschlagenen doppelt so großen Zahl von Kandidaten. Auch hier hatte der Raad-Fiscaal beratende Stimme. In Bagatellsachen urteilte das „Subaltern Collegie", das der Gouverneur ernannte. Es bestand aus einem Mitglied der vorerwähnten Körperschaft und 6 (später 10)

Beisitzern. Berufungen gegen Urteile des Subaltern Collegie entschied der Hof van Civiele Justitie. Gegen seine und des Politiele Raads Entscheidung war Berufung an die Generalstaaten zulässig. Weitere Behörden waren die drei „Boedelkamers" für Christen, portugiesische und holländische Juden, bei denen die Testamente hinterlegt werden mußten und die Interessen der Minderjährigen wahrgenommen wurden, und endlich das „Corps der Burgerofficieren". Letztere wurden durch Gouverneur und Raad ernannt und hatten die Aufsicht über Plantagen und, was damit zusammenhing. Jährlich forderten sie Listen aller über 12 Jahre alten Leute ein, setzten die Kopfgelder fest und bestimmten, wie viel Leute zu den Befestigungsarbeiten zu stellen waren. Sie standen zugleich an der Spitze der Bürgerwehr. Letztere zerfiel in Kompagnien. Jede derselben hatte einen „Krijgsraad". Die Kapitäne und Leutnants bildeten mit dem Politiele Raad und dem Gouverneur den „Hooge Burger-Krijgsraad".

Während die Mitglieder aller dieser Körperschaften unbesoldet waren, bezogen der Gouverneur, der Oberkommandeur, der Raads-Fiskaal und dessen drei Unterbeamte Gehälter von der Sozietät. Zu den Kosten der in den Forts Nieuw-Amsterdam, Zeelandia, Sommelsdijk und einigen kleinen Posten liegenden ständigen Besatzung (etwa 1200 Mann) leisteten die Generalstaaten einen Beitrag. Die Sekretäre der beiden obersten Kollegien erhielten keine Gehälter sondern waren auf Sporteln angewiesen. Die Beamten der Kontore für Zölle, Steuer ꝛc. wurden teils von der Sozietät besoldet, teils von der Kolonie. Der Zoll belief sich bei Aus- und Einfuhr auf 3 fl. für die Schiffslast. Dazu kam bei dem Export noch eine Abgabe von $2^1/_2$ pCt. Die Kopfsteuer, die für jeden Schwarzen im Alter von mehr als 12 Jahren zu bezahlen war, betrug 50 Pfund Zucker jährlich. Weiße von 3 bis 12 Jahren zahlten 25, von 12 Jahren an auch 50 Pfund Zucker, oder in Geld 1 Stuiver für 5 Pfund. Für aus Afrika gebrachte Sklaven waren $2^1/_2$ pCt. des Wertes zu zahlen. Dazu kam eine Reihe anderer Abgaben und Steuern.

Die weiße Bevölkerung setzte sich aus Holländern, Franzosen, Deutschen sowie portugiesischen, polnischen und holländischen Juden zusammen. Die letzteren hatten alle Rechte der Niederländer. Wenn sie nicht Mitglieder der richterlichen Kollegien werden durften, so genossen sie dafür eine ziemlich weitgehende Selbstverwaltung und Gerichtsbarkeit sowie volle Religionsfreiheit. Von den 400 Pflanzungen gehörten 115 den Juden. — Zahlreicher als die Weißen waren die Nachkommen solcher mit Negerinnen, die auch als frei galten.

Die Garnison setzte sich mit wenigen Ausnahmen aus dem Auswurf aller möglichen europäischen Länder zusammen. Was an Steigerung der in der Kolonie schon herrschenden Sittenverderbnis noch möglich war, wurde durch die Soldaten und die Besatzungen der im Hafen verkehrenden Schiffe besorgt.

Den größten Teil der Bevölkerung machten die Negersklaven aus. Die westindische Kompagnie hatte 1730 bei Verlängerung ihres Privileges sich verpflichtet, jährlich mindestens 2500 Sklaven einzuführen. Von 1731—1738 vermochte sie aber nur 13012 an Stelle der versprochenen 17500 zu liefern, so daß die Sozietät Beschwerde führte und selbst den Negerbezug in die Hand nahm. Von 1738 bis 1745 sandte sie 63, von 1746—1747 15 Schiffe nach Westindien, um Sklaven zu kaufen. Die Neger wurden wie in allen Sklavenkolonien je nach der Natur ihres Herrn sehr verschieden behandelt. Bei der Zusammensetzung der regierenden Körperschaften aus Plantagenbesitzern und dem Mangel einer Behörde, die für die Sklaven einträt, kamen aber entsetzliche Grausamkeiten vor. Beklagten sich die Leute, so wurden sie noch von der Behörde bestraft; liefen sie davon, so schnitt man ihnen ein Bein ab. Da es vorgekommen ist, daß ein Fiskaal gegen einen jungen, mißliebigen, weißen Bürger wegen beleidigender Äußerungen gegen ein Mitglied des Raads van Civiele Justitie Strafe der Geißelung, Brandmarkung und Durchbohrung der Zunge beantragt hat,[*)] so ist es nicht zu verwundern, wenn man gegen die Schwarzen die haarsträubendsten Ausschreitungen beging. Als man fand, daß die Schwarzen den Tod nicht fürchteten, da sie auf ein Paradies hofften, wo die Weißen sie bedienen müßten, schnitt man ihnen Zunge und Ohren ab, entmannte sie und beschäftigte sie zeitlebens mit Zwangsarbeit. Der Eigentümer erhielt zum Ersatz für den bestraften einen neuen Sklaven.

Kein Wunder, wenn diese jede Gelegenheit ergriffen, um an den grausamen Herren Vergeltung zu üben und ins Innere zu ent-

---

*) Er begründete das Urteil damit, daß der Justizrat Gott auf Erden vertrete, Beleidigung eines seiner Glieder also Gotteslästerung sei. Das Gericht begnügte sich mit einer Abbitte!

fliehen, wo seit dem 17. Jahrhundert Ansiedelungen flüchtiger Neger bestanden. Diese Leute wurden mit der Zeit eine stete Gefahr für die Pflanzungen, besonders in den weiter landeinwärts liegenden Gebieten. Man mußte sich zur Aussetzung hoher Prämien auf das Einfangen Entlaufener, Androhung grausamster Strafen und Vornahme wiederholter Strafexpeditionen entschließen, erreichte aber mit allem sehr wenig. Die Zahl der Flüchtlinge wuchs fortgesetzt. So viele Züge auch gegen sie unternommen und so entsetzliche Grausamkeiten gegen die in die Hand der Kolonisten fallenden Buschneger verübt wurden.

Der Gouverneur Mauricius sah es als erste und dringendste Aufgabe an, diesem Unwesen zu steuern. Von den kostspieligen, ununterbrochenen, grausamen Strafexpeditionen erwartete er nach den vorliegenden Erfahrungen keine dauernde Besserung. Er hielt es für angezeigt, nach dem Muster Sommelsdijks und dem Vorgange der benachbarten Engländer im Jahre 1739 es mit Verhandlungen zu versuchen, und zwar wollte er nach einer neuen umfassenden militärischen Machtentfaltung mit einem Teil der Buschneger (Marrons) einen Vertrag abschließen und sie dazu benutzen, den anderen den Garaus zu machen. Trotz vielen Widerspruchs setzte er seinen Willen durch. Im Herbst 1749 gingen zwei zusammen 160 Mann starke Kommandos ins Innere. Der Führer Kreutz nahm ein paar Marronendörfer weg. Während er aber die Bewohner verfolgte, machte er ihnen gleichzeitig Vertragsvorschläge, die Annahme fanden. Die Leute wurden danach als unabhängig und frei anerkannt und erhielten das Recht zum Handel mit Weißen. Dafür mußten sie Auslieferung aller von da zu ihnen flüchtenden Sklaven für je 50 Gulden versprechen.

Mauricius wollte nun Schritte tun, um mit den neuen Bundesgenossen, etwa 1600, vereint, allmählich der anderen Marrons Herr zu werden. Doch waren die Kolonisten dazu nicht zu bewegen. Sie wollten von Verhandlungen mit flüchtigen Sklaven nichts wissen und setzten durch, daß auch die im Vertrag ausbedungenen Geschenke nur durch drei Weiße und einige Sklaven den Marrons überbracht wurden. Das führte zum Verlust des erkämpften Vorteils. Die kleine Expedition wurde nämlich unterwegs von feindlichen Negern überfallen und ausgeplündert. Die Marrons, mit denen der Vertrag geschlossen war, wußten davon nichts. Als sie die versprochenen

Geschenke nicht erhielten, glaubten sie an einen Treubruch der Holländer und begannen aufs neue ihre Raubzüge, und die Unsicherheit riß wieder ein.

Nicht viel mehr Erfolg hatte der Gouverneur bei anderen Maßnahmen im Interesse der Kolonie. So vor allem bei Besserung der Rechtspflege. Er brach mit der Gewohnheit seiner Vorgänger, sich darum nicht zu kümmern und alle Geschäfte dem Raad=Fiscaal zu überlassen. Er wohnte jahrelang allen Sitzungen der Gerichte bei, ließ die 300 schwebenden Sachen zum Abschluß bringen, setzte Entbindung des Fiscaals von den Funktionen als vollstreckender Justizbeamter durch, übertrug letztere einem eigens ernannten „Exploiteur" und bestrafte rücksichtslos alle Ausschreitungen der Beamten. Doch hatte Mauricius für seine Anordnungen wenig Dank. Die reichen Pflanzer waren entrüstet, daß man sie mit demselben Maß wie andere Sterbliche behandelte, die Beamten waren unzufrieden mit der Beschränkung ihrer Willkür. Als 1744 Krieg mit Frankreich drohte, weigerte der Politieke Raad Bewilligung von Maßnahmen und Ausgaben zum Schutze der Kolonie. Erst nach langen Mühen kam 1748 eine Vereinbarung mit der Sozietät dahin zu stande, daß die Forts in guter Verfassung unterhalten werden mußten. — Noch mehr Widerstand erregte in der Kolonie ein neues Milizgesetz, das bei schwerer Strafe vorschrieb, daß die Miliz sich bei Alarm sofort in die neue Festung zu begeben habe, statt, wie bisher, die alten Stadtforts zu besetzen. Verschiedene Bürger und besonders eine Reihe Frauen begannen lebhaft gegen den Gouverneur zu Hause und in der Kolonie Stimmung zu machen. Auch sandten sie sogar seinen bittersten Feind nach Holland, um dort Beschwerde zu führen. Wenn man dort auch Mauricius, der sich in ausführlichen Denkschriften verteidigte, recht gab, so wurde doch seine Lage immer unhaltbarer, 1748 mußte er mehrere Leute verbannen, ohne doch Ruhe herzustellen. Immer neue Beschwerden wurden nach Holland gesandt und schließlich die Regierung veranlaßt, 1750 den Generalmajor Baron v. Spörcke und zwei andere Männer als Kommissare nach Surinam zu schicken, um die Sachlage eingehend zu prüfen. Der Kommission waren 400 Mann Soldaten unter dem Oberst Baron v. Verrschner beigegeben. Die Kosten des Unterhalts der Kommission und Truppen (jährlich 150 000 fl.) mußte zu einem Viertel die Sozietät, zu drei Vierteln die Kolonie tragen.

Die Kommission traf am 1. Dezember 1750 in Surinam ein, ließ sich vom Gouverneur einen eingehenden Bericht über die Lage erstatten und begann dann umfangreiche Vernehmungen. Diesen Anlaß benutzten die Gegner des Gouverneurs, um die Kommission für sich zu gewinnen. Sie gingen nach einem wohlüberlegten, einheitlichen Plane vor und wußten den Eindruck hervorzurufen, daß das Interesse der Kolonie schleunige Entfernung des Mauricius erfordere. In der Tat entschloß sich Baron Spörche denn, ihn im Frühjahr 1751 nach Holland zur Verantwortung zu senden und selbst das Gouvernement zu übernehmen.

Drittes Kapitel.
Verlust der Kolonie an England.

Mauricius[*] hat sich in Holland voll gerechtfertigt. Er wollte aber von Rückkehr nach der Kolonie nichts wissen und ging lieber 1756 als Gesandter der Niederlande nach Hamburg.[**]

Die Folgezeit hat ergeben, wie begründet die meisten seiner Anordnungen in Surinam gewesen sind, und wie schwer es war, die Wünsche der Pflanzer mit den Interessen der Menschlichkeit und der Allgemeinheit in Einklang zu bringen. Spörche hat alles nur mögliche getan, um ihnen entgegenzukommen und sich nicht gescheut, selbst Ungerechtigkeiten zu begehen, um sie zufrieden zu stellen. Viel Erfolg hat er dabei aber nicht erzielt. Die Kämpfe mit den Buschnegern dauerten fort, die Sklaven wurden grausamer wie je behandelt, unter den portugiesischen Juden herrschten fortgesetzt Zwiespalt und Unzufriedenheit, und die Pflanzer begannen, um ihr zügelloses Leben bestreiten zu können, ihren Besitz mit Hypotheken zu belasten. Ebenso blieb es unter den Nachfolgern des Ende 1752 gestorbenen Barons Spörche. Nach wie vor befehdete die Pflanzerpartei jeden Beamten, der unabhängig und unbeeinflußt nur das Wohl des Ganzen im Auge behalten wollte. Die beiden höchsten richter-

---

[*] Er hatte 1750 von Essequibo aus auch die neue Ansiedelung Demerary anlegen lassen.
[**] Er ist dort 1768 gestorben.

lichen Körperschaften maßten sich immer höhere Vollmachten an und wollten dem Gouverneur ihren Willen aufzwingen, das Kassenwesen geriet allmählich in böse Verwirrung. Unter dem Militär riß Disziplinlosigkeit ein. Offiziere und Soldaten ergaben sich dem Trunk und Ausschweifungen und wurden mit der Zeit zu einer Gefahr für die Kolonie. Wohl kümmerte sich Holland infolge der Verhandlungen mit Mauricius jetzt etwas mehr um die Verhältnisse der Kolonie, schritt gegen die Leiter der gegen den Gouverneur gerichteten Intriguen ein und setzte Ende 1753 den ganzen, aus Vertrauensmännern der Pflanzerpartei bestehenden politischen Rat ab. Doch ließen die Zustände fortgesetzt zu wünschen übrig.

1754 entschloß sich die Sozietät, die sämtlichen, mit der Kommission entsandten holländischen Truppen in ihre Dienste zu nehmen und ständig 600 Mann in der Kolonie zu halten. Um die Mittel dazu aufzubringen, wurde das Kopfgeld erhöht, eine Steuer von 1 pCt. auf alle Produktion gelegt, dazu eine Extrasteuer für Zucker, Kaffee, Kakao, Baumwolle u. dergl. eingeführt und ferner eine Einkommensteuer und noch andere Abgaben angeordnet. Der Gesamtertrag dieser Abgaben wurde auf 71 500 bis 83 500 fl. geschätzt. Ende 1754 wurde von Gouvernements wegen die Besiedelung von Oranjepad bei Para begonnen. Erster Bürgermeister der Ansiedelung wurde ein Deutscher, v. Bülow, der aber gegen viele Anfeindungen und Unannehmlichkeiten sich nur zwei Jahre behaupten konnte. Hier wie in der ganzen Kolonie machten die Unzufriedenheit der Sklaven und die ewige Gefahr vor Angriffen der Buschneger fortgesetzt die größten Sorgen. Obwohl die Erfahrung die Nutzlosigkeit der Strafzüge und grausamen Maßnahmen erwiesen hatte, setzte man sie immer fort, versprach Prämien für Tödtung oder Einbringung der Marrons und dergleichen. Erst der Gouverneur Crommelin versuchte es 1758 wieder mit Verhandlungen durch Vermittelung einiger zuverlässiger Neger. Sie führten 1760 zu einem Abkommen zwischen der Kolonie und 16 Marronenhäuptlingen von Auka, wonach diese neue Flüchtlinge nicht aufzunehmen versprachen, wenn man sie in Ruhe lasse. 1762 folgte ein ähnlicher Vertrag mit den Marronen des oberen Saramacca, und es wurde so den blutigen Strafzügen ins Innere ein Ende gemacht.

Dafür begannen finanzielle Schwierigkeiten sich mehr und mehr fühlbar zu machen. 1757 waren die Pflanzer einer Bank bereits

4 628 400 fl. schuldig. Vielfach waren die Pflanzungen schon über ihren Wert beliehen. Geldverleiher begannen 30 bis 60 pCt. Zinsen zu fordern. Aus Mangel an gemünztem Gelde wurde 1761 zum erstenmale Papiergeld im Werte von 40 000 fl. ausgegeben. 1762 folgten 25 000, 1763 schon 145 000, 1764 150 000 fl. Man vergab einen Teil dieser Summen als erste Hypotheken auf Häuser gegen 8 pCt. und erzielte damit 1762 bis 1767 an Zinsen 48 188 fl. Vergebens protestierte die Sozietät dagegen und ordnete die Einziehung des Papiers an. Es fehlte so sehr an Metallgeld, daß die Kaufleute ihrerseits Bonds ausstellten und in Umlauf setzten. Die Sozietät mußte schließlich in die Ausgabe von weiteren 350 000 fl. Papier willigen.

Zu anderen Schwierigkeiten führten die häufigen Meinungsverschiedenheiten zwischen Sozietät und dem Raad van Policie über Kosten für militärische Zwecke, Ämterbesetzung u. dergl. Die von der Sozietät angestellten und besoldeten Gouverneure kamen dadurch in immer unerquicklichere Beziehungen zu den Kolonisten, welche nur die nächstliegenden eigenen Interessen im Auge hatten und sich um das Mutterland und die dort hausende Sozietät nicht kümmerten. Als 1660 letztere auf Betreiben einiger Amsterdamer Kaufleute, die an Surinamschen Plantagen beteiligt waren, die Sendung einer Verstärkung von 600 Mann Soldaten ins Auge faßte, sträubte sich die Vertretung der Kolonie entschieden gegen das ihr zugemutete neue Opfer. Trotzdem beschloß man in Holland die Sendung der Truppen. Aber nun beriefen sich die Kolonisten auf den Privilegienbrief der Sozietät, wonach sie aus eigener Tasche für die Verteidigung der Kolonie zu sorgen habe, und verlangten eine Befragung aller Ansiedler, um zu der Sache Stellung zu nehmen. Vergebens sträubte sich dagegen der Gouverneur und suchte die Kolonisten zu bewegen, sich dem Wunsche der holländischen Regierung zu fügen. Alle seine Vorstellungen und Hinweise auf das Wohl Surinams selbst blieben umsonst. Die Mitglieder des Justizrats meinten einfach, wenn die Sozietät ihren Verpflichtungen nicht nachkommen könne, solle sie ihr Privileg aufgeben. — Es dauerte Jahre, ehe sie ihren Widerstand fallen ließen und sich den Wünschen der Sozietät fügten.

Zum Glück für die Kolonie genoß sie in der ganzen Zeit Ruhe vor äußeren Feinden. Von den Nachbarn erfuhr man auch wenig Belästigungen. Nur mit Frankreich entstand 1764 ein Meinungszwiespalt darüber, wie die Grenze in der Gegend des Marowyne verlaufe. Zur Niedersetzung einer von Frankreich vorgeschlagenen gemischten Grenzkommission kam es aber nicht, da Frankreichs Interesse an der Frage sehr bald wieder erlosch, als seine am Marowyne versuchten weißen Niederlassungen keinen Erfolg hatten, und mit den Buschnegern herrschten seit dem Friedensschluß im allgemeinen gute Beziehungen. Doch sehr bald kam es wieder zu Streitigkeiten wegen der Auslieferung geflüchteter Neger. Wiederholt weigerten sich die Buschbewohner, Sklaven, die wegen unmenschlicher Grausamkeiten ihrer Herren geflüchtet waren, den Holländern zurückzugeben. Es wurde in dieser Hinsicht nachgewiesen, daß ein Pflanzer einem Neger Finger, Zehen und Zunge abgeschnitten und ihn gezwungen hatte, sie aufzuessen. Eine Frau hatte jahrelang ihre Leute beim kleinsten Versehen totschlagen lassen u. dergl. Die Behörden hatten solche Schandtaten stets nur mit Verweisen oder höchstens mit Ausweisung bestraft. Es war den Buschnegern kaum zu verdenken, wenn sie Sklaven, die von solchen Herren fortliefen, Asyl gaben. Die Pflanzer dagegen verlangten immer genaue Durchführung der Verträge, und es bedurfte großer Kunst des Gouverneurs, um neuen Zusammenstößen vorzubeugen. Um dem Flüchten der Sklaven zu steuern, strebte Gouverneur Crommelin eine Verbesserung der Schutzgesetzgebung an. Er schlug vor, Ermordung von Sklaven nach holländischem Recht zu bestrafen und die Strafgewalt der Pflanzer einzuschränken. Bei den Mitgliedern des Polizeirats konnte er aber damit nicht durchbringen und nur geringe Verbesserungen erreichen. Die Folge war, daß das Weglaufen der Sklaven die Regel blieb und immer wieder Expeditionen ausgesandt werden mußten, um sie einzufangen. Meist blieben sie aber ohne Erfolg.

Die von den Pflanzern selbst stark verschuldeten Schwierigkeiten mit den Arbeitern beeinträchtigten den Wohlstand der Kolonie fortgesetzt. Immer mehr stieg die Geldverlegenheit der Pflanzer, und immer höher belasteten sie ihren Besitz durch Anleihen in Holland. Binnen wenigen Jahren schuldeten die Kolonisten holländischen Kaufleuten 50 Millionen Gulden. Natürlich fiel es den meisten sehr schwer, die Zinsen aufzubringen, und bald kamen ungezählte Klagen gegen säumige Schuldner vor Gericht. Die Lage wurde so bedenklich, daß Mitte der 70er Jahre die Regierung der Kolonie eingreifen mußte und Pläne zur Unterstützung der Pflanzer entwarf. 1774 entschloß man sich, die Wuchergesetze zu verschärfen und die zulässige Höhe von Zinsen bei Hypotheken auf 8 pCt. im Jahr, bei Wechseln, Obligationen rc. auf 1 pCt. monatlich festzusetzen. Gleichzeitig führte man eine 4 prozentige Abgabe vom Gewinn beim Verkauf von Gütern durch Schiffer ein, um damit den Notleidendsten zu helfen. Erreicht wurde damit aber sehr wenig. Die Pflanzer kamen immer tiefer in Verlegenheit, und zahlreiche Besitzungen mußten den holländischen Gläubigern überlassen werden. Da 1770 die Stadt Amsterdam den Sommelsdijkschen Erben ihren Anteil an Surinam für 700 000 fl. abgekauft hatte und somit zwei Drittel der Kolonie besaß, stieg jetzt, wo viele Plantagen an ihre Kaufleute fielen, ihr Interesse an Surinam bedeutend. Das Land wurde, da auch die Mitglieder der westindischen Kompagnie, die das letzte Drittel der Kolonie besaßen, meist in Amsterdam wohnten, förmlich Amsterdamer Besitz.

An Stelle der bankerotten Pflanzer traten nun meist Agenten der Amsterdamer Kaufleute „Administrateurs". Einzelne von ihnen verwalteten 50 bis 60 Plantagen und bezogen 10 bis 20 000 fl. und mehr Gehalt. Auch verschiedene frühere Pflanzer nahmen solche Stellungen an.

Für die Entwickelung der Kolonie war dieser Umschwung der Verhältnisse nicht von Segen. Die angestellten Pflanzungsverwalter waren nicht mit allen ihren Interessen so an das Land gefesselt wie früher die Pflanzer. Ihre hohen Einnahmen verleiteten sie oft zu Ausschreitungen. Die Mißhandlungen der Neger dauerten nicht allein fort, sondern wurden noch ärger. Und dazu entwickelte sich hier, wo bis dahin die verschiedenen Konfessionen friedlich miteinander verkehrt hatten, mit der Zeit eine ziemliche Mißstimmung gegen die jüdischen Ansiedler. Störte schon die Uneinigkeit der Kolonisten die Entwickelung Surinams, so machte sich noch unangenehmer die infolge des immer mehr überhandnehmenden Flüchtens der gemißhandelten Sklaven und ihrer Rachezüge einreißende Unsicherheit fühlbar. Es blieb endlich nur übrig, alle bebauten Gebiete Surinams durch militärische Posten zu schützen. Die nötigen Soldaten fand man, indem 1770 erst ein Freikorps aus freien Farbigen und 1772 eine Truppe aus freigekauften Sklaven errichtet wurde. Das kostete viel Geld und man mußte zur Deckung der Kosten eine Anleihe bei Amsterdam aufnehmen. Und doch reichte die neue Truppe zusammen mit den 1200 Mann regelmäßiger Besatzung für ihren

Zweck nicht aus. Die Kolonisten baten die Generalstaaten daher um Sendung eines Regiments regulärer Truppen und erhielten 1773 ein solches in Stärke von 800 Mann unter dem Befehl eines Schweizers, Fourgeoub.

Mit Hilfe dieser Verstärkung wurden mehrere Feldzüge gegen die Buschneger unternommen. Entscheidende Erfolge wurden jedoch nicht erzielt, obwohl in den folgenden Jahren Holland noch ansehnlichen Nachschub sandte. 1777 geriet man gelegentlich des Buschkrieges in Zwistigkeiten mit Frankreich, da dieses Holland für den Übertritt verschiedener Negerbanden nach seinem Gebiet verantwortlich machte. Die Angelegenheit führte zu einer Verhandlung mit dem französischen Gouverneur Malouet, wobei letzterer den Surinamern recht offen die Meinung sagte. Er sagte ihnen rund heraus, daß sie durch ihre Grausamkeiten und das Unterlassen jeder Mission und erziehlichen Arbeit die häufigen Fluchtversuche und die Rachetate der Neger selber verschuldet hätten, und ging auf eine gemeinsame Unternehmung gegen die nach dem französischen Gebiet geflüchteten Leute nicht ein. Als Fourgeoub 1778 die Kolonie mit 100 Mann, dem einzigen Rest der ihm im ganzen zugeschickten 1200, wieder verließ, stand alles beim Alten, und die Finanzen der Kolonie befanden sich im traurigsten Verfall. Die Sozietät konnte nur mit Hilfe einer Unterstützung Hollands die nötigen Zahlungen leisten. Und dabei war die Weltlage damals infolge des englisch-amerikanischen Krieges sehr bedrohlich und der Handel der Kolonie litt unter den Kapereien der Kriegführenden!

Als 1781 in Surinam bekannt wurde, daß Holland mit England in Krieg verwickelt worden sei, war die Kolonie von Soldaten und Geld gleichmäßig entblößt. Man mußte in aller Eile gegen hohes Handgeld Matrosen, Arbeiter und Neger anwerben, um nur die Hauptforts bemannen zu können. Ungehindert konnten die Briten Demerary, Berbice und Essequibo brandschatzen und die dort liegenden holländischen Schiffe wegnehmen. Um wenigstens die Küste Surinams zu sichern, rüstete man einige Kauffahrer aus. Sie vermochten aber nichts gegen die Wegnahme verschiedener nach der Kolonie bestimmter, mit Proviant und Sklaven beladener Schiffe auszurichten. Bei einem energischen Angriff wäre Surinam jedenfalls England ohne weiteres in die Hände gefallen. Zu seinem Glück fand ein solcher Angriff nicht statt, da England anderweitig zu sehr beschäftigt war. Die von ihm 1781 besetzte holländische Insel St. Eustatius verlor es noch im selben Jahre an die Franzosen. Ebenso erging es ihm bald darauf mit St. Martin und den Flecken Demerary, Essequibo und Berbice. Bald konnten wieder holländische Schiffe das westindische Meer unangefochten passieren und Surinam mit Lebensmitteln versorgen, und Mitte 1782 erschien endlich auch eine holländische Flotte an der Küste. Der Friedensschluß machte weiteren Gefahren vor der Hand ein Ende. 1784 erhielt Holland seine verlorenen amerikanischen Besitzungen zurück.

Mit Wiederherstellung der Ruhe traten wieder die alten Sorgen in den Vordergrund. Die Pflanzungen waren vielfach weit über ihren Wert hinaus mit Schulden belastet, die Inhaber konnten die Zinsen nicht aufbringen. Und dazu hörte man von neuen Einfällen der Buschneger. In ersterer Hinsicht wurde damals Herabsetzung der Schuldsummen ins Auge gefaßt. Die herabgesetzten Schulden sollten mit 6 pCt. verzinst werden und davon 4 pCt. den Gelddarleihern, 2 pCt. den Obligationeninhabern zufließen. Ferner wollte man den Pflanzungen größere Freiheit für Verkauf ihrer Erzeugnisse geben. Gegen die Buschneger wurden neue Negerkompagnien errichtet, und der um das Plantagengebiet errichtete Kordon weiter verstärkt. Dauernde Erfolge wurden mit diesen Maßregeln nicht erreicht. Mit den Pflanzungen ging es immer mehr zurück, obwohl 1790 der Zuckerpreis auf 100 fl. fürs Faß stieg, während er im Vorjahr nur 90 betragen hatte, und obwohl der Absatz nach Nordamerika wuchs. Trotzdem nahm die Stadt Paramaribo zu. Sie hatte damals 1776 Häuser und brauchte 230 Straßenlaternen.

Im Ganzen zählte 1791 Surinam 591 Pflanzungen. Die Zuckerausfuhr belief sich 1790 auf 20 200 Oishoofden, 1791 auf 21 310, 1792 auf 15 244, 1793 auf 15 100. Das Oishoofd Zucker hatte dabei einen Wert von 200 fl. Der jährliche Schiffsverkehr belief sich auf 70 bis 80 große Fahrzeuge. Man zählte in der Kolonie 58 120 Bewohner, davon 45 000 Negersklaven und 1330 Juden.

Der Ausbruch der Revolutionskriege fand die Kolonie so wenig wie das Mutterland in gehörig gerüstetem Zustand. Es lag nur ein holländisches Kriegsschiff an der Küste, und die dort ankernden Handelsfahrzeuge konnten nicht daran denken, die Fahrt na

Europa anzutreten. Alles was man tun konnte, war, sie mit Geschützen auszurüsten und für Verteidigung der Kolonie in stand zu setzen. Ein französisches Handelsschiff, das gerade im Hafen war, wurde beschlagnahmt. Ende 1793 wurde ein Plan entworfen, wie man sich im Falle einer feindlichen Landung verhalten sollte. Viel Hoffnung, ihr Widerstand leisten zu können, hatte wohl aber niemand. Erst das Eintreffen dreier Kriegsschiffe mit einer Kauffahrerflotte im Oktober dieses Jahres besserte die Lage etwas. Man erhielt wenigstens genügend Waffen und Munition. Als Anfang 1794 aufs neue holländische Kriegsschiffe ankamen, fühlte sich der Gouverneur von Surinam, Friderici, sogar stark genug, um über das benachbarte Cayenne herzufallen. Es brachte ihn auf den Gedanken die Furcht vor der Abschaffung der Sklaverei in der französischen Kolonie, welche nach den aus Europa kommenden Gerüchten geplant sein sollte. Die Kolonisten wollten jedoch in der Mehrheit von dem Plan nichts wissen. Ihnen schien es ebenso bedenklich, die französischen Besitzungen zu erobern und ihre unruhige Bewohnerschaft mit der holländischen in nahe Berührung zu bringen, als einen Mißerfolg davonzutragen. Man begnügte sich, die Vorgänge in Cayenne fortdauernd scharf zu beobachten. Es geschah aber von dieser Seite nichts Feindseliges, und der Unruhen unter den Sklaven, welche die Folge der Nachrichten über die Sklavenbefreiung in dem französischen Gebiete waren, konnte man immerhin Herr werden.

Anders wurde die Lage, als die revolutionäre Partei in Holland gesiegt hatte, und der Prinz von Oranien Anfang 1795 nach England geflüchtet war. Der Prinz forderte die Kolonie auf, englische Schiffe und Truppen, welche kommen würden, um sie gegen die Franzosen zu verteidigen, aufzunehmen. Die Behörden waren indessen hier so wenig wie in Kapland dazu geneigt und entschlossen sich, die Befehle der neuen holländischen Regierung abzuwarten. Man hatte daher nun mit der Wahrscheinlichkeit eines baldigen Angriffs von englischer Seite zu rechnen. Um ihm zu begegnen, wurden alle Schiffe in den Flußmündungen versenkt und der Küstenschutz tunlichst verstärkt. Doch hätte das im Ernstfall wenig genützt, und man war froh, als Mai 1796 fünf holländische Kriegsschiffe ankamen und einige Truppen brachten.

Die Schiffe brachten zugleich die erste Kunde von der neuen

Regelung der surinamischen Verhältnisse. Am 6. Oktober 1795 waren nämlich die Sozietäten von Surinam und Berbice durch die Regierung aufgehoben worden. An ihre Stelle war ein Komitee von 21 Mitgliedern für die Besitzungen an der Guineaküste*) und in Amerika getreten, an dessen Spitze ein Advocaat-Fiscaal, ein Sekretär und ein Finanzbeamter standen. Der erste Präsident war ein früheres Mitglied der Sozietät, A. Vereul, geworden. Schon vorher, 1792, war die bankerotte westindische Kompagnie aufgehoben und durch einen „Raad over de Colonien in Amercia en Africa" ersetzt worden, doch hatte man ebenso wie die Surinamsche Sozietät die Direktion von Berbice fortbestehen lassen. Jetzt waren alle diese Besitzungen dem Komitee unterstellt worden und sollten gemeinsam verwaltet werden, wovon man sich nicht allein Ersparnisse, sondern auch wirtschaftliche Vorteile versprach.

Die Kolonisten fügten sich willig der neuen Ordnung. Die frühere Sozietät hatte sich ja nie besonderer Beliebtheit erfreut. Weit mehr als dieser Umschwung nahm aber die Furcht vor England ihre Aufmerksamkeit in Anspruch, mit dem 1796 offener Krieg ausbrach. Bald hörte man von der Einnahme Demerarys, und die Küste wurde durch englische Kriegsschiffe blockiert. In der Kolonie entstand Mangel an Vorräten und infolge der Unterbindung des Handels Geldnot. Von Mitte 1796 an mußte der Gouverneur Papiergeld in immer steigender Menge ausgeben lassen. Nach einer Aufstellung des Gouverneurs im Jahre 1799 liefen damals in der Kolonie etwa 4½ Millionen Gulden Papier um. Da dieses Geld keine genügende Deckung besaß, und die Summe für die Kolonie zu groß war, stand es etwa 30 pCt. im Werte unter Silber. Dazu kamen fortwährende Unruhen unter den Negern und Reibereien mit Cayenne, von wo nicht selten politisch Verdächtige oder Verbannte zu den Holländern flüchteten. Als im März 1799 die Flotte, gemäß den vom Mutterland erhaltenen Befehlen, Surinam

---

*) In der Mitte des 18. Jahrhunderts bestand der Besitz der Holländisch-Westindischen Kompagnie in Afrika noch aus den Forts Axim, Elmina, Nassau, Boutry of Batenstein, Saltonds of Oranje, Taforary, Chama oder St. Sebastian, Vredenburgh, St. Jago oder Roenraabsburg, Cormantijn oder Fort Amsterdam, Lijdzaamheid und Alta, sämtlich an der Goldküste. Es war England trotz verschiedener Versuche nicht gelungen, die Holländer von hier zu vertreiben. Dafür befanden sich überall englische Faktoreien neben den holländischen.

verließ, war man dort fast hilflos und begrüßte mit Freuden die Ankunft von 600 Wallonen, die Spanien zu Hilfe sandte.

Die Lage war so, daß, als Mitte August 1799 eine starke englische Flotte vor Surinam erschien und Ergebung verlangte, kein Mensch an Widerstand zu denken wagte. Gegen Zusicherung der persönlichen und Gewissensfreiheit sowie Schonung des Eigentums ergaben sich die Kolonisten England. Die Behörden schworen König George Treue, und die Beamten und Truppen traten in englischen Dienst. Nur das Eigentum von Franzosen und Spaniern wurde beschlagnahmt.

Fünfter Teil.

Erstes Kapitel.
Holländisch-Indien während der Revolutionskriege.

Zur Zeit der Aufhebung der alten Kompagnie waren nur noch Java, Palembang, Bandjermasin, Makassar, Timor und Ternate im Besitz der Holländer gewesen. Der Rest war von den Engländern erobert worden. Wenn sie die Holländer noch in den genannten Gebieten duldeten, geschah das nur, weil das englische Generalgouvernement von Indien angesichts der Kämpfe mit Tippo Saib und der Unternehmung Napoleons in Egypten nicht über die nötige Macht zum Angriff verfügte. Der Handel der holländischen Besitzungen erfolgte nur noch unter neutraler Flagge. Die holländischen Schiffe konnten sich auf dem Meere nicht mehr blicken lassen, man hatte daher schließlich die letzten in Indien vorhandenen an den Meistbietenden verkauft.

Java war damals eingeteilt in das Gebiet der Kompagnie und die Reiche Bantam, Soerakarta und Djokjokarta.*) Das holländische Gebiet umfaßte: 1. Batavia, die Bataviasche Ommelanden und Jakatrasche Bovenlanden, die sämtlich direkt dem Generalgouverneur unterstanden; 2. Tjeribon mit den Residentschaften Limbangan und Soekapoera; 3. das Gouvernement Noordoostkust, dessen Hauptort Samarang war. Hierzu gehörten alle Regentschaften an der Nordküste von Tagal bis Banjoewangi, die umliegenden Regentschaften Kendal, Kaliwoengoe und Demak, ferner

---
*) Die letzteren beiden die „Vorstenlanden" genannt.

Tagal, Pekalongan, Oeloeblami, Japara, Joana und Rembang. Für die Küste von Sidajoe bis Banjoewangi, wozu die Inseln Madoera und Bawéan gerechnet wurden, war ein Administrator in Soerabaja niedergesetzt. Die Landschaften Panaroekan und Besoeki waren an einen Chinesen für 6088 Rijksbaalders und 35 000 Pfund Reis im Jahre verpachtet.

Die Haupterzeugnisse der Kolonie waren Kaffee, Pfeffer und Zucker. Letzterer fand am wenigsten Absatz, und sein Bau ging daher zurück. Kaffee kam hauptsächlich aus den Bataviaschen Bovenlanden sowie aus Limbangan und Soekapoera. In den Ommelanden wurde hauptsächlich Reis gebaut durch Chinesen und Europäer, denen man große Landstrecken mit ihren Bewohnern als Eigentum überwiesen hatte.

Batavia zählte trotz seines ungesunden Klimas damals etwa 145 000 Bewohner. Bantam war seit 1780 sehr zurückgegangen. Die Pfefferpflanzungen hatten sich vermindert, der Sultan war tief in Schulden geraten. Man schätzte die Bevölkerung des ganzen Reiches nur auf 180 000 Seelen. Europäern war es verboten, in Bantam zu reisen. Die Holländer unterhielten hier nur einen Residenten beim Sultan und einen Postmeister in Anjer.

In den Benedenlanden von Tjeribon waren die meisten Dörfer durch die Sultane an Chinesen verpachtet, die hier unumschränkt hausten und große Erbitterung erregten.

Im Gouvernement der Noordoostkust wurde hauptsächlich Reis erzeugt. Die verschiedenen Regenten hatten Mengen davon zu liefern. 1795 gingen 6600 Kojans Reis hier ein, davon 1100 kostenfrei, der Rest gegen einen bestimmten niederen Preis. Gegen Ende des Jahrhunderts begann man hier auch Kaffee und Pfeffer zu bauen. Die Bevölkerung des Gouvernements wurde auf 1 500 000 Seelen geschätzt; die der Gebiete der einheimischen Fürsten auf dieselbe Zahl — An den Höfen der letzteren waren die Holländer vertreten durch Residenten, die gleichzeitig die fürstlichen Domänen und die Ausbeutung der Vogelnestklippen in Pacht hatten und großen Einfluß übten. Besatzungen lagen in Samarang, Soerakarta, Djokjokarta, Klatèn und in einigen Schanzen.

In Sumatra wurde nur noch eine Faktorei zu Palembang unterhalten, um die vertragsmäßigen Lieferungen von Zinn durch den Sultan zu überwachen. Auf Borneo wurde Bandjermasin für den Pfefferhandel behauptet und in Celebes noch Malassar, so schwer es auch war, im Kriege die Verbindungen aufrecht zu erhalten. Kriegsschiffe waren nicht mehr vorhanden, der ganze Rest des holländischen Kolonialbesitzes hing von dem Willen Englands ab.

Im August 1800 erschien ein englisches Geschwader vor Batavia, besetzte die Inseln Onrust und Kniper und plünderte die Schiffe auf der Reede. Die Stadt wurde blockiert, nachdem der Generalgouverneur Verhandlungen abgelehnt hatte. Aber eine erwartete Flotte mit Landungstruppen erschien nicht, auf den Schiffen brachen Krankheiten aus, und Anfang November segelten sie nach Zerstörung der Baulichkeiten auf den Inseln wieder ab. Dafür fiel damals Ternate den Engländern in die Hand.

Der Friede von Amiens setzte im März 1801 weiterem Vordringen Englands ein Ziel. Gegen Abtretung von Ceylon erhielt Holland Rückgabe seiner anderen Kolonien zugesichert und kam in der Tat wieder in den Besitz des Kaplandes und anderer Kolonien. Doch als 1803 neuer Krieg ausbrach, befanden sich seine Besitzungen auf dem ostindischen Festlande und Sumatra noch in Englands Hand, und von Rückgabe war natürlich nicht mehr die Rede. Immerhin war damals Holland in etwas besserer Lage. Es hatte 13 Kriegsschiffe verschiedener Größe in Indien und konnte die Verbindung mit den Molukken aufrecht erhalten. Doch mit der Zeit rafften Krankheiten viele Leute und Offiziere weg, die Schiffe litten, und schließlich mußte man mehrere der größten abtakeln. Bald war die holländische Kolonialregierung so ohnmächtig wie zuvor. Kapland fiel Anfang 1806 den Engländern wieder in die Hände.*) Holland verlor damit die wichtige Zwischenstation für die Fahrten von und nach Indien. Wenn dieser Verlust damals, wo das Meer für seine Schiffe gesperrt war, zunächst nicht fühlbar wurde, so mußte man doch schon für die Zukunft damit rechnen, da England kein Hehl mehr daraus machte, daß es diese Kolonie zu behalten gedenke. Abgesehen davon war die Kolonie damals auch durch die von England während der ersten Besetzung vorgenommenen Verbesserungen weit wertvoller als früher geworden, und der Verlust ihrer 26 000 weißen Bewohner ein sehr empfindlicher Schlag. Im Herbst 1806 nahmen die Engländer ohne viel

---

*) Vergl. meine Kolonialgeschichtlichen Studien S. 51 ff.

Mühe alle vor Batavia ankernden holländischen Schiffe weg. Der größte Teil der holländischen Seemacht in Indien ging damals in Flammen auf. Die Mannschaften hatten sich auf das Land geflüchtet.

Batavia selbst wurde von England damals nicht angegriffen. Es begnügte sich mit Blockade der Küste und gestattete so der Regierung, in Tjeribon, wo Unruhen ausgebrochen waren, Ordnung zu schaffen. Kaum war man damit aber zu stande gekommen, so erschien eine englische Flotte vor Gresil, einem Fort an der Straße von Maduera, nahm es weg, zerstörte es und bemächtigte sich der dort liegenden Schiffe. Holland hatte damit den Rest seiner Seemacht eingebüßt und war nicht mehr im stande, mit den außerhalb Javas liegenden Besitzungen in Verkehr zu treten.

Doch ungeachtet dieser Ohnmacht nach außen, stand es mit Java besser als früher. Die Zuckerkultur hatte große Fortschritte gemacht. Die Jalatrasche Landen lieferten allein gegen 75000 Pikols, der Absatz an neutrale Schiffe stieg immer mehr. Auch der Kaffeebau war in blühendem Zustande. Da man nicht mehr die Kulturen nach dem Maße des holländischen Bedarfes einzuschränken brauchte, sondern so viel absetzen konnte, wie man wollte, nahm der Anbau ständig zu. Als nach dem Frieden von Amiens holländische Kaufleute mit der holländischen Regierung Lieferung von 15 Mill. Pfund Kaffee vereinbarten, und an Java der betreffende Befehl erging, entstand dort geradezu Bestürzung. Man wollte den neutralen Handel, auf den man angewiesen war, nicht abschrecken und fand es unbillig, dem Mutterland, von dem man seit Jahren nichts erhielt, solche Massen Güter zu senden. In der Tat war die Folge der Lieferung enormes Steigen des Agios des umlaufenden Papiergeldes und ein starker Rückgang des neutralen Handels. Doch die Revolution auf Santo Domingo und die Lahmlegung der dortigen Kaffeekultur halfen Java wieder auf. Bei der damaligen Weltproduktion von 80 Millionen Pfund Kaffee nahm es mit seinen 15 Millionen neben Jamaika und Spanisch-Amerika eine ansehnliche Stellung ein. Nach der Verwüstung Santo Domingos stiegen die Kaffeepreise sehr bedeutend, und 1807 lagen, als Generalgouverneur Daendels ankam, in den Kassen Batavias beinahe 2½ Millionen Bargeld, während gleichzeitig die Magazine für etwa 8 Millionen Waren bargen.

Willem Herman Daendels war eine in Holland bekannte Persönlichkeit, die sich besonders in militärischer Hinsicht mehrfach ausgezeichnet hatte. Wegen seiner militärischen Fähigkeiten war er in erster Linie von Napoleon für den Posten in Indien ausersehen worden. Er fand aber bei seiner Ankunft in Batavia mehr Verwaltungs- als militärische Aufgaben vor. Noch war dort alles nach Maßgabe der Verordnung von 1680 geregelt, und noch blühten unverändert die alten Mißbräuche. Nun sollte ihnen gesteuert, die Wurzel der alten Übel ausgerottet, die Lage der Eingeborenen verbessert, dem Sklavenhandel gesteuert werden. Die Aufgabe war für Daendels um so schwieriger, als er nie zuvor Java gesehen oder sich mit kolonialen Dingen beschäftigt hatte.

Am 1. Januar 1808 traf Daendels, nur von einem Adjutanten begleitet, auf einem von ihm in den kanarischen Inseln gemieteten kleinen Schiffe in Anjer ein. Es bedurfte einiger Zeit, ehe die batavischen Behörden seine Vollmachten anerkannten. Am 14. Januar übergab ihm der damalige Generalgouverneur Wiese die Geschäfte. Erst im April kam auf dem Wege über New York sein Gefolge und ein zum Luitenant-Goeverneur-Generaal ausersehener, Schoulbij-Nacht, Buystes, in Batavia an. Daendels hatte Vollmacht, den bestehenden indischen Rat aufzulösen und nach eigenem Ermessen einen neuen zu bilden. Er war auch in keiner Weise an die Beschlüsse dieser Körperschaft gebunden, sondern hatte weit größere Vollmachten als seine Vorgänger. Gestützt darauf, nahm er nicht nur die Verbesserung der Wehrkraft der Kolonie, sondern auch Verwaltungsreformen mit Energie in die Hand. Der Offizier, welcher Gresik den Engländern übergeben hatte, wurde abgesetzt, das Annehmen von Geschenken streng verboten und an Ort und Stelle die Lage der Dinge geprüft. Es geschahen Schritte, das Heer in Java auf 16000 Mann, darunter 4000 Europäer, zu bringen. In Soerabaja wurden Werkstätten für Waffen und Munition, in Samarang eine Artillerieschule, in Batavia ein Militärhospital eingerichtet. Zwischen Anjer und Panaroekan wurde trotz enormer Schwierigkeiten eine Poststraße gebaut, an der Straße von Madoera das Fort Lodewijk errichtet, Batavia neu befestigt und die Küste an verschiedenen wichtigen Punkten mit Forts besetzt.

Eines davon wurde an der Westküste angelegt. Der Sultan

von Bantam sollte dazu die nötigen Arbeiter liefern. Den Leuten war die ungewohnte Arbeit unbequem, sie liefen in Scharen davon, und der Bau stockte. Darauf hin verlangte der Generalgouverneur, der von vornherein entschlossen war, die einheimischen Fürsten seine Macht mehr als früher fühlen zu lassen, vom Sultan, daß er den Rijksbestierder für Stellung der nötigen Arbeiter verantwortlich mache. Als dieser Vorstellungen erhob, forderte Daendels Auslieferung des Rijksbestierders und verschiedener anderer. Die Folge war ein Aufstand in Bantam und Ermordung der holländischen Besatzung. Darauf hin rückte der Generalgouverneur sofort mit 1000 Mann gegen die Residenz des Sultans, erstürmte sie, setzte ihn ab, ließ den Rijksbestierder zum Tode verurteilen und nahm das Reich als holländisches Eigentum in Besitz. Der Kronprinz, der über einen Teil zum Fürsten eingesetzt wurde, erhielt ein Jahresgehalt von 15 000 sp. M. Ihm zur Seite trat ein holländischer Präfekt. Alle seine fürstlichen Vorrechte wurden abgeschafft.

Die neue Ordnung der Dinge bewährte sich schlecht. Die ihres Besitzes und ihrer Macht beraubten Großen warfen sich in den Busch und führten von da aus allerlei Raubzüge aus. Daendels sah sich schließlich veranlaßt, seinen Sultan abzusetzen, Bantam und Anjer in eigene Verwaltung zu nehmen und nur in den Bovenlanden einen Schattenfürsten einzusetzen. Die Ruhe im Lande ließ sich aber nicht erzielen. Den Distrikt Djasinga hatte Daendels in Privatbesitz nehmen wollen. Auf Befehl von Holland mußte er davon jedoch Abstand nehmen und ihn verkaufen lassen.

Noch war die Bantam-Angelegenheit nicht geregelt, da nahm Tjeribon die Aufmerksamkeit des Generalgouverneurs in Anspruch. Er fand es angezeigt, es 1809 in zwei Präfekturen zu teilen und die eingeborenen Fürsten in die Stellung holländischer Beamter zu bringen. Ruhe und Ordnung wurden damit aber auch nicht erreicht, und es waren noch verschiedene Änderungen in der dortigen Verwaltung erforderlich.

Nicht weniger rücksichtslos griff Daendels in den Vorstenlanden, wo die beiden mächtigsten eingeborenen Herrscher walteten, ein. Gleich zu Anfang seiner Tätigkeit hatte er den amtlichen Verkehr mit den Fürsten persönlich in die Hand genommen und das von alters her bestehende demütigende Ceremoniell für die holländischen Residenten an diesen Höfen aufgehoben. Die Fürsten wollten sich erst gemeinsam dagegen auflehnen, doch gelang es dem holländischen Vertreter, den Soesoehoenan von Solo zu bewegen, einzulenken, und der Sultan von Djokjo wagte schließlich keinen offenen Widerstand zu leisten. 1810 kam es indessen zu Schwierigkeiten, da der Sultan ein Mitglied seiner Familie, das sich allerlei Verbrechen hatte zu schulden kommen lassen, nicht ausliefern wollte. Es bedurfte einer Zusammenziehung von Truppen und ernstlicher Drohungen, ehe der Sultan nachgab. Aber nun flüchtete der von der Auslieferung bedrohte Mann und empörte sich. Erst unter Aufbietung erheblicher Streitkräfte glückte es, ihn niederzuwerfen und unschädlich zu machen. Daendels war damit nicht zufrieden. Er zwang den Sultan, zu Gunsten seines Sohnes abzudanken und eine Entschädigung von fast 200 000 sp. M. für die der Regierung durch die Unruhen erwachsenen Unkosten zu zahlen. Der neue Sultan mußte dann noch anfangs 1811 weitere Landgebiete abtreten. Der Soesoehoenan wurde genötigt, auf die Strandgelder, d. h. gewisse ihm 1743 und 1746 zugestandene Abgaben aus den Küstengebieten, zu verzichten und ebenfalls einige Landstrecken abzutreten. Die Macht Hollands in Java erfuhr dadurch eine weitere Ausdehnung und Stärkung.

Der General war vom Wunsch beseelt, in derselben Weise den Einfluß seines Vaterlandes in den Außenbesitzungen zu befestigen. Hierbei indessen stand ihm der Mangel an Schiffen und die Übermacht Englands im Wege. In Palembang konnten die Lieferungen von Pfeffer und Zinn mit der Zeit immer weniger erzwungen werden, und der Anteil Hollands am dortigen Handel sank immer mehr. Mit Borneo wurde der Verkehr so schwer, daß Daendels 1809 die Faktorei aufhob und das Fort an den Sultan von Bandjermasin verkaufte. Makassar auf Celebes, das immer hauptsächlich zu dem Zwecke gehalten worden war, das Gewürzmonopol in den Molukken durchzuführen, verlor alle Bedeutung, nachdem 1810 England diese Inselgruppe mit leichter Mühe erobert hatte. Die Regierung in Batavia war nicht imstande, den dortigen Stationen irgend welche Hilfe zu leisten.

Neben seiner politischen Tätigkeit hat der Generalgouverneur Daendels noch viele Mühe auf die Reform der Verwaltung Javas verwandt. Aus der Durchsicht der Akten der Kommission von 1803 hatte er sehr schlimme Vorstellungen von den in Niederländisch-Indien herrschenden Zuständen mitgebracht. Er ging daher sofort daran, den verschiedenen Übelständen zu steuern. Die Zahl der Mitglieder des indischen Rats wurde von 13 auf 7 herabgesetzt und ihre Bezüge fest geregelt. Der Direkteur-Generaal wurde auf die Leitung der Finanzen und Domänen beschränkt. Er erhielt neben seinen Bezügen noch einen bestimmten Rabatt vom Verkauf der Produkte. Die Beamten wurden in 5 Klassen geteilt, und die früheren kaufmännischen Titel aufgehoben. An Stelle des Gouverneurs von Samarang und des Raads van Politie dort und im Oosthoek traten ebenso wie in den anderen Provinzen Präfekten, die 1809 den Titel Landdrost erhielten. Allen europäischen Beamten wurde der Betrieb von Handel und Besitz von Schiffen verboten. Die Regenten der eingeborenen Staaten wurden 1808 zu holländischen Beamten erklärt und ihnen an Stelle verschiedener Naturallieferungen Geldabgaben im Gesamtbetrage von 217000 fl. auferlegt. Die höheren einheimischen Beamten wurden fortan durch den Generalgouverneur, die niedrigeren durch die Präfekten ernannt. Für Verpflegung und Unterkunft der Beamten bei Reisen, Postbeförderung, Stellung von Soldaten ec. wurden neue Bestimmungen erlassen. Während anfänglich Kaffee- und Baumwollkultur und Lieferung zu bestimmten Preisen, sowie eine Reisfeldsteuer vorgeschrieben waren, beschränkte Daendels 1809 die Zwangskultur auf Kaffee, für den 4 Rijksdaalders pro 225 Pfund gezahlt wurden. Wer keinen Kaffee lieferte, mußte als Soldat dienen. Jeder Bauer sollte jährlich 200 Kaffeebäume anpflanzen, solange er nicht 500 fruchttragende Bäume besaß. Um den Kaffeebau zu heben, wurde er auch in den Preanger-Regentschaften zwangsweise eingeführt und dafür die Lieferung von Indigo und Baumwolle abgeschafft. — Die Ausfuhr von Zucker wurde freigegeben.

Ähnliche Maßnahmen hat Daendels in den Molukken getroffen. Doch ließ er das Gewürzmonopol und die dazu bestehenden Einrichtungen unangetastet.

Zur Hebung der Finanzen hat Daendels in erster Linie den Durchstechereien der Beamten gesteuert. Er führte ausreichende Gehälter ein und schaffte die davon erhobene Abgabe, das Amtsgeld, ab, verbot dafür aber alle Geschenke, Privatgeschäfte ec. Abgesehen davon, erreichte er seinen Zweck durch Förderung der Kaffeekultur, Erhöhung der Zwangslieferungen und Verbesserung der Verwaltung. Die Währungsverhältnisse wurden durch Aufkauf des umlaufenden

Papiers mit dem Ertrag von Landverkäufen verbessert. Nicht unwichtig war auch die Reform in der Handhabung des Opiummonopols. Der Opiumverkauf wurde in jedem Gebiete besonders verpachtet, um dem Schmuggel besser zu steuern.

Weitere Maßnahmen hatten die Verbesserung der Rechtspflege zum Zweck. Es wurden neue Gerichte für die Eingeborenen geschaffen und das Kollege van Heemraden aufgehoben. In Samarang und Soerabaja wurden zwei große Landraden für schwere Verbrechen der Eingeborenen errichtet und in jedem Landdrostamt ein besonderes Landgericht für geringere Vergehen. Dazu kamen Friedensgerichte für kleine Sachen. Für Europäer schuf Daendels Gerichtshöfe in Samarang und Soerabaja und gestaltete den Hooge Raad van Justitie in Batavia um. Letzterer wurde Obergericht für alle bürgerlichen Sachen in Indien. An seine Seite trat 1808 ein militärisches Obergericht.

So segensreich Daendels im ganzen gewirkt hat, es gelang ihm nicht in allen Punkten, das Richtige zu treffen; der Wohlstand der Bevölkerung hatte schwer gelitten und dazu verletzte der Marschall vielfach durch sein autokratisches Wesen. Es liefen daher viele Klagen gegen ihn in Holland ein, und Napoleon, der 1810 Holland dem französischen Reiche einverleibte und sich in Java hatte huldigen lassen, benutzte ein früheres Abschiedsgesuch des verdienten Mannes, um ihn 1811 abzuberufen.

An seine Stelle trat der Divisionsgeneral Jan Willem Janssens, der mit etwa 500 Offizieren und Soldaten in Batavia eintraf. Die Bevölkerung begrüßte ihn mit lauten Klagen und Beschwerden. Daendels hatte ihr durch energische, lang fortgesetzte Rüstungen gegen einen erwarteten englischen Angriff schwere Opfer auferlegt und nicht allein viele Arbeitskräfte dem Lande entzogen, sondern auch den Verkehr durch strategische Vorbereitungen gehemmt. Man fand die meisten dieser Anordnungen jetzt überflüssig, da man infolge des langen Ausbleibens eines englischen Angriffs zuversichtlicher geworden war, und verlangte allerlei Zugeständnisse, zu denen sich Janssens herbeiließ. Die Fortsetzung der Rüstungen litt natürlich darunter. Aber man wiegte sich in der Hoffnung, daß die Engländer nichts gegen Batavia wagen würden, zumal man wußte, daß die englisch-ostindische Kompagnie mit Vernichtung der französischen Seemacht zufrieden war und neue Eroberungen nicht wünschte.

Zweites Kapitel.
Java unter englischer Verwaltung.

Diese Auffassung wurde indessen vom indischen Generalgouverneur Lord Minto nicht geteilt. Er hatte seit längerer Zeit die Eroberung Javas beschlossen und zog dazu 12 000 Mann und eine Flotte von 100 Segeln im Jahre 1811 zusammen. Ein jüngerer Beamter, der Verwalter von Penang (Prince of Wales Island), Thomas Stamford Raffles, der den holländischen Besitzungen schon längere Zeit besondere Aufmerksamkeit geschenkt hatte, unternahm es, Beziehungen mit den Fürsten Javas anzuknüpfen und alles vorzubereiten. Im Februar 1811 teilte ihm der Generalgouverneur mit, daß die ostindische Kompagnie mit der Eroberung Javas einverstanden sei. Sie wolle allerdings nur Zerstörung der holländischen Befestigungen und Bewaffnung der Eingeborenen gegen die Holländer ohne dauernde Festsetzung. Er hoffe aber, daß sie ihre Entschließungen noch ändern werde. Er selbst wolle die Expedition begleiten. Mitte April traf Lord Minto in der Tat in Penang ein, begab sich nach Malakka, wo die Flotte lag, und segelte von dort nach Batavia, das Anfang August 1811 in Sicht kam.

Die Holländer verfügten damals in Java im ganzen über 17 774 Mann Truppen, davon 2430 Europäer. Die meisten eingeborenen Soldaten waren gewaltsam zum Dienst gepreßt und durchaus unzuverlässig. Die Europäer litten sehr an Krankheiten. Die Hauptmacht, etwa 9000 Mann, lag in dem befestigten Lager Meester-Cornelis. Sie litt an geeigneten Lafetten und Munition Mangel. Das Schlimmste war, daß der oberste Kommandeur der Truppen, Generalmajor Jumel, seiner Aufgabe in keiner Weise gewachsen war.

Als die englische Flotte in Sicht kam, begnügte sich Janssens, Zerstörung der in den Packhäusern lagernden Waren anzuordnen, die zum Teil als Unterpfand für Anleihen dienten. Maßregeln, eine Landung zu hindern, wurden nicht getroffen. Die Engländer konnten diese in aller Ruhe vornehmen und unbelästigt mit 9000 Mann vor Batavia sich festsetzen. Der englische Kommandeur

Lord Auchmuty forderte nun in Proklamationen die Kolonisten und Eingeborenen auf, sich England, dem Verteidiger von Europa, freiwillig anzuschließen, da die Kolonie nach der Besitzergreifung des Mutterlandes durch Napoleon freie Herrin ihrer Entschlüsse geworden sei. Den Eingeborenen wurde Achtung ihrer Einrichtungen, Schutz und volle Bezahlung aller Lieferungen versprochen. Zugleich wurden sie aufgefordert, sich vor der Hand neutral zu verhalten. Die Proklamation hatte vorläufig keinen Erfolg. Janssens, der mit der Hauptmacht im Lager Meester-Cornelis war, lehnte die Kapitulation ab, da Java unter französischer Herrschaft stehe. Die Regierungsbehörden die in Tjseroa bei Buitenzorg sich aufhielten, waren mit ihm einverstanden.

So rückten die Engländer weiter vor. Am 8. August besetzten sie das unverteidigte Batavia, wo Malayen und Sklaven sich empört hatten und größte Verwirrung herrschte. Von Batavia zogen die Engländer gegen Weltevreden, wo die Holländer eine Abteilung Truppen aufgestellt hatten. Die letzteren unter Brigadier von Lützow hielten sich tapfer, obwohl die Anordnungen sehr schlecht getroffen waren. Hätten sie Verstärkungen erhalten, so wäre der englische Angriff sogar sicher abgeschlagen worden. General Jumel indessen gab den Befehl zum Rückzug, und der Ort wurde mit 300 Geschützen ohne Not dem Angreifer überlassen. Ebenso wenig geschah, um die Vorbereitungen zum Angriff auf Meester-Cornelis zu erschweren. In aller Ruhe konnten die Engländer ihre Truppen zusammenziehen und Verschanzungen aufwerfen. Erst am 19. August begann man an einige Gegenmaßregeln zu denken. Am 21. unternahm man einen Ausfall, der an schlechter Leitung und Schwäche der verwendeten Truppen scheiterte. Während dessen trafen die Engländer unentwegt ihre Maßregeln, obwohl der Feind ihnen an Zahl der Truppen und Artillerie überlegen war, und Hitze ihre Leute schwer mitnahm. Da eine Belagerung unter diesen Umständen wenig Erfolg versprach, beschlossen sie nach kurzer Beschießung des Lagers einen Sturm. Am 26. August nahmen sie zwei Redouten ein und drangen von da gegen das Lager vor. Jumel fand es unhaltbar und befahl Rückzug. Kaum aber waren die Truppen außerhalb, so begann eine wilde Flucht. Die Leute warfen vielfach Waffen und Uniformen fort, die Artillerie bahnte sich rücksichtslos ihren Weg durch das Fußvolk. Gegen 5000 Mann

fielen den verfolgenden englischen Dragonern in die Hände. Mit
wenigen Hundert Soldaten erreichten Janssens und Jumel Buitenzorg,
wo sie sich festsetzten und eine erneute Aufforderung Lord Mintos
zur Kapitulation ablehnten. Sie hofften, daß die Flüchtigen sich
hier sammeln würden. Diese Erwartung erfüllte sich jedoch nicht,
und so entschlossen sich die holländischen Behörden, nach Samarang
zu gehen.

Hier beschloß man eine neue Verschanzung anzulegen und die
von den javanischen Fürsten verlangten Hilfstruppen zusammenzu=
ziehen. Dieser Plan scheiterte daran, daß keine Arbeiter für die
Erdwerke zu bekommen waren, und daß die von den Fürsten
gesandten Truppen schlecht bewaffnet und auch sonst als fast un=
brauchbar sich erwiesen. Ehe etwas Ernstliches geschehen war,
erschienen am 9. September englische Schiffe vor Samarang mit
Lord Auchmuty an Bord. Letzterer forderte Janssens nochmals zur
Ergebung auf. Dieser lehnte wieder ab, räumte die Stadt und
zog sich nach Dengaran zurück. Die Engländer ihrerseits besetzten
am 12. Samarang und sandten die Schiffe nach Sidajoe. Ihre
Truppen gingen gegen Dengaran vor. Die Holländer konnten sich
gegen sie nicht halten, da die Javanen meist sofort flohen. Sie
zogen sich nach Salatiga zurück. Aber nun wurde ihre Lage so
bedenklich, daß sie selbst Verhandlungen anknüpfen mußten. Sie
endeten am 18. September in einer Kapitulation. Die ganze
Kolonie ging damit in den Besitz Englands über, alle Militärs
wurden Kriegsgefangene, und die von der französischen Verwaltung
eingegangenen pekuniären Verpflichtungen verblieben ihr zur Last.
England erkannte sie nicht an.

Die oberste Leitung der Verwaltung von Holländisch=Indien
ging in die Hände des 30jährigen Raffles über, den Lord Minto
am 11. September mit dem Amt als Lieutenant-Governor betraute.
In der betreffenden Proklamation wurde den neuen britischen
Untertanen auf Java Genuß derselben Rechte versprochen, die den
englischen Untertanen in Indien zustanden, sowie Freiheit des
Handels mit allen Ländern östlich vom Kap und allen englischen
Kolonien. Die holländischen Gesetze sollten zwar vorläufig in Kraft
bleiben, auch für geborene Engländer, doch Folter und Verstümmelung,
welche das holländische Recht noch kannte, wurden aufgehoben
und dem Lieutenant=Governor Vollmacht erteilt, mit Zustimmung

des Generalgouverneurs in Kalkutta gesetzliche Anordnungen zu treffen.

Raffles, der ebenso fähig wie ehrgeizig war, trat an seine Aufgabe mit vollster Hingebung heran. Er wollte England einen wertvollen Besitz sichern und zugleich den Beifall der Direktoren der ostindischen Kompagnie gewinnen. Sein erstes Bestreben war daher, das holländische Element zu versöhnen, sein zweites, die auf 6 Millionen Köpfe geschätzten Eingeborenen für den neuen Stand der Dinge zu gewinnen und dabei gleichzeitig die Kosten der Verwaltung im Lande aufzubringen. Bei ersterem unterstützten ihn sehr die Abneigung eines großen Teils der Holländer gegen die französische Herrschaft und die unverkennbaren Vorteile, welche die englische Herrschaft ihrem Handel und Erwerb brachte. Da er auch persönlich sich mit den Leuten gut zu stellen wußte, fügten sie sich ohne weiteres der neuen Ordnung der Dinge. Zwei aus ihrer Mitte, Muntinghe und Cranssens, wurden Mitglieder des Councils, das nach dem Muster der ostindischen Einrichtungen Raffles zur Seite gestellt war, und übten erheblichen Einfluß auf seine Maßnahmen.

Schwieriger war es, die Beziehungen zu den Eingeborenen zu regeln, welche während der Kriegszeit neue Hoffnungen gefaßt hatten und den Augenblick gekommen glaubten, einen Teil der eingebüßten Rechte wieder zu gewinnen. Kaum war Raffles ins Amt getreten, so verlangten der Soesoehoenan und der Sultan Zahlung der Küstengebühren, Wiederabtretung ihrer Ahnengräber, d. h. eines großen Stücks der Nordostküste, und Rückführung ihrer verbannten Familienglieder. Raffles sah sich genötigt, schleunigst die Rechtslage feststellen zu lassen und persönlich einzugreifen. Er ging im Dezember 1811 nach Soerakarta und nötigte den Soesoehoenan zum Einlenken. Gegen ein Jahresgehalt von 120 000 Dollars verzichtete letzterer nochmals auf die Einkünfte der Häfen, die Vogelnestklippen und die Teakwälder. Seine Jurisdiktion wurde auf Javanen beschränkt. Gegen die Verpflichtung zur Erhaltung der Wege und Befestigungen wurden ihm die bisherigen Zwangslieferungen von Erzeugnissen des Landes erlassen. Ein ähnlicher Vertrag wurde mit dem Sultan von Djokjo zustande gebracht. Wenn Raffles hiermit die Ruhe in Mataram gesichert glaubte, war das ein Irrtum. Beide Fürsten waren unzufrieden und warteten auf eine günstige Gelegenheit, um sich zu erheben.

Als Anfang 1812 eine Expedition nach Palembang die englische Macht schwächte, benutzte das der Sultan von Djokjo sofort zu einer Erhebung. Es mußte ein förmlicher Feldzug gegen ihn ins Werk gesetzt und seine Residenz erobert werden. Das Ende war Absetzung und Verbannung des Sultans und Ernennung eines seiner Söhne zum Nachfolger. Letzterem wurde das Halten von Truppen untersagt. Gegen Verzicht auf alle Zollansprüche, die Vogelnestklippen, die Teakwälder sowie Abtretung weiterer Gebiete und Anerkennung des Opiummonopols erhielt er ein Jahrgeld von 100 000 sp. M. zugesichert und Freiheit von Zwangslieferungen. Der Soesoehoenan, welcher, wie erwähnt, ein Jahrgeld von 120 000 sp. M. bezog, wurde genötigt, sich im übrigen denselben Bedingungen ausdrücklich zu fügen. Beide Fürsten mußten ferner gewisse barbarische Strafen abschaffen, auf jede Belästigung des Handels verzichten, die Ernennung der Rijksbestierder der Regierung überlassen und noch allerlei andere Vorschriften sich gefallen lassen. Um ein Gegengewicht gegen den Sultan von Djojokarta zu schaffen, wurde der den Engländern ergebene Prinz Pangeran Noto Koesoemo in einem ansehnlichen Landgebiet ziemlich unabhängig gestellt. Auch der Chinesenkapitän von Djojokarta, der sich stets treu gezeigt hatte, bekam dort ein größeres Landgebiet.

Einfacher gestaltete sich die Regelung der Dinge in Bantam. Der dortige Sultan war ganz in die Macht von Rebellen geraten, an deren Spitze ein gewisser Pangeran Ahmed stand. Raffles bemächtigte sich dieses Mannes, verbannte ihn nach Banda und veranlaßte den ohnmächtigen Sultan, 1813 gegen ein Jahrgeld von 10 000 sp. M. auf sein Reich überhaupt zu verzichten. Bantam wurde damit zu einer Provinz wie die anderen. Das gleiche geschah mit Tjeribon. Die dortigen Fürsten, die ihren Verpflichtungen nicht nachgekommen waren, wurden abgesetzt und pensioniert.

Für die Dauer war die Ruhe durch diese Maßnahmen auch noch nicht gesichert. 1815 stellte sich heraus, daß der Soesoehoenan mit den eingeborenen Soldaten der Engländer ein Einverständnis zur Beseitigung der letzteren und Wiederherstellung der eingeborenen Herrschaft getroffen hatte. Es gelang jedoch, den Anschlag ohne besondere Mühe zu durchkreuzen und einige Schuldige zur Rechenschaft zu ziehen. — Auch im Oosthoek hat Raffles das Gebiet der europäischen Herrschaft ansehnlich erweitert.

Maßregeln im indischen Archipel.

Mit gleicher Energie wie in Java ging der Gouverneur im indischen Archipel vor. Schon von Malakka aus hatte er einst mit dem Sultan von Palembang, wo damals noch ein holländisches Fort war, Beziehungen angeknüpft. Der Sultan hatte, solange Java in holländischen Händen war, nichts gegen die Holländer in seinem Gebiet unternommen. Auf die Kunde vom Fall Batavias aber war er über sie hergefallen und hatte sie sämtlich ermorden lassen. Als Ende 1811 Raffles eine Kommission nach Palembang sandte, um das Fort zu übernehmen, und nicht nur die Zinnlieferungen, sondern womöglich die Zinnminen für England zu sichern, lehnte der Sultan alle Vorschläge ab und erklärte sich völlig unabhängig. Raffles beschloß darauf Gewaltmaßregeln. Anfang 1812 sandte er eine Expedition gegen Palembang. Bei ihrem Erscheinen verlor der Sultan den Mut und flüchtete schleunigst ins Innere. Ohne Schwertstreich besetzten die Engländer Palembang, erklärten den Sultan wegen der Ermordung der Holländer für abgesetzt und ernannten seinen Bruder zum Nachfolger. Dieser trat die Inseln Banka und Blitong gegen eine bestimmte Summe an England ab, überließ diesem den halben Schatz seines Bruders und versprach Entschädigung der Hinterbliebenen der Ermordeten, Bestrafung der Mörder, Schutz der Fremden und Anerkennung der englischen Oberhoheit. — Der Haupterfolg dieses Unternehmens war der Gewinn der Zinnminen von Banka. Ihre Ausbeute, die sofort sehr energisch in die Hand genommen wurde, stieg binnen zwei Jahren von 7000 auf 25 000 Pikols.

Auch mit Borneo, von wo die Holländer sich seit längerer Zeit zurückgezogen hatten, versuchte Raffles engere Beziehungen herzustellen. 1812 wurde eine Strafexpedition gegen die dortigen Seeräuber ausgeführt und 1814 wurde eine englische Station in Pontianak für einige Zeit errichtet. Der Sultan von Bandjermasin wurde veranlaßt, England dieselben Rechte wie einst den Holländern einzuräumen und ihm ein Stück Land abzutreten. Darauf wurden Vagabunden u. dergl. aus Java angesiedelt, die man zur Arbeit in Pflanzungen anhielt. An die Spitze der Ansiedlung wurde Alexander Hare gesetzt, der dort wie eine Art indischer Fürst lebte.

Die holländische Station in Makassar wurde im Januar 1812 von England übernommen. Die Eingeborenen, insbesondere der Fürst von Boni, machten ihm aber hier unausgesetzt zu schaffen.

Eine 1814 gegen sie unternommene Expedition hatte keinen ernstlichen Erfolg. Die englische Niederlassung war fortwährenden Angriffen ausgesetzt und konnte zu keiner ruhigen Entwickelung gelangen. — Erfolgreicher war ein Feldzug gegen die unruhigen Fürsten von Bali, welche sich in die Unterdrückung des Sklavenhandels nicht finden wollten.

Gänzlich erfolglos blieben die Versuche Raffles, Hollands Erbschaft auch in Japan anzutreten. Gestützt auf die japanische Regierung, welche vom Erscheinen neuer Fremder nichts wissen wollte, verweigerte das Haupt der holländischen Station in Desima 1813 wie 1814 Zulassung der von Java gesandten englischen Schiffe und Übergabe der Station. Es gelang ihm, sich bis 1817 zu behaupten, wo die ersten holländischen Schiffe wieder in Ostasien erschienen.

Seine Hauptverdienste um Java hat sich Raffles durch Reform der inneren Verwaltung erworben. Der Wunsch, die Eingeborenen für England dauernd zu gewinnen, und die Notwendigkeit, die Einkünfte der Kolonie zu heben, wirkten dabei gleichmäßig mit. Daendels hatte im wesentlichen alles so gelassen, wie es sich im Laufe der Zeit gestaltet hatte. Ohne sich darum zu kümmern, wie die eingeborenen Regenten die Produkte, die sie abzuliefern hatten, aufbrachten, und wie ungünstig das System der Zwangslieferungen auf die Lage der Eingeborenen einwirkte, hatte er nur dafür gesorgt, daß die betreffenden Einkünfte nicht in die Taschen der Beamten, sondern in die des Staates flossen. Er hatte es ganz in der Ordnung gefunden, daß die Leute den Reis für 17 Reichstaler abliefern aber nur für 30 wieder einkaufen konnten. Lord Minto hatte dagegen dies System von vornherein unvereinbar mit den Interessen der Javanen wie Englands gefunden und in seiner Instruktion Raffles zu einer gründlichen Reform aufgefordert. Der Landbau sollte durch Erweckung des Interesses der Eingeborenen an der Produktion ausgebreitet und verbessert werden. Raffles, der sich persönlich von der Sachlage in verschiedenen Teilen Javas überzeugt hatte, vertraute mit der Prüfung und Beratung der Angelegenheiten eine Kommission, der außer dem Oberst Mackenzie, die früheren holländischen Beamten Knops, Lawick van Papst und Rothenbuler angehörten. Sie sollten die Landbesitz-Verhältnisse auf der Insel untersuchen und ihre Umgestaltung und die besten Mittel zur Erzielung der nötigen Einkünfte erwägen.

Die Kommission entledigte sich ihrer Aufgaben mit großem Eifer; sie stellte fest, daß es auf ganz Java eigentlichen privaten Grundbesitz nicht gab, daß vielmehr aller Grund und Boden dem Fürsten gehörte, der ihn gewissen Großen und Beamten zur Nutznießung gegen bestimmte Abgaben überließ. Diese ihrerseits verpachteten den Boden gegen bestimmte Anteile am Ertrag an den Bauern. Der letztere, welcher mit dem Ausfall der Ernte zu rechnen hatte, war aller Willkür preisgegeben und seine Lage war um so schwieriger, als er beim Absatz seiner Produkte allerlei Beschränkungen unterlag und noch zu verschiedenen persönlichen Dienstleistungen verpflichtet war. Kein Wunder, wenn er das Interesse am Fortschritt verlor und gleichgültig dahinlebte. Raffles hoffte dem dadurch zu steuern, daß er alle gezwungenen Lieferungen und Herrendienste aufhob, den Besitz alles Landes der europäischen Regierung übertrug und von gouvernementswegen Parzellen an die Bauern zu bestimmten Preisen und für bestimmte Fristen verpachtete. Diese Maßnahmen wurden im Herbst 1813 mit Zustimmung des Councils durchgeführt. Die eingeborenen Fürsten wurden für den Verlust der Landrechte durch Geldbezüge abgefunden. Die Verpachtung der Ländereien sollte durch Vermittelung der Dorfoberhäupter erfolgen. Nur in den Preanger-Regentschaften, wo man den Kaffeebau für Rechnung der Regierung beibehalten wollte, blieb es beim Alten. Das Gouvernement erklärte sich im übrigen bereit, allen Kaffee zum Preis von 9 sp. M. für den Pikol abzunehmen. Die Landverpachtung erfuhr vier Monate später noch eine Änderung dahin, daß, um allen Durchstechereien vorzubeugen, von der Vermittelung der Dorfhäupter abgesehen und die Verpachtung unmittelbar an die Bauern eingeführt wurde. Als Pacht, die an Stelle aller bisherigen Abgaben trat, wurden im Durchschnitt $^2/_5$ der Ernte, mit gewissen Abweichungen je nach der Güte des Landes, festgesetzt.

Die Erhebung sollte durch eigene Beamte geschehen. Es wurde den Leuten freigestellt, die Pacht in Produkten oder Geld zu zahlen.

Abgesehen hiervon wurde Ende 1813 die Verpachtung der Zölle abgeschafft, das Zollwesen reformiert, der Durchfuhrzoll herabgesetzt und das staatliche Salzmonopol eingeführt.

Daß die Ausführung dieser Maßregeln von 1813 und 1814 nicht überall in gleicher Weise und mit gleichem Geschick vorgenommen werden konnte, daß es vielfach an dem nötigen Beamtenpersonal für die Steuererheberstellen fehlte, daß die Steuer an manchen Orten mehr als an anderen Orten drückte, ist nach der ganzen Lage der Dinge begreiflich. Es war eben sehr schwer, mit einem Federstrich uralte Sitten und Gewohnheiten plötzlich zu beseitigen. Doch im ganzen bedeutete die Reform einen großen Fortschritt, und die am meisten betroffenen eingeborenen Fürsten setzten ihr nicht den befürchteten offenen Widerstand entgegen. Die Behörden in Kalkutta, denen Raffles seine Pläne 1812 schon unterbreitet hatte, haben keinerlei ausgesprochene Stellung dazu genommen, wenngleich nach ihrer ganzen Haltung gegen Raffles anzunehmen ist, daß sie die Maßregel für überflüssig und übereilt angesehen haben.

Hand in Hand mit der Landreform ging die Umgestaltung der Justizverwaltung. Unterm 11. Februar 1814 führte Raffles in den Provinzen besondere Gerichtshöfe ein. Die Rechtspflege wurde damit den Fürsten entzogen und in die Hände der europäischen Residenten gelegt. Das ganze Land wurde in Distrikte geteilt und diese in Divisien. Letzteren wurden eingeborene, ersteren europäische Beamte vorgesetzt. Die Dorfhäupter machte Raffles für Ruhe und Ordnung im Orte und Aufrechthaltung der Befehle der Regierung verantwortlich. Die Vorstände der Divisien durften in Zivilsachen bis zu 20, in Kriminalsachen bis zu 10 Rupien Strafe verhängen. Jeder Distrikt erhielt ein Distriktsgericht, dem außer dem Regenten der Priester und der Steuerbeamte angehörte. Diese Gerichte entschieden Zivilsachen von 20 bis 50 Rupien und erledigten Berufungen von den Divisien. Zur Seite stand dem Regenten ein Residentsraad. Der Regent entschied in allen Kriminalfällen, auf die nicht Todesstrafe stand, und Zivilsachen über 50 Rupien. Als Maßstab galt einheimisches Recht und Gewohnheit. Todeswürdige Verbrechen kamen vor Geschworenengerichte, denen europäische Richter vorstanden. Die eingeborenen Geschworenen mußten mindestens den Rang von Dorfhäuptern haben.

Als Münze führte der Gouverneur am 1. Januar 1814 die Java-Rupie ein. Sie hatte einen Wert von 30 Stuivers zu je 4 Duiten (oder 24 holländischen Stuivers), das Papiergeld wurde 1815 großenteils eingezogen. Um die Städter in gleichem Maße wie die Landbewohner zu besteuern, wurde eine Accise auf verschiedene Waren gelegt. Das Salzmonopol, welches früher immer an Chinesen verpachtet war, wurde 1813 vom Gouvernement in die

Hand genommen. Der Preis wurde zuerst für inneren Verbrauch auf 20 sp. M. vom Kojan, und für Ausfuhr auf 7 festgelegt. Später wurde der Preis auf 45 und 55 Rupien erhöht.

Der auswärtige Handel war sogleich nach der Eroberung freigegeben worden. Ausgeschlossen blieb nur der Reishandel, den Daendel monopolisiert hatte. Auch dies Monopol wurde 1814 aufgegeben. Ein Jahr zuvor war der Handel mit Gewürzen und Opium allgemein erlaubt worden. Während anfänglich die Häfen von Batavia, Samarang, Soerabaja und Gresik allen Seeschiffen und die anderen allen einheimischen Schiffen ohne weiteres geöffnet waren, wurde 1813 bestimmt, daß die von nichtenglischen oder aus Häfen westlich vom Kap kommenden Schiffe erst Batavia anzulaufen hätten, und einheimische Schiffe aus nichtenglischen Kolonien besondere Erlaubnisscheine lösen müßten. Die Leitung der Handelssachen legte der Gouverneur in die Hand eines Commercial-Committee. Wenn diese Maßregeln nicht den erwarteten Erfolg hatten, lag das hauptsächlich an Überfüllung Englands zur Zeit der Kontinentalsperre mit Kolonialwaren und den Kriegszeiten.

Weniger Glück hatte Raffles bei seiner Regelung der Finanzen. Wie erwähnt, befanden sie sich zur Zeit der Eroberung Javas in traurigster Lage. Janssens selbst schrieb in seiner Rechtfertigung, daß die Kolonie zur Zeit der Ankunft der Engländer so erschöpft gewesen sei, daß ihm die Mittel zur Führung der Verwaltung gefehlt hätten, von Rüstungen und militärischen Aufwendungen gar nicht zu sprechen. Raffles hoffte diese Lage mit einem Schlage ändern zu können. In seinem ersten, von der bengalischen Verwaltung geprüften, von Lord Minto genehmigten Budgetentwurf für 1812/13, rechnete er sogar einen ansehnlichen Überschuß heraus.

Die Finanzverwaltung wurde vereinfacht. An Stelle der Rechenkammer und des Generalbuchhalters traten ein Accountant-Generaal und zwei Subaccountants. Als Revisionsbehörde wurde 1813 ein Revenue-Committee errichtet. Die neue Organisation half aber zunächst sehr wenig, und die Einnahmen blieben hinter den Anschlägen stark zurück. 1812/13 wurden etwa 5 Millionen Rupien eingenommen und 8 400 000 ausgegeben. 1813/14 beliefen sich die Ausgaben auf 7 200 000, 1814/15 auf 7 800 000 Rupien. Die Einnahmen stiegen dagegen in dieser Zeit nur bis auf 6 500 000. Auch die außerhalb Javas gelegenen Besitzungen kosteten mehr als sie brachten. Nur Palembang ergab dank der Zinnminen von Banka Überschüsse.

Erregte schon dieser Umstand Mißfallen in Bengalen und bei der ostindischen Kompagnie gegen Raffles, so verübelte man ihm noch mehr seine Maßnahmen im Münzwesen. Lord Minto hatte, nachdem es sich als unmöglich erwiesen hatte, das aus holländischer Zeit umlaufende Papier kurzer Hand nicht anzuerkennen, 8½ Millionen des Papiers zum Kurse von 5 Rupien Papier für 1 Rupie Silber als gültige Zahlungsmittel übernommen. Da es an genügender Silberzufuhr fehlte, sank aber der Kurs immer weiter, und man mußte bis 12 Rupien Papier für 1 sp. M. zahlen. Die Regierung erlitt selbst bei ihren Zahlungen Verluste bis zu 100 pCt. Notgedrungen mußte Beseitigung dieses Zustandes und Einziehung des Papiers ins Auge gefaßt werden. Da Ziehen von Wechseln auf Bengalen vom Gouvernement verboten war, sah Raffles das einzige Mittel in der Nachahmung des von Daendels gegebenen Beispiels, d. h. dem Verkauf des öffentlichen Landbesitzes. Lord Minto erteilte seine Zustimmung im November 1812, und Anfang 1813 fand die erste öffentliche Veräußerung von Grundbesitz in Java statt. Dieser Schritt ist Raffles nicht allein von holländischer sondern auch von englischer Seite sehr verargt worden. Man hat es für sehr verfehlt erklärt, daß man die Kolonie größerer Gebiete und Einkünfte beraubte, um 3 Millionen Rupien Papier einzuziehen. Abgesehen von diesem Gesichtspunkte aber ist Raffles deshalb schwer angegriffen worden, daß er selbst als Käufer aufgetreten ist. Er hat sich damit entschuldigt, daß er es auf Zureden von holländischer Seite getan hat, um die Kauflust anzuspornen, und in der auf Anzeige des mit ihm verfeindeten Oberkommandeurs eingeleiteten Untersuchung ist er freigesprochen worden. Immerhin hat aber die Angelegenheit Anlaß zu seiner Abberufung gegeben, und Lord Minto bewogen, ein sehr ungerechtes Urteil über Raffles Verwaltungstalent zu fällen. Erst später hat ein richtigeres Urteil in dieser Hinsicht Platz gegriffen, und man hat erkannt, wie bahnbrechend Raffles in Java gewirkt hat.

Im Frühjahr 1816 mußte er Batavia verlassen. Ein gewisser John Fendall trat an seine Stelle. Während er nach England ging und dort Anfang 1807 seine Geschichte von Java veröffentlichte, zog England sich gemäß seinem Vertrage mit Holland vom

13. August 1814 aus der Kolonie wieder zurück. Stärker als Raffles wiederholte dringende Hinweise auf den Wert des indischen Archipels und den für England dort zu erwartenden Nutzen waren Beweggründe der allgemeinen Politik in die Wagschale gefallen. —

Drittes Kapitel.
Auseinandersetzung mit England über Indien.

Der Vertrag, den die englische Regierung zu London am 13. August 1814 mit den seit Ende 1813 wieder unabhängigen Niederlanden abschloß, setzte Rückgabe aller früheren Kolonien, die am 1. Januar 1803 in seinem Besitz waren, an Holland fest. England hatte sich zu diesem Schritte, sowie zur Vergrößerung Hollands durch Belgien entschlossen, um damit einen Bundesgenossen auf dem Festlande gegen Frankreich zu gewinnen und auch Deutschland im Zaum zu halten. Es behielt nach Maßgabe des Vertrages Ceylon, ferner die von Holland damals noch nicht wieder übernommenen Stationen in Ostindien und Westsumatra, einige westindische Besitzungen sowie die Kapkolonie. Für das Kap und einige der westindischen Besitzungen erhielt Holland eine Entschädigung. Die anderen Kolonien sollten Holland in dem Zustande zurückgegeben werden, in dem sie sich zur Zeit des Vertragsschlusses befanden. Seinerseits mußte sich Holland zum Verbot des Sklavenhandels verpflichten. — Die englisch-ostindische Kompagnie machte wegen Rückgabe der holländisch-indischen Kolonien keinerlei Schwierigkeiten. Da sie mehr gekostet als eingebracht hatten, erachtete sie ihren Wert für nicht erheblich. Unter anderen Umständen würde England schwerlich so leicht auf diesen Besitz wieder verzichtet haben.

Zu Kommissaren für Übernahme der Kolonien erwählte die niederländische Regierung den schon einmal als Komissaris-Generaal nach Indien geschickten C. F. Elout, Baron van der Capellen und G. W. Muntinghe. An Stelle des letzteren wurde nachträglich der Schout-bij-Nacht A. A. Buyskes ernannt. Van der Capellen sollte gleichzeitig das Generalgouvernement übernehmen. Eine vorläufige sachverständige Abordnung sollte in Java die Vorbereitungen treffen. Als Instruktion für die Kommission wurde am 3. Januar 1815 ein Reglement beschlossen, das fast ganz den Vorschlägen der Kommission von 1803 entsprach.

Gemäß der Verfassung der Vereinigten Niederlande vom 29. März 1814, Art. 35, sollte „der souveräne Fürst" einen „Raad van Koophandel en Kolonien" niedersetzen und nach Art. 36 die ausschließliche Regierung über Kolonien und andere Staatsbesitzungen außerhalb Europas führen. Art. 122 der Verfassung sah Unterhalt einer ausreichenden Land- und Seemacht von angeworbenen Freiwilligen vor. — In der Verfassung, welche 1815 nach Annahme des Königstitels durch Wilhelm I. von Oranien und dem Vertrage vom 13. August 1814 mit England über Rückgabe der Kolonien, von den holländischen Kammern angenommen wurde, war in Art. 60 die Bestimmung des Art. 36 des ersten Grundgesetzes wiederholt. In Art. 73 wurde bestimmt, daß der König alle allgemeinen Maßregeln betreffend die innere Verwaltung des Staates und seiner außereuropäischen Besitzungen dem Staatsrat zu unterbreiten habe. Art. 204 deckte sich mit Art. 122 der Verfassung von 1814. Neu waren eine Vorschrift in Art. 210, daß die Miliz niemals nach den Kolonien gesendet werden dürfe, und in Art. 8, daß auch Niederländer, die in den außereuropäischen Besitzungen geboren seien, zu Mitgliedern der Generalstaaten, des Staatsrats, Ministern, Königlichen Kommissarien und Gliedern des Hohen Rats ernannt werden dürsten. —

Ehe die nach Indien bestimmten Beamten sich, begleitet von einer Anzahl Truppen, auf die Reise machen konnten, erfolgte Napoleons Heimkehr von Elba, und die Niederlande brauchten ihre Schiffe und Truppen in Europa. Erst Ende Oktober 1815 konnte ein von Buyskes geführtes Geschwader mit der Kommission in See gehen. Doch mittlerweile tauchte das Gerücht auf, daß Raffles mit Lord Moira (dem früheren Lord Minto) die englische Regierung umgestimmt, und letztere den Befehl zur Übergabe Javas zurückgenommen habe. Um sich von der Lage zu überzeugen, sandte man daher zunächst einen gewissen Nahuys nach Batavia voraus. Er fand in der Tat die Engländer nicht gewillt, den Platz zu räumen, ging aber doch daran, Vorbereitungen für Unterkunft der holländischen Truppen zu treffen. Einige Monate nach ihm erschienen nach und nach die Schiffe des Geschwaders mit der Kommission. Sie fanden große Schwierigkeiten, auch nur die Truppen zu landen und vorläufig unterzubringen, da Fendall keinen Befehl zur Übergabe der Kolonie hatte. Das nötige Geld mußten sie borgen. Am 18. Juni 1816 kam endlich eine Weisung aus England an Fendall, den Holländern die Kolonie auszuliefern. Die englischen Behörden fanden sie aber nicht ausreichend. Sie erklärten, erst Weisungen von der ostindischen Kompagnie abwarten zu müssen, und blieben dabei trotz aller Vorstellungen der Niederländer. Erst, als am 6. Juli entsprechende Befehle aus Bengalen eintrafen, druckten sie den Friedensvertrag in der Java-Gazette ab und gingen an die Einleitungen zur Räumung. Man einigte sich dahin, die Stationen in Makassar, Vorstenlanden, Mittel-, Ost- und West-Java nach einander zu übernehmen und die Rechnungen am 1. Juli zu schließen. Auf eine Forderung der Engländer, ihre Verträge betr. Palembang anzuerkennen, ließen sich die Kommissare nicht ein. Die nähere Auseinandersetzung über die von den Engländern erhobenen verschiedenen Geldansprüche wurde den Regierungen vorbehalten. Am 19. August wurde Batavia der Kommission ausgeliefert.

Die Regelung der Verhältnisse legten die Holländer in die Hand einer „adwiserenden Kommissie", der ein „Raad van Finantien" und eine „Allgemeene Rekenkamer" zur Seite gesetzt wurde. N. Engelhard und Muntinghe wirkten in der Kommission; letzterer wurde später Haupt des Finanzrats. Dank den Vorkehrungen verlief der Übergang von der englischen zur holländischen Herrschaft auf Java ohne Schwierigkeiten. Weniger glatt ging es dagegen in Palembang und Bandjermasin. Bei ersterem wollten die Engländer durchsetzen, daß Holland die von ihnen geschlossenen Verträge, durch welche dort die Lage völlig verändert worden war, anerkenne. Als die Kommissare das verweigerten, zögerten die Engländer mit der Räumung einige Monate und suchten Banka*) zu behalten. Erst im November 1816 räumten sie Banka und Palembang und zwar nicht, ohne noch eine Menge Ansprüche wegen der Zinnvorräte zu erheben. Bandjermasin betrachteten die Engländer überhaupt als eigenen und nicht zu räumenden Besitz. Sie hatten nämlich, nachdem Daendels freiwillig 1809 seine Station eingezogen hatte, sich dort 1812 auf

---

*) Nach einer Klausel im Vertrage von 1814 hatte England auf Banka verzichtet gegen Abtretung von Cochin und der holländischen Stationen an der Malabar-Küste.

Grund eines Vertrages mit dem Sultan festgesetzt und meinten daher, daß diese Kolonie nicht unter die an Holland zurückzugebenden falle. Die Holländer dagegen stützten sich darauf, daß Bandjermasin 1803 ihr Eigentum war und somit nach Wortlaut des Vertrages von 1814 an sie zurückzufallen habe. Während man in Batavia darüber stritt, sandte Fendall schleunigst einen Bevollmächtigten nach Bandjermasin, um dort gewisse Maßnahmen zu treffen. Er ließ die dahin verbannten Javanen zurücksenden und den Platz völlig räumen, so daß, als 1816 eine holländische Kommission erschien, sie die Station verfallen und in der Hand des Sultans fand. Sie mußte sich mit ihm statt mit den Engländern auseinandersetzen. Der Ersatz der englischen Herrschaft durch die holländische in Makassar und Timor ging ohne besondere Weitläufigkeiten vor sich. Die Molukken wurden Anfang 1817 den Holländern gegen Entschädigung für die vorhandenen Vorräte u. dergl. übergeben.

Im selben Jahre übergaben die Engländer den holländischen Kommissaren die Stationen in Vorder- und Hinterindien soweit sie 1803 noch in Hollands Hand gewesen, aber 1814 abgetreten waren. Chinsura, Kallapoer, Patna, Behaar und Jultha in Bengalen; Bimilipatnam, Jaggernaitpoeram, Sadras, Tutikorya an der Coromandel-Küste sowie Malakka kamen damit wieder in Hollands Besitz. Aber dabei ergaben sich infolge der inzwischen durchweg geänderten politischen Verhältnisse in Indien zahlreiche Schwierigkeiten, über die an Ort und Stelle kein Ausgleich zu erzielen war. Am schlimmsten war es in Padang, an der Westküste Sumatras. Raffles, der seit Anfang 1818 den Posten als Lieutenant-Governor von Benkoelen bekleidete, weigerte sich, Padang und Zubehör eher auszuliefern, als bis Holland die Verwaltungskosten seit 1795 anerkannt habe. Der holländische Kommissar mußte unverrichteter Sache abziehen, und erst 1819 wurden auf Anweisung aus Bengalen Padang, Priaman, Poelo Tjinglo und Ajer-Hadji den Holländern ausgeliefert und die finanzielle Seite besonderen Verhandlungen vorbehalten.

Die Auseinandersetzung mit England war auch hiermit noch lange nicht beendigt. Vielleicht hätten sich die ostindische Kompagnie und die englische Regierung mit der veränderten Sachlage abgefunden. Aber Sir Stamford Raffles hielt sie mit den Handels- und Kolonialinteressen seines Vaterlandes für unvereinbar. Er erachtete dafür nicht allein Besitzungen im indischen Archipel, sondern vor allem Sicherung der Straße nach Ostasien unentbehrlich und wußte mit der Zeit den Generalgouverneur Lord Hastings zu seiner Ansicht zu belehren. Es wurde englischerseits beschlossen, festen Fuß im Sultanat Atjih zu fassen und die Insel Riouw zu erwerben. Raffles nahm die Lösung der ersteren Aufgabe selbst in die Hand. Er benutzte Unruhen, die in Atjih herrschten, um den Sultan durch Versprechungen von Hilfe für England zu gewinnen. Es wurde ihm unter Ausschluß aller anderen europäischen Nationen erlaubt, eine Agentur in Atjih zu errichten und einen Residenten einzusetzen. Weniger erfolgreich waren die Schritte, welche Major Farquhar im Auftrage von Raffles in Riouw tat. Die Holländer hatten den Beherrscher der Insel bereits unter ihren Einfluß gebracht. Raffles wurde hierdurch jedoch nicht entmutigt. Er richtete nun seine Blicke auf die Insel Singapore, wo einst die Hauptstadt des Malayenreichs gestanden hatte. Der seit langem wüstliegende Fleck erschien besonders geeignet zu einer Schiffahrtsstation. — Nachdem er Ende 1818 die vorläufige Ermächtigung zu Schritten in Singapore erhalten hatte, allerdings mit der Maßgabe, jeden Konflikt mit Holland oder Siam zu vermeiden, begab sich Raffles schleunigst dahin. Im Januar erreichte er mit Farquhar, der mehr für Besetzung der Carimoninseln eingenommen war, Singapore und stellte fest, daß die Holländer hier noch keinen Schritt getan hatten, sowie daß in Johore, zu dem die Insel gehörte, Thronstreitigkeiten herrschten. Diese Lage wurde schleunigst ausgenützt. Nachdem der in Singapore herrschende Gouverneur gewonnen war, wurde der eine der Thronprätendenten als Herrscher anerkannt und mit ihm im Februar 1819 ein Vertrag geschlossen. Danach erhielt die ostindische Kompagnie das ausschließliche Recht, in seinem Reiche Faktoreien zu errichten. Sie zahlte dafür jährlich 8000 Dollars und die Hälfte der von fremden Schiffen zu zahlenden Gebühren. In Singapore wurde alsdann sofort eine Station begründet und Major Farquhar als Resident eingesetzt.

Die Zeit hat gelehrt, von welcher Bedeutung der Schritt Raffles' für Englands Stellung in Asien geworden ist. Seine Absicht, England nicht allein eine Schutz- und Erfrischungsstation auf dem Wege nach China, sondern auch einen Stützpunkt für den Handel mit den Malayenstaaten und dem Inselmeer zu verschaffen, ist voll verwirklicht worden. — Die Entrüstung in Batavia und Holland hierüber war groß. Man war sich der Tragweite der englischen Schritte voll bewußt und setzte alles daran, sie wieder rückgängig zu machen. — Die Berechtigung der holländischen Ansprüche war kaum zweifelhaft. Abgesehen davon, daß Johore, wie man in England wußte, von alters her zum holländischen Besitz gehörte, hatten der von Raffles geschaffene Sultan und sein Statthalter sich wegen des Vertrags in Batavia entschuldigt und ihn als erzwungen bezeichnet. Um sein Recht durchzusetzen, dachte Holland erst an Gewalt. Der Gouverneur von Malakka zog Truppen zusammen und rüstete Schiffe. Bei näherer Erwägung ließ man indessen den Plan fallen und begnügte sich mit schriftlichen Protesten.

Lord Hastings, der Generalgouverneur von Indien, erkannte zuerst die Berechtigung der holländischen Ansprüche an. Er hatte noch im letzten Augenblicke, mit Rücksicht auf Hollands Recht, an Raffles ein Verbot ergehen lassen, die Station in Singapore zu gründen. Dieser Befehl hatte Raffles nicht mehr erreicht, und angesichts der erfolgten Flaggenhissung zögerte Lord Hastings, den Fleck ohne Anweisung von London wieder aufzugeben. Er fand mit der Zeit, daß doch Hollands Ansprüche nicht zweifellos wären, da Singapore in dem alten Vertrage mit Johore nicht ausdrücklich erwähnt sei, und konnte sich der Überzeugung von der großen Wichtigkeit des Platzes nicht verschließen. Dieser Umschwung in seiner Auffassung wurde von großer Bedeutung. Die englische Regierung hatte nämlich nicht nur bereits Ende 1818 auf Grund der Beschwerden Hollands einen Erlaß nach Indien gesandt, wodurch Raffles Abschlüsse von Verträgen mit eingeborenen Staaten verboten wurden, sondern sie hatte unterm 14. August 1819 sein ganzes Vorgehen scharf gemißbilligt. Sowohl seine Verträge in Sumatra als sein Auftreten in Singapore widersprächen direkt seinen Weisungen und hätten die schwebenden Verhandlungen mit Holland sehr erschwert. Wenn Holland zur Gewalt greife, müsse man das entweder schweigend hinnehmen oder es auf einen europäischen Krieg ankommen lassen. Trotzdem wolle man, bevor man Singapore aufgebe, erst einen Bericht Lord Hastings' abwarten.

Dieser Bericht fiel günstig für Raffles aus, denn inzwischen bewährte sich die neue Niederlassung ausgezeichnet. Während sie im Jahre nicht mehr kostete als Bentoelen in einem Monate, wuchs ihre Bevölkerung in überraschender Weise, und die Vorteile für Handel und Schiffahrt traten täglich klarer hervor. Sommer 1820 zählte die Ansiedelung schon 10 000 bis 12 000 Bewohner! Unter solchen Umständen erfuhr das Urteil der englischen Regierung über das Vorgehen von Raffles einen Umschwung, und Lord Castlereagh verlangte von Holland Anerkennung des englischen Besitzes in Singapore, ehe er auf Verhandlungen über die vielen streitigen finanziellen und andern Punkte eingehen wollte. Wenn auch diese Forderung später fallen gelassen wurde, bestand doch 1820, als es endlich zu Besprechungen der beiden Regierungen in London kam, hier die feste Absicht, Singapore unter allen Umständen zu behaupten.

Bei diesen Verhandlungen machte besondere Schwierigkeiten die Auseinandersetzung über die Geldfragen. Der Vertrag von 1814 hatte nur bestimmt, daß Holland die Kolonien in dem Zustande zurückerhalten sollte, wie sie im Augenblicke des Vertragsschlusses waren. Da die Übergabe jahrelang später stattfand, verlangte England Vergütung für die inzwischen aufgelaufenen Verwaltungskosten, seine Vorräte und Außenstände. Außerdem forderte es Entschädigung für die Ausgaben zu Gunsten der Regelung der Geldverhältnisse in Java sowie für Ausbreitung des europäischen Machtgebiets. Die Holländer bemängelten nicht nur die Höhe der englischen Forderungen, sondern wollten verschiedene überhaupt nicht anerkennen und machten ihrerseits auch mancherlei Ansprüche geltend. Eine Einigung war darüber zwischen den Behörden in Indien nicht zu erzielen und es mußte die Vermittlung der Regierungen in Anspruch genommen werden. In England hatte man aber zunächst wenig Lust zu Verhandlungen. Erst als die Singaporefrage brennend wurde, und gleichzeitig Holland sich dagegen beschwerte, daß Raffles ihm die zu Banka gehörige Insel Blitoeng vorenthielt, entschloß sich Lord Castlereagh, mit Holland den Zusammentritt einer Konferenz zu vereinbaren. Holländischerseits nahmen daran der Kommissaris-Generaal Elout und Minister A. R. Fald, englischerseits Castlereagh und Canning teil.

Die Verhandlungen führten zu keinem Ergebnis. Die Holländer wollten von einer Abtretung Singapores gegen Rückgabe von Blitoeng, wie man ihnen vorschlug, nichts hören und sträubten sich auch gegen Aufgabe von Banka und Fulita in Bengalen zur Deckung der an England geschuldeten Summen. Um Zeit zu gewinnen, schlug man englischerseits Verlagung der Fortsetzung der Besprechungen und Einholung neuer Berichte aus Indien vor. Die Holländer gingen darauf ein, und so trennte sich die Konferenz Ende 1820. Die einzigen Punkte, über die man sich geeinigt hatte, waren: Zulassung der beiderseitigen Untertanen zum Handel in allen Besitzungen, abgesehen von den Molukken, so lange dort das Gewürzmonopol bestand, und Versprechen, beiderseits keine ausschließlichen Handelsrechte von einheimischen Fürsten zu erwerben. —

Trotz verschiedenen Drängens vom Haag verschleppte England die Sache bis 1823, wo es sich endlich zu einer Fortsetzung der Verhandlungen bereit erklärte. Inzwischen hatte man in Holland sich überzeugt, daß auf Rückgabe von Singapore nicht mehr zu rechnen sei, und sich ins Unvermeidliche ergeben. Man sah es auch als weniger unentbehrlich an, seit eine 1821 gegen Palembang unternommene Expedition von Erfolg gewesen war und Hollands Ansehen im Archipel gehoben hatte. Außerdem hatte man gefunden, daß unter dem veränderten Zeitumständen die Stationen auf dem indischen Festlande überhaupt für Holland ziemlich wertlos geworden waren und daß es vorteilhafter sein konnte, die holländische Interessensphäre von der englischen möglichst abzusondern, um Reibereien vorzubeugen. Durch Aufgabe dieser Stationen konnte man auch am bequemsten die immer anwachsende Schuld an England decken.

Neben Falck vertraten der holländische Gesandte Baron Fagel und der Adjutant des Generalgouverneurs von Java P. J. Elout, bei den Ende 1823 in London beginnenden Konferenzen die niederländischen Interessen. Sie boten von vornherein Aufgabe von Singapore an, um die Einigung zu erleichtern. Dafür stellten sie der englischen Forderung von 350 000 Pfd. Sterl. eine solche von 348 000 gegenüber. Über diesen Punkt kam es zu langem Feilschen. Die Engländer erklärten sich schließlich mit einer Zahlung von 100 000 Pfd. Sterl. zufrieden. Da aber die Holländer darauf nicht eingehen wollten, drohte alles wieder zu scheitern, bis England sich herbeiließ, die Entschädigung in Vorteilen für seinen Handel und Schiffahrt annehmen zu wollen. Die Holländer boten in dieser Hinsicht: Verkauf bestimmter Mengen Gewürze in Batavia an England und Öffnung der Häfen von Tapanoeli auf Sumatra und Anjer auf Java für englische Schiffe. — Im letzten Augenblicke hatte man hiergegen in Holland wieder Bedenken. Der Minister Elout fürchtete neue Verwicklungen mit englischen Agenten und wollte schließlich die englischen Ansprüche lieber mit Geld abfinden. Nachdem ein Angebot von 50 000 Pfd. Sterl. abgelehnt worden war, fügte sich Holland der englischen Forderung. So kam endlich der Vertrag vom 17. März 1824 zustande.

Der erste Teil, Art. 1 bis 8, dieser Vereinbarung betraf die Fragen von Handel und Schiffahrt. Beide Teile versprachen sich Meistbegünstigung in Indien und daß die Zölle nicht höher als das Doppelte der für Inländer geltenden sein sollten. Nur die Molukken blieben, so lange Holland das Gewürzmonopol für angezeigt halten sollte, den Engländern geschlossen. Beide Teile versprachen ferner Unterdrückung der Seeräuberei. Der zweite Teil des Vertrags, Art. 9 bis 12, regelte die Besitzverhältnisse. Holland verzichtete danach auf alle Rechte und Besitzungen auf dem indischen Festlande und erhielt dafür Abtretung alles englischen Eigentums auf Sumatra und das Versprechen, daß England dort keine weitere Festsetzung vornehmen wolle. Gegen Aufgabe von Malakka und Singapore bekam Holland die Insel Blitoeng und die Zusage Englands, auf den Carimons-Inseln sowie in Battam, Bintang, Lingin oder andern Inseln im Süden der Straße von Singapore niemals Besitz zu erwerben. — Borneo war dabei nicht erwähnt. Man hoffte holländischerseits, durch diese Klausel England stillschweigend zur Aufgabe seiner aus dem 18. Jahrhundert stammenden Ansprüche auf Nordborneo bestimmt zu haben. — Im Artikel 13 war ausgemacht, daß der Austausch der fraglichen Besitzungen am 1. März 1825 stattfinden solle. Den Bewohnern wurde eine Frist von sechs Jahren gegeben, binnen deren sie nach Belieben über ihr Eigentum verfügen und auswandern könnten. Art. 15 bestimmte, daß keine der beiden Mächte eine der ausgetauschten Kolonien an einen andern Staat abtreten dürfe. Im Falle sie eine aufgäben, solle sie ohne weiteres wieder dem alten Besitzer gehören. Durch Art. 16 wurde die Höhe der von Holland für die Ausgleichung der alten Rechnungen zu zahlende Summe auf 100 000 Pfd. Sterl. festgesetzt.

Viertes Kapitel.
Verlegenheiten Hollands in Indien.

Der von beiden Seiten bald ratifizierte Vertrag wurde in Holland als im ganzen nicht unvorteilhaft angesehen, da er die Insel Sumatra vollständig in holländischen Besitz brachte. In England andererseits freute man sich über den Erwerb der holländischen Besitzungen auf dem Festlande, besonders über den Verzicht auf Singapore und die Räumung Malakkas. Dazu war, wie die Dinge damals lagen, zweifellos die Einräumung der Meistbegünstigung in Indien für die das Meer beherrschenden Engländer weit vorteilhafter als für das geschwächte Holland. —

Während die Verhandlungen mit England über die Ausdehnung des Kolonialbesitzes schwebten, hatte Holland auch mit der Übernahme der nicht streitigen Kolonien allerlei Schwierigkeiten zu bestehen. Wohl hatte die englische Verwaltung hier viele Übelstände abgestellt und die Spuren der alten Mißwirtschaft größtenteils beseitigt. Dafür waren aber durch Veräußerung umfangreicher Landgebiete auch manche Einkommenquellen gesperrt, und verschiedene Maßnahmen Englands hatten die Bevölkerung unruhig gemacht. In Bantam und Tjeribon mußte man wiederholt gegen Aufrührer einschreiten. Auch in Palembang, den Lampongschen Distrikten, Banka, Riouw, Westborneo und Celebes kostete die Wiedereinrichtung der holländischen Herrschaft nicht geringe Mühe. In Borneo hatte man nicht allein mit den Eingeborenen, sondern auch den zahlreichen Chinesen zu rechnen, welche dort Goldwäschereien betrieben und lange Zeit fast unabhängig gelebt hatten. Außerdem beanspruchte in Bandjermasin der frühere englische Resident ein großes Gebiet als Privatbesitz und sträubte sich lange dagegen, hierauf zu verzichten. Auf den Molukken erregte die Wiedereinführung des Gewürzmonopols solche Aufregung unter der in der englischen Zeit teilweise christianisierten und zivilisierten Bevölkerung, daß es zu ernsten Ausschreitungen kam. Der holländische Resident wurde mit Familie und Begleitung in Saparoea ermordet, und eine von Amboina gesandte Strafexpedition wurde bis auf 33 Mann niedergemacht. Es mußte Ende 1817 eine große Macht entfaltet werden, ehe die Ruhe wieder hergestellt und das Gewürzmonopol durchgeführt werden konnte. Auf Timor hatte man 1817 und 1818 Grenzstreitigkeiten mit den Portugiesen zu regeln.

Bei der Ordnung der inneren Verwaltung stellte es sich als besonders störend heraus, daß die Mitglieder der holländischen Kommission und die holländische Regierung keine genügende Kenntnis vom Wesen und Wirken der von Raffles vorgenommenen Reformen hatten, während die auf Java lebenden, von den Engländern beseitigten oder zurückgesetzten holländischen Beamten meist den Neuerungen von vornherein feindlich gegenüberstanden. Die Kommission sah sich daher genötigt, sehr vorsichtig vorzugehen und jeden Schritt auf diesem Gebiete besonders sorgsam zu erwägen. Erst 1818 wurde ein neues Regierungsreglement erlassen, das Anfang 1819 noch einige Änderungen erfuhr.

Nach diesem Reglement wurde Java in 20 Regentschaften geteilt: Bantam, Batavia, Buitenzorg, Preanger, Krawang, Tjeribon, Tagal, Pekalongan, Samarang, Kaboe, Djokjokarta, Soerakarta, Japara, Rembang, Gresik, Soerabaja, Pasoeroean, Besoeki, Banjoewangi, Madoera. Jeder Resident bekam jetzt auch richterliche Befugnisse zugewiesen und die Leitung des Finanzwesens. — Hinsichtlich der Rechtsprechung behielt die Kommission die endgültige Regelung der Regierung vor und begnügte sich zunächst, das bestehende bürgerliche Recht in Kraft zu lassen. In Strafsachen wurde für Europäer das holländische, für Eingeborene ihr eigenes, für Militärs das holländische Gesetzbuch vom 15. März 1815 in Kraft gesetzt. Den Vorschlägen einer 1817 ernannten Kommission entsprechend, wurde das hohe Gericht in Batavia mit der Aufsicht über die gesamte Rechtspflege betraut. In Batavia, Samarang, Soerabaja, Malakka, Makassar und Amboina wurden „Raden van Justitie" errichtet, von denen ans hohe Gericht appelliert werden konnte. Für die Eingeborenen behielt man Distriktsgerichte, Regentschaftsraden und Landraden, denen die betreffenden europäischen Beamten vorsaßen, bei. Die Geschworenengerichte wurden dagegen abgeschafft.

Das Reisen in Java wurde allen Europäern und Chinesen nur mit Pässen gestattet, die vom Generalgouverneur erteilt wurden. Die von England zu Gunsten der Sklaven geschaffenen Maßnahmen blieben in Kraft, und 1819 wurden Register für die vorhandenen Unfreien eingeführt.

An die Spitze der Finanzverwaltung stellte die Königliche Kommission einen Finanzraad und eine Algemeene Rekenkamer. Ein Hauptfinanzdirektor und vier Räte übernahmen 1819 die Leitung der Domänen, Ausgaben und Einnahmen. Ihnen standen ein Hauptinspektor mit drei Inspektoren zur Seite. Die allgemeine Abrechnung sollte erst der Sekretär des Finanzraads, später diese letztere Körperschaft führen. Beide fanden dabei so große Schwierigkeiten, daß sie immer mehrere Jahre im Rückstand blieben. Auch die Aufstellung jährlicher Etats durch den Finanzraad stieß auf große Schwierigkeiten. Man mußte sich zunächst mit Anschlägen der Lokalbehörden begnügen, die der Finanzraad zusammenstellte.

Nach dem Etat von 1817 wurden Einnahmen im Betrage von 13 113 787 fl., Ausgaben von 14 400 000 fl. erwartet. In Wahrheit beliefen sich erstere auf 18 278 105, letztere auf 17 399 426 fl. Doch dieser günstige Zustand hielt nicht lange vor. Bald begannen infolge verschiedener, noch zu erörternder Umstände die Ausgaben weit stärker zu steigen als die Einnahmen. Infolge der Langsamkeit der Aufstellung der Abrechnungen und des daraus folgenden Mangels genügender Übersicht wurde sich aber die Verwaltung der wahren Lage nicht genügend bewußt und sandte nach Holland immer so günstige Berichte, daß die dortige Regierung aus indischen Einkünften Summen für den westindischen Besitz verwendete. Man war daher sehr unangenehm überrascht, als man erfuhr, daß von 1820 ab ein Defizit bestand, und daß 1821 und 1822 neues Papiergeld ausgegeben werden mußte. Als es sich gar noch nötig zeigte, 1824 und 1825 bedeutende Summen auf Wechsel zu borgen, entschloß sich die Regierung, mit der neu entstandenen Handelmaatschappij*) einen Vertrag zu schließen, wonach diese 8 Millionen Gulden vorschoß, wogegen sie die Lieferung des Kaffees der Preanger-Regentschaften für 12 Jahre zugesichert erhielt. Auch das war nicht ausreichend. Die Anstellung zu vieler Beamten, die militärischen Aufwendungen, der Rückkauf der Domänen, und vor allem innere Schwierigkeiten erforderten ernstlichere Maßnahmen. Man stellte durch genaue Untersuchungen fest, daß Einziehung des Papiers, Zahlung der Wechsel etc. mindestens 14 700 000 fl. erforderten, und borgte Ende 1825 von der Firma Palmer und Co. in Kalkutta

---
*) Vergl. darüber S. 204.

15 000 000 Silkarupien in Silber, wogegen man die indischen
Besitzungen verpfändete. Das Geschäft scheiterte am Ende daran,
daß die Firma das Geld nicht liefern konnte, da ihr das ostindische
Gouvernement die Prägung des Silbers verweigerte. Erst unter
dem Nachfolger des Gouverneurs van der Capellen kam es zu einer
Regelung der Finanzen.

Die Schwierigkeiten, welche zu ihrer Verwirrung soviel bei=
getragen haben, hatten ihren Grund in Angelegenheiten der noch vor=
handenen Fürstenhöfe. Verschiedene Thronwechsel, Gegensätze zwischen
den Fürsten und den Rijksbestierbern führten zu Unzuträglichkeiten.
Vor allem gab dazu Anlaß die Verwertung des fürstlichen Grund=
besitzes. Die Fürsten hatten ihn meist gegen lange Vorschüsse an
Chinesen und Europäer verpachtet. Der Generalgouverneur, der
zweimal das Innere bereist hatte, fand, daß dabei viele Mißbräuche
vorgekommen seien, und erklärte 1823 alle Verpachtungen, die für
länger als drei Jahre geschlossen waren, als ungültig. Die Maß=
regel brachte die Fürsten wie die Pächter in Verlegenheit. Erstere
sollten die erhaltenen, längst verbrauchten Vorschüsse zurückzahlen,
letztere hatten auch größere Anlagen auf dem Pachtland geschaffen
und verloren nun das aufgewendete Geld. Beide Parteien empfanden
das Vorgehen des Gouverneurs um so härter, da die Verträge
immer von den Residenten genehmigt worden waren. Auf viele
Klagen hin mußte die Regierung eingreifen. Eine Kommission
untersuchte die Lage und auf ihr Gutachten hin übernahm das
Gouvernement einen Teil der Pachtländereien. In anderen wurde
die Entschädigung der Pächter, je nach den Verhältnissen, in Kaffee
oder Geld geordnet. —

Auch sonst griff der Generalgouverneur ziemlich rücksichtslos
in die inneren Angelegenheiten ein. 1820 verbot er den Chinesen
ein für allemal den Aufenthalt in den Preanger=Regentschaften, 1821
ordnete er an, daß auch Europäer nur mit schriftlicher Erlaubnis
des Residenten dort verweilen dürften. Um sie möglichst aus dem
Lande zu entfernen, wurde das von Raffles verkaufte Land zurück=
erworben. Wer sich nicht fügte, wurde durch allerlei Chikanen dazu
gebracht. Sogar Reisen im Lande wurde 1823 erschwert und
Niederlassung von Europäern nur in den Hauptorten gestattet.
1824 verbot man die Einfuhr von Opium in die Preanger=Regent=
schaften. Das Amt der eingeborenen Regenten hätte van der Capellen

am liebsten als nutzlos ganz aufgegeben. Da das zu gefährlich erschien, begrenzte er durch eine Resolution vom 19. Mai 1820 ihre Obliegenheiten ausdrücklich auf gewisse Verwaltungszweige und verbot ihnen jede Erhebung von Steuern sowie Handelsbetrieb.

Noch mehr Schwierigkeiten als in Java fand der Generalgouverneur bei der Regelung der Verhältnisse in den anderen Besitzungen. In Westsumatra mußte von 1821 an auf Drängen der Fürsten ein Krieg gegen die fanatische, mohammedanische Padrisekte geführt werden. Erst Ende 1823 war es möglich, hier die Verwaltung vorläufig zu regeln. Padang wurde in zwei Hauptteile, Padang und Menanglabaoe, und vier Regentschaften geteilt, und in Menanglabaoe ein Abkomme des früheren Fürstengeschlechtes als Hauptregent angestellt. Eine jährliche Aufnahme der Dörfer und Erhebung von Grundsteuer wurde angeordnet, erwies sich aber als undurchführbar. Es wurde das um so unangenehmer empfunden, als der Krieg mit den Padris in dem weglosen, wilden Inneren immer fortdauerte, und 1825 die Übernahme von Benkoelen und anderen englischen Posten neue Kosten verursachte. Nicht weniger Schwierigkeiten waren in Palembang zu bestehen. 1819 war dort ein Aufstand ausgebrochen, dessen Niederwerfung einer von Java gesandten Flotte nicht glückte. Die Unruhen verbreiteten sich bis nach Banka, und erst 1821 gelang es einer großen Expedition mit 18 Kriegsschiffen, die Aufrührer zu besiegen. Die Regierung wurde dann in die Hände eines früher in Palembang entthronten Sultans gelegt, der monatlich ein Einkommen von 1000 sp. M. erhielt und in Steuersachen und Rechtspflege im großen und ganzen nichts zu sagen hatte. Diese Maßregel bewährte sich schlecht. Der Sultan arbeitete in der Stille fortgesetzt gegen Holland, plante Vergiftung der Garnison und wagte Ende 1824 einen Überfall der Holländer. Man mußte sich entschließen, die Sultanswürde hier abzuschaffen und ihren Träger zu verbannen.

In Westborneo machten besonders die Chinesen dem Gouverneur zu schaffen. Sie wollten das Kopfgeld nicht zahlen und sich den holländischen Anordnungen nicht fügen. Wiederholt griffen sie die holländischen Posten an und machten 1822 eine förmliche Strafexpedition nötig. Auch damit wurden Ruhe und Ordnung nicht dauernd hergestellt. — Glücklicher war man darin in Südborneo, wo der Sultan sich willig den holländischen Forderungen fügte.

Auch in Celebes fehlte es nicht an Schwierigkeiten. Aufstände, Angriffe von Seeräubern und dergleichen machten hier wiederholt Kriegszüge erforderlich. 1825 mußte eine große Expedition gegen das Sultanat Boni unternommen werden.

In den Molukken war die Lage insofern günstiger, als Unruhen sich hier nicht regten. Dafür machten sich hier andere Umstände störend fühlbar. Die Bevölkerung war verarmt und dünn. Eine 1820 niedergesetzte Untersuchungskommission maß die Schuld daran großenteils dem Monopolsystem bei, das Holland wieder eingeführt hatte. Sie schlug seine Aufhebung unter Beförderung europäischer Besiedelung vor. Der Gouverneur der Molukken äußerte sich 1822 im selben Sinne, und der Generalgouverneur, der 1824 die Inseln besuchte, gelangte zu ähnlicher Überzeugung. Da er indessen einen derartigen Bruch mit der Tradition nicht auf eigene Verantwortung vorzunehmen wagte, begnügte er sich mit Aufhebung der Verordnung, betr. das Ausrotten der Gewürznelkenbäume und das zwangsweise Liefern der Gewürze, schränkte die Frohndienste ein und erhöhte den Nelkenpreis. Die Maßnahme bezog sich nur auf Amboina. In Banda wurde das bisher vorgeschriebene Ausrotten der Muskatnußbäume verboten und die Lage der Bevölkerung, sowie die Rechtspflege verbessert. Im übrigen wurde das Muskatnußmonopol aus finanziellen Rücksichten noch beibehalten. Mit dem Sultan von Ternate und Tidore wurde ein neuer Vertrag, betreffend die Lieferungen von Gewürzen, geschlossen. — In Menado wurde 1821 der Kaffeebau eingeführt und der Preis auf 12 fl. für das Pikol festgesetzt.

Unter den Einnahmequellen stand der Verkauf des Kaffees, besonders des der Preanger-Regentschaften, oben an. Das von der Kommission eingeführte System der Verpachtung des Landes an die Eingeborenen, die zum Entgelt einen Teil der Kaffeeernte zu zahlen hatten, war aber der Ausdehnung des Kaffeebaues nicht günstig. Die Beamten weigerten sich nämlich meist, den Kaffee zum Marktpreise anzunehmen und verlangten Geld. Der Eingeborene mußte daher meist unterm Marktpreise verkaufen und verlor die Lust an dem Kaffeebau. Mit der Zeit bekam das nominelle Pachtsystem den Charakter einer Steuer. — Neben dem Kaffee waren die Zölle als Einnahmequelle von Belang. Holland erhob seit 1823 von den auf niederländischen Schiffen kommenden Textilwaren 15 pCt., von ben auf fremden Schiffen eingeführten 24 pCt. des Wertes. 1824 wurden diese Zölle auf 25 und 35 pCt. erhöht.

Die Ausfuhr Hollands nach Indien war damals sehr gering. Während des Krieges hatte England sich des indischen Marktes völlig bemächtigt und durch seine billige Fabrikation und große Schiffahrt war es in der Lage, sich dort auch später zu behaupten. In Holland sah man als bestes Mittel, allmählich die Engländer zu verdrängen und den Markt der Kolonien wieder zu gewinnen, Errichtung einer mächtigen Handelsgesellschaft an. Am 29. März 1824 wurde eine Handelmaatschappij beschlossen mit 12 000 000 fl. Kapital. Der König selbst zeichnete dabei 4 000 000 fl. und verbürgte eine Rente von 4½ pCt. Der Kompagnie wurde ferner das Monopol der Lieferung und Verschiffung aller fürs Gouvernement bestimmten Güter und Personen erteilt.*) Unter diesen Umständen wurden am ersten Tage 70 000 000 fl. gezeichnet, und man beschloß, die Gesellschaft mit einem Kapital von 37 000 000 fl. statt der anfänglich in Aussicht genommenen 12 000 000 fl. zu gründen. Die Statuten wurden am 18. August 1824 festgestellt.

Diese Maßregel, an der der indische Rat Muntinghe bedeutenden Anteil hatte, fand wenig Beifall in Java. Man fürchtete, daß die Kompagnie bald sich zu einem ähnlichen Unternehmen wie die alte auswachsen und alles monopolisieren werde. Van der Capellen machte Muntinghe direkt Vorwürfe wegen seines Anteils an der Sache. Als 1825 ein holländisches Schiff ankam und den Befehl brachte, zur Deckung der Kosten der Passagierfrachten und der mitgebrachten Waren 12 000 Pikols Kaffee darauf nach Holland zu senden, führte der Generalgouverneur den Befehl nicht aus. Er erklärte, daß kein versendbarer Kaffee verfügbar sei. Begreiflicherweise erregte dieses Verhalten des Generalgouverneurs Entrüstung in Holland. Van der Capellens Stellung, die schon durch seine ungünstigen finanziellen Ergebnisse erschüttert war, wurde unhaltbar. Am 1. Januar 1826 folgte ihm der bisherige Luitenant-Gouverneur-Generaal Merkus de Kock, der Oberbefehlshaber der Truppen, als Leiter der Geschäfte.

---

*) Im übrigen wurde der Handel damals freigegeben. Nur die Ausfuhr von Opium, Salz und Feuerwaffen sowie Ausbeutung der Vogelnestklippen und Zinnminen von Banka behielt sich die Regierung vor.

Fünftes Kapitel.
Volle Eroberung Javas.

Dieser Regierungswechsel vollzog sich, während Mitteljava in vollem Aufruhr war. Den Anlaß dazu hatte das geschilderte Verbot der Verpachtung der Fürstengüter gegeben. Die meisten der Fürsten waren nicht in der Lage und gewillt, die als Vorschuß erhaltenen Summen zurückzuzahlen. Als die holländischen Beamten darauf und auf Erstattung von Ersatz für die von den Pächtern auf dem Land angelegten Pflanzungen und Gebäude drängten, entstand allgemeine Unzufriedenheit. Am lebhaftesten war sie in Djoljokarta, wo zwei Hoswürdenträger, Dipô Negôrô und Mangkoe Boemi, eine völlig antieuropäische Partei um sich sammelten. Der Resident Smissaert, der sich meist fern von der Hauptstadt aufhielt, maß der Bewegung nicht die genügende Bedeutung zu und tat nichts, um ihr rechtzeitig zu steuern und die Bevölkerung zu beruhigen. Sein Assistent Chevalier war unerfahren und so unklug, die Leute noch weiter zu reizen. Er beleidigte Dipô Negôrô in schwerster Weise und veranlaßte ihn dadurch, Bewaffnete um sich zu scharen. Erst auf die Kunde davon begab sich Smissaert nach Djoljokarta und versuchte, sich Dipôs zu bemächtigen. Dieser beschwerte sich über den Riksbestierder und legte dem Residenten seine Klagen schriftlich dar. Smissaert antwortete darauf ausweichend und sandte Chevalier mit Soldaten, um Dipô zu verhaften. Das mißlang. Dipô flüchtete nach Selarong, und nun erhob sich bald der ganze westliche Teil des Innern gegen die Holländer. Die Chinesen wurden überall verjagt, die Zollhäuser geplündert und alles fremde Eigentum zerstört. Häuptlinge und Bevölkerung standen gleichzeitig gegen die Europäer auf.

Holland verfügte damals über 14 000 Mann in Indien, von denen die Hälfte aus Eingeborenen bestand. Ein großer Teil dieser Macht war aber gerade in Celebes beschäftigt. General de Kock, der schleunigst mit den verfügbaren Leuten in das Innere marschierte, hielt es daher für nötig, sich erst Hilfe im Lande zu sichern. Er begab sich zum Soesoehoenan und wußte diesen so zu gewinnen, daß er seine Truppen gegen die Aufrührer zur Verfügung stellte.

Ernstliche Schritte gegen diese selbst waren aber zunächst nicht möglich, da der Aufstand sich über ein zu großes und unwegsames Gebiet ausgebreitet hatte. Gleichzeitig belagerten die Empörer Djokjokarta, wo der junge Sultan, sein Rijksbestierder und einige andere Getreue mit der holländischen Garnison waren, und bedrohten Kadoe und Samarang. Alle Versuche, durch Verhandlungen mit Dipo zum Ziele zu kommen, scheiterten. Er zeigte sich entschlossen, der europäischen Herrschaft mit Hilfe seines fanatisierten Anhanges ein Ende zu machen. De Kock mußte froh sein, zunächst die Ausbreitung des Aufruhres nach Osten zu hindern und, nach Rückkehr von Truppen aus Celebes, Djokjokarta zu entsetzen.

Ein langer Buschkrieg begann, der den Holländern viel Opfer an Menschen und Geld kostete. 1826 metzelten die Aufrührer eine Anzahl der Großen Djokjokartas mit ihrer holländischen Begleitstruppe nieder und bedrohten sogar Soerakarta. In der Not entschloß man sich, den 1813 verbannten Sultan von Djokjokarta zurückzuholen und aufs neue auf den Thron zu setzen, um durch seinen Einfluß der Unruhen Herr zu werden. Der minderjährige bisherige Sultan sollte ihm nachfolgen. Dafür versprach der Sultan Übernahme der Kriegskosten und Abtretung der Distrikte Djabaranglah und Karanglobar. Das Ergebnis der Maßnahme entsprach leider nicht den gehegten Erwartungen. Die aufständischen Häuptlinge blieben meist auf Dipos Seite. Der Krieg ging ruhig weiter und wurde um so schwieriger, seit Ende 1826 die Cholera im Heere ausbrach. Wenn es auch gelegentlich gelang, den Feind zu schlagen und ein Gebiet zu unterwerfen, erschien Dipo doch bald wieder dort. Man mußte überall kleine Befestigungen errichten und besondere mobile Kolonnen schaffen, die fortwährend bestimmte Gebiete zu durchziehen hatten.

Kräftiger konnte man erst vorgehen, als im Frühling 1827 Holland ein 3200 Mann starkes Freiwilligenkorps sandte, und genug andere Kräfte aus den anderen indischen Besitzungen zusammengezogen waren. Doch auch Dipo hatte inzwischen sein Heer immer mehr verstärkt, und es kostete große Mühe, ihn Ende 1827 etwas in die Enge zu treiben. So wenig fühlte er sich aber geschlagen, daß er damals bei Verhandlungen die unannehmbarsten Bedingungen stellte. Er verlangte als Haupt der javanischen Kirche anerkannt zu werden, und Entscheidung von Streitigkeiten zwischen

Javanern und Europäern nach den Bestimmungen des Koran. Der Krieg ging, als man das ablehnte, weiter, und der neuernannte Sultan von Djokjokarta erwies sich als wenig hilfreich und zuverlässig. Man war froh, als er Anfang 1828 starb. Zu alledem brachen nun auch noch Streitigkeiten zwischen de Kock und dem Generalkommissar über den Feldzugsplan und die Höhe der Soldatenlöhnung aus,*) und die holländischen Truppen litten schwer unter dem Klima. Mit der Zeit konnte aber Dipô der europäischen Macht, die ihn von verschiedenen Seiten her immer enger durch die kleinen Forts umklammerte, nicht widerstehen. Sein Anhang in der Bevölkerung, die er rücksichtslos auspreßte, sank, einer seiner Führer nach dem anderen ergab sich, sein Sohn wurde gefangen, und er selbst mußte bald von einem Ort zum anderen fliehen. Ein Preis von 50 000 fl. war auf seinen Kopf gesetzt, doch wagte kein Eingeborener, ihn zu verraten. Im Februar 1830 hielt er es für angezeigt, Unterhandlungen im Ernste anzuknüpfen. Er hatte eine Zusammenkunft mit de Kock und versuchte nochmals seinen Anspruch auf den Sultanstitel und die Leitung der geistlichen Angelegenheiten durchzusetzen. Der Generalgouverneur hatte aber seine Vorbereitungen getroffen. Er ließ die Truppe Dipôs entwaffnen und ihn nach Batavia schaffen. Er ist als Verbannter 1855 in Makassar gestorben.

Die Folge des Krieges, der zwei Drittel der holländischen Freiwilligen das Leben gekostet hatte, war eine weitere Beschneidung des Gebietes der eingeborenen Fürsten. Man hatte sich überzeugt, daß sie nicht imstande waren, ihre entfernter liegenden Provinzen gehörig zu verwalten; daß daher dort allerlei Mißbräuche herrschten und die dadurch erzeugte Mißstimmung auch auf die Bewohner der holländischen Gebiete einwirkte. Um dem zu steuern, veranlaßte man Djokjokarta, die von dem Sultan übernommenen Kriegskosten durch Landabtretungen zu decken. Es verblieben ihm und Soerakarta fortan nur noch die Landschaften Soekawati, Padjang, Mataram und Goenoeng Kidoel. Zur Entschädigung für die Einkünfte, welche hiermit den Fürsten verloren gingen, wurden Soerakarta 264 000 fl., Djokjokarta 182 000 fl. jährlich zugesagt. Um die Macht Djokjo-

---

*) Man hatte damals den Gulden auf 100 Duiten (Kupfer) normiert und zahlte in Kupfer, das aber weniger galt als das frühere. Vergl. Seite 210.

tarta völlig zu brechen, wurde das Land außerdem in mehrere Gebiete zerlegt, so daß neben dem Sultan dort noch drei unabhängige Fürsten herrschten. Der ohnmächtige Herrscher von Djoktjokarta fügte sich dieser Regelung ohne Schwierigkeiten. Der Sultan von Soerakarta hingegen, der während des Aufstandes so treu zu Holland gestanden hatte, zeigte sich schwer gekränkt und machte Miene, Widerstand zu leisten. Das Ergebnis war, daß er abgesetzt und nach Amboina verbannt wurde. Sein Nachfolger ergab sich in das Unvermeidliche. Aus den neuerworbenen Gebieten bildete man die Residentschaften Banjoemas und Bagelen im Westen, Madioen und Kadiri im Osten. In den beiden letzteren wurde die Landsteuer eingeführt und überall die Zollpachtung aufgehoben, die zu vielen Mißbräuchen geführt hatte. —

Die Ereignisse in Java übten Rückwirkung sowohl auf die Oberleitung der Kolonien in Holland als die örtliche Verwaltung. Die erstere war 1814 in die Hand eines „Departements van Kophandel en Kolonien" gelegt worden, dem van der Capellen als Staatssekretär vorstand. 1815 war an seiner Stelle ein Direkteur-Generaal Goldberg getreten, der bis 1818 wirkte. In diesem Jahre entstand das „Departement van Onderwijs, Nationale Nijverheid en Kolonien", an dessen Spitze Minister A. R. Falck trat. Ein daneben noch von früher her fortbestehender „Raad van Koophandel en Kolonien" wurde 1819 aufgehoben. 1824 trat an Falcks Stelle Elout als „Minister van Nijverheid en Kolonien". Seit April 1825 nannte er sich nach Abzweigung der anderen Geschäfte „Minister van Marine en Kolonien".

Während man anfangs lange sich in Holland in rosigen Hoffnungen über die Finanzlage Indiens gewiegt und alle Aufwendungen für Kolonien ihm angeschrieben hatte, begann man damals von schwerer Sorge wegen der indischen Geldnöte*) geplagt zu werden. Von dem Geschäft, welches das indische Gouvernement mit der Firma Palmer geschlossen hatte, wollte man nichts hören. Man brachte dafür bei den Generalstaaten einen Gesetzentwurf ein, wonach für die Kolonien eine Anleihe von 20 Millionen aufgenommen und

---

*) Auf Indien lastete eine Schuld, die 1795 sich auf 107, 1815 auf 142 Millionen Gulden belief. 1830 ist sie infolge der Kriegskosten auf 167 Millionen gestiegen. Die Zinsen mußte das Mutterland zahlen, da die Kolonie dazu nicht imstande war.

vom Staate 30 Jahre lang zum Zwecke der Einziehung des Papieres, Tilgung von Schulden ꝛc. jährlich 1 400 000 fl. garantiert werden sollten. Nach einigem Sträuben wurde der Entwurf angenommen und erhielt gesetzliche Kraft. Es waren damit die Mittel zur Regelung der Verhältnisse in Indien gegeben, und es kam nur darauf an, die nötigen Maßnahmen in richtiger Weise durchzuführen. Zu van der Capellen hatte man das Zutrauen verloren. Außerdem fand man eine gründliche Untersuchung und Prüfung der Lage für nötig und wollte mehr Nutzen als bis dahin von den Kolonien haben. So wurde der Generalgouverneur abberufen und der Burggraf Leonard du Bus de Ghisignies, damals Gouverneur von Südbrabant, mit ausgedehntesten Vollmachten als Kommissaris-Generaal im August 1825 nach Indien abgeordnet.

du Bus traf Anfang 1826 in Java ein, wo inzwischen van der Capellen die Geschäfte an den General de Kock übertragen hatte. du Bus überließ diesem, und, als er wegen des Feldzuges in das Innere mußte, dem Vizepräsidenten des indischen Rates Chassé die laufenden Sachen. Er selbst verwendete sein Hauptaugenmerk auf Regelung der finanziellen Angelegenheiten. Zwei Mitglieder des indischen Rates sandte er nach Holland, um dort wegen ihrer Haltung in der Sache der neuen holländisch-ostindischen Kompagnie Rechenschaft abzulegen.

Nachdem auch noch der alte Muntinghe zurückgetreten war, konnte der Widerstand der Körperschaft gegen den Kommissar als gebrochen angesehen werden, und du Bus war in der Lage, die Befehle der holländischen Regierung durchzuführen.

Zunächst wurde die Verwaltung vereinfacht und der Beamtenstab verkleinert. Man ging dabei ziemlich rücksichtslos vor. Der civile Sanitätsdienst und die Militärschule wurden aufgehoben, die koloniale Marine vermindert. Eine Menge einzelner Beamtenstellen wurden gestrichen und ihre Pflichten anderen Beamten gegen eine kleine Gehaltsaufbesserung übertragen. Die Zahl der Residentschaften erlitt eine Beschränkung. Krawang wurde zu Buitenzorg, dieses alsdann zu Batavia geschlagen. An Stelle der Residenten traten hier Polizeibeamte. Gresik kam zu Soerabaja; Banjoewangi zu Besoeki. Dagegen wurden die Lampongschen Distrikte eine eigene Unterresidentur. Den Residenten wurden monatliche Abgaben auferlegt, um damit neue Mittel zu bekommen.

1828 wurde ein Anschlag der Ausgaben und Einnahmen der Civilverwaltung für fünf Jahre aufgestellt. Es standen danach Einkünften in Höhe von 104 345 600 fl. Ausgaben von 94 950 600 fl. gegenüber. Nur war leider angesichts des Krieges der Anschlag nicht streng durchzuführen. Allein die ersten drei Kriegsjahre kosteten 16 000 000 fl. Man sah sich genöthigt, wieder die verfügbaren Mittel zu überschreiten und 1827: 2 700 000 fl. und 1828 gar 15 000 000 fl. durch Anleihen aufzubringen. Daran änderten auch die Maßnahmen du Bus' zur Besserung der eigentlichen Finanzverwaltung nichts. Er hatte einen Finanzraad geschaffen, bestehend aus einem Generaldirektor, einem Direktor der Domänen und einem solchen der Landeserzeugnisse. Dem Generaldirektor lag auch die Leitung der allgemeinen Buchführung ob, nachdem die frühere eigene Buchhaltung aufgehoben war.

Das Münzwesen wurde durch einen königlichen Beschluß vom 12. September 1825 neu geregelt. du Bus standen zu seiner Durchführung 6 000 000 fl. Gold und Silber und 6 Millionen Kredit zur Verfügung. Außerdem sollte die Handelmaatschappij 6 000 000 fl. Kupfergeld (Duiten) liefern. Am 18. Februar 1827 führte der königliche Kommissar die neue Währung in Indien ein. Münzeinheit wurde der Gulden von 100 Duiten (statt der früheren 120). Zahlungen bis zu 10 fl. konnten in Kupfer geleistet werden. Die Maßregel bewährte sich schlecht, die Verkäufer nahmen die neuen Duiten nicht höher als die alten, so daß alle Leute, die Zahlungen von der Regierung in Kupfer erhielten, großen Nachteil erlitten. Man war bald genöthigt, wieder 120 Duiten für den Gulden zu geben und das Kupfer einzuziehen. Das umlaufende Papier wurde von 1827 ab erst gegen neue Kreditscheine umgetauscht und diese allmählich außer Verkehr gebracht.

Ein weiterer Schritt zur Besserung der Geldverhältnisse war im Dezember 1827 Errichtung der privaten „Javasche Bank", die für 10 Jahre ein Privileg erhielt. Sie hatte ein Kapital von 4 Millionen in Aktien von 500 fl. und konnte Darlehne bis zu 10 000 fl. auf Hypotheken vergeben.

Um die Einnahmen zu heben, unterzog du Bus das Steuerwesen einer neuen Prüfung. Während die Landrente auf dem alten Fuße blieb, wurde die Besteuerung der nicht landbauenden Eingeborenen*) und vom privaten Grund und Boden**) ausgeübel. Die Acciseerhebungsstellen in den Fürstenlanden wurden 1827 nicht mehr verpachtet; 1830 entschloß man sich, sie ganz aufzuheben, da sie fortgesetzt zu Mißbräuchen Anlaß gaben. Die Opiumpacht, die 2 288 600 fl. brachte, wurde 1827 an die Maatschappij für dieselbe Summe und zwei Siebentel des Reingewinnes übertragen. Das Personal der Zollverwaltung wurde vermindert, die Direktion der Teakwälder aufgehoben und das Salzmonopol strenger durchgeführt. Das Kojan Salz wurde damals für 240 fl. verkauft.

Weitere Ersparnisse erzielte du Bus durch Verminderung der Zahl der Richter und Aufhebung der gesonderten Verwaltung der öffentlichen Arbeiten. Auch das Schulwesen wurde verbilligt. Den Handel suchte er mit Hilfe der neuen Maatschappij möglichst in die Hand der Holländer zu bringen. Die Kompagnie erhielt das Monopol der Lieferung aller Waren für die Regierung, die Opiumpacht und der Versorgung der Faktoreien in Japan. Bezahlt wurde sie für ihre Leistungen mit den Erzeugnissen Javas. Zuerst rechnete man ihr den Kaffee mit 23 fl. fürs Pikol an. Als sie dabei nicht auf die Rechnung kam, regelte man den Preis 1629 anders. Trotzdem betrieb England dank der Größe seiner Handelsflotte und der Billigkeit seiner Frachten fortgesetzt noch großen Handel mit Java.

Um den Plantagenbau zu fördern, berief du Bus 1826 eine Kommission, die Versuche anstellte und die Leute zu neuen Unternehmungen anregte. So wurde der Indigoanbau wieder höher gebracht, die Zuckergewinnung gefördert und 1827 das Verbot des Reisens und der Ansiedelung von Europäern im Innern aufgehoben. Den Kaffeebau hätten die Beamten am liebsten zum Regierungsmonopol gemacht. du Bus fand es genügend, die Pflanzer zu veranlassen, ihre ganze Ernte in die Regierungs-Lagerhäuser zu bringen. Sie konnten dort frei über ihren Kaffee verfügen, vorausgesetzt, daß sie zwei Fünftel in Natur oder Geld als Steuer abführten. Auch das Verbot der Landverpachtungen in den Fürstenlanden wurde 1827 zurückgenommen, und Verlängerung der laufenden Pachten genehmigt, um so den Anbau zu fördern. Nicht Ausschluß europäischen Kapitals, sondern Förderung seines Zuflusses erachtete du Bus als im Interesse Indiens gelegen.

---

*) Diese Steuer hieß Huistal.   **) Diese Steuer hieß Verponding.

Bemerkenswerth ist auch, daß du Bus die Bestimmung traf, daß eingeborene Fürsten und Großen in Rechtssachen vor die europäischen Gerichte, nicht vor die Landraaden gehörten, und daß Prozesse gegen sie ebenso wie gegen Beamte nur mit Genehmigung des Gouvernements eingeleitet werden durften.

Wie in Java war der Generalkommissar in den übrigen Besitzungen bemüht, Ruhe und Ordnung zu erhalten, die Kosten der Verwaltung zu vermindern und ihre Wirksamkeit zu verbessern. Am wenigsten geschah in den Molukken. Der Grund war, daß die holländische Regierung mit den Vorschlägen zur Aufhebung des Gewürzmonopols nicht einverstanden war, da sie Verminderung der Einnahmen fürchtete. Es blieb daher alles beim alten, wenngleich du Bus auch hier für Ausdehnung, nicht Beschränkung der Kulturen war.

Die erste Expedition nach Neu-Guinea fand 1825 statt. Sie geschah mit Rücksicht auf den Anspruch des Sultans von Tidore auf den westlichen Teil der Insel. Die erste Niederlassung wurde 1828 an der Tritonsbai errichtet aus Furcht vor einer Besitzergreifung durch England. Der Fleck erwies sich jedoch als so ungesund, daß das Fort nach wenigen Jahren wieder geräumt wurde.

Sechstes Kapitel.
Das Kultuurstelsel.

Auf Drängen du Bus' nach Heimkehr wurde Ende 1828 vom König der bisherige Generalkommissar für Westindien, Luitenant-Generaal van den Bosch, zum Generalgouverneur für Java ernannt. Er traf dort 1830 ein, in der Absicht, in vielen Punkten du Bus' Anordnungen umzuwerfen, da er sie in Übereinstimmung mit dem König für nicht genügend wirksam ansah, um rasch genug aus Indien die Mittel zur Deckung der dafür aufgenommenen Schulden zu bekommen und dabei nicht allein den Handel Hollands zu fördern, sondern auch seine Finanzen zu bessern. Sah sich doch Holland damals von einem Staatsbankerott bedroht. Seit 1814 war die jährliche Verzinsung der Staatsschuld von 15 423 000 fl. auf 24 825 000 fl. im Jahre 1830 gestiegen. Dazu waren die Aktiowäre der Handelmaatschappij, denen der König einst rasche und große Gewinne versprochen hatte, mit dem Gange der Dinge unzufrieden. Entschlossenes Handeln schien somit unumgänglich, und der 1780 geborene und seit seinem fünfzehnten Jahre in den Kolonien lebende van den Bosch schien der richtige Mann für Durchführung der Pläne des Königs. Weniger einverstanden mit dem neuen Programm, das auf Einführung der Zwangsarbeit hinauslief, war der Minister Elout. Er erbat, als er die Sachlage übersah, seinen Abschied.

Dafür besaßen des Königs Pläne den Beifall des Direktors der Kolonien, J. C. Baud, dem ebenso wie dem König vor allem daran lag, daß endlich die Kolonien nicht allein ihre Ausgaben aufbrächten, sondern auch für die Staatskassen etwas beisteuerten. Um allzu großen Anstoß zu vermeiden, wollte van den Bosch das erstrebte Ziel: Ausbreitung der Pflanzungen und Erzielung größerer Mengen von Produkten für den Staat zu möglichst billigen Preisen, das nach allen Erfahrungen nur durch Zwangsarbeit zu ermöglichen war, möglichst unauffällig erreichen. Da Einführung chinesischer und indischer Kulis zu teuer gekommen wäre und erst nach längerer Zeit gewirkt hätte, verfiel er auf einen eigenartigen Ausweg. Er stellte es den Eingeborenen frei, statt der Zahlung der Landrente ein Fünftel ihres Landes an das Gouvernement abzutreten und anstelle der Ableistung der 60 Tage Herrendienst, zu denen sie von altersher verpflichtet waren, die erforderlichen Arbeiter für das Land zu stellen. Die abgetretenen Ländereien wollte er für die Regierung bewirtschaften. Dazu wurde die Ausbreitung der bestehenden Kulturen und die Errichtung von Fabriken mit Geld, Stellung von Arbeitern rc. von Staats wegen unterstützt, und besonders Anbau von Indigo, Zuckerrohr,*) später auch von Thee, Tabak, sowie die Seidenzucht befördert. Das neue System, welches im ganzen einen Rückgriff auf das der alten Kompagnie

---

*) Die Förderung der Indigo- und Zuckerkultur geschah in der Weise, daß die Regierung durch Gewährung zinsfreier Vorschüsse Unternehmer zur Errichtung von Fabriken bewog. Diese erhielten den Rohindigo und das Zuckerrohr von der Regierung zum Selbstkostenpreis. Diesen und die Vorschüsse rc. mußten sie in fertigem Indigo oder Zucker zu bestimmten Preisen abtragen. Letzterer wurde 8,33 fl. Silber für das Pikol, ersterer 1,67 fl. für das Amsterdamer Pfund gerechnet.

darstellte, wurde „Stelsel van Cultures" genannt. Seine Verteidiger haben immer betont, daß es sich dabei um freiwillige Vereinbarungen gehandelt habe; doch war von Freiheit in Wahrheit wenig die Rede. Die Residenten hatten nämlich Anweisung, Produkte nach dem Maßstab von 2 fl. pro Kopf der Bevölkerung aufzubringen. Dazu war z. B. Einziehung von etwa einem Drittel des geernteten Reises nötig. Allerdings ist dabei nicht zu vergessen, daß eine wirklich freie Produktion in Java auch vorher nie bestanden hatte. Der Kaffeebau wurde von den Bauern immer als öffentliche Arbeit betrachtet, deren Ertrag die eingeborenen Großen einstrichen. Der Bauer erhielt selten mehr als 2 bis 6 fl. für das Pikol seines Erzeugnisses. — Um die Beamten gründlich anzuspornen, erhielten sie Prämien nach der Menge der Produkte zugesichert. Für Kaffee zahlte das Gouvernement den Eingeborenen pro Pikol 10 fl. Gold oder 12 fl. Silber.*) — Obwohl die indische Verwaltung diese Maßregeln als verfehlt ansah, und sie an verschiedenen Punkten nicht unerhebliche Unruhen verursachten, führte van den Bosch seine Pläne energisch durch. 1834 machte er die Abtretung des fünften Teils der Ländereien der Eingeborenen obligatorisch und führte das System der Zwangslieferungen für alle Kulturen durch. Er rechtfertigte seine Maßregeln nicht nur mit dem Hinweis darauf, daß sie nur einen Rückgriff auf alte hergebrachte Einrichtungen darstellten, sondern auch damit, daß sie die für die Eingeborenen bequemste Art seien, dem Staat ihre Schuld für Schutz und Ordnung abzuleisten. Die holländische Regierung, welche nach dem Abfall Belgiens noch mehr als früher in Nöten war, ließ ihm freie Hand.**) Sie ernannte ihn sogar, um sein Ansehen zu heben, 1833 zum Generalkommissar und gab ihm den früher erwähnten J. C. Baud, der sein Nachfolger werden sollte, als Vizegouverneur bei

---

*) 1821 brachte das Pikol Kaffee in Java auf dem Markte 54 fl., 1822: 49 fl., 1823: 43 fl., 1833: 27,64 fl., 1858: 28,43 fl. Die Kaffeebauer erhielten von der Regierung gezahlt:

1845 10 fl. Kupfer oder 8½ fl. Silber | 1874 . . . . 14 fl. Silber
1858 . . . . 9,20 „ „ | 1889 . . . . . . 15 „ „

In Holland kostete ½ kg Kaffee:

1825 bis 1833 durchschnittl. 32,1 Cent | 1844 bis 1853 durchschnittl. 23,9 Cent
1834 „ 1843 „ 29,1 „ | 1854 „ 1863 „ 36,7 „

**) Van den Bosch beabsichtigte etwa 70 000 ha unter Zucker, 90 000 ha unter Indigo-, Tabak- und dergl. Kultur zu bringen und jährlich für das Mutter-

Van den Bosch faßte nach seiner Ernennung zum Kommissar noch den Plan, Sumatra ganz zu unterwerfen und in gleicher Weise wie Java dem Mutterland dienstbar zu machen. Streitigkeiten mit den Padris boten dazu den Anlaß. 1832 wurde zunächst ein Vorstoß gegen das Padangsche Oberland ins Werk gesetzt. Er glückte und führte zur Eroberung von Bondjol. Dank diesem Erfolge unterwarfen sich alle Malayenstaaten der Westküste Sumatras, und das Land konnte in geordnete Verwaltung genommen werden. Bald zeigte sich indessen, daß das erstrebte Ziel noch lange nicht erreicht war. 1833 wurde die Besatzung von Bondjol ermordet, und ein allgemeiner Aufstand brach aus. Ursache waren Unzufriedenheit über viele Verpflichtungen zu Transportdiensten, die Abgaben, Verbot der Hahnenkämpfe und Ausschreitungen der holländischen Truppen. Die Bevölkerung schloß sich in Scharen den Padris an und versuchte, die Fremden aus dem Lande zu treiben. Der Generalgouverneur sah sich genötigt, 1100 Mann unter dem Generalmajor Riesz zu Hilfe zu senden und später selbst sich an Ort und Stelle zu begeben. Er setzte mit allen verfügbaren Mitteln einen Angriff gegen Bondjol ins Werk, der aber gänzlich scheiterte. Man mußte notgedrungen ernstliche Reformen vornehmen. Die lästigen Steuern und Verpflichtungen zum Herrendienst wurden abgeschafft. Es blieben nur Salz- und Opiummonopol neben den Küstenzöllen in Kraft. Die Bevölkerung sollte nur noch zu Arbeiten an Befestigungen und Straßen verpflichtet sein und konnte über ihren Kaffee frei verfügen. Wer ihn der Regierung verkaufte, erhielt 9 fl. für das Pikol. Trotzdem ließ van den Bosch seine Pläne nicht fallen und tat auch Schritte zur Eroberung der Ostküste Sumatras.

Der König war von der Richtigkeit seiner Ideen so überzeugt, daß er ihn 1834 zum Minister der Kolonien ernannte. Er hoffte, daß van den Bosch imstande sein werde, mit ihrer Hilfe den durch den Abfall Belgiens und den nachfolgenden Krieg erschöpften Schatz wieder zu füllen. Baud, der van den Boschs Nachfolger geworden war, hatte daher die Aufgabe, in erster Linie auf dem Wege van den Boschs soviel wie irgend möglich Produkte aus Indien herauszuwirtschaften.

Land mindestens 16 Millionen Gulden zu erzielen. 1876 waren 200 000 Bouws = 140 000 ha mit etwa 237 Millionen Kaffeebäumen bepflanzt (1 Bouw = 0,709 ha).

Zu diesem Zwecke verwandelte er die zu kostspieligen großen Anlagen für Indigogewinnung in verschiedene kleinere und veranlaßte die Bevölkerung, die Arbeiten selbst auszuführen. Er brachte die Leute zur Ausbreitung des Zuckerrohrbaues durch Gewährung größeren Gewinnes. Desgleichen bewilligte er höhere Preise für Kaffee, Thee u. dergl. Den Ausfall brachte er dadurch wieder ein, daß er die Landrente, wo sie überhaupt wirklich abgeschafft war, aufs neue einführte. Dazu suchte er den Wettbewerb freier Kultur möglichst dadurch zu beseitigen, daß er die Erteilung von Konzessionen und die Verpachtung von Ländereien der Eingeborenen verbot und den Pflanzern allerlei Schwierigkeiten machte. Es wurde sogar versucht, sie zu zwingen, ihre Erzeugnisse nur ans Gouvernement zum bestimmten Preise zu verkaufen. — Es ist in der Tat van den Bosch gelungen, mit Hilfe seines sogenannten Kultuurstelsels, welches Baud in der erwähnten Weise ausbildete, nicht allein das Gleichgewicht im Budget Indiens herzustellen sondern die Kolonien auch in steigendem Maße zu den Ausgaben des Mutterlandes heranzuziehen. Für 1831 wurde Indien veranlaßt, an das Mutterland 700 000 fl. bar und Produkte für 2 Millionen Gulden abzuführen. 1832 stieg erstere Summe auf 770 000 fl., letztere auf 4 Millionen. 1833 mußte Indien Waren im Betrage von 9 Millionen Gulden an Holland liefern. Von diesen Summen wurden 7½ Millionen zur Verzinsung und Tilgung der indischen Schuld verwendet, 432 800 fl. für Zwecke der anderen Kolonien, 3 200 000 fl. flossen in die holländischen Kassen. 1834 wurde Indien im Etat herangezogen 2 000 000 fl., 1835: 2 500 000 fl., 1836: 3 000 000 fl., 1837: 5 600 000 fl.,[*]) 1838: 6 800 000 fl., 1839: 6 800 000 fl., 1840: 15 742 000 fl. an das Mutterland abzuführen. In Wirklichkeit hat Indien aber noch weit mehr an Holland gezahlt. Die erzielten Überschüsse in Indien, die an das Mutterland abgeführt werden mußten, beliefen sich nämlich nach Mitteilung der Regierung in den Kammern während der Jahre 1835, 1836, 1837 allein auf 64 Millionen. Von dieser Summe flossen 60 Millionen in den holländischen Schatz.

Finanziell hat also van den Boschs System sicherlich für

---

[*]) Durch ein Gesetz von 1836 wurde Indien verpflichtet, die Zinsen einer Gesamtschuld von 140 Millionen als Betrag der dafür gebrachten Opfer jährlich mit 5 600 000 fl. zu tragen.

Holland nicht unvorteilhaft gewirkt. Dafür erregte das Kultuurstelsel aber um so größeren Mißmut in Indien und bei den An-
hängern einer freieren wirtschaftlichen Entwickelung. In Indien
klagte man über den schweren Druck des Systems. Die Zwangslieferungen beliefen sich für die Familie auf 6 bis 8 fl., während
die Landrente 1,55 fl. pro Kopf betragen hatte. Dazu war letztere
im größten Teil Javas überhaupt ruhig weiter erhoben und später
auch dort, wo sie abgeschafft, wieder eingeführt worden.*) Die Bemessung der Zwangslieferungen und Arbeiten geschah sehr willkürlich.
Die Arbeit für die Pflanzungen war außerordentlich anstrengend
und langwierig. Für Kaffeeplantagen mußten z. B. die Leute
mehrere Jahre arbeiten, ehe sie auf Lohn rechnen konnten.
Dazu erregten die Willkür der durch die vom Ertrage für sie
abfallenden Prozente stark interessierten Beamten und die Härte der
eingeborenen Großen, denen man seit der Einführung des Kultuurstelsels einen Teil ihres Einkommens durch Landbesitz gewährte und
die die Leute zur Bearbeitung dieses Landes rücksichtslos zwangen,
viel Erbitterung. Ärgste Ausschreitungen waren an der Tagesordnung. Kein Wunder, wenn überall Unzufriedenheit herrschte und
gelegentlich Unruhen ausbrachen. An Beseitigung der Mißstände
war aber nicht zu denken, da die europäischen und eingeborenen
Beamten, sobald ihr Privatinteresse wegfiel, das System nicht mehr
mit der nötigen Energie durchgeführt hätten. Schamlose Aussaugung
der Dorfbevölkerung und Beseitigung aller irgendwie unbequemen
inländischen Obrigkeiten wurde nach und nach zur Regel. Stall-
jungen u. dergl. wurden oft an die Spitze der Dörfer gesetzt. Die
Bauern mußten bald nicht nur die vorgeschriebenen Produkte liefern,
sondern auch noch allerlei Arbeiten für Regierung, Beamte, Fabriken
u. dergl. umsonst ausführen. Man behandelte sie oft schlimmer wie
das Vieh. — In Holland bekämpfte man das Kultuurstelsel nicht
allein mit Hinweis auf die ungünstigen Wirkungen für die indische
Bevölkerung und die Aussaugung des Landes, sondern auch unter
dem Gesichtspunkt der schlechten Erfahrungen, die früher mit dem
Monopolsystem gemacht worden waren. Verschiedene Stimmen
griffen die Regierungspolitik öffentlich an. Besonders zwei anonyme

---

*) Durch Gesetz vom 8. April 1858 wurde Erhebung der Landrente in
Geld angeordnet.

Broschüren, „Kort Overzicht der finantiele Resultaten van het Stelsel van Kultures" und „Blick op het Bestuur van Nederlandsch Indie" gingen mit van den Bosch scharf ins Gericht. Der Minister veranlaßte eine Widerlegung dieser Angriffe durch van Elten und hielt erst recht an seinen Ansichten fest. Die Finanzlage Hollands ließ auch kaum eine Wahl. Der neue Generalgouverneur de Erens, der 1836 Baud in Batavia ablöste, wurde in noch größere Abhängigkeit von der holländischen Regierung gebracht als seine Vorgänger. Er mußte nämlich den Raad van Indien seiner bisherigen Vollmachten entbinden und zu einer rein beratenden Körperschaft umwandeln und alle seine Aufmerksamkeit nur noch der Lieferung von möglichst viel Waren zuwenden.

Trotz aller Anstrengungen aber war aus Indien nicht so viel herauszuwirtschaften, wie Holland brauchte. Das Generalgouvernement konnte weder alle Lieferungen leisten, noch mit dem ihm gelassenen Mitteln auskommen. de Erens mußte eine Anleihe bei der javanischen Bank aufnehmen, was zu einer Münzkrisis führte, da die Bank infolge davon nicht genug Silber zur Einlösung ihrer Billete hatte. Und die Handelmaatschappij, von der die Regierung sich auf die erwarteten Sendungen aus Indien regelmäßig Vorschüsse machen ließ, kam allmählich auch in Verlegenheit. 1839 sah sich schließlich van den Bosch genötigt, eine neue Anleihe von 56 Millionen bei den Kammern zu beantragen.

Dieser Schritt führte zu seinem Sturz. Die öffentliche Meinung, ohnehin erbittert über den ungünstigen Frieden mit Belgien, machte den Minister für die ungünstige Finanzlage verantwortlich; die Anleihe wurde verworfen, und van den Bosch nahm seine Entlassung. Beigetragen zu der Ungunst, in die er trotz seiner großen Verdienste um die Entwickelung Indiens gekommen ist, mögen die Nachrichten über den Stand der Dinge in dem indischen Archipel haben. — Immer aufs neue waren dort nämlich Kriege erforderlich, und dazu nahmen die Reibungen mit England kein Ende. In Sumatra machten die Padris noch jahrelang zu schaffen. Ende 1833 war das Fort Amerongen von den Aufständischen erobert worden. Die Besatzung hatte sich zurückziehen müssen. Plänkeleien gingen das ganze Jahr 1834 fort, und in den Jahren 1835, 1836 wurde von den Holländern vergebens versucht, die Stadt Bondjol wieder einzunehmen. Die Belagerung kostete viele Opfer an Menschen und Geld und konnte erst Mitte 1837 zu einem erfolgreichen Abschluß gebracht werden. Auch dann und nachdem der Hauptführer der Padris sich ergeben hatte, war die Ruhe noch nicht hergestellt. Es dauerte noch über ein Jahr, ehe die Battaklande völlig unterworfen waren. Als das endlich gelungen war, wurde an der Ostküste zu Kota-Pinang ein Posten angelegt und auch dort die holländische Herrschaft zur Geltung gebracht. Es kam aber dem Generalgouvernement vor allem darauf an, dem englischen Handel, der hier noch mächtig war, ein Ende zu machen. Begreiflicherweise wehrten sich die englischen Interessenten und veranlaßten lebhafte Klagen ihrer Regierung im Haag. Diese machten hier weniger Eindruck als Zusammenstöße mit den Atjinezen, die mit den Padris verbunden gewesen waren. Im Vertrage von 1824 hatte sich Holland verpflichtet, ihre Unabhängigkeit nicht anzutasten, dagegen für die Sicherheit ihres Handels zu sorgen. Dieser Handel lag ganz in englischen Händen, und die englischen Kaufleute wachten sorgfältig, daß Holland nichts gegen Atjih unternahm. Die holländische Regierung ihrerseits hatte nicht allein über gelegentliche Raubzüge und Gewalttaten der Atjinezen zu klagen, sondern empfand es auch sehr unangenehm, daß die Holländer mit den Engländern und Amerikanern in den atjinezischen Häfen nicht konkurrieren konnten. Nur Gewalt hätte den Zustand ändern können, wie eine Kommission 1837 feststellte. Derartigem Vorgehen standen aber der Vertrag mit England und die Stärke der Bevölkerung Atjihs im Wege. So entschloß man sich dazu, einige von Atjih beanspruchte, aber ihm nicht direkt unterworfene Gebiete zu besetzen, deren Bewohner Schutz gegen die Atjinezen wünschten. Baroes wurde 1839 besetzt. Als die Atjinezen darauf den Ort angriffen, beschoß man die Häfen Tapoes und Singkel und nahm sie auch ein. Die Engländer erhoben hiergegen Geschrei, doch kehrte man sich in Holland nicht daran, da die Atjinezen weiteren Widerstand nicht leisteten.

In Westborneo nahmen Unruhen der Bevölkerung und Seeräubereien kein Ende. Die zahlreichen Chinesen herrschten hier fast unumschränkt. Der Handel ging weit mehr nach Singapore als nach Java. Auch in Celebes und den Molukken standen die Dinge meist wenig erfreulich. Den ganzen Archipel machten eingeborene Seeräuber unsicher. Ihre Räubereien gaben wiederholt England Veranlassung, sich in die holländisch-indischen Angelegenheiten einzumischen. Sie erhoben auch gegen die Durchführung des holländischen

Monopolsystems wiederholt Vorstellungen und setzten durch, daß Holland, nachdem es den Zoll für englische Baumwolle und Wollwaren auf 25 pCt. erhöht hatte, von holländischen Waren 12½ pCt. erheben mußte.

Siebentes Kapitel.
Baron Baud als Kolonialminister.

J. C. Baud übernahm 1840 als Minister der Kolonien und Marine die Aufgabe, den Schwierigkeiten, welche zu van den Bosch's Sturz geführt hatten, gerecht zu werden. Das dringenste war Regelung der verfahrenen Finanzen. Die Handelmaatschappij hatte damals vom Staate 39 000 000 fl. in Holland und 8 000 000 in Indien an noch nicht bezahlten Vorschüssen zu fordern. Für Deckung dieser Summe waren ihr alle aus Indien kommenden Güter verpfändet, so daß für 1841 weder für Zahlung der Zinsen der indischen Schuld noch für die Verwaltungszwecke Mittel zur Verfügung standen. Die Kammer hatte aus dieser Sachlage Veranlassung genommen, in die neue Verfassung (die 1840 nach der Auseinandersetzung mit Belgien nötig wurde) eine Bestimmung zu bringen, die ihr einen Einfluß auf die indische Verwaltung sicherte. Im Art. 59 wurde nämlich vorgeschrieben, daß den Generalstaaten am Anfang jeder Session eine Übersicht der letzten Einnahmen und Ausgaben der Kolonien mitzuteilen sei, und daß die Verwendung der Überschüsse durch Gesetz geregelt werden müsse. Baud, der in Übereinstimmung mit dem König keine Einmischung des Parlaments in die kolonialen Angelegenheiten wünschte, suchte diese Bestimmungen tunlichst zu umgehen. Um vor allem aus der augenblicklichen Verlegenheit zu kommen, bewog er die Maatschappij zu einem Vergleich. Ihre Forderung wurde kapitalisiert und die Verzinsung dieser Schuld mit jährlich 5 pCt. versprochen. Gedeckt sollte sie werden durch jährliche Zahlungen von 5 Millionen aus dem Ertrag der indischen Waren, deren Lieferung an die Kompagnie bis 1848 zugesagt war. Die Kammer fand diese Abmachungen zu unvorteilhaft fürs Land. Sie veranlaßte Baud zu neuen Verhandlungen. Ihr Ergebnis war

1841 eine Herabsetzung des Zinsfußes der neuen Schuld auf 4½ pCt. sowie der Amortisationssumme. Dieses Abkommen wurde 1842 von den Generalstaaten genehmigt. Im Herbst 1841 hatten sie durchgesetzt, daß, um neuer Verwirrung vorzubeugen, jährlich eine Kommission aus den Ministerien, Kammern, Staatsrat und Rechenkammer die kolonialen Abrechnungen zu prüfen habe. 1844 wurde, nachdem eine freiwillige Anleihe die nötigen Mittel gewährt hatte, die Handelmaatschappij bis auf 10 Millionen Gulden abgefunden und die letzteren zur Bürgschaft für die von ihr erhaltenen Waren erklärt. Die festen jährlichen Zuschüsse Indiens zu der Verzinsung der kolonialen Schulden wurden damals auf jährlich 9 800 000 fl. festgesetzt. —

Der Erfolg dieser Maßnahmen, der weiteren Durchführung der Pflanzungspolitik in Indien und einer Besserung der Kaffeepreise war, daß während der Wirksamkeit Bauds Indien jährlich neben den Zinsen für die Schuld 30 bis 50 Millionen Gulden an die Kassen des Mutterlandes abführen konnte. Die Verwaltung Indiens kostete nun durchschnittlich im Jahre 60 Millionen. 48 Millionen wurden durch Steuern verschiedener Art, der Rest durch Verkauf seiner Erzeugnisse aufgebracht.*)

*) Im ganzen hat nach Piersons Berechnung das Kultursystem folgende Ergebnisse gehabt:

	aus Kaffee fl.	aus anderen Artikeln fl.	Gesamtgewinn fl.
1840 bis 1844	+ 8 055 527	— 187 189	+ 7 868 338
1845 » 1849	+ 4 909 808	+ 2 101 555	+ 7 011 363
1850 » 1854	+ 15 507 958	+ 1 799 006	+ 17 306 964
1855 » 1859	+ 21 119 814	+ 7 400 724	+ 28 520 538
1860 » 1864	+ 25 231 738	+ 6 452 513	+ 31 684 252
1865 » 1869	+ 24 299 021	+ 4 995 662	+ 29 294 683
1870 » 1874	+ 28 778 711	+ 5 866 174	+ 34 644 885
1840 » 1874: durchschnittlich im Jahre.	18 271 797	4 061 206	22 333 003

Höhe des Kaffeeertrages durchschnittlich im Jahre:

1840 bis 1844	— 912 654 Pikols	1860 bis 1864	— 624 152 Pikols
1845 » 1849	— 722 296 »	1865 » 1869	— 682 997 »
1850 » 1854	— 939 534 »	1870 » 1874	— 844 842 »
1855 » 1859	— 893 582 »		

Mittlere Kaffeepreise in Holland:

1845 bis 1849 — 18,59 fl. fürs Pikol	1860 bis 1864 — 43,24 fl. fürs Pikol
1850 » 1854 — 25,71 » » »	1865 » 1869 — 41,31 » » »
1855 » 1859 — 38,44 » » »	1870 » 1874 — 49,74 » » »

Weniger vorteilhaft machten sich die Wirkungen der Politik der Ausbeutung der Kolonien für die Zwecke des Mutterlandes in Indien fühlbar. An Stelle de Erens, der 1840 starb, war dort erst Merkus und nach dessen Tode im Jahre 1845 Jan Jacob Rochussen mit dem Generalgouvernement betraut worden. Das Kultuurstelsel wurde von ihnen aufs nachdrücklichste durchgeführt. Mit Hilfe der eingeborenen Fürsten und Großen, deren Ansehen man tunlichst stärkte, wurden die Pflanzungen für Regierungszwecke immer weiter ausgedehnt und die Entstehung von privaten Unternehmungen tunlichst gehemmt. Baud und die Generalgouverneure hielten das für nötig, nicht allein um immer mehr Produkte für Holland zu bekommen, sondern auch um den Handel und Verkehr mit dem Mutterlande zu stärken. Wenn Privatleute über Erzeugnisse in nennenswertem Umfange nicht mehr verfügten, konnten fremde Kaufleute und Schiffe in Indien keine Geschäfte mehr machen. Die Folge dieser Monopolisierung des Handels war aber natürlich Hemmung alles Unternehmungsgeistes und schwere Bedrückung der kleinen Leute. —

Den meisten Vorteil zog Holland aus dem Kaffee, dessen Anbau stetig zunahm. Wenn in Europa, wie 1843, die Preise sanken, wurde der Schaden auf die javanischen Bauern abgewälzt. Sie erhielten damals nur noch 10 fl. Kupfer fürs Pikol (statt früher 12). Weniger Nutzen brachte Zucker, da hier die Regierung mit den Fabriken Kontrakte hatte und den Preis nicht erniedrigen konnte. Sie strebte daher nach Verbesserung und Verbilligung der Fabrikation. Noch schlechter stellte sich das Geschäft bei Indigo. Er saugte den Boden zu sehr aus und warf so wenig Gewinn ab, daß sein Anbau 1847 beschränkt werden mußte. Ebenso stand es mit dem Tabak und dem Thee. Beide brachten der Regierung mehr Schaden als Vorteil.

Die Bevölkerung litt ebenso wie unter den Zwangskulturen unter der Last von Arbeiten für Befestigungswerke und dem Frondienst. Ununterbrochen wurden nämlich die von van den Bosch entworfenen Pläne zur Verteidigung Javas durchgeführt. Die Eingeborenen mußten die Arbeiten dafür gegen eine ganz ungenügende Bezahlung ausführen und erlagen oft dem Klima. Nicht genug damit blieben infolge der Verwendung der Leute für Regierungszwecke ihre Felder zum teil unbestellt, und Ende der vierziger

Jahre brachen böse Hungersnöte aus. Die Leute, welche, abgesehen von allem Erwähnten noch Erpressungen der eingeborenen Fürsten erdulden und die hohe Landrente aufbringen mußten, gerieten dadurch in einigen Teilen Javas in wahre Verzweiflung. Tausende starben, andere flüchteten in andere Residentien. Generalgouverneur Rochussen sah sich genötigt, in Samarang die Regierungspflanzungen zu beschränken, für bessere Bewässerung des Landes zu sorgen und andere Maßnahmen zur Erleichterung der Lage der Bevölkerung zu treffen.

Zum Glück für Holland blieb, abgesehen von einzelnen kleinen Mißhelligkeiten, die Ruhe in Java ungestört. Und auch in den anderen Besitzungen hatte man damals mit weniger Schwierigkeiten zu kämpfen als früher. Die Macht der Padris in Sumatra war gebrochen. Ein Versuch der Bewohner von Padang, sich gegen die Einführung der Zwangskaffeekultur zur Wehr zu setzen, konnte mit leichter Mühe niedergeschlagen werden. Wenn auch auf Vorstellungen Englands hin 1843 eine Reihe Posten an der Ostküste Sumatras geräumt wurden, wurde doch nirgends die Ruhe ernstlich gestört. Der Gouverneur Michiels war imstande, 1847 auch in West-Sumatra das Kultuurstelsel durchzuführen. Jeder Bauer mußte bestimmte Mengen von Kaffeebäumen pflanzen und die Früchte je nach der Güte für 5 bis 7 fl. abliefern. Den Transport zahlte die Regierung, dafür mußte die Bevölkerung die Wege und Lagerhäuser bauen. In Palembang und Banka kamen mancherlei Unruhen vor, doch glückte es auch hier immer, ihrer rasch Herr zu werden.

Nicht so glatt verliefen die Dinge in Borneo. Hier erschien 1839 ein englischer Reisender James Brooke, der die Absicht hatte, für England neue Besitzungen zu erwerben. Er gewann den Rajah von Sarawak, der im Kampfe mit aufständischen Stämmen und Seeräubern lag. 1841 half er ihm gegen die Zusage des Handelsmonopols im Kampfe mit seinen Feinden und schlug letztere. Er erzwang darauf von dem Rajah, der dem Sultan von Brunei unterstand, Abtretung seiner Macht und ließ sich selbst als Rajah von Sarawak ausrufen. Der Sultan von Brunei erkannte ihn als solchen an. Mit Hilfe englischer Schiffe, die Brooke durch persönliche Beziehungen und den Einfluß der Singaporer Handelswelt zu erlangen wußte, gelang es ihm, 1846 seinen Einfluß noch weiter auszudehnen und den Sultan zur Abtretung der Insel Labuan zu bringen. Das alles geschah, ohne daß von holländischer Seite Einspruch erfolgte. Ja, der Resident in Westborneo soll Brookes Vorgehen gegen die Seeräuber sogar unterstützt haben. Erst der Erwerb von Labuan machte die holländische Regierung stutzig. Sie protestierte in London gegen Brookes Vorgehen unter Hinweis auf den Vertrag von 1824, der Zusammenstößen englischer und holländischer Interessen vorbeugen und die beiderseitigen Besitzungen ein für allemal zu scheiden bestimmt war. Lord Aberdeen, der damalige leitende Minister, erklärte aber, daß der Vertrag sich auf Labuan nicht beziehe und erkannte nur in Sarawak Brookes Rechte nicht ohne weiteres an. Er hat Brooke vielmehr angewiesen, mit den holländischen Beamten in gutem Einverständnis zu leben, und hat an Ort und Stelle Untersuchungen über die Tätigkeit Brookes anstellen lassen, die ohne den Einfluß mächtiger Gönner sicher seinem Wirken ein Ziel gesetzt hätten. Brookes Vorgehen und der Versuch eines gewissen Murray 1844 in Koetei ihm nachzuahmen, veranlaßten Holland, 1844 und 1845 einen Kommissar nach Borneo zu senden, mit verschiedenen Fürsten Schutzverträge abzuschließen und die Insel zu einem Gouvernement zu erklären. Abgesehen hiervon, machten in Borneo die vielen Chinesen fortgesetzt Schwierigkeiten. 1850 kam es von ihrer Seite zu einem vollständigen Aufruhr. In Celebes und den Molukken machte die Not der Bevölkerung zu schaffen. Man mußte in ersterem die Zwangslieferungen von Reis durch eine Steuer ersetzen und in letzteren den Preis für Gewürznelken erhöhen.

Die größten Schwierigkeiten hat in jenem Zeitraum die kleine, Jahrhunderte lang fast unbeachtete Insel Bali bei Java den Holländern verursacht. Allerlei Ausschreitungen der Balinesen, Strandraub u. dergl. gaben Veranlassung, von 1841 ab einige ihrer Fürsten zu verpflichten, auf ihre barbarischen Bräuche zu verzichten und sich Hollands Anordnungen zu fügen. Dieses Vorgehen hatte wenig Erfolg. Immer wieder kamen Übergriffe vor, und der Klagen war kein Ende. Man erachtete daher 1846 eine bewaffnete Expedition für notwendig. Ihr gelang es rasch, zwei Hauptorte einzunehmen und den König von Karang Asam zur Unterwerfung zu bringen. Er verpflichtete sich, 300 000 fl. Kriegsentschädigung zu zahlen. Ein in Boeleleng errichtetes Fort sollte die Durchführung des Vertrages überwachen. Die Freude über den Erfolg war von kurzer Dauer. Die Balinesen begannen aufs neue zu rüsten; als die schlechte Jahreszeit die Verbindung mit Java erschwerte, verweigerten sie Zahlung der Entschädigung und begingen neue Räubereien. So wurde 1848 eine zweite Expedition nötig. Sie scheiterte an der Stärke der Stadt Djagaraga, wo sich der Feind verschanzt hatte. Es mußte eine dritte größere Unternehmung ins Werk gesetzt werden, die im Sommer 1849 endlich das gewünschte Ziel nach hartem Kampf erreichte. 1868 fanden hier neue Unruhen statt.

Ein weiterer Versuch im Jahre 1847, der Seeräuberei der Bewohner der Sulu-Inseln wirksam zu steuern, wurde durch Eingreifen der Spanier verhindert, welche das Eigentum jener Inseln in Anspruch nahmen.

Eine Quelle mancher Unzuträglichkeiten fand Minister Baud darin, daß die meisten höheren Beamten Javas nur kurze Zeit oder gar nicht im Mutterlande gelebt hatten und mit ihm wenig vertraut waren. Um dem zu steuern, bestimmte er, daß nur solche Beamten, die die neue Delfter Ingenieurschule durchgemacht hatten, in den höheren Dienst eintreten dürften. So wohltätig die neue Maßregel in mancher Hinsicht war, so schwer traf sie alle älteren Beamten, denen mit einem Schlage die Zukunft abgeschnitten wurde. Sie erregte auch sonst viele Unzufriedenheit, da sie die Bewohner Indiens zwang, ihre Söhne zur Erziehung nach Holland zu senden. Allgemeinen Beifall fand dagegen die Anfang 1848 erfolgende Einführung von Gesetzbüchern für bürgerliches Recht und Handel in Indien.

Achtes Kapitel.
Das Grundgesetz von 1848 und seine Wirkungen.

Baud nahm mit dem ganzen Ministerium 1848 gelegentlich der damals von der liberalen Partei durchgesetzten Änderung der holländischen Verfassung seinen Abschied. Das neue, 1848 zustande gebrachte Staatsgrundgesetz, das noch heute die Grundlage der holländischen Kolonialpolitik bildende Grondwet, bestimmte in Art. 59, daß der König zwar die Regierung auch in den Kolonien führe, daß aber die Reglements für ihre Regierung, ebenso wie ihre Währung durch Gesetz festgestellt werden sollten. Art. 60 schrieb jährliche Vorlegung der Etats und Übersichten über die Lage der Kolonien bei den Generalstaaten vor und verordnete, daß die Verwendung der kolonialen Geldmittel durch Gesetz zu regeln sei. Binnen drei Jahren sollten die betreffenden Gesetze festgestellt werden. — Dem von Baud noch rücksichtslos durchgeführten unumschränkten Regierungssystem in Indien war damit, grundsätzlich wenigstens, der Garaus gemacht.

Allerdings blieb zunächst noch alles beim alten, denn es dauerte lange, ehe die von der Verfassung vorgesehenen Ausführungsgesetze zustande kamen. Wiederholt wechselten die Ministerien, und erst 1851 unter dem ersten Ministerium Thorbecke wurden den Generalstaaten Gesetzentwürfe betreffend Münzwesen und Regierung Indiens vorgelegt. Beide Entwürfe fanden wenig Beifall in der zweiten Kammer, wo Baron van Hoevell, der als Beamter in Indien schon für ein liberaleres Regierungssystem gewirkt hatte, die Kolonialopposition führte, während J. C. Baud für die Regierung eintrat. Erst 1854 wurde nach langen Verhandlungen ein Ausgleich erreicht. Am 1. Mai kam das indische Münzgesetz zustande, welches die Kupferduiten beseitigte und das holländische Münzwesen auch für Indien einführte. Am 8. August 1854 nahm die zweite Kammer das Regierungsreglement für Indien an, das am 1. Mai 1855 in Kraft trat. — Der Gesetzentwurf für die Regierung der westindischen Kolonien wurde der Kammer erst Ende 1851 vorgelegt. Er ist nicht zur Beratung gekommen. Man fand bald, daß der Feststellung eines solchen Gesetzes die Lösung der Sklavenfrage vorausgehen müsse. Für die Regierung der kleinen Besitzungen an der westafrikanischen Guinea-Küste hat man einen Entwurf gar nicht erst festgestellt. —

Über die Gestaltung des indischen Etats und die Verwendung der Überschüsse ist von 1848 ab den Generalstaaten immer nur lange nach Ablauf des betreffenden Finanzjahres Mitteilung gemacht und die Vorlage des von der Verfassung vorgeschriebenen Finanzgesetzes unter allerlei Vorwänden immer hinausgeschoben worden. Erst 1858 wurde vom Minister Rochussen ein Entwurf vorgelegt, der die Zustimmung der zweiten Kammer nicht fand. Die Folge war ein ernstlicher Konflikt zwischen Kammer und Ministerium, der Ende 1860 zur Ablehnung des Kolonialetats führte. Nicht eher, als 1862, wo Thorbecke, der Führer der Liberalen, an die Spitze des Ministeriums trat, geschahen Schritte, um Wandel zu schaffen.

Das indische Regierungsreglement von 1854 hat unter dem vorherrschenden Einfluß von J. C. Baud wenig an den tatsächlich vorhandenen Zuständen geändert. In den wichtigsten Fragen, wie die der Gouvernementskulturen und Herrendienste, hat es Reformen lediglich ins Ermessen der Regierung gestellt. Ernstliche Folgen hat das Reglement nur insofern gehabt, als in Ausführung einer seiner Bestimmungen mit dem 1. Januar 1860 die Sklaverei in Indien abgeschafft und der „Rat von Indien" wieder in eine einflußreichere Stellung gebracht wurde. Der Generalgouverneur wurde nämlich verpflichtet, seine Maßregeln in Übereinstimmung mit den Ansichten dieser Körperschaft zu treffen. Außerdem legte das Reglement der Regierung größere Aufmerksamkeit für das Schulwesen auf, was zur Errichtung mehrer Lehrerseminare und eines Gymnasiums Anlaß gab. Nicht ohne Belang war endlich das von den Liberalen durchgesetzte Zugeständnis größerer Preßfreiheit und damit der Möglichkeit schärferer Kritik der Regierung für Java.

Allerdings blieben die Reformen des Regierungsreglements weit hinter den Wünschen der Kolonialpartei zurück, doch waren sie in vielen Hinsichten von Belang, wie sich mit den Jahren zeigte. Die Bevölkerung hatte eine Stimme in der Leitung der Kolonien bekommen. Es konnte der Versuch gemacht werden, den Mißbräuchen, zu denen die durch das Kultuurstelsel zu groß gewordenen Vollmachten der Beamten Anlaß gaben, zu steuern. Selbst Baud hatte ihr Vorhandensein anerkennen müssen. Er hatte 1849 sich erboten, selbst als Haupt einer Kommission nach Java auf eigene Kosten zu gehen und die besten Mittel und Wege zur Abstellung der Beschwerden ohne Gefährdung des ganzen Systems ausfindig zu machen. Als er damit nicht durchgedrungen war, hatte er sich dazu herbeigelassen, ins Regierungsreglement die Bestimmung aufzunehmen, daß über die vorliegenden Beschwerden Untersuchungen angestellt und nach deren Ergebnis Schritte dagegen getan werden sollten. Ferner gab das Reglement Anlaß zu einer königlichen Verordnung, wodurch 1856 Europäern das Pachten von unangebauten Ländereien für 20 Jahre gestattet wurde. Diese Maßregel hat vor allem zur Entstehung und Ausbreitung einer größeren Tabakkultur Anlaß gegeben. Freilich wurde ihr damals vom Minister Rochussen bald wieder unter dem Vorwande, daß die Tabakbauer die eingeborenen Arbeiter sich durch Bestechungen der

15*

Häuptlinge und dergleichen verschafft hätten, der Garaus gemacht. Doch war der Versuch wichtig, da er bewies, daß der Javane bei entsprechender Bezahlung sehr wohl zu freiwilliger Arbeit geneigt sei.

Das von der Verfassung vorgeschriebene Gesetz, betreffend Einnahmen, Ausgaben und Finanzen der Kolonien, brachte endlich der Minister Fransen van de Putte*) 1864 zustande. Danach sollte von 1867 an der Etat der Kolonien jährlich durch Gesetz festgestellt werden,**) und die Rechnungslegung und Finanzkontrolle wurden neu geregelt. Vielen Willkürlichkeiten und Mißbräuchen wurde damit gesteuert, doch wurde freilich an der Tatsache, daß das holländische Parlament nach wie vor maßgebend für die Verwendung der Einnahmen Indiens blieb, und letzteres dabei nicht gefragt wurde, nichts geändert. In dieser Hinsicht hielt man in Holland stets an der Auffassung fest, daß Indien in erster Linie zum Nutzen des Mutterlandes zu dienen habe, und daß daher jeder Schritt zu vermeiden sei, der die Leistungsfähigkeit Indiens gefährden könnte. Erst 1876 wurde mit dem System der Verwendung der Überschüsse Indiens (Batig Slot) für Zwecke des Mutterlandes grundsätzlich gebrochen. Damals war freilich der Zeitpunkt schon sehr nahe, wo die Einnahmen der Kolonien ihre Ausgaben nicht mehr zu decken imstande waren. — In anderen, weniger wichtigen Fragen kam man den Wünschen Indiens tunlichst entgegen. Der Generalgouverneur Sloet van de Beele schaffte den Paßzwang für Eingeborene auf Java und Madoera ab, hob die Verpachtung der Fischereien auf und machte der Zahlung von Prozenten der Erträge der Zwangskulturen an die Beamten ein Ende. Sie wurden durch Gehaltszulagen entschädigt und so eine Quelle vieler Klagen verstopft. Nicht minder wichtig war 1860 der Beschluß, die Gouvernementskulturen von Thee und Tabak mit Ablauf der betreffenden Kontrakte einzuziehen. 1865 wurden die dem Staat nicht einträglichen Zwangskulturen von

---

*) Der Minister war lange Zuckerpflanzer in Java gewesen und kannte die Verhältnisse sehr genau.

**) Allerdings hat die Reform den Nachteil gezeitigt, daß der Budgetentwurf nun lange vorher in der Kolonie aufgestellt und ein Jahr zuvor der heimischen Regierung vorgelegt werden muß, da er am 15. Juli immer dem Staatsrat zuzugehen hat. Die Anschläge sind daher notgedrungen meist sehr willkürlich, da man weder die Preise der Produkte noch den von den Ernten abhängenden Steuerertrag übersehen kann.

Indigo,*) Pfeffer, Zimmet und Cochenille aufgehoben und die Prügelstrafe für Eingeborene bei Polizeivergehen abgeschafft. Besonders belangreich war 1863 die Neuregelung der Zuckerkultur. 1854 war an Stelle der Verpflichtung zur Ablieferung von zwei Dritteln des fabrizierten Zuckers durch die Pflanzer eine feste Abgabe getreten. Rochussen hatte, um mehr Einkünfte zu erzielen, 1860 wieder das frühere System eingeführt, was zu Klagen nicht nur der Bevölkerung, sondern auch der Pflanzer Anlaß gab. Nun setzte man feste Löhne für die Pflanzungsarbeiter, 90 fl. fürs Bouw, fest, bestimmte, daß das Schneiden, Einbringen und Verarbeiten des Rohres durch freie Arbeiter zu geschehen habe, und vergab die Kontrakte an Unternehmer, welche sich verpflichteten, die größte Menge Zucker zu bestimmten Preisen an die Regierung zu liefern. — Das Hauptverdienst an diesen Maßnahmen und an der späteren Einschränkung und allmählichen Beseitigung des Kultursystems kommt allerdings nicht der Regierung zu. Es gebührt dem Schriftsteller **Eduard Douwes Dekker**, der unter dem Pseudonym **Multatuli** 1860 in dem Romane „Max Havelaar" die öffentliche Meinung Hollands und der ganzen gebildeten Welt gegen die Mißbräuche in Indien rege gemacht hatte. Seine Schilderungen gründeten sich auf seine eigenen 17jährigen Erfahrungen als Beamter in Indien. Obwohl sie an manchen Stellen unverkennbar übertrieben waren, entsprachen sie im ganzen doch der Wahrheit, wie sie schon aus einem Berichte des Kolonialministers an den König von 1858 durchgeleuchtet hatte, und die entrüstete Beamtenwelt vermochte Dekkers Anklagen in keinem wesentlichen Punkte zu entkräften. Sie gaben den Freunden einer energischen Reformpolitik, besonders **Thorbecke**, die besten Waffen in die Hand und führten zur Niederlage der verknöcherten, am Hergebrachten klebenden Bureaukratie.

1865 wurde auch die Tarifgesetzgebung neu geregelt. Die verschiedene Zollbehandlung der Waren je nach der Flagge wurde fallengelassen und der Einfuhrzoll für niederländische Güter auf 10,

---

*) Der Indigo hatte 1861 bis 1863 durchschnittlich jährlich 836 000 fl. gebracht bei einem Pflanzerlohn von 2 fl. Als der Lohn auf 3 fl. erhöht wurde, sank der Ertrag 1864 auf 240 000 fl.

An Thee-, Tabak- und Zimmetkultur hat die Regierung 1836 bis 1863 etwa 6 627 000 fl. verloren!

für fremde auf 16 pCt. im Durchschnitt bemessen. Für eine Reihe von Massengütern setzte man Ausfuhrzölle fest. — Die zu viel Klagen Anlaß gebenden Vorschriften, betreffend die Ausbildung der höheren indischen Beamten, das sogenannte „Radikaal der Ambtenaren", erfuhren 1864 eine Reform. 1859 hatte man auf Klagen der Holländer in Indien einen Teil der Ausbildungskosten an der Delfter Akademie auf die Regierungskassen übernommen und den Kandidaten erlaubt, das Examen in Indien abzulegen. Diese Maßregel wurde 1864, nach Aufhebung der Delfter Akademie, dadurch vervollständigt, daß man für Zulassung zum indischen Dienst ein neues Examenreglement entwarf, und es ins Belieben der Anwärter stellte, die Prüfung in Holland oder Indien abzulegen.*) — Sehr wichtig für Indien war es auch, daß 1863 die ersten Schritte für Bau einer Bahn geschahen. Der Minister Fransen van de Putte setzte bei der Kammer Annahme einer Zinsgarantie von 4½ pCt. bis zum Maximum von 600 000 fl. für eine Bahn von Samarang nach den Fürstenlanden durch. Auf Grund dieses Gesetzes wurde Privatunternehmern eine Konzession für den Bau erteilt.

Nicht zufrieden mit diesen Reformen, ging der Generalgouverneur Sloet 1866 auch daran, die inneren Verhältnisse Javas umzugestalten. Er stellte ein Gesetz auf, welches im Interesse der arbeitenden Bevölkerung den eingeborenen Großen den bisher mit ihrem Amt verbundenen Grundbesitz nahm und den Zwangslieferungen und persönlichen Dienstleistungen der Bevölkerung für sie ein Ende machte. Ferner beschränkte er die der Regierung von der Bevölkerung zu leistenden Herrendienste auf 52 Tage und je 12 Stunden am Tage. Gleichzeitig faßte Minister Fransen van de Putte eine Reform des Kultur- und Grundbesitzsystems ins Auge.

Der vom Minister der Kammer vorgelegte Entwurf stieß auf lebhaften Widerspruch und führte zum Sturz des Kabinetts. Damit war der Tätigkeit Sloets ein Ziel gesetzt. Das ans Ruder gelangende konservative Ministerium hob seine Maßregeln betr. die eingeborenen

---

*) An Stelle der Delfter Akademie trat 1864 die „Anstalt voor Indische Taal-, Land- en Volkenkunde" zu Leyden und ein ähnliches Institut zu Delft, das die Gemeinde errichtete. Letzteres ist jetzt die Haupt-Vorbereitungsanstalt für den indischen Dienst. Von drei freien Stellen fallen immer zwei Leuten zu, die in Delft ihr Examen gemacht haben, eine denen, die in Batavia die Prüfung bestehen.

Beschränkung der Frondienste. Reform der Zuckerabgaben. 231

Großen und die Herrendienste auf und berief den Generalgouverneur ab. Nach einer kurzen Pause übernahm der konservative Kolonialminister H. Mijer, der Hauptgegner Fransens van der Putte, selbst das Generalgouvernement Indiens und ging daran, dort die Maßregeln Sloets, die nach seiner Auffassung das Interesse Hollands bedrohten, rückgängig zu machen.

Sehr bald mußte er sich überzeugen, daß seine Auffassung von der Sachlage unzutreffend war. Die Reformen entsprachen so der damaligen Sachlage in Indien und hatten schon so tiefe Wurzeln geschlagen, daß an einfache Zurückkehr zu dem früheren System nicht zu denken war. Es blieb ihm nichts übrig, als unterm 28. September 1867 seinerseits die Zwangslieferungen und den amtlichen Landbesitz der eingeborenen Großen abzuschaffen. Nur die persönlichen Dienstleistungen hob er nicht ganz auf, sondern ließ sie für häusliche Zwecke bestehen (Pantjendiensten). Im übrigen blieb alles beim eben Geltenden.

Die liberale Partei, welche 1868 ans Ruder kam, war damit nicht zufrieden, der Minister E. de Waal führte weitere bedeutsame Reformen ein. Ein Gesetz von 1870 verbot weitere Ausbreitung der Zuckerkulturen des Gouvernements. Die Zuckerfabrikanten hatten statt Zucker fortan einen Zins zu zahlen, der 1874: 4 007 284 fl., 1875: 4 095 334 fl. brachte. Von 1878 ab sollen sie nach einem bestimmten Plan in der Art beschränkt werden, daß sie 1890 ein Ende finden. An Stelle der Ablieferung eines Teils der jeweiligen Erträge trat eine jährliche feste Abgabe. Von dem Kultursystem blieb damit nur noch die Gesetzgebung betr. den Kaffeebau in Kraft. — Ein zweites Gesetz, das „agrarische Wet", jenes Jahres erlaubte die Verpachtung unbebauter Gebiete auf 75 Jahre an Europäer und stellte Bedingungen fest, unter denen die Eingeborenen Besitztitel für den von ihnen bewirtschafteten Grund und Boden erwerben könnten.*) Man wollte damit nicht nur den Unternehmungsgeist der Weißen anspornen, sondern auch die Eingeborenen aus der Gleichgültigkeit, in die sie durch den Gemeinbesitz allmählich gekommen, aufrütteln und zu energischerer Tätigkeit veranlassen. Ein Be-

---
*) Nach Beths Angabe wird davon wenig Gebrauch gemacht. Der Mann, der sein Land erwirbt, steht sich nämlich nicht besser als früher. Er bleibt frondienstpflichtig, muß den Kaffee nach wie vor zu bestimmtem Preis abliefern und bleibt an die Verpflichtung zur Kaffeekultur gebunden.

schluß von 1872 hob die Frondienste im allgemeinen auf; wer aber Land in Erbpacht nahm, mußte für jeden Arbeiter, der länger als sechs Monate auf seinem Land wohnte, 5 fl. jährlich Steuer zahlen.

Eine weitere Maßregel im Interesse der Bevölkerung war 1869 die Aufhebung der Befugnisse der Residenten in Bezug auf Rechtsprechung. Sie wurden im Vorsitz der Landraaden durch Juristen ersetzt. Besonders wichtig war ferner 1870 die Beseitigung der Sonderstellung der Preanger-Regentschaften, welche noch aus den Zeiten der Eroberung her bestand.*) Es wurde hier damals das Recht der Regenten zu willkürlicher Belastung der Bevölkerung aufgehoben, die Geistlichkeit ihres staatlichen Einflusses entkleidet, die Landrente und das im übrigen Java geltende Steuerwesen eingeführt und die Kaffeekultur so wie anderweitig geregelt. Diese Reform war allerdings nur mit großen Schwierigkeiten herbeizuführen. Die Erste Kammer verweigerte die Bewilligung der erforderlichen Etatsumgestaltungen. Infolgedessen trat de Waal Anfang 1871 zurück. Sein Nachfolger van Bosse brachte das Gesetz aber mit Hilfe einiger königlicher Ordonnanzen doch zur Durchführung. — Um dieselbe Zeit wurde das Schulwesen für die Eingeborenen in Indien verbessert und die Zahl der Seminare für Lehrer vermehrt. Es gab fortan solche in Soeralarta und Baboeng auf Java, Fort de Kock und Tanah Batoe auf Sumatra und Tanawangko in Minahassa. 1872 wurde ein Strafgesetzbuch für Eingeborene, das ganz europäischen Anschauungen entsprach, in Kraft gesetzt. Ende 1872 erhielt eine Umgestaltung des Zollwesens Gesetzeskraft. Sie räumte mit den Resten der Differential-Zollgesetzgebung auf. Der alte Tarif, der bis zum 1. Januar 1874 in Kraft blieb, belegte holländische Waren im allgemeinen mit 10 pCt. fremde mit 16 pCt. Zoll und sah beim Export von Kaffee, Zucker und Zinn nach fremden Ländern höhere Ausfuhrzölle vor als bei dem nach Holland. Der neue Tarif betrug im Durchschnitt 6 pCt. von allen Waren ohne Unterschied der Herkunft. Nur Spirituosen,

---

*) In den Preanger-Regentschaften hat die Bevölkerung für das Pikol Kaffee erhalten im Anfang 2,42 fl. (gleich 2 Cents für ½ kg):

1857 . . . . . . 3,15 fl.	1861 . . . . . . 5,75 fl.
1859 . . . . . . 5,— ‚	1865 . . . . . . 6,— ‚
1860 . . . . . . 5,50 ‚	1867 . . . . . . 6,50 ‚

Tabak, Waffen und einiges andere zahlten mehr. Exportzölle blieben für Vogelnester, Kaffee, Häute, Indigo, Zucker, Thee, Zinn, Tabak bestehen, trafen aber alle Länder gleichmäßig.

Im Jahre 1886 wurde, um höhere Einnahmen zu erzielen, der Tarif bei der Einfuhr auf 10 pCt. bei verschiedenen Waren erhöht. Baumwoll- und Wollstoffe bezahlten nach wie vor 6 pCt. Die Exportzölle für Kaffee und Zucker wurden ermäßigt, der für Thee abgeschafft. Von 1887 bis 1893 wurde der Zuckerausfuhrzoll nicht erhoben. Nachdem er 1894 wieder eingeführt worden war, wurde er 1895 suspendiert. — Weniger glücklich war nach dem Urteil Beths und van Gorkoms die neue Verordnung über Erhebung der Landrente vom 3. April 1872, welche eine einheitliche und gleichmäßige Erhebung der Steuer in Indien bezweckte. Bei den dort noch immer obwaltenden Verhältnissen führte sie zu vielerlei Schwierigkeiten, denen auch spätere Verbesserungen nicht abgeholfen haben.*) — Die konservative Partei, die 1874 wieder in Holland ans Ruder kam, hat im allgemeinen das von den Liberalen Geschaffene unangetastet gelassen. Nur wird beklagt, daß der Minister van Goltstein von Anfang der 80er Jahre an der Umwandelung des Gemeindebesitzes in Privateigentum mit allen Kräften entgegenwirkte. Nach seinem Sturz wurde von 1885 an diese Umwandelung erleichtert, doch ist sie seit 1890 zu tatsächlichem Stillstand gekommen, da die Eingeborenen selbst sich dagegen sträuben. Sie halten die Mitglieder der Gemeinden nicht für berechtigt, über deren Besitz zu verfügen und damit den Nachkommen vorzugreifen.

Verdient hat sich van Goltstein 1875 durch das Gesetz gemacht, welches die Anlage von Staatsbahnen ermöglichte.

Im Jahre 1884 wurde durch den Generalgouverneur F. s Jacob ein neues Reglement betreffend Pachtung und Verpachtung von Ländereien in den Fürstenlanden an europäische Pflanzungsunternehmungen erlassen. Die Befugnisse der Provinzbehörden wurden vergrößert und Vorsorge getroffen, daß die Ländereien nur für europäische Landbau-Unternehmungen verwendet werden. Derselbe Generalgouverneur beschränkte die Frondienste weiter. Einige Dienst-

---

*) Der Betrag der Landrente wird für die Gemeinde (Dessa) veranschlagt. Die Häupter der Gemeinde verteilen dann die Last auf die einzelnen in verschiedener Weise, je nachdem privater oder gemeinschaftlicher Besitz besteht.

leistungen für das Gouvernement wurden aufgehoben, und die Höchstzahl der Frontage von 52 auf 42 herabgesetzt. Die persönlichen Dienstleistungen für einheimische Beamte kamen ganz in Wegfall, außer soweit die Dorfvorstände in Frage waren. Die Genugtuung darüber erhielt freilich Eintrag dadurch, daß die Fronpflichtigen zum Ersatz dafür nun jährlich je 1 fl. Kopfgeld zahlen mußten. Die Steuer brachte weit mehr, als der Ausfall betrug, der der Regierung und den einheimischen Beamten durch das Gesetz erwuchs. Es wurde daher verlangt, daß der Überschuß zu weiterer Einschränkung der Fronarbeit verwendet werde. Diese Bewegung führte dazu, daß 1888 mit Rücksicht auf die ungünstige Lage der Bevölkerung eine Summe von 2 Millionen Gulden in dem Etat ausgeworfen wurde zu Maßregeln im Interesse der Bevölkerung. Seitdem ist ein großer Teil des Überschusses jährlich zur Beschäftigung von Leuten bei öffentlichen Arbeiten verwendet worden.

Ende der 80er Jahre wurde eine Untersuchung über alle Frondienste an Ort und Stelle begonnen. Sie führte dazu, daß 1893 unter Leitung des Hauptinspektors der Kulturen H. Kuneman und des Inspektors Fokkens für jede Provinz besondere Reglements betreffend die Fronden ausgearbeitet, verschiedene Dienstleistungen abgeschafft und anderen Mißbräuchen gesteuert wurde. Die Dienstleistungen wurden rationell geregelt und in den meisten Gegenden auf 36, 24, 21 und sogar 12 Tage im Jahre beschränkt. Auch für die Gemeindefronden wurden Höchstsätze festgestellt und große Erleichterungen geschaffen. Der Ertrag des Kopfgeldes wurde von da an lediglich zu Maßregeln im Interesse der Bevölkerung verwendet.

Eine weitere, 1888 eingeleitete Untersuchung betraf die Landrente und die wirtschaftliche Lage der Bevölkerung. Sie ergab, daß die damaligen Etatsanschläge weit über die Leistungsfähigkeit der Leute hinausgingen, und führte zu Herabsetzung der Anschläge um etwa 4 Millionen Gulden.

Nur in Bezug auf die zwangsweise Kaffeekultur ist so ziemlich alles beim alten geblieben. Im November 1892 hat allerdings die Zweite Kammer einen Beschluß gefaßt, daß die Regierung das Kaffeemonopol aufheben und die eingeborenen Pflanzer nach dem Marktwerte für ihre Dienste bezahlen solle. Sie verlangte ferner Verpachtung der Kaffeepflanzungen auf Zeit, entweder an die Pflanzer selbst oder mit deren Zustimmung an eingeborene oder europäische

Jetziger Stand des Kaffeebaues.

Unternehmer. Die Regierung ist jedoch darauf nicht eingegangen, da sie die Einnahmen aus dem Kaffee nicht missen zu können erklärte. Immerhin ist in den Residentien Bantam, Krawang, Japara und Rembang, wo die Produktion von nicht sehr erheblicher Bedeutung war, der Zwang aufgehoben worden, und man strebt danach, allmählich den Kaffeebau zu einer freiwilligen Volkskultur zu machen. Bisher freilich ohne besonderen Erfolg. Immerhin ist die Möglichkeit solcher Bestrebungen nicht zu bestreiten. Der von Pierson*) benutzten Statistik zufolge waren von Eingeborenen schon 1874 und 1875 folgende Landstrecken freiwillig bestellt:

			1874.	1875.
mit Zucker	1.	Anpflanzung	12 717 Bouws	14 877 Bouws
,	2.	,	192	427
, Tabak	1.	,	16 391	15 563
,	2.	,	42 196	57 067
, Indigo	1.	,	859	1 829
,	2.	,	11 209	13 857

Dazu waren freiwillig bestellt 66 222 Bouws, die in Erbpacht gegeben waren.

Auch haben die Erbauer der javanischen Bahnen die Erfahrung gemacht, daß entgegen der Ansicht der Regierungsbeamten immer mehr als ausreichend freiwillige Arbeiter zu finden waren. —

Die Ruhe auf Java ist innerhalb dieses Zeitraums nicht mehr ernstlich gestört worden. Nur in Bantam hatte man wiederholt mit kleinen Erhebungen zu tun, meist veranlaßt durch religiöse Fanatiker. Man führte diese Unruhen vielfach auf die Anordnungen des Generalgouverneurs Duymaer van Twist zurück, der die für die Mekkafahrt der Eingeborenen früher bestehenden Beschränkungen ganz aufgehoben und so eine große Zunahme der Zahl der Pilger veranlaßt hatte. 1859 ließ daher Minister Rochussen wieder verschiedene Bedingungen an die Erlaubnis zur Mekkafahrt knüpfen und machte die Regenten für die Ausführung verantwortlich. In den Fürstenlanden verlief alles glatt. Verschiedene Thronwechsel vollzogen sich ohne Schwierigkeiten. Das unter unmittelbarer Regierung Hollands stehende Gebiet dehnte sich hier ständig aus. 1857 wurde Madoera von Soerabaja abgetrennt und zu einer besonderen Residentie erklärt. 1858 erhielt Pamekasan, 1879 Soe-

---

*) Koloniale Politiek. S. 326.

menap, 1883 Bangkalan einen Regenten. Alle diese Gebiete kamen in dieselbe Stellung wie die javanischen Residentien. — Ernstliche Schwierigkeiten hat in neuerer Zeit auf Java nur noch die Natur bereitet. 1860 wurde Bantam, 1861 Mitteljava von Überschwemmungen heimgesucht. Später wurden andere Gegenden von solchen Naturereignissen betroffen, wie besonders 1883 vom Ausbruch des Krakatoa. Es erwies sich als nötig, größere Bauten auszuführen, um einigen Unfällen vorzubeugen. Ferner mußten seit Zunahme der Dampfschiffahrt, besonders infolge der Erbauung des Suezkanals, große Hafenanlagen geschaffen werden. Der 1864 begonnene Bau der Bahn von Samarang nach Solo und Djokjo hatte mit vielen Hindernissen zu kämpfen. Erst 1870 konnte die Strecke bis Solo eröffnet werden, und ihr Bau hatte die Anschläge so viel überstiegen, daß die Gesellschaft dem Zusammenbruch nahe war. Es gelang nur mit Mühe, sie zu retten und zur Fortsetzung der Arbeiten zu bringen. Dank besserer Zeitumstände erholte sie sich dann und stellte 1872 auch eine Bahn von Batavia nach Buitenzorg her.

Der Wohlstand der Bevölkerung Javas stieg beständig ebenso wie ihre Kopfzahl, so daß man in der Lage war, die Landrente fortgesetzt zu erhöhen. Das wachsende Wohlbefinden der Bevölkerung hinderte aber nicht, daß man gelegentlich Verschwörungen sogar in der nächsten Nähe Batavias entdeckte. 1870 herrschte in ganz Java auf Grund einer Prophezeiung der Glaube, daß ein einheimischer Fürst erstehen und die Herrschaft über die Insel an sich reißen werde. Auch Räubereien kamen gelegentlich vor. 1894 regte sich wieder eine aufständische Bewegung, und man mußte sogar Mataram bombardieren. Doch wurde man aller solcher Regungen immer rasch Herr.

Das mit Strenge durchgeführte Opium- und Salzmonopol zeigte trotz der zweifellosen Zunahme des Gebrauchs beider Artikel nicht den erwarteten steigenden Ertrag. Man ist nicht imstande, dem Schmuggel darin wirksam zu steuern.

Neuntes Kapitel.
Die Außenbesitzungen.

Weniger glatt wie in Java haben sich die Verhältnisse in den übrigen Kolonien entwickelt. Auf Sumatra bestand in der Mitte des 19. Jahrhunderts der holländische Besitz aus dem Gouvernement Westküste, der Assistent-Residentie Benkoelen, den Lampongschen Distrikten und der Residentie Palembang. — Im Gebiet der Westküste entwickelte sich unter der Herrschaft der Kultuurstelsels der Kaffeebau immer mehr. Von 1852 an warf die Provinz immer höhere Erträge ab. Dasselbe war in Benkoelen der Fall. Dagegen ging der Pfefferbau immer mehr zurück. Um Unzufriedenheit zu steuern, wurde 1853 das Beamtenwesen einer Umgestaltung unterworfen und 1860 der Kaffeepreis von 6 fl. auf 10,50 fl. erhöht.

Mit den seit 1843 verlassenen Battakländern kam man 1855 in neue Berührung, da die Bevölkerung von Boeroemon den Schutz der Holländer gegen Sosal anrief. Man benutzte den Anlaß, um den ewigen inneren Unruhen ein Ende zu machen, und schickte eine Expedition unter Major Schwenk den Leuten von Boeroemon zu Hilfe. Ohne Blutvergießen gelang es, die Ruhe herzustellen. Padang Lawas, Pertibi und Abloran schlossen Freundschaftsverträge mit Holland und räumten dem Gouvernement verschiedene Rechte ein. Erfolglos verlief dagegen 1856 eine Expedition gegen die Rajahs von Drahili und Bolohori an der Südküste der Lagoendi=Bai. Um ihren Übergriffen und der Fortsetzung des Sklavenhandels zu steuern, mußte man sich entschließen, eine größere Macht dorthin zu senden und ein Fort zu errichten. Es mußte freilich 1861 wieder aufgegeben werden, da die Besatzung zu sehr unterm Klima litt, und ein Erdbeben die Befestigungen zerstörte. — In den fünfziger Jahren trat man auch mit Atjih in neue Berührung. Im Vertrag von 1824 hatte bekanntermaßen Holland sich zur Achtung der Unabhängigkeit des Sultanats verpflichtet. Gleichzeitig war aber in dem Abkommen Holland auch die Pflicht auferlegt, für die Sicherheit von Handel und Schiffahrt in jenen Gewässern zu sorgen, und außerdem sollte es dem Sklavenhandel Einhalt tun. Diese Ver=

pflichtungen machten es unabweisbar, mit Atjih zu verhandeln, da von hier aus Sklavenhandel und Seeraub fortgesetzt getrieben wurden. Man entschloß sich 1854, die Häfen Atjihs zum erstenmale wieder durch Kriegsschiffe besuchen zu lassen. Es gelang, Beziehungen anzuknüpfen. Der Sultan sandte einen Brief an den Generalgouverneur. Daraufhin besuchte der Gouverneur der Westküste 1857 persönlich Atjih und schloß mit dem Sultan einen Vertrag. Der Sultan versprach, dem Strandraub Einhalt zu tun.

Am meisten Sorge machten zu jener Zeit die Lampongschen Distrikte und Palembang. In ersteren hatte sich eine Reihe Flüchtlinge aus Bantam festgesetzt, die offen gegen Holland sich erhoben. Es gelang, ihrer durch eine Expedition im Jahre 1856 Herr zu werden und die Hauptaufrührer zu töten. — Längere Zeit nahm die Herstellung der Ruhe in Palembang in Anspruch. Seit Jahren herrschten hier innere Zwistigkeiten, die schon 1851 einen Feldzug nötig machten. Wenngleich es dabei glückte, verschiedener Plätze Herr zu werden, gelang es erst 1852, die Hauptunruhestifter zu fangen und unschädlich zu machen. Und schon 1853 wurde wieder eine Expedition nach Matakau nötig, die zwei Jahre dauerte. Man konnte die Eingeborenen hier nur zur Unterwerfung dadurch bringen, daß man ihnen alle Dienste dafür erließ, daß sie die Grenzbewachung gegen die Einfälle der Bergstämme übernahmen. — Auch in Bentoelen hatte man mit Unzufriedenen und religiösen Fanatikern in den Jahren 1857 bis 1859 zu kämpfen.

Besondere Schwierigkeiten erregte das zu Palembang gerechnete Reich Djambi. Hier hetzte 1851 ein Amerikaner Walter Gibson den Sultan gegen die Holländer auf und veranlaßte solche Unzuträglichkeiten, daß man sich seiner bemächtigen und ihn in Batavia gefangen setzen mußte. Er entwich von da und wußte die Vereinigten Staaten zu Schritten gegen Holland zu bewegen. Die daran anknüpfenden Verhandlungen gaben Veranlassung zur Zulassung fremder Konsuln in Niederländisch-Indien. Außerdem hatte Gibsons Vorgehen den Erfolg, daß 1855 ein neu an die Regierung kommender Sultan von Djambi die Souveränetät der Holländer anzuerkennen sich weigerte. Das Gouvernement mußte 1857 gegen ihn Gewalt anwenden. Der Sultan wurde abgesetzt, an seiner Stelle einer seiner Onkel als Lehnsmann Hollands auf den Thron erhoben und ein politischer Agent für Djambi ernannt. Ruhe wurde damit aber nicht erzielt. Der abgesetzte Fürst behauptete den maßgebenden Einfluß im Lande und verwertete ihn gegen die Holländer, welche vergebens seiner Herr zu werden versuchten. Als 1878 eine Expedition der geographischen Gesellschaft das Land erforschen wollte, machten ihr das die feindseligen Eingeborenen unmöglich. 1885 griff der unversöhnliche abgesetzte Sultan sogar die Stadt Djambi an. Um ihn zu gewinnen, machte man seinen dritten Sohn 1886 zum Sultan des Landes und versprach dem Vater jährlich 16 000 fl. Er verzichtete darauf allerdings auf seine Ansprüche, setzte aber seine Räubereien fort. Als seine Leute 1899 die Gouvernements=Kohlenlager anzuzünden versuchten, mußte man zu ernsten Maßregeln sich entschließen. Der Sultan wurde abgesetzt, Djambi zu der Regentschaft Palembang geschlagen und ein Ort im Innern besetzt. Doch der alte Fürst fügte sich nicht, und die Bevölkerung griff zu den Waffen. Es kam zu Kämpfen, die seit Jahren währen und jedes Unternehmen in Djambi hindern. So ist auch heute noch nicht an Ausbeutung der hier festgestellten Goldlager zu denken. —

Auch Indragiri und Siak, die von alters her zu dem alten Malayenreich auf der Halbinsel Malakka gehört hatten, zeigten wiederholt unbotmäßige Regungen. Das erstere wurde 1858 gezwungen, sich zu einem Vertrag herbeizulassen, wonach der Sultan Konzessionen für Plantagen und Bergwerke an Ausländer nur mit Zustimmung des Generalgouvernements vergeben durfte. In Siak kam es 1857 dazu, daß der Sultan, der sich mit seinem Bruder nicht vertrug, nach Singapore ging und Englands Hilfe anrief. Als er kein Gehör fand, nahm er das Anerbieten eines Engländers Wilson an, der ihm Unterstützung versprach. Kaum war letzterer in Siak, so begann er die Rolle, die Brooke in Borneo gespielt hatte, nachzuahmen und versuchte, sich mit Gewalt zum Herrn zu machen. Der Sultan flüchtete, und Holland war genötigt, den Residenten von Riouw mit einem Kriegsschiff nach Siak zu senden. Er mußte Wilson und seine Leute aus dem Land zu bringen, den Sultan mit seinem Bruder zu versöhnen und die Fürsten zur ausdrücklichen Anerkennung der Oberhoheit Hollands zu bewegen.

Die Residentie Riouw hatte vor allem mit dem Sultan zu schaffen, der nicht vergessen konnte, daß seine Vorfahren einst über

Malakka geherrscht hatten, und der daher sich immer wieder in die englischen Angelegenheiten einmischte. Als er 1856 wieder nach Singapore gegangen war, wurde ihm verboten, in Zukunft Riouw ohne besondere Genehmigung der Regierung zu verlassen. Er kehrte sich nicht daran und fuhr fort, sich nach Belieben zu bewegen. Er wurde daher Ende 1857 des Throns verlustig erklärt und durch einen seiner Onkel ersetzt. Der abgesetzte Sultan verband sich darauf mit einem Seeräuberhäuptling Panglima in Reich, im Norden von Djambi, und machte 1858 eine Strafexpedition dahin nötig.

Erfreulich entwickelte sich der Zinnbergbau auf Banka während jener Zeit. Von 1851 bis 1861 wurden jährlich 80 000 bis 100 000 Pikols erzeugt.

Es hat noch lange gedauert, ehe in Sumatra volle Ruhe hergestellt und Ordnung geschaffen war. In den sechziger Jahren hatte man mit den Bewohnern von Pasemah zu kämpfen, die Palembang und Benkoelen fortdauernd belästigten. 1868 erst wurde ihr Gebiet der holländischen Herrschaft unterworfen. An der Ostküste machten fortgesetzt die Atjinezen zu schaffen. Es bedurfte längerer Kämpfe in Asahan, Serdang und Panei, bis einigermaßen Ordnung hergestellt war. In Sial mußte 1864 der unbotmäßige Sultan abgesetzt werden, und in dem dazu gehörigen Deli erwiesen sich die einheimischen Fürsten wiederholt sehr aufsässig. Hier war aber Ruhe und Sicherheit besonders erforderlich, da seit 1864 hier eine Anzahl Unternehmer mit großem Erfolg Pflanzungen von Tabak und Gewürzen, besonders Muskatnüssen, begonnen hatte.*) Um diese Unternehmungen gegen Angriffe zu schützen, mußte hier 1872 eine größere militärische Expedition ins

---

*) Veranlassung dazu haben nach Haarsma die Lügen eines Arabers aus Deli gegeben, der 1863 in Java von großen Tabakvorräten in Deli erzählte und so einige Kaufleute veranlaßte, sich den Fleck anzusehen. Die holländische Regierung machte erst Schwierigkeiten. Der Resident von Riouw wollte den Sultan von Deli zur Verpachtung von Land nicht veranlassen. Endlich erlaubte letzterer den Tabakbau gegen einen Ausfuhrzoll von 60 Cents fürs Pikol. Die Arbeiter holte man aus Penang. 1865 wurden 189 Ballen geerntet. Sie brachten 149 Cents fürs Pfund. Die I. Gesellschaft „DeliMaatschappij" erhielt 1866 mit Mühe das Recht, soviel Land in Besitz zu nehmen, wie sie binnen fünf Jahren bepflanzen könne. Der Resident wurde mit List zu der Genehmigung gebracht. 1867 waren ihre Kosten 80 000 fl., ihr Gewinn 70 000 fl. Trotzdem hatte sie Mühe, das nötige Kapital aufzubringen.

Werk gesetzt werden. Nur in Westsumatra herrschte längere Zeit Friede. —

Die Maßnahmen Hollands in Ostsumatra und besonders Siak haben zu neuen Verwickelungen mit England geführt. Die englischen Kaufleute in Singapore wollten ihre Handelsbeziehungen mit jenem Teile Sumatras in keiner Weise gefährdet sehen und beschwerten sich, daß Hollands Vorgehen gegen die Bestimmungen des Vertrags von 1824 verstoße. Die englische Regierung erhob auf ihr Betreiben Vorstellungen in Holland. Im Haag mußte man den Beschwerden näher treten, aber man benutzte die Gelegenheit von Verhandlungen, welche damals gerade wegen Abtretung des Restes der holländischen Besitzungen an der afrikanischen Goldküste mit England schwebten, um der unbequemen Bestimmungen des Vertrags von 1824 ledig zu werden.*) Am 8. September 1870 kam mit England ein Vertrag darüber zu stande. Als er beim Parlamente keine Genehmigung fand, wurde unterm 2. November 1871 ein neues Abkommen geschlossen. Hierin sagte England zu, sich weiterhin in die Angelegenheiten von Sumatra nicht einzumengen. Dafür versprach Holland ihm Gleichstellung im Handel mit seinen Untertanen in Siak und anderen Staaten, die es noch unterwerfen werde.

Damit war das Schicksal Atjihs, des einzigen, von Holland noch unabhängigen Gebiets auf Sumatra, besiegelt. Man entschloß sich nun in Holland, dem Sklavenhandel, den Seeräubereien, Anfällen und Übergriffen der Atjinezen ein rasches und gründliches Ende zu machen. Noch 1871 erhielten zwei Kriegsschiffe Auftrag, die Häfen Atjihs zu besuchen und zu überwachen. Die Atjinezen wandten sich ihrerseits heimlich nicht nur nach Singapore, sondern auch an Frankreich**) und andere Mächte um Hilfe gegen Holland. Als letzteres eine Kommission nach Atjih senden und durch sie den Sultan zum Abschluß eines Vertrags bringen wollte, kam dieser den Holländern durch Sendung eines Bevollmächtigten nach Riouw zuvor. Während er Holland hinhielt, tat er Schritte, bei den Vereinigten Staaten***) und Italien Hilfe zu gewinnen.

---

*) Vergl. meine „europäischen Kolonien", Band III.

**) Der erste Minister des Sultans hatte schon 1852 Europa besucht und sich dem damaligen Präsidenten Frankreichs vorstellen lassen.

***) Der amerikanische Konsul in Singapore, zeigte sich sehr geneigt, seine

Bei Bekanntwerden dieser Maßnahmen des Sultans in Batavia hielt das Generalgouvernement weiteres Zögern für bedenklich. Im Einverständnis mit der gleichfalls unruhig gewordenen Regierung wurde Anfang 1873 der Vizepräsident des Rats von Indien Nieuwenhuizen mit vier Kriegsschiffen nach Atjih gesandt und eine ansehnliche Landmacht zusammengezogen. Der Sultan versuchte auch jetzt noch Zeit zu gewinnen, doch Nieuwenhuizen erklärte ihm, als er immer neue Ausflüchte machte, am 26. März 1873 den Krieg und begann zwei Tage darauf die Stadt zu beschießen. Gleichzeitig wurde den Kabinetten von Berlin, Petersburg, Florenz, Konstantinopel und Paris die Lage in Atjih und das Recht Hollands zu seinem geplanten Schritte dargetan und England gebeten, Hollands Vorstellungen gegen eine etwaige europäische Einmischung zu unterstützen. Am 5. April erschienen 3600 Mann holländische Truppen, und die Stadt wurde zu Lande angegriffen. Es folgten lange, hartnäckige Kämpfe mit dem sich tapfer wehrenden Feinde. Trotz einzelner Erfolge gelang es nicht, sich der Citadelle zu bemächtigen. Nach zahlreichen Verlusten mußte man angesichts der nahenden Regenzeit, Ende April den Angriff aufgeben und Atjih wieder verlassen.

Natürlich wuchs der Mut der Atjinezen durch diesen Ausgang der holländischen Expedition außerordentlich. Sie trafen nach Kräften Vorbereitungen, um auch weitere Schritte Hollands zu vereiteln. Aber in Holland setzte man nun alles daran, um die erlittene Scharte auszuwetzen. Während die Küsten Atjihs blockiert wurden, brachte man genügend Schiffe und Soldaten zusammen und beauftragte den ehemaligen Führer des indischen Heeres, Generalleutnant J. van Swieten mit dem Oberbefehl der neuen Expedition, die 6000 Mann stark, Ende November 1873 vor Atjih erschien. Es war ihm aufgetragen, einen Vertrag nach dem Muster des mit Siak geschlossenen zu erzwingen. Man wollte den Atjinezen Selbstverwaltung lassen, verlangte aber das Recht der Oberaufsicht sowie der Leitung des Zoll- und Steuerwesens.

Trotzdem auf holländischen Truppenschiffen die Cholera ausgebrochen war und eine Menge Opfer forderte, traf van Swieten

Regierung zu veranlassen, Atjih zu Hilfe zu kommen. Auch der italienische Konsul wollte der Sache näher treten. Beide Konsuln wurden aber von ihren Regierungen desavouiert.

energisch seine Anordnungen und vertrieb den Feind zunächst aus
den Werken am rechten Ufer des bei Atjih mündenden Flusses.
Im Januar 1874 eroberte man die Posten am linken Ufer und
zwang den Feind zur Räumung der Citadelle. Der Sultan verlor
infolge der Niederlage allen Einfluß, die einzelnen Häuptlinge setzten
aber den Kampf hartnäckig fort. Angesichts der Stärke der holländischen Stellung in der Citadelle und des Vorgehens der Schiffe
in den Häfen begann mit der Zeit jedoch der Widerstand zu er-
lahmen. Die Hälfte der Stämme an der Nord- und Westküste
unterwarf sich, und im Lande konnten einige feste Stationen errichtet werden. Der Sultan wurde für abgesetzt erklärt. —

Der General van Swieten hatte mit der Einnahme der Citadelle
den Krieg beendigt und Atjih erobert geglaubt. Die Ereignisse
haben indessen seiner Ansicht nicht recht gegeben. Trotz mancher
Erfolge Hollands setzten die Atjinezen ihren Widerstand fort. Der
an Stelle van Swietens tretende General Pel sah sich dadurch
veranlaßt, binnen kurzem die Zahl der bewaffneten Stationen auf
38 zu bringen und 2750 Mann darin festzulegen. Er wollte den
Hauptsitz des Widerstandes, Groot-Atjih, vollständig vom Meer abschneiden und dadurch und durch Vernichtung seines Handels allmählich
zur Unterwerfung bringen. Um seinen Plan noch kräftiger durchführen zu können, sollten gleichzeitig in den zu Atjih gehörigen,
meist Holland schon unterworfenen Vasallenstaaten einige Befestigungen
angelegt werden. Ende 1876 war man bei weiterer Durchführung
dieses Planes zur Anlage von 47 bewaffneten Posten gekommen,
von denen zwei in den Vasallenstaaten lagen. Das holländische
Besatzungsheer war von 2500 Mann im Jahre 1874 damals auf
3000 Europäer, 5000 Eingeborene und 180 Afrikaner verstärkt
worden. 13 Kriegsschiffe und sechs kleinere Fahrzeuge blockierten
die Küsten. Ein Stamm nach dem anderen wurde im Inneren
unterworfen.

Zum Unglück kostete die Durchführung dieses Systems soviel,
daß man in Holland unruhig wurde und an der Richtigkeit des
bisherigen Vorgehens zu zweifeln begann. Der Generalgouverneur
von Java, van Lansberge, erhielt daher Auftrag, die Dinge an
Ort und Stelle persönlich zu prüfen und danach Beschlüsse für die
Zukunft zu fassen. Das Ergebnis seines Besuches von Atjih im
März 1877 war der Beschluß, von weiteren militärischen Expeditionen

abzusehen und es mit einer Politik der Versöhnung gegenüber den Spitzen der Bevölkerung zu versuchen. Nur die noch Holland trotzenden Vasallenstaaten sollten mit den Waffen unterworfen werden. Zu letzterem Zwecke geschahen verschiedene neue Schritte im Jahre 1877. Zu ersterem wurden Verhandlungen mit verschiedenen Häuptlingen angeknüpft. Die Verwaltung fand das Ergebnis sehr befriedigend und faßte schon Ende 1877 ins Auge, nun den Seehandel wieder bis auf Waffenausfuhr freizugeben, um den Klagen der Küstenstaaten ein Ende zu machen und mehr Einnahmen zu erzielen.*) Die hohen Bergländer des Innern, wo der Hauptwiderstand saß, glaubte man auch so genügend von der See abschneiden zu können.

In der Tat schien diese Maßnahme Erfolg zu blühen. Die Küstenstaaten unterwarfen sich mehr und mehr Hollands Herrschaft und zeigten keine aufrührerischen Regungen mehr, und auch Groot-Atjih verhielt sich ruhig. Man konnte daher 1878 das Heer auf 298 Offiziere, 7730 Soldaten und 144 Pferde herabsetzen. Doch Anfang jenes Jahres begannen neue Erhebungen und Angriffe, und man überzeugte sich, daß es den Häuptlingen mit ihren Verhandlungen kein Ernst war. In aller Eile mußten neue Truppen nach Atjih geschickt werden, und General van der Heijden ging nun daran, den Widerstand der Atjinezen mit Gewalt zu brechen. In einem vierzehnmonatlichen Feldzuge erreichte er sein Ziel. Am 5. September 1879 konnte er in einem Tagesbefehl erklären, daß ganz Groot-Atjih unterworfen sei. Der Oberbefehlshaber des indischen Heeres, der damals das Land besuchte, fand überall Frieden und Ruhe. Van der Heijden konnte daran gehen, die Bevölkerung überall zur Wiederansiedelung in ihren Dörfern zu bringen und allmählich geordnete Zustände herbeizuführen. Sein erster Schritt war Schließung der Häfen von Atjih für den Einfuhrhandel, um Waffenschmuggel zu hindern und die Bevölkerung mehr und mehr in engere Beziehungen mit Holland zu bringen. Eine derartige, schon 1878 von dem General getroffene Anordnung war vom Generalgouverneur bisher aus Furcht vor Beschwerden fremder Mächte aufgehoben worden. Diesmal ließ sie der Generalgouverneur vorläufig in Kraft. Doch 1881 wurde van der Heijden abberufen, und sein Nachfolger schlug sogleich eine andere, weniger energische

---

*) Anfang 1878 wurde die Hafensperre in der Tat aufgehoben.

Politik ein. Der Erfolg war, daß neue Unruhen in Atjih sich regten. Der März 1883 das Gouvernement übernehmende Gouverneur Laging Tobias fand die Lage bereits wieder sehr bedenklich. Er sprach offen die Befürchtung aus, daß es binnen kurzem zu einem Kampf auf Leben und Tod kommen werde. Da zu neuen militärischen Maßnahmen Truppen und Mittel fehlten, verfiel man auf den Gedanken, das Sultanat wieder herzustellen und durch einen Holland ergebenen Herrscher der Unzufriedenen Herr zu werden. Gleichzeitig führte der neue Gouverneur eine strenge Überwachung des Handels der Küstenplätze ein. Der Plan der Ernennung eines neuen Sultans fand aber keinen Beifall in Batavia. Man entschloß sich dort ohne Befragung der Behörden von Atjih im Sommer 1884, den Versuch, ganz Atjih zu beherrschen, der Kosten wegen aufzugeben, die holländische Macht in einer starken Stellung zusammenzuziehen und die freiwillige volle Unterwerfung der Bevölkerung abzuwarten. Mit der Durchführung des Planes wurde ein Kolonel Demmeni betraut, da Tobias zurücktrat. Er sollte die Besetzung Atjihs auf ein Stück des Tals und einige Küstenflecke beschränken, im übrigen sich in innere Angelegenheiten nicht einmengen. — Der Gouverneur führte diesen Teil der Vorschriften aus. Eine gleichzeitig angeordnete strenge Blockade der ganzen Küste setzte er dagegen nur teilweise in Kraft und begnügte sich mit der Bestimmung, daß alle von außen nach Atjih kommenden Schiffe immer erst die drei von Holland noch besetzten Häfen Edi, Segli und Oleh-leh anlaufen sollten.

Diese Anordnungen entsprachen der Stimmung im holländischen Parlamente, wo mehrfach der Wunsch nach Räumung von Atjih überhaupt laut geworden war, da man der nie endenden Ausgaben für dieses Gebiet müde wurde.*) Die Regierung war mit Demmenis Maßregeln auch einverstanden. Sie rief sogar 1885 noch den größten Teil der Kriegsschiffe ab, hob die Blockade überhaupt auf und schaffte die bestehenden Beschränkungen der Schiffahrt ab. Es sollte versucht werden, durch völlige Freigabe des Handels und Nichteinmischung in die inneren Angelegenheiten die Bevölkerung zu versöhnen und zu gewinnen. Man begnügte sich fortan mit

---

*) Bis 1890 allein hat man die dafür aufgewendeten Summen auf mehr als 800 Millionen Gulden berechnet.

Anknüpfung von Beziehungen zu einflußreichen Häuptlingen, um die Bevölkerung Hollands Herrschaft geneigter zu machen. — Das Ergebnis dieser Politik entsprach allerdings den Erwartungen der Optimisten sehr wenig. Statt sich in die holländische Herrschaft zu fügen, lauschte die Bevölkerung wieder religiösen Fanatikern und rüstete sich zu neuem Kampf gegen die ungläubigen Eindringlinge. Die nötigen Mittel und Waffen brachte der unbelästigte Handel, und die Gehälter, welche Holland verschiedenen Häuptlingen zahlte, kamen auch meist den Rüstungen zu Gute. Aber in Holland blieb man gegen alle Zeichen blind. Männer, wie der frühere Minister Fransen van de Putte befürworteten lebhaft Wiederherstellung des Sultanats, um nach dem in Java gegebenen Muster Atjih zu regieren. General van Swieten, der frühere Gouverneur Laging Tobias und der Generalgouverneur van Rees waren dem Gedanken auch geneigt, und 1886 nach dem Tode General Demmenis wurde sein Nachfolger, van Teijn, angewiesen, vorbereitende Schritte in diesem Sinne zu tun.

Obwohl General van Teijn mit dem Plane ganz einverstanden war, sah er sich durch die Umstände genötigt, Maßregeln in anderem Sinne zu ergreifen. Er mußte wiederholt Aufrührer mit den Waffen niederschlagen und von 1888 ab nach und nach die ganze Küste blockieren. Zu der Wiedereinrichtung des Sultanats kam es nicht. 1892, als ein neuer Gouverneur nach Atjih kam, wurde die Blockade, welche die Küstenstaaten in schwere Bedrängnis versetzt und dem Waffenhandel nicht unerheblich gesteuert hatte, durch eine neue „Scheepvaartregeling" nach den Vorschlägen des Residenten Scherer ersetzt. Man bezweckte damit nicht allein Kontrolle von Handel und Schiffahrt, Erhöhung der Einkünfte und Unterdrückung des Schleichhandels, sondern auch volle Beherrschung der Küste und Isolierung Groot-Atjihs, das ohne Handel lahmgelegt ist.

Erreicht ist auch damals der Zweck nicht worden. Statt sich allmählich ins Unvermeidliche zu fügen, erhoben sich März 1894 wieder einzelne Stämme und brachten den holländischen Truppen Verluste bei. Und 1896 loderte gar voller Aufstand gleichzeitig an verschiedenen Punkten auf. Ein Häuptling, der das besondere Vertrauen des Gouverneurs genossen hatte, trat an die Spitze der Bewegung. Ein neuer Feldzug mußte ins Werk gesetzt werden, um die vorgeschobenen holländischen Posten zu entsetzen. Trotz ver=

schiedener Erfolge konnte auch General Vetter, der mit der Leitung der Dinge betraut worden war, des Aufstandes nicht Herr werden. Die öffentliche Meinung in Holland wandte sich nun auch gegen ihn und zwang die Regierung 1897 zu seiner Abberufung. Erst Februar 1899 gelang es, den Führer der Aufständischen, Toeloe Oemar zu töten und damit wieder vorläufig Ruhe herzustellen. Nicht weniger als 7500 Mann Truppen hatten allmählich in Atjih stationiert werden müssen. Vollständig ist man auch jetzt des Gebietes nicht Herr. 1901 haben wieder Unruhen stattgehabt, die bis Ende 1902 noch nicht vollständig niedergeschlagen waren. Trotz verschiedener Erfolge will sich die Bevölkerung des kaum 25 Quadratmeilen großen Gebietes der holländischen Herrschaft nicht fügen. Das schlechte Klima und Seuchen, wie Beri Beri, die unter den Truppen wüten, sowie der zu häufige Wechsel des Systems der Regierung scheinen gleichmäßig für diesen Stand der Dinge verantwortlich zu sein. —

Neben Atjih hat die kleine Insel Bali in neuerer Zeit den Holländern viel zu schaffen gemacht. Das Generalgouvernement hatte dem Stamme der Sassaks, die von den Balinesen abhingen, Selbständigkeit von diesen gewährt. Als Antwort überfielen die Balinesen im August 1894 auf der Insel Lombok unvermutet eine holländische Kolonne und töteten oder verwundeten 28 Offiziere und 364 Mann. Der General van Ham kam dabei um, und vier Kanonen fielen dem Feinde in die Hände. Es bedurfte einer großen Strafexpedition, um die Empörer zu züchtigen, und erst nach mehreren blutigen Gefechten glückte es General Vetter, den Rajah von Lombok gefangen zu nehmen und die Erhebung zu unterdrücken. Man mußte glücklich sein, daß nicht auch noch ein Feldzug auf Bali selbst nötig wurde.

In Westborneo hat Holland auch nicht geringe Schwierigkeiten zu bestehen gehabt. Fortgesetzt zeigten sich hier die zahlreichen Chinesen unbotmäßig. Als 1853 der Kommissar Prins im Herzen des von ihnen bewohnten Gebiets eine Station anlegen wollte, um sie besser überwachen zu können, überfielen sie ihn, belagerten die Station und leisteten einer Strafexpedition entschlossenen Widerstand. Die Regierung sah sich genötigt 2200 Mann gegen die Aufrührer zu senden und gleichzeitig die Küste zu blockieren. Nur auf diese Weise konnte man die Hauptplätze einnehmen und den Widerstand nach und nach brechen. Das Gebiet wurde dann unter geregelte Verwaltung gestellt, das Opium- und Salzmonopol durchgeführt und Vorkehrung getroffen, um dem Schmuggelhandel zu steuern. Trotzdem waren geheime Verbände unter den Chinesen auch noch weiterhin wirksam und hinderten eine volle Beruhigung des Landes, bis es 1855 gelang, sich der Papiere des wichtigsten Geheimverbandes zu bemächtigen. Einer Erhebung 1856 in den Goldwäschereien zu Larah glückte es rasch Herr zu werden. — Auch die Eingeborenen Borneos, mit denen man eine Reihe von Schutz= verträgen schloß, blieben lange unruhig und machten gelegentliche Expeditionen nötig. An ihrem Widerstande scheiterte ein Ende der 50er Jahre von einer holländischen Gesellschaft unter Leitung von van Vlissingen gemachter Versuch, dort europäische Bauern anzu= siedeln. Die ganze Niederlassung wurde von ihnen eines Tags überfallen und ihre Bewohnerschaft ermordet. — In Bandjermasin, wo lange Thronstreitigkeiten geherrscht hatten, brach 1859 ein allge= meiner Aufstand aus. Verschiedene holländische Beamte wurden ermordet und die Burg von Martapoera angegriffen. Der Holland ergebene Sultan wurde durch die Empörer völlig bei Seite ge= schoben. Das Generalgouvernement sandte einen neuen energischeren Residenten und Truppen nach Bandjermasin und beschloß, sortan hier keinen einheimischen Sultan mehr einzusetzen. Die Ein= geborenen beantworteten diesen Beschluß durch Überfall eines Dampfschiffs und Niedermetzelung seiner Bemannung. Ein von den mohammedanischen Priestern geleiteter hartnäckiger Buschkrieg brach aus, wobei die Holländer unter dem Klima und Seuchen schwer litten. Man war genötigt, überall Posten zu errichten und dem Feind in die unzugänglichsten Schlupfwinkel zu folgen. Erst Ende 1861 brachte man einige Häuptlinge zur Unterwerfung, und 1862 bemächtigte man sich des Hauptführers der Bewegung. Es dauerte bis 1866, ehe überall wieder volle Ruhe hergestellt war. Und 1870 hatte man wieder mit einer kleineren Erhebung zu kämpfen. Der Aufstand in Bandjermasin hat auch zu neuen Unruhen in Westborneo Anlaß gegeben. Es gelang jedoch, diese leichter beizu= legen.

Was die Erhebung in Borneo für Holland besonders gefähr= lich machte, war, daß gleichzeitig in Celebes gefährliche Kämpfe zu bestehen waren. Der damals dort mächtigste Fürst, der Sultan

von Boni, und seine ihm 1856 folgende Witwe erwiesen sich im
Laufe der Jahre immer unbotmäßiger. Sie beeinträchtigten die
holländischen Interessen fortgesetzt und versuchten, die andern boe-
ginezischen Staaten ganz unter ihren Einfluß zu bringen. Die
Verhältnisse spitzten sich so zu, daß das Gouvernement schließlich
1858 ein bewaffnetes Eingreifen für notwendig ansah. In Batavia
wurde eine Expedition ausgerüstet und unter Befehl des General-
majors Steinmetz gestellt, der im Februar 1859 an der Küste von
Boni erschien. Ein Ultimatum an die Sultanin blieb erfolglos.
So wurde trotz der schon sehr nahegerückten schlechten Jahreszeit
der Ort Badjoa an der Küste genommen und der Vormarsch nach
der Hauptstadt angetreten. Der Ort fiel nach einem hartnäckigen
Gefecht den Holländern in die Hände, doch die Bevölkerung war
geflohen und die Fürstin in Sicherheit. An weiteres Vorrücken
war nicht zu denken, da nun im holländischen Heere allerlei Krankheiten und besonders die Cholera ausbrachen. Es blieb nichts
übrig, als Ende März den Rückzug anzutreten und die Expedition
vorläufig nach Malassar zu bringen. Verhandlungen mit einem
der Großen des Reichs, Aroe Palakka, blieben ergebnislos, die
Sultanin war übermütiger als je. Man mußte sich zu einem
neuen Feldzug entschließen. Diesmal erhielt Generalleutnant
van Swieten den Oberbefehl, und Mitte November 1859 wurde
Boni gleichzeitig zu Land und See angegriffen. Die Eingebornen
leisteten Widerstand, vermochten aber gegen die gut geleitete Expedition nichts auszurichten. Ein Platz nach dem andern fiel ihr in
die Hände, Aroe Palakka wurde von den Holländern zum Thron-
kandidaten proklamiert. Als van Swieten im Dezember die reiche
Stadt Pampanoea genommen hatte, kapitulierte der Befehlshaber
des bonischen Heeres und lieferte die Reichsinsignien aus. Ende
Januar 1860 wurde Aroe Palakka zum Sultan proklamiert als
Lehnsmann Hollands. Die Landschaften Sindjai, Kadjang, Boeloe-
loempa und die Inseln Kalao und Bonerate mußte er ans
Gouvernement abtreten. Mit den Gebieten Sopeng, Wadjo und
Loewoe wurden neue Schutzverträge geschlossen. In den übrigen
Teilen von Celebes, besonders im bergigen Norden, blieb der hollän-
dische Einfluß auch damals sehr gering. Wiederholt machten hier
Strandraub, Sklavenhandel und andere Ausschreitungen be-
waffnete Einmischung nötig. Dauernde Erfolge wurden damit aber

nicht erzielt. — Allmählich hat die Ausbreitung von Pflanzungen verschiedener Art hier die Verhältnisse etwas gebessert.

In den Molukken wurde zu Anfang der 50er Jahre immer noch das Gewürzmonopol in einem gewissen Umfange durchgeführt. Dieser Umstand, Verwüstungen durch Erdbeben, Pockenepidemien, die z. B. den größten Teil der Bevölkerung von Batjan wegrafften, und dergl. trugen dazu bei, daß der Handel der Inseln immer weiter sank. Umsonst versuchte man ihn durch Offenstellung der Häfen von Ternate, Amboina, Banda und Kajeli auf Beroe 1853 neu zu beleben. Wohl wurde wiederholt an Aufhebung des Gewürznelkenmonopols auf Amboina, angesichts der Verluste,*) die das Sinken der Preise zur Folge hatte und des Elends der Bevölkerung gedacht. Man fürchtete aber immer, daß in solchem Falle die Bevölkerung die Pflanzungen ganz verwahrlosen lassen und gar nichts mehr arbeiten würde. Erst 1863 entschloß man sich, den Lieferungszwang abzuschaffen. Man verfügte, daß nur bis Ende 1868 die Nelken noch abgenommen werden sollten. Die eingebornen Großen wurden für Kassil- und Pitisgeld nach dem Durchschnitt der letzten 10 Jahre entschädigt. Den Eingebornen wurde zum Ersatz ein Kopfgeld auferlegt, das 1863 mit 1 fl. begann und jährlich um 1 fl. bis auf 5 fl. im Jahre 1868 stieg. — Auf der Insel Ceram machte ein gegen allen europäischen Einfluß gerichteter Geheimbund, der Kalihanverband, zu schaffen. Die Bündler suchten die Ausdehnung des Kakaobaus und die Ausbreitung des Christentums in jeder Weise zu hindern. 1860 wagten sie einen offenen Aufstand, trotzdem Holland erst zwei Jahre vorher eine Strafexpedition gegen sie gesandt hatte, und es bedurfte sehr nachdrücklicher Maßnahmen, um Ruhe zu schaffen. In Banda bereiteten der sinkende Preis der Muskatnüsse und die Arbeiternot, die seit Aufhebung der Sklaverei fühlbar wurde, fortdauernd Verlegenheiten. 1855 waren von den 34 Gewürzkonzessionen (Perken) 21 tief

---

*) Der Selbstkostenpreis der Nelken in Holland stellte sich auf 40 fl. das Pikol. Das Gouvernement zahlte nämlich 30 fl. an den eingebornen Pflanzer und an die Regenten und Ältesten: 1,25 fl. pro Pikol als Kassilgeld und 15 fl. für den Bar (550 Pfund) als Pitisgeld. Dazu kamen die hohen Transportkosten nach Batavia (2²/₃ fl. fürs Pikol) und von da nach Holland. Dort aber sank der Marktpreis fortgesetzt. 1854—1856 verlor man daher durchschnittlich am Pikol 9 fl., 1858 sogar 28 fl.

verschuldet. Die Preise waren schon 1855 stark gefallen. Von da an aber stürzten sie so, daß seit 1861 die Regierung, welche außerdem noch die Arbeiter unentgeltlich stellen mußte, verlor. 1859 kosteten die Arbeiter, obwohl nur 914 frei, 492 Sträflinge und 706 Sklaven waren, 30 920 fl. Als am 1. Januar die Sklaverei aufhörte, die Leute sofort die Perken verließen und Arbeiter aus anderen Inseln geholt werden mußten, wurde die Lage unhaltbar. 1864 entschloß man sich zur Aufhebung des Monopols. Bis 1867 bot man den Perkenbesitzern nur noch Abnahme der halben Ernte an. Bald machten diese aber hiervon keinen Gebrauch, da sie von den Händlern weit bessere Preise erhielten als von der Regierung. Die Ausfuhr stieg von 2801 Pikols 1870 auf 9044 im Jahre 1875, der Preis von 69 auf 160 fl. Sehr bald dehnte sich die Kultur jetzt auch auf die nächstliegenden Nachbarinseln aus. Überall wurde dort Land in Erbpacht genommen und mit Muskatnüssen bepflanzt. (Für 1 Bow jährlich 1 fl. Pacht.)

In Neu-Guinea, das Holland als Eigentum des Sultans von Tidore zum Teil in Anspruch nahm, blieben Niederlassungs- und Bewirtschaftungsversuche fortgesetzt vergeblich. In Timor störte die Unsicherheit der Grenzen gegen den portugiesischen Besitz. Ein 1651 darüber geschlossener Vertrag fand nicht den Beifall des holländischen Parlaments. Erst 1859 kam ein Ausgleich zustande, wonach Holland verschiedene streitige Plätze erhielt und dafür 200 000 fl. zahlte. 1857 war hier eine Strafexpedition nötig.

1866 wurde das Gouvernement der Molukken überhaupt aufgehoben und an seiner Stelle zwei Residenten, Ternate und Amboina, errichtet. Banda wurde eine Unterresidentie. Seeräubereien und andere Ausschreitungen veranlaßten hier gelegentliche Strafexpeditionen. Sonst blieb die Ruhe ungestört, trotzdem die Aufhebung des Gewürzmonopols sich sehr fühlbar machte. 1869 waren die Nelkenpreise so gefallen, daß die Eingeborenen nur noch etwa 15 fl. erzielten. Sie befanden sich daher auf Amboina in bitterster Not. Die zum Ersatz von der Regierung unterstützten Anbauten von Kaffee, Kakao, Reis zahlten noch nicht. Bald stellte sich auch heraus, daß Reis und Kaffe hier überhaupt nicht lohnten und die Kakaopflanzungen unter Krankheiten litten. Die Not wurde noch dadurch erhöht, daß die Regierung 1870 die Sagowälder für ganz unbedeutende Summen einem reichen Araber verpachtete. Eine

Zeitlang hat von 1874 an das Steigen der Nelkenpreise bis auf 100 fl. dem Notstand ein Ende gemacht. Von 1882 an sind sie aber wieder stark gefallen, und die Regierung mußte daran denken, den Leuten neue Einnahmequellen zu verschaffen. Zur Erleichterung der Lage der Bevölkerung sind 1864 schon alle unentgeltlichen Lieferungen und Dienstleistungen für die Regierung aufgehoben worden. Es wurden Tarife für ihre Bezahlung festgestellt, die mit der Zeit eine Erhöhung erfuhren. Um den Erpressungen und Ausschreitungen der eingeborenen Häuptlinge zu steuern, wurden zahlreichere Aufsichtsbeamte angestellt. 1880 wurde verordnet, daß Niemand zu mehr als 60 Frondiensttagen für Gemeinde und Häuptlinge herangezogen werden dürfe.

Die meisten Erwartungen für Besserung der Lage in den Molukken werden auf Anlage neuer Pflanzungen gesetzt. Seit 1892 besteht in Banda neben der „Crediet- en Handels-Vereeniging Banda" eine „Bandasche Perleniers- en Handels-Vereeniging". Beide Gesellschaften bezwecken Förderung des Landbaus und Handels in den Molukken und unterstützen die Unternehmer mit Vorschüssen. Das gleiche Ziel verfolgt die „Molukfche Handels-Vereeniging", doch bleibt noch viel zu tun. Es fehlen vor allem noch Telegraphenverbindungen, bessere Verkehrsmittel, Justiz- und Verwaltungseinrichtungen. — Auf der Insel Matjan gedeiht jetzt vortrefflicher Tabak, in Batjan werden Kaffee, Kakao, Tabak ꝛc. gebaut.

Die Insel Timor gehört von alters her nur zum Teil den Niederlanden. Ein ansehnliches Gebiet hat sich hier Portugal durch die Zeiten hindurch zu retten gewußt. Die Kolonie ist lange stark vernachlässigt worden. Erst am 20. April 1859 ist über die Besitzverhältnisse hier mit Portugal eine Einigung erzielt worden. Letzteres verzichtete damals auf die kleinen Allor-Solor-Inseln und Flores und begnügte sich mit dem kleineren nordöstlichen Teil Timors. Die Abgrenzung hatte den Mangel, daß Holland eine Enklave im portugiesischen und umgekehrt Portugal im holländischen Gebiete behielt, was zu ewigen Reibereien und Schererein sowie Schwierigkeiten mit den Eingeborenen führte. Erst 1902 hat man sich entschlossen, diesem Zustand ein Ende zu machen. Eine Kommission von Vertretern beider Staaten trat damals im Sommer im Haag zusammen und brachte einen Vertrag zustande, wonach Holland auf seine Enklave im portugiesischen Gebiet gegen einen

Teil der portugiesischen Enklave verzichtet. Portugal hat aber auch jetzt noch die beiden Landschaften Oikusi und Ambenu inmitten des holländischen Gebietes behalten.

Um den Besitz auf Neu-Guinea hat sich die niederländische Regierung erst seit Beginn der kolonialen Tätigkeit Deutschlands und Englands auf der großen Insel etwas gekümmert. Seit 1900 wurden, während man sich vorher meist mit gelegentlichen Handels- und Forschungsexpeditionen begnügte, an verschiedenen Küstenplätzen befestigte Stationen angelegt und Streifzüge in das Innere begonnen. Man gründete auch eine Niederlassung Merauke für Perlenfischerei. Zu ihrer Anlage und für den Fischereibetrieb verwendete man Strafgefangene aus Java. Man hofft hier auf Erfolg besonders, wenn erst der australische Bund durch Ausweisung der asiatischen und polynesischen Arbeiter die Perlenfischerei in Queensland lahmgelegt haben wird. Doch bisher hat man wenig Freude an diesen Unternehmungen erlebt. Das schlechte Klima rafft die Holländer in Massen hin, und irgend eine Aussicht auf erfolgreiches Vorgehen hat sich noch nicht gezeigt. Im Frühling 1902 sind zahlreiche der in Merauke verwendeten Strafgefangenen entflohen und von den Eingeborenen ermordet worden, und es war die Rede davon, die Station wieder aufzugeben. In der holländischen Kammer haben sich auch schon wiederholt Stimmen gegen die nutzlosen Ausgaben für dieses entlegene Gebiet vernehmbar gemacht. Die Regierung scheint indessen vorderhand die Versuche noch fortsetzen zu wollen.

Zehntes Kapitel.
Heutige Lage von Niederländisch-Ostindien.

Das indische Reich Hollands bedeckt gegenwärtig einen Flächenraum von 34 786 geographischen Quadratmeilen. Es entfallen davon 2388 auf Java, der Rest auf die übrigen Besitzungen. Die Einwohnerzahl Javas belief sich 1893 auf 24 642 985, die der Außenbesitzungen auf 7 127 433 Köpfe, im ganzen 31 770 418. Die Zählung von 1897 ergab eine Bevölkerung von 34 090 000 Seelen, von der 26 125 053 auf Java entfielen. 1900 war Java von 28 745 700 Menschen bewohnt, darunter 62 477 Europäer. Die Zahl der Europäer in Holländisch-Indien und der diesen gleichgestellten Personen betrug 1852: 22 117, 1860: 29 170, 1870: 35 541, 1874: 34 212, 1896: 63 315; die der Chinesen belief sich auf 460 000, der Araber auf 24 000. An Holländern lebten im genannten Jahre etwa 49 000 in dieser Kolonie.

Holländisch-Indien setzt sich heut zusammen aus Java, Sumatra, dem Riouw-Lingga-Archipel, Banka, Billiton, Borneo, Celebes, den Molukken, Timor-Archipel, Bali und Lombok, Neu-Guinea. Das dichtest bevölkerte Gebiet neben Java ist Sumatra mit 3 209 000 Bewohnern. Dann folgt Celebes mit 1 997 800, Bali und Lombok mit 1 044 757 Köpfen. Auf Atjih entfallen 531 700 Bewohner. Die drei größten Städte Javas: Batavia, Samarang und Soerabaya, zählten 1897: 115 567, 84 266 und 142 980 Bewohner. Die Zahl der Christen in Holländisch-Indien betrug damals 309 258, gegenüber 154 345 im Jahre 1879.

Die Finanzen Holländisch-Indiens zeigen im 19. Jahrhundert folgende Entwickelung:

	Einnahmen Gulden	Ausgaben Gulden	Überschüsse oder Ausfälle Gulden
1850	87 200 000	71 800 000	+ 15 400 000
1855	103 000 000	77 400 000	+ 25 600 000
1860	126 500 000	97 600 000	+ 28 900 000
1865	132 400 000	101 500 000	+ 30 900 000
1870	123 000 000	105 000 000	+ 18 400 000
1871	135 531 000	105 536 700	+ 29 994 200
1872	127 213 300	112 052 400	+ 15 160 900
1873	134 550 900	122 469 300	+ 12 081 600
1874	144 422 600	126 494 000	+ 17 928 600
1875	147 668 100	129 089 700	+ 18 578 300
1876	139 895 600	155 818 800	− 15 923 200
1877	154 842 200	156 780 600	− 1 938 300
1878	144 429 700	148 729 500	− 4 299 700
1879	144 515 900	156 043 400	− 11 527 500
1880	146 838 100	146 936 100	− 98 000
1881	137 802 400	151 232 700	− 13 430 300
1882	130 315 200	149 582 900	− 19 267 700
1883	141 627 000	149 963 700	− 8 336 700
1884	142 266 400	143 573 700	− 1 307 400
1885	133 981 500	130 878 000	+ 8 103 500
1886	131 259 300	129 884 900	+ 2 374 800
1887	143 350 700	117 896 200	+ 25 454 569

	Einnahmen Gulden	Ausgaben Gulden	Überschüsse oder Ausfälle Gulden
1888	119 690 100	128 348 700	− 8 658 600
1889	130 832 200	129 183 200	+ 1 649 000
1890	137 789 500	127 736 700	+ 10 052 700
1891	215 666 932	130 638 600	− 14 971 900
1892	126 718 200	135 993 200	− 9 275 000
1893	135 176 300	127 574 800	+ 7 601 500
1894	128 418 700	138 683 800	− 10 265 100
1895	131 242 900	139 459 000	− 8 216 100
1896	133 083 500	143 702 100	− 10 618 500
1897	130 884 500	149 125 700	− 18 241 200
1898	132 346 500	150 810 100	− 18 463 600
1899	142 119 900	143 044 100	− 2 561 300
1900	151 174 800	147 766 300	+ 4 639 900
1901	149 835 000	149 885 400	+ 50 600

Von 1831 bis 1871 hat Holländisch-Indien an Überschüssen eingebracht 725 000 000 fl. Aus diesem Betrage hat das Mutterland alle Schulden getilgt. —

Unter Zurechnung der 1871 vorhandenen Überschüsse früherer Jahre im Betrage von etwa 17 Millionen Gulden hat Holländisch-Indien innerhalb des Zeitraumes von 1871 bis 1893 an Überschüssen abgeworfen: 159 343 500 fl. Von dieser Summe sind für Zwecke des Mutterlandes verwendet worden: 81 827 000 fl.

Der danach 1893 noch verfügbaren Summe von 109 034 254 fl. stand aber ein in derselben Zeit aufgelaufenes Defizit von 109 034 254 fl. gegenüber. Zur Deckung des somit verbleibenden Fehlbetrages von 91 517 745 fl. wurde 1893 eine Anleihe aufgenommen. Zur Verzinsung und Amortisierung des der Kolonie angerechneten Betrages von 46 350 000 fl. hat sie jährlich 1 854 000 fl. zu zahlen.

Das Defizit ist verschuldet im wesentlichen durch die Kosten des Krieges mit Atjih, welcher eine fortdauernde Steigerung der Ausgaben für Heer und Flotte erforderlich macht. Allerdings sind auch die Aufwendungen für Bauten von Bahnen, Bewässerungsanlagen und andere öffentliche Arbeiten neuerdings sehr angewachsen, doch sie verschwinden gegenüber den Aufwendungen für militärische Zwecke, wie nachstehende Zusammenstellung zeigt:

	Aufwendungen für	
	Heer und Flotte	Bahnen, Häfen, Bewässerung
1871	22 700 000	—
1875	51 473 000	765 500
1880	49 065 000	11 181 600
1885	45 527 000	7 533 000
1890	44 628 000	8 603 600
1894	43 379 000 (Anschlag)	14 071 000
1895	—	9 819 000

Die indische Armee zählt jetzt 1345 Offiziere und 39 388 Unteroffiziere und Mannschaften. Die Zahl der Europäer darin beläuft sich auf 14 960. Dazu treten 4251 Amboinesen und 45 Afrikaner. Die Europäer rekrutieren sich durchweg aus Freiwilligen. Die Flotte besteht im Gegensatz zur Armee aus einem holländischen und einem kolonialen Teile. Der koloniale Teil bestand 1899 aus 18 Schiffen, der holländische zählte 4 Fahrzeuge. Die gesamte Bemannung belief sich auf 3300 Köpfe, davon 933 Eingeborene.

Ebensoviel wie die Verteidigung Holländisch-Indiens kostet etwa seine Verwaltung. An ihrer Spitze steht der Generalgouverneur, dessen Vollmachten durch das Regierungsreglement von 1854 mit seinen Nachträgen festgelegt sind. Ihm ist beigegeben ein Raad aus fünf Mitgliedern, der zum Teil beratende Stimme, zum Teil gesetzgeberische Macht hat. Seine Mitglieder werden wie der Generalgouverneur vom Souverän des Mutterlandes ernannt. Java zerfällt in 22 Residentien, jede unter einem Residenten, dem in der Regel verschiedene Assistent-Residents beigegeben sind. Die einzelnen Distrikte der Residentien werden durch Kontroleurs verwaltet. In den Außenbesitzungen walten Beamte mit verschiedenen Titeln.*) In den beiden dem Namen nach noch unter eingeborener Herrschaft stehenden Gebieten in Java (den Vorstenlanden) liegt die Regierung wesentlich in den Händen der Rijksbestierder, zuverlässiger Eingeborenen, die den Fürsten zur

---

*) Die Gehälter der Beamten sind heute verhältnismäßig gering, die an ihre Leistungen und ihr gesellschaftliches Auftreten gestellten Ansprüche hoch. Nur alle 10 Jahre wird Urlaub für Europa gewährt unter Zahlung eines Drittels des Gehaltes; das Vorrücken im Dienst ist sehr langsam; die Pensionen sind recht bescheiden bemessen. Trotzdem verfügten die Niederlande über ein vortreffliches Beamtenpersonal in Indien.

Seite gesetzt sind. In allen anderen Gebieten gibt es neben den holländischen Beamten eingeborene Regenten, welche den einst hier herrschenden Adel vertreten und die Vermittler zwischen den Niederländern und den Indern darstellen. Sie erhielten früher monatlich 3600 fl. und hohe Anteile vom Kaffeeertrag. Jetzt sind ihre Bezüge meist auf 1000 fl. monatlich herabgesetzt, und vom Kaffee bekommen sie selten mehr als 3000 bis 4000 fl. jährlich. Die Kosten für die eingeborenen Beamten sind von 2 Millionen Gulden im Jahre 1807 jetzt auf mehr als 5 Millionen gestiegen, aber die mit ihnen gemachten Erfahrungen waren nicht befriedigend. Sie entbehren meist aller Kenntnisse und moralischen Eigenschaften. Erst bei besserer allgemeiner Erziehung und Vorbildung der Eingeborenen ist zu erwarten, daß man mehr tüchtige Leute bekommt. — Für stete Überwachung der Eingeborenen, Studium ihrer Wünsche und Bräuche und Erhaltung guter Beziehungen mit ihnen sorgt ein eigener Dienst, an dessen Spitze ein besonders sachverständiger Beamter steht.

Die Rechtspflege für Europäer und ihnen Gleichgestellte erfolgt nach Maßgabe des holländischen Rechts, die für Eingeborene nach eigenen Gesetzbüchern. Für sie werden vielfach auch eingeborene Richter verwendet. Das oberste Gericht ist in Batavia. Gewöhnliche Gerichtshöfe sind dort und außerdem in Samarang, Soerabaya, Padang und Makassar. Für kleinere Sachen bestehen priesterliche Gerichte sowie solche der Residenten und der Kreise.

Für Schulzwecke der Eingeborenen hat die Regierung 1875: 803 906 fl., 1899: 1 362 566 fl. aufgewendet. Es gab damals für Europäer 7 Mittelschulen, die 591 832 fl. kosteten und 185 Elementarschulen, davon 20 private. Sie kosteten 2 546 529 fl. und brachten 284 095 fl. ein. An Schulen für Eingeborene gab es 5 Normalschulen, 4 Schulen für Häuptlingssöhne, 232 Gouvernements- und 236 Privatschulen in Java; 297 Gouvernements- und 546 Privatschulen in den Außenbesitzungen.

Die Einnahmen Holländisch-Indiens fließen jetzt größtenteils aus Monopolen, Steuern und Zöllen. Unter ersteren steht im Ertrage obenan das Opiummonopol. Es warf ab 1971: 12 585 000 fl., 1886: 21 376 000 fl., 1895: 17 668 000 fl. 1895 wurde die Summe, welche die Opiumpächter an die Regierung zu zahlen hatten, auf 14 074 000 fl. veranschlagt. Die den Pächtern zu überlassende Menge Opium wurde auf 3 594 000 fl. geschätzt, ihr Einkaufspreis auf

1 232 000 fl. 1894 wurde auf Madoera der Versuch gemacht, den Opiumverlauf von Regierungs wegen in die Hand zu nehmen.

Das an zweiter Stelle stehende Salzmonopol lieferte 1871: 6 300 000 fl., 1886: 7 167 000 fl. 1895: 8 557 000 fl. Reinertrag. Das Salz wird allein in Madoera erzeugt. Die Fabrikanten müssen den Coyan von 30 Pikols*) für 10 fl. der Regierung überlassen. Die Kosten des Salzes und seines Transportes beliefen sich für die Regierung 1895 auf etwa 2½ Millionen Gulden. Verkauft wurden 1871: 32 600, 1875: 36 700, 1880: 37 200, 1885: 38 100, 1890: 42 300, 1895: 42 800 Coyans.

Unter den Steuern ist am ertragreichsten die Landrente für Reisfelder, die 1871: 14 897 000 fl., 1886: 19 675 000 fl., 1895: 17 072 250 fl. einbrachte.**)

Die Grundsteuer ergab: 1871: 1 065 500 fl., 1886: 1 773 000 fl., 1895: 1 898 000 fl.

Für Verpachtung wüstliegender Ländereien wurden erzielt: 1871: 352 000 fl., 1886: 821 800 fl., 1895: 1 385 500 fl.

Die Handels- und Gewerbesteuer wies an Erträgen auf: 1871: 1 025 000 fl., 1886: 3 318 000 fl., 1895: 2 770 000 fl.

Das als Ablösung für die Herrendienste in Java eingeführte, früher erwähnte Kopfgeld ergab: 1886: 2 540 000 fl., 1895: 2 876 000 fl.

Die Ergebnisse der Zölle gestalten sich folgendermaßen:

	Einfuhr:	Ausfuhr:		Einfuhr:	Ausfuhr:
1871	5 185 000 fl.	1 096 000 fl.	1890	7 831 500 fl.	923 500 fl.
1875	6 289 000 ,	1 717 500 ,	1893	8 896 800 ,	905 300 ,
1880	6 647 200 ,	2 094 300 ,	1895	8 895 000 ,	1 737 000 ,
1885	6 800 500 ,	2 620 600 ,			

Es unterliegen Ausfuhrzöllen gegenwärtig noch: Vogelnester, Häute, Zucker, Zinn und Tabak.

Die Ausfuhrzölle für Kaffee und Indigo haben angesichts des Sinkens der Weltmarktpreise abgeschafft werden müssen. Auch bei Zucker müssen sie häufig erlassen werden.

Unter den anderen Abgaben tragen das meiste ein: die Stempelgebühren 1871: 617 000 fl., 1886: 1 100 000 fl., 1895:

---

*) 1 Pikol = 61,76 kg = 113 lbs.
**) 1856 warf sie nur 9½ Millionen Gulden ab.

Kleinere Abgaben. Erträge der Zwangskulturen. 259

1 180 000 fl. und die für das Schlachten von Vieh 1871: 625 000 fl., 1888: 1 458 000 fl., 1895: 1 357 500 fl.

Neben ihnen bestehen noch zahlreiche andere, weniger ergebende Licenzen, Gebühren ic. Sie betreffen den Detailverkauf von Spirituosen, Halten von Spielhäusern oder Eingeborenen-Theatern, Verkauf von Tabak, Betel, Fischen, Salz in verschiedenen Gebieten, Gewinnung der Vogelnester, Recht zum Fischen, Holzschlagen, Diamanten- und Goldsuchen, Häusertaxen, Benutzung von Höfen ic. Dazu müssen die Eingeborenen überall Kopfgeld zahlen und die Chinesen noch verschiedene andere Abgaben entrichten.

Nach den vorliegenden Listen haben die verschiedenen Steuern von den gesamten Einnahmen Holländisch-Indiens gebracht 1896: 39,3 pCt., 1900: 40,4 pCt., 1901: 39,3 pCt.

Die Monopole waren an den Einnahmen der Kolonie beteiligt: 1896 mit 23,9 pCt., 1900 mit 21,7 pCt., 1901 mit 21,0 pCt.

Etwas zurückgetreten sind mit der Zeit dagegen die Erträge des Verkaufs der Gouvernementsprodukte, die zu den Zeiten des Kulturstelsels eine so bedeutende Rolle spielten. Es besteht ja gegenwärtig nur noch die Zwangskultur in Kaffee.

Die Ausbeutung der Zinnminen in Banka und der Cinchonapflanzungen (Chinarindenbaum) in Java, welche das Gouvernement auf eigene Rechnung betreibt, erfolgt durch freie Arbeiter.

Die Gewinne aus dem Verkauf der Gouvernementsprodukte zeigen folgendes Bild:

Jahr	Betrag	Jahr	Betrag
1871	48 536 000 fl.	1883	27 443 100 fl.
1872	38 383 400 »	1884	20 393 000 »
1873	47 276 000 »	1885	23 198 000 »
1874	47 334 900 »	1886	20 918 000 »
1875	56 770 500 »	1887	42 264 000 »
1876	37 672 300 »	1888	18 201 000 »
1877	54 904 200 »	1889	27 396 000 »
1878	42 287 300 »	1890	38 682 000 »
1879	34 992 000 »	1891	13 424 000 »
1880	45 161 800 »	1892	14 687 000 »
1881	29 442 900 »	1893	29 353 000 »
1882	19 059 800 »	1894	16 369 000 »
1871—1882 durchschnittl.	41 885 000 »	1895	26 982 200 »
		1883—1894 durchschnittl.	24 376 000 »

17*

Seitdem haben die Erlöse aus den Gouvernementskulturen 1895 nur noch 22,9 pCt., 1900 gar nur 20,8 pCt. und erst 1901 infolge steigender Kaffeepreise wieder 24,9 pCt. der gesamten Einnahmen der Kolonie eingebracht.

Das Gouvernement Holländisch-Indiens hat an Kaffee abgeliefert erhalten:

	Java Pikols*)	Sumatra Pikols*)	Menado Pikols*)
1885	499 919	102 274	23 561
1890	96 646	65 050	960
1894	363 960	34 000	900

Es gab in Java 1895 noch 3681 kulturpflichtige Dörfer und 1126 andere, die die bestehenden Pflanzungen zu besorgen hatten. In ihnen waren 303 368 Personen kulturpflichtig. Dem Gouvernement gehörten dort 71 474 266 Bäume, den Eingeborenen 191 222 700. Die Eingeborenen erhalten für den abgelieferten Kaffee 25 Mk. pro 1 Pikol. 1888 wurde in Holland Zahlung von 30 Mk. angeregt. Man verstand sich aber nur zu einem gelegentlichen Zuschlag zu den 25 Mk. In Menado (Celebes) hat man umsonst den Preis auf 41,70 Mk. erhöht. Die Kultur geht dort trotzdem ständig zurück. Der Kaffeebau in Java leidet seit 1879 unter dem Preissturz und der Blätterkrankheit, die viele Pflanzen zerstört hat. In Central- und West-Java mußte man schon an Aufgabe des Kaffeebaus denken, als die Einführung der Liberiabohne zusammen mit dem Steigen der Preise seit 1886 eine neue Blüte brachte. Die Liberiabäume leiden weniger unter der Blattkrankheit.

Auch in Java und Sumatra krankt das ganze System, wie die folgenden Zahlen beweisen. Es belief sich die Menge des dort dem Gouverneur gelieferten Kaffees:

1870 bis 1879 im Durchschnitt jährlich auf 898 000 Pikols
1880 » 1889 »   »   »   » 740 000 »
1890 » 1898 »   »   »   » 307 000 »

---

*) 1 Pikol = 113 lbs.

An Kaffee im ganzen wurde in Holländisch-Indien erzeugt:

	auf Gouvernementsland	überhaupt
1894	52 048 300 lbs.	131 832 500 lbs.
1895	48 333 900 "	114 220 300 "
1896	42 164 700 "	116 065 100 "
1897	68 338 400 "	156 503 900 "
1898	17 676 500 "	60 569 600 "
1899	32 988 500 "	118 044 400 "
	in Java	
1901	12 271 800 "	45 403 400 "

Das Gouvernement verkauft den Ertrag der Sumatraernte und 100 000 Pikols Javakaffee an Ort und Stelle. Der Rest wird in Holland durch die Nederlandsche Handelmaatschappij abgesetzt.*)

Die Rohrzuckerindustrie hat sich seit der 1889 erfolgten Aufhebung der Zwangskultur sehr gehoben, wie folgende Liste ergibt. Es wurden an Zucker in Holländisch-Indien erzeugt:

1875	193 634 Tons	1895	537 690 Tons
1880	218 179 "	1900	710 150 "
1885	380 046 "	1901	766 238 "
1890	399 999 "		

---

*) Über die Geschäfte dieses Unternehmens bringt Tijdeman in seiner Geschichte folgende Zahlen bei. Es beliefen sich die Dividenden der Nederlandsche Handelmaatschappij auf:

1835	45 fl.	1846	60 fl.	1857	96 fl.
1836	70 "	1847	30 "	1858	43 "
1837	60 "	1848	45 "	1859	86 "
1838	85 "	1849	45,21 "	1860	77 "
1839	85 "	1850	56 "	1861	68 "
1840	75 "	1851	68 "	1862	116 "
1841	45 "	1852	80 "	1863	113 "
1842	20 "	1853	78 "	1864	129 "
1843	20 "	1854	55 "	1865	94 "
1844	22,50 "	1855	57 "	1866	87 "
1845	65 "	1856	124 "		

Der Kurs der Anteile schwankte (jeder Anteil beträgt 1000 fl.):

1824 zwischen	98¹/₂ und 115	1850 zwischen	163¹/₂ und 172
1830 "	85¹/₄ " 95¹/₂	1855 "	122¹/₂ " 129
1835 "	102³/₄ " 124¹/₂	1860 "	124¹/₂ " 135⁷/₈
1840 "	150³/₄ " 182¹/₄	1865 "	139¹/₄ " 149
1845 "	146³/₄ " 170³/₄	1866 "	127¹/₂ " 148.

Während das Gouvernement mit seiner Zwangskultur schließlich erheblichen Schaden hatte, sind seitdem in Java mit Rohrzucker große Vermögen verdient worden. Störend ist nur das Auftreten der „Sereh"krankheit des Zuckerrohres. Man kann ihr in den Küstengebieten nur dadurch Einhalt tun, daß man die Steckling immer aus den gesunden Berggegenden bezieht oder neue Sorten aus gesunden Samen züchtet.

An Chinarinde hat Java ausgeführt 1897: 8 498 726 lbs., 1900: 12 068 718 lbs., 1901: 13 901 586 lbs.

Abgesehen hiervon wird viel Rinde in der Regierungsfaktorei zu Bandong verarbeitet. Es wurden dort 1901 hergestellt 1 014 000 Unzen Chinin zu 1¹/₁₀ Penny für die Unze.

Die Zinnproduktion von Banka, Biliton, Riouw ergab 1896/97: 14 856, 1897/98: 15 686, 1898/99: 17 703, 1899/1900: 16 460 Tons. Indigo wird gegenwärtig in 129 Pflanzungen erzeugt. Da hauptsächlich die allerfeinsten Sorten hergestellt werden, findet er trotz der Konkurrenz des künstlichen Erzeugnisses, allerdings oft zu sehr niedrigen Preisen, immer Absatz. Es wurden produziert:

1894	565 500 kg	1897	936 200 kg
1895	621 700 „	1898	1 094 200 „
1896	721 700 „	1899	763 100 „

1900 belief sich der Indigoexport auf 1 537 149, 1901 auf 1 411 310 lbs.

Die Theeproduktion Holländisch-Indiens, die jetzt auf 110 Plantagen betrieben wird, hat ergeben:

1894	4 096 900 kg	1897	4 206 600 kg
1895	4 746 600 „	1898	4 757 200 „
1896	3 916 400 „	1899	5 452 800 „

Im Tabakbau wetteifert neuerdings Java mit Sumatra, wie nachstehende Tabelle ergibt:

	In Java		In Sumatra	
	Zahl der Pflanzungen	kg	Zahl der Pflanzungen	kg
1895	88	9 807 200	116	18 075 900
1896	90	13 860 000	103	15 704 700
1897	87	16 354 400	106	17 112 800
1898	110	18 418 600	115	20 537 800
1899	131	24 846 600	130	23 968 400

Über den Stand des **Landbaues** in Java liegen nachstehende Zahlen vor. Es waren bestellt mit:

	Reis	Mais, Erdnüsse, Baumwolle	Zucker	Tabak	Indigo	Summe
			Acres			
1895 ...	5 126 400	3 574 600	923 800	177 000	60 200	9 162 300
1896 ...	4 828 600	3 595 200	213 800	258 900	54 300	8 950 400
1897 ...	4 899 900	4 019 100	229 900	240 300	51 700	9 441 000
1898 ...	5 208 000	4 046 800	246 400	252 800	49 800	9 786 800
1899 ...	5 198 600	4 831 800	265 400	265 800	60 000	10 122 600

Im Besitz von Eingeborenen befanden sich 1899: 6 935 300 Acres. Im Besitz von Europäern waren 2 241 170 Acres. Chinesen besaßen 470 809, andere Orientalen 32 576 Acres. Verpachtet an 785 Kompagnien und Europäer waren außerdem 967 200; an 52 Chinesen 38 300, an 6 Eingeborene 2300 Acres.

An Vieh waren vorhanden 1895: 2 643 000 Büffel, 2 572 000 Rinder, 455 500 Pferde.

Die Ausbeutung der Kohlenlager Sumatras lieferte:

1896 . . . . . 139 864 Tons	1899 . . . . . 182 712 Tons
1897 . . . . . 160 691 „	1901 . . . . . 195 000 „
1898 . . . . . 162 760 „	

Eine wichtige Rolle spielt ferner die Bewirtschaftung der Wälder, die viele wertvolle Hölzer enthalten. Bis 1856 mußten die Bewohner gewisser Dörfer Javas das Teakholz unentgeltlich fällen und an die Regierung abliefern. Seitdem hat man eine freie Holzindustrie zugelassen aber unter staatliche Aufsicht gestellt. Auch auf den anderen Inseln ist geregelte Forstkultur eingeführt. Es wurden aus ihr 1686: 101 064 fl., 1895: 1 129 344 fl. Einnahmen erzielt. Seit etwa 10 Jahren findet eine regelrechte und sachverständige Ausbeutung der Mineralöllager Holländisch-Indiens statt. 1891 belief sich der Export nur auf 46 942 Liter. 1896 betrug er 48 712 800, 1897 ist er infolge besserer Einrichtungen bereits auf 163 529 200 Liter gestiegen. 1900 belief er sich auf 114 819 800 Liter.

Das meiste indische Petroleum geht nach Singapore, Hongkong, Japan und China. 1900 waren 166 Europäer und 4500 Asiaten in den Öldistrikten tätig.

Im ganzen ist der Bergbau in der Kolonie noch nicht genügend entwickelt. Die Behörden legten bisher den Prospektern und Unternehmern zu viel Hindernisse in den Weg. Ganz neuerdings ist eine Änderung eingetreten, und holländische Untertanen können Minenkonzessionen bis 100 Quadratmeilen für eine Gebühr von 2 Cents pro Acre und eine Abgabe von 4 pCt. des Ertrages auf 96 Jahre erhalten. Doch ist das Minengesetz im ganzen sehr schwerfällig. Trotzdem werden Goldminen in Java, Celebes und Borneo schon ausgebeutet, freilich meist ohne entsprechenden Erfolg.

Der Handel Holländisch-Indiens zeigt folgendes Bild:

Holländisch-Indien.			Holländisch-Indien.		
	Einfuhr	Ausfuhr		Einfuhr	Ausfuhr
	Gulden			Gulden	
1875	125 672 300	177 075 900	1888	139 630 100	184 097 400
1876	121 511 700	213 519 800	1889	173 384 800	197 662 600
1877	153 704 400	220 509 300	1890	160 173 717	176 549 600
1878	140 449 400	179 967 600	1891	177 430 900	224 160 200
1879	154 651 600	175 744 800	1892	170 888 900	214 954 500
1880	173 413 900	174 649 900	1893	177 857 500	192 431 600
1881	158 660 300	177 125 800	1894	175 215 200	200 085 800
1882	162 962 200	199 660 800	1895	161 580 300	225 067 600
1883	145 823 800	199 561 500	1896	169 348 600	199 630 700
1884	152 018 900	189 715 800	1897	181 705 500	210 414 300
1885	139 867 800	188 071 700	1898	179 821 400	217 754 100
1886	126 736 400	186 230 200	1899	—	—
1887	126 279 400	187 158 600	1900	—	—

Für Rechnung des Generalgouvernements wurde

	eingeführt	ausgeführt
	Gulden	
1875	8 019 600	41 474 500
1880	15 939 900	37 177 500
1885	5 185 600	16 379 900
1890	9 602 400	17 148 200
1895	7 585 500	20 877 800

Der Umfang des Handels der Niederlande mit der Kolonie war:

	Einfuhr von Indien	Ausfuhr nach Indien
	Pfd. Sterl.	Pfd. Sterl.
1894	605 200	1 799 600
1895	870 400	1 740 600
1896	746 200	1 691 500
1897	318 100	1 803 400
1898	406 900	1 915 600
1899	272 400	2 165 300
1900	223 600	2 547 400

Die Länge der Bahnen in Holländisch-Indien belief sich Ende 1899 auf 1333 englische Meilen. An Einnahmen erzielten sie 17278000 fl. 1871 wurden dagegen nur 57 600 fl., 1883: 4122400 fl., 1890: 5 055 900 fl., 1893: 6 194 300 fl. vereinnahmt. Bis 1877 lag der Bau und Betrieb der Bahnen ganz in privaten Händen. Es gab damals nur die Batavia—Buitenzorglinie (58 km) und die Djokjokarta—Ambarawalinie (203 km). Die betreffende Gesellschaft hatte nur die Bauvorschüsse und einen gewissen Gewinnanteil zu zahlen und machte dabei gute Geschäfte. Sie verteilte 1891: 8 1/10, 1894: 9 2/10 pCt. Der Staat dagegen erhielt nur 1886: 1 015 000 fl., 1895: 890 000 fl. Seit 1875 hat das Gouvernement Bahnen zu bauen begonnen und verfügt jetzt in Java über 971 1/2, in Sumatra über 173 km. Die Baukosten für 1 km haben sich in Java auf 79 800 fl., in Sumatra auf 96 400 fl. belaufen.

An Postämtern besitzt Java gegen 200, an Telegraphenämtern 369. Die Länge der Telegraphenlinien beläuft sich auf 6910 km.

Die Kosten der Dampferverbindung im Archipel betrugen 1871: 326100 fl., 1886: 379 300 fl., 1895: 721 700 fl. Von 1864 bis 1890 besorgte die Netherlands India Steam Navigation Company die Fahrten gegen eine Subvention von 3,90 fl. für eine Meile. Seit 1890 ist ein Vertrag mit „Koninklijke Nederlandsche Paketvaart Maatschappij" in Kraft. Sie erhält je nach der Lage der verschiedenen Linien 1 1/2 bis 20 fl. Subvention für die Meile (im Durchschnitt 6,92 fl. für eine Meile).

Die Nederlandsche Handelmaatschappij verschifft, wie erwähnt, allen Kaffee, der über 100 000 Pikols hinaus in Java zur Verfügung der Regierung steht, sowie Zinn und Chinarinde nach Holland und verkauft ihn dort für amtliche Rechnung. Ihr Kapital belief sich 1895 auf 35 783 000 fl. 1901 wurde es auf 45 Millionen erhöht. Die Gesellschaft verfügt jetzt über eine Rücklage von 5 Millionen. Außer dem Regierungsgeschäft in Kaffee, Zinn und Chinarinde betreibt sie Kaffee-, Tabak- und Zuckerpflanzungen in Indien und Surinam und ist an fremden Unternehmungen beteiligt. 1900 und 1901 war sie in der Lage, je 9 pCt. Dividende zu verteilen. Der Reingewinn bezifferte sich für 1901 auf 4 128 500 fl.

Die Javabank arbeitet mit einem Kapital von 6 Millionen Gulden. Ihr Notenumlauf hatte März 1900 einen Wert von 60 591 000 fl. Neben ihr sind zwei andere holländische und verschiedene englische Banken tätig.

Die Angelegenheiten der Kolonien werden gegenwärtig in Holland vielfach und in ganz anderem Sinne als früher erörtert, da das wachsende Defizit im Budget der Kolonien die Aufmerksamkeit aller Parteien wachruft. Es wird darüber gestritten, ob es berechtigt ist, die Kosten des teuren Atjihkrieges lediglich Indien zur Last zu legen, und es fehlt nicht an Stimmen, welche den Bewohnern Javas größeren Einfluß auf die Regierung einräumen möchten. Die Aufrechterhaltung der letzten Reste des „Kultuurstelsels" wird vielfach angefeindet. Man befürwortet, den Eingeborenen vollständig freie Hand zu lassen und das nominell auch von der Regierung als wünschenswert bezeichnete Ziel, den Kaffeebau zu einer freien allgemeinen Volkskultur zu machen, kräftiger anzustreben. Dazu wird die Fürsorge der Regierung für Förderung des Landbaues im allgemeinen, Einführung künstlicher Bewässerungsanlagen und Hebung der gewerblichen Tätigkeit in der Kolonie als unzureichend bezeichnet. Zur Hebung des Volkswohlstandes wird auch Aufhebung der noch bestehenden Ausfuhrzölle verlangt.

Zu diesen Sorgen kommen häufig neuerdings noch ganz andere. Es werden gelegentlich zu politischen Zwecken von gewissen Seiten Gerüchte ausgestreut, als ob andere Mächte den holländischen Kolonialbesitz bedrohten. Bald soll England, bald Frankreich, bald Deutschland Absichten darauf haben. Besonders letzteres wird von Leuten, die ein Interesse daran haben, Holland mit seinem Hinterlande zu verhetzen, häufig solcher Pläne verdächtigt. Erst im Herbst 1902 wurde wieder das Gerücht ausgesprengt, daß Deutschland eine Flottenstation im holländisch-indischen Archipel zu erwerben und Holland zur Abtretung oder Verpachtung eines passenden Hafens in Indien zu drängen suche. Die Leiter der holländischen Regierung haben sich aber bisher mit vollem Recht durch solche Umtriebe nicht beeinflussen und ihre Politik nur vom Gesichtspunkte der wohlverstandenen und klarliegenden Interessen Niederlands, welche nirgendwo besser als gerade in den politisch denkenden Kreisen Deutschlands gewürdigt werden, beherrschen lassen.

Sechster Teil.

Erstes Kapitel.
Surinamsche Verlegenheiten.

Die Engländer haben Surinam bis Ende 1802 behalten. Damals gaben sie es gemäß den Bestimmungen des Friedens von Amiens ebenso wie St. Eustatius, St. Martin und Demerary an von Holland gesandte Kommissare zurück.

Es befanden sich zu jener Zeit in den Kassen Paramaribos an Bargeld nur 7831 fl. An Papier waren etwa 160 000 fl. vorhanden, ihm standen aber viele Schulden in der Kolonie und in Holland gegenüber. So schuldete man allein der Stadt Amsterdam 700 000 fl. und der ehemaligen Societät 1 707 900 fl. Dazu waren alle öffentlichen Gebäude und Anlagen in schlechtem Zustande, da die Engländer nichts für ihre Erhaltung aufgewendet hatten. Aber dafür waren viele Waren aufgestapelt, und man konnte auf guten Ertrag daraus rechnen. Es begann denn auch sofort eifrige Verfrachtung nach Holland und große Spekulation, trotzdem die Behörden der letzteren entgegenzutreten suchten.

In aller Eile wurde nun von holländischer Seite wieder Ordnung geschaffen und insbesondere das Verteidigungswesen der Kolonie verbessert. Bald standen 1829 Mann in Waffen, und die Miliz wurde wieder ins Leben gerufen. Der neue Gouverneur Berranger wollte auch das Steuerwesen umgestalten. Die jährlich etwa 1 500 000 fl. betragenden Verwaltungskosten sollten außer durch Ausfuhrzölle durch Tonnengelder und ein Kopfgeld von 10 fl. für jeden Sklaven aufgebracht werden. Die Kolonie erzeugte damals jährlich im Durchschnitt 12 Millionen Pfund Kaffee, 20 000 Faß Zucker, 3 Millionen Pfund Baumwolle und 500 000 Pfund Kakao. Viel von des Gouverneurs Plänen ist nicht zur Ausführung gekommen, denn der Friede nahm bekanntermaßen bald ein jähes Ende. Ende April 1804 erschien eine neue englische Flotte vor Surinam. Nach wenigen Schüssen ergab sich ihr Braamspunt, und das Gouvernement wurde zur Kapitulation aufgefordert. Die Militärs wollten es auf Gewalt ankommen lassen, doch die Kolonisten mochten davon nichts wissen, und auch Berranger hielt einen erfolgreichen Widerstand gegen die 4000 bis 5000 Engländer für ausgeschlossen. Er wurde indessen im Kriegsrat überstimmt und die englische Aufforderung wurde zurückgewiesen. Nun erstürmte der Feind die Redouten Leyden und Friderici und begann Fort Nieuw Amsterdam zu belagern. Als dessen Kommandant sich nicht mehr halten konnte und kapitulierte, war die Kolonie für Holland verloren, und die Lage schlimmer, als wenn man gleich von vornherein sich ergeben hätte. Von einem Versprechen der Eroberer, die Kolonie nach Friedensschluß an Holland zurückzugeben, war diesmal nicht die Rede. England richtete sich hier jetzt häuslich ein und äußerte die feste Absicht, dieses Gebiet zu behalten.

Die meisten Ansiedler waren damit nicht unzufrieden. Sie kamen so um Zahlung der fälligen Zinsen an die holländischen Gläubiger herum und konnten auf Zustrom englischen Kapitals rechnen, wie er sich schon bei der ersten Eroberung wohltuend fühlbar gemacht hatte. Die holländischen Soldtruppen, deren Rückschaffung nach der Heimat versprochen war, zogen meist vor, Dienst im englischen Heere zu nehmen. Der die Leitung der Geschäfte übernehmende Generalmajor, Sir Charles Green, bemühte sich, den guten Willen der Ansiedler zu gewinnen und sie in ihren Sitten und Interessen nicht zu verletzen. Am 29. Mai 1804 wurde durch Proklamation der Handel mit Surinam allen britischen Untertanen unter denselben Bedingungen wie nach Britisch-Westindien offengestellt. Gleichzeitig wurde auf Drängen der Kolonisten zunächst vier Monate lang Einfuhr auf amerikanischen und anderen neutralen Schiffen gegen 4 pCt. Ausfuhr gegen 8 pCt. Zoll erlaubt. War schon das dem Handel Surinams sehr förderlich, so war es nicht minder der Schutz, den ihm die englische Flotte zuteil werden ließ.

Der Gouverneur Green verschaffte sich genauen Einblick in die gesamte Lage der Verwaltung und der Kolonisten. Er prüfte die Wehrkraft der Kolonie wie ihre Finanzen, die in trostlosem Zustande waren, aufs gewissenhafteste und ging daran, überall Verbesserungen einzuführen. Auf Vorschlag einer Kommission wurden Juli 1804 schon die Freibriefe für Neger mit höherer Stempelsteuer belastet*) und andere neue Einnahmequellen in Erwägung gezogen. Viel erreicht wurde in dieser Hinsicht freilich nicht, und auch General Hughes, der 1805 an Stelle des erkrankten Green trat, vermochte nicht zu hindern, daß die verschiedenen Kassen die an sie herantretenden Ansprüche nicht befriedigen konnten. Man mußte schließlich aufs neue zur Ausgabe von Papiergeld greifen.

Die Zufriedenheit der Kolonisten mit der englischen Herrschaft wurde erst stark erschüttert, als von 1806 ab Maßnahmen gegen den Sklavenhandel erfolgten. Damals wurde die weitere Zufuhr von Negern auf 3 für je 100 vorhandene beschränkt, und 1806 wurden nur 987, im folgenden Jahre 467 neue Neger in Surinam zugelassen. Ende 1807 wurde der Sklavenhandel überhaupt verboten, und die Entrüstung der Pflanzer kannte keine Grenzen. Vor der Hand halfen sie sich freilich durch heimliche Einfuhr von Sklaven. Um so grausamer bestraften sie jedes Vergehen ihrer Neger und ließen sich darin auch nicht durch Vorstellungen und Klagen der Engländer beirren.

Um die holländische Bevölkerung mit der neuen Ordnung der Dinge auszusöhnen, wurden 1809 von England zwei Brüder Bentinck, Sprossen einer holländischen Familie, mit dem Gouvernement von Surinam und Demerary betraut. Der Zweck der Maßnahme wurde voll erreicht. Beide Bentincks gewannen die Zuneigung der Kolonisten. Doch die finanzielle Verwirrung in Surinam stieg während dieser Zeit bis aufs höchste. Überall in der Verwaltung herrschte Unordnung. Man wirtschaftete ohne jede Rücksicht auf die zur Verfügung stehenden Mittel. Als Bentinck 1811 starb, war in der Hauptkasse zu Paramaribo ein Defizit von mehr als einer halben Million. Erst dem Generalmajor Bonham, der damals an die Spitze der Surinamschen Verwaltung trat, gelang es wieder, Ordnung in den Finanzen zu schaffen. 1812 be-

---

*) 250 fl. für Kinder bis 14 Jahren, 500 fl. für ältere Leute.

lief sich die Bevölkerung der Kolonie, abgesehen vom Militär, auf 55 829 Seelen; davon waren 50 725 Sklaven!

Bonhams Gouvernement, so gerecht und pflichttreu es war, war bei den Kolonisten verhaßt, da er der grausamen Behandlung der Neger steuerte und für die Rechte der auswärtigen Gläubiger und Eigentümer eintrat. Es kam darüber zu heftigen Streitigkeiten mit den Kolonisten und zu Beschwerden beider Teile in London. Die Sache zog sich hin bis zu dem Zeitpunkte, wo verlautete, daß England sich entschlossen hätte, die Kolonie zum Teil an Holland zurückzugeben. Die Nachricht drang im Juni 1814 nach Surinam. Einige Monate später erlaubte England den Handel zwischen Surinam sowie den übrigen ehemals holländischen Kolonien in Amerika und den Niederlanden, und bald begannen die Truppen Vorkehrungen zur Räumung der Kolonie zu treffen. Die Außenposten wurden eingezogen und ihre Besatzungen durch farbige Milizen ersetzt. Januar 1816 erschien der holländische Generalmajor van Panhuijs mit 1000 Mann auf einem niederländischen Geschwader und übernahm Ende Februar das Gouvernement von Surinam. — Essequibo, Demerary und Berbice verblieben dagegen, laut den Abmachungen des Friedens, im englischen Besitz und bildeten das britische Guiana. Auch die westafrikanischen Besitzungen, deren sich England bemächtigt hatte, sind nur in erheblich zusammengeschrumpfter Form an Holland zurückgekommen, da England nach dem Pariser Frieden von 1784 einen Teil behalten und sich dann noch weiterer Posten bemächtigt hatte. Im Frieden von 1814 hatte es darauf bestanden, daß der status quo von 1803 als maßgebend betrachtet wurde. Damit wurde Holland an der Goldküste auf wenige voneinander gänzlich getrennte Posten beschränkt.*)

Die holländische Regierung, die mit besonderer Freude von den Administrateuren in Surinam begrüßt wurde, die zur Einhaltung aller Verpflichtungen gegen europäische Gläubiger gezwungen worden waren, änderte die alte Verfassung in verschiedenen Punkten. Es wurde zwar sogleich ein neuer „Hof van Policie en criminele Justitie" aus neun Mitgliedern ernannt, aber seine Befugnisse wurden beschnitten. Die Mitglieder wurden fortan nicht mehr gewählt, sondern von der Regierung nach eigenem Gutdünken ernannt.

---

*) Vergl. meine Europäischen Kolonien. III. S. 28 u. 43 ff.

Die Behörde durfte nur für jede Stelle drei Kandidaten vorschlagen. Jährlich trat ein Mitglied aus. Ihr Amt erhielten die Räte nicht mehr für Lebenszeit, sondern nur noch für neun Jahre. Anträge durften nur der Gouverneur, der Fiscaal und der Controleur-Generaal stellen. Die auf Antrag der zwei letzteren gefaßten Beschlüsse in Zoll- und Steuersachen bedurften der königlichen Genehmigung. Die richterlichen Befugnisse sollten demnächst an einen besonderen „Hof van Justitie" übergehen. Die Mitglieder des „Hofs van civiele Justitie", der wieder ins Leben trat, erhielten Gehälter zugewiesen. Die anderen Lokalbehörden blieben bestehen. Die Vollmachten des Gouverneurs wurden erweitert, ihm aber dafür jede Beteiligung an Erwerbsunternehmungen untersagt. Das Kassenwesen erfuhr eine neue Regelung. — Anstoß bei den Kolonisten erregte die Anordnung, daß fortan Handel und Schiffahrt nur noch mit dem Mutterlande und vorläufig mit den Vereinigten Staaten gestattet wurden. Waren, die auf fremden Schiffen ausgeführt wurden, hatten eine Abgabe von 6 pCt. zu zahlen. Im ganzen versuchte man alles auf ähnlichen Fuß wie in Holland zu setzen. Es wurden daher auch die verschiedenen Freikorps aufgelöst und die holländische Milizverfassung eingeführt. — Von der Bevölkerung wurden diese Reformen meist ohne ernstlichen Widerspruch hingenommen. Widerstand erregten nur alle Schritte, die auf Einschränkung des Sklavenhandels hinzielten, wie z. B. 1818 die Errichtung eines englisch-holländischen Gerichtes zu Surinam für Sklavereiangelegenheiten.

Der anfängliche Jubel über die Wiedervereinigung mit Holland machte bei den Kolonisten anderen Gefühlen Platz, als die Beschränkung des Handels sich in den Gewinnen fühlbar machte, und die englischen Gläubiger, die keine Waren mehr bekamen, ihr Geld zurückverlangten. Es begannen Prozesse, Pfändungen, Bankerotte, und der Kurs des Papiergeldes sank fortgesetzt.*) Die Kassen wiesen nunmehr größere Deficits auf, und man mußte neues Papier ausgeben. Ein Brand, der 1821 einen großen Teil Paramaribos in Asche legte und etwa 16 000 000 fl. Schaden anrichtete, vermehrte

---

*) 1811 stand das Papier gegen Silber wie 4 zu 1. 1814 galt ein holländischer Gulden 1¼ surinamsches Papier. 1821 galten 182 surinamsche Gulden 100 holländische, 1826 gar 310 surinamsche nur 100 holländische Gulden!

noch die Verlegenheit. Das Mutterland sah sich genötigt, der Kolonie beizuspringen und jährlich ansehnliche Unterstützungen zu gewähren. Am 1. Januar 1827 wurde das holländische Münzgesetz für Surinam eingeführt und gleichzeitig das Papier zum Kurse von 310 gegen 100 eingezogen. Die Maßregel war unumgänglich geworden, verursachte aber viel Unzufriedenheit, da manche Leute noch immer an späteres Steigen des Kurses des Papieres geglaubt hatten. Gleichzeitig erhöhte die Regierung alle Zölle und Steuern, ohne doch damit die Einnahmen soweit in die Höhe bringen zu können, daß sie zur Deckung der Bedürfnisse ausreichten.

Die ewigen finanziellen Verlegenheiten der Kolonie veranlaßten die holländische Regierung 1828 den General van den Bosch als Generalkommissar nach Surinam zu senden. Er sollte die Sachlage eingehend prüfen und durchgreifende Reformen vornehmen. Der Kolonialminister Elout hatte dabei Stärkung des öffentlichen Vertrauens durch Einrichtung einer von der Verwaltung getrennten, unabhängigen Justiz, Besserung des Schul- und Armenwesens, Schutz der Sklaven vor Mißhandlungen und dergleichen mehr im Auge. Van den Bosch führte seine Aufgabe energisch durch. Er prüfte die Lage sorgsam mit eigenen Augen, verabschiedete den seit langem in Surinam tätigen alten Gouverneur de Veer und entwarf ein neues Regierungsprogramm. Surinam wurde mit den kleinen westindischen Inseln, die nur durch Schmuggelhandel einige Bedeutung hatten,*) zu einem Generalgouvernement vereinigt, mit dessen Leitung der frühere Gouverneur von Curaçao, P. R. Cantz'laar,**) betraut wurde. Der neue Generalgouverneur erhielt sehr ausgedehnte Befugnisse, während der bis dahin bestehende „Hof van Policie en Justitie" ganz aufgehoben wurde. An seine Stelle trat ein „Hooge Raad", bestehend aus dem Procureur-Generaal, dem Controleur-Generaal, dem Commissaris-Generaal voor's Rijksbomeinen und

---

*) An eigenen Erzeugnissen lieferte das von 16 300 Menschen bewohnte Curaçao damals nur Salz, das in Nordamerika Absatz fand. Sein regelmäßiger Handel hatte darunter gelitten, daß man es 1816 nicht zum Freihafen erklärt hatte, wie es die Dänen mit St. Thomas getan. Noch ärmer war Bonaire, das die Engländer an einen privaten Unternehmer verpachtet hatten. In St. Martin gab es einige Pflanzungen.

**) Cantz'laar war erst Seeoffizier. 1816 bis 1820 war er Gouverneur von St. Martin und Saba, von 1820 bis 1828 Gouverneur von Curaçao.

den Commissaris voor de Inlandsche Bevolking. Als Mitglieder mit beratender Stimme durfte der Generalgouverneur noch den Präsidenten des Gerichtes und den Präsidenten des Gemeinderates zuziehen. Alle Gesetze und Verordnungen mußten fortan vom Hohen Rat beraten und mit Stimmenmehrheit angenommen werden. In eiligen Fällen konnten sie mit Zustimmung des Gouverneurs in Kraft treten, in anderen Fällen bedurften sie vorheriger Genehmigung der Krone. Die Rechtspflege wurde einem „Hof van Civiele en Criminele Justitie", bestehend aus einem rechtsgelehrten Präsidenten, vier graduirten Richtern und zwei bürgerlichen Beisitzern übertragen. Für kleinere Streitigkeiten wurde eine „Regtbank van kleine Zaken" geschaffen. Die örtlichen und Gemeindesachen hatte ein Gemeinderat, bestehend aus einem Präsidenten, zwei Wethouders und acht Räten, zu bearbeiten. Die Leitung des Finanzwesens und der allgemeinen Verwaltung war Sache des Hohen Rats.

Abgesehen hiervon traf van den Bosch ziemlich einschneidende Anordnungen in den Sklavensachen. Das veraltete Reglement von 1784 wurde umgestaltet. Die Sklaven sollten nicht mehr als sachliches Eigentum, sondern als Unmündige behandelt und einem Kurator unterstellt werden, der über ihr Wohl zu wachen hatte. Ferner wurde ausdrücklich angeordnet und eingeschärft, daß alle Freien, ohne Rücksicht auf Rasse und Glauben, dieselben Rechte genießen sollten. In Bezug auf den Handel blieb es aber beim Bestehenden. Er durfte nur mit Mutterland und den Vereinigten Staaten getrieben werden. Um ihm aber zu Hilfe zu kommen, wurde eine westindische Bank, die 1829 ihre Tätigkeit begann, ins Leben gerufen. Außerdem errichtete van den Bosch eine Musterpflanzung und bemühte sich, Landbau und Industrie zu fördern.

Trotz aller Bemühungen ist es freilich dem energischen Manne nicht gelungen, das von der Regierung erstrebte Ziel zu erreichen. Die wirtschaftlichen Verhältnisse der Kolonie und der böse Wille der Pflanzerpartei, die jeder Reform abhold war, trugen gleichmäßig dazu bei. Die Kolonie deckte so wenig wie der andere niederländische Besitz in Westindien die Verwaltungskosten. Umsonst hoffte der Generalgouverneur durch strenge Aufrechterhaltung der Sklaverei und Beförderung der Zufuhr von Negern aus anderen westindischen

Besitzungen*) sowie durch Prämien den Landbau zu fördern. Er erreichte damit ebenso wenig, wie mit Vorschüssen und der Ausgabe von Noten durch die 1829 eröffnete, von Bosch ins Leben gerufene Particuliere Westindische Bank.**) Schon 1830 mußte letztere wegen verschiedener Verluste mit Belehnungen aufhören, und 1831 wurden keine weiteren Wechsel auf das Kolonialministerium gegeben. Damit entstanden neue finanzielle Verlegenheiten, die Noten sanken im Wert, es zeigte sich Kreditnot, und als auch noch der Zuckerpreis sank, brach eine Anzahl Unternehmungen zusammen. Cantz'laar überlebte diese Katastrophe nicht lange. Er starb Ende 1831, und an seine Stelle trat als Generalgouverneur der bisherige Procureur-Generaal Baron van Heeckeren.

Zweites Kapitel.
Die Abschaffung der Sklaverei.

Unter den Kolonisten herrschte damals große Unzufriedenheit. Sie fanden es unbillig, daß alle Kolonien ihre Kosten aus eigenen Mitteln decken sollten, und besonders ungerecht, daß Surinam durch die Verkoppelung mit den westindischen Inseln auch noch für diese Opfer bringen mußte. Sie klagten über die infolge dieses Zustandes erforderliche zu hohe Steuerlast, die ungenügende militärische Besetzung der Grenzen und die den Pflanzern auferlegten Beschränkungen hinsichtlich der Verfügung über die Sklaven. Die holländische Regierung sah sich veranlaßt, diesen Beschwerden Rechnung zu tragen. Sie gewährte 1832 verschiedene Steuererleichterungen, verpflichtete sich ihrerseits, die für Curaçao, St. Eustatius und St. Martin unerläßlichen Zuschüsse zu zahlen, und änderte die Sklavengesetzgebung in verschiedenen Punkten nach den Wünschen der Pflanzer. Die Freilassung von Negern wurde bedeutend erschwert. Für jeden

---

*) Der Sklavenhandel war 1818 verboten worden, aber zwischen den holländischen Kolonien wurde er ausdrücklich aufrechterhalten.

**) Da sich keine Privatunternehmer für die Bank gefunden hatten, errichtete sie Minister Bruid aus Staatsmitteln. Ihr Kapital war 3 Millionen Gulden.

Änderung der Verwaltungsorganisation.

freigelassenen Neger unter 14 Jahren mußte fortan der Besitzer 300 fl. für jeden über 14 Jahre 600 fl. als Bürgschaft zu seinem Unterhalt hinterlegen und nachweisen, daß er einer anerkannten Kirche angehörte. Dafür wurden freien Farbigen volle Bürgerrechte zugestanden. Außerdem entschloß sich die Regierung im Dezember 1832 zu einer Vereinfachung und Verbilligung der Verwaltung. Ein neues Regierungsreglement wurde erlassen und darin das Wesentliche der 1828er Reformen wieder aufgehoben. Die gesetzgebende, richterliche und ausführende Gewalt wurde nämlich wieder in einer Körperschaft, dem „Kolonialen Raad", vereint. Dieser Raad sollte fortan aus dem Procureur-Generaal, dem Administrateur van Finantien und sechs angesehenen Kolonisten bestehen. Das erste Mal ernannte diese der König, später schieden immer drei aus, und es wurde der Ersatz durch das Kollegium selbst gewählt.

Den sechs kolonialen Mitgliedern des Raads wurde als „Heemraden" die Verwaltung der Außendistrikte übertragen und außerdem wurden ihnen richterliche Befugnisse bei Unruhen in jenen Gegenden zugeteilt. Das gewöhnliche Gericht bestand fortan aus einem Präsidenten, drei Rechtsgelehrten und vier Kolonisten. Das Gericht für kleine Sachen wurde aufgehoben und ersetzt durch eine Kommission, bestehend aus einem der Richter und zwei Schöffen. Die Gemeindeverwaltung von Surinam wurde abgeschafft. An ihre Stelle trat eine Kommission, bestehend aus dem Gouvernementssekretär und zwei Mitgliedern des Gerichts. Das Amt des Kommissars für Sklavenschutz wurde beseitigt, von den Schutzgesetzen war nicht mehr die Rede. Man gab den Pflanzern wieder freie Hand und sah über alle ihre Ausschreitungen hinweg.*) Natürlich begannen infolgedessen aufs neue Massendesertionen der Neger und Angriffe auf einsam gelegene Pflanzungen, welche kostspielige Strafexpeditionen nötig machten.

So blieben die Dinge auch, als van Heeckeren 1838 auf einer Urlaubsreise in Curaçao gestorben war und andere Beamte die Geschäfte übernommen hatten. Die Preise der Lebensmittel stiegen fortgesetzt, die Lage der Sklaven wurde immer schlechter. Ein auf

---

*) Von welchem Geiste die Kolonisten beseelt waren, und wie sie die Neger behandelten, ergibt sich am besten daraus, daß 1838 drei der Brandstiftung überführte Negerjungen lebendig verbrannt wurden.

Befehl der holländischen Regierung vom Gouvernement entworfenes Sklavenschutzgesetz war, wie Wolbers meint, eher eine Maßregel zum Nachteil als zum Nutzen der Sklaven. Auch die Aufhebung der Sklaverei in Britisch-Guyana, welche entschiedene Maßregeln im benachbarten holländischen Gebiete geradezu unvermeidlich machte, blieb fürs erste wirkungslos. Der Generalgouverneur Rijl versuchte 1842 umsonst die Pflanzer zur Einführung einiger Reformen zu bewegen, um die etwaige Ernennung von Aufsichtsbeamten für die Zukunft überflüssig zu machen. Die Pflanzer behandelten nach wie vor die Neger schlimmer wie Vieh. Wenn etwa einer, der es gar zu arg trieb, einmal vom Gericht verurteilt wurde, fand man Mittel und Wege, um die Bestrafung illusorisch zu machen. Man zahlte 3 bis 100 fl. Fanggeld für entlaufene Sklaven und 10 fl für Tötung eines weggelaufenen Sklaven, wenn seine abgehauene Hand vorgelegt wurde. — Der Kredit der Kolonie stand Anfang der 40er Jahre so schlecht, daß Wechsel auf Holland mit 30 und 40 pCt. Agio trotz der dagegen erlassenen Verbote bezahlt wurden.

Erst der Generalgouverneur Elias, früherer Generalsekretär im Kolonialministerium, der 1842 sein Amt antrat, ging daran, den Mißbräuchen zu steuern. Er schritt sofort zum Entwurf eines neuen Sklavenschutzgesetzes und ging gegen die Leute vor, welche Ausschreitungen gegen ihre Neger beschuldigt wurden. So groß der Widerstand war, den er dabei in der Kolonie fand, und so viele Schwierigkeiten man ihm von allen Seiten in den Weg legte, Elias ließ sich nicht einschüchtern. Er setzte erst ein Verbot der Massenpetitionen gegen Kolonialbeamte im Haag durch, dann wußte er die von den Pflanzern und den auf ihrer Seite stehenden Amsterdamer Kaufleuten mehrfach gegen ihn erhobenen Anklagen erfolgreich zu widerlegen. 1844 erwirkte er gar Absetzung der an der Spitze seiner Gegner stehenden Mitglieder aus der Zahl der Kolonisten im kolonialen Raad und Gericht und ihren Ersatz durch Beamte. Trotzdem die Gegner nun die holländische Presse und die II. Kammer gegen den unbequemen Generalgouverneur und den ihn haltenden Kolonialminister in Bewegung setzten, wußte sich Elias zu behaupten. Mit der Herausbringung des neuen Schutzgesetzes kam er aber bei dem allseitigen Widerstand auch nicht weiter. Ebensowenig gelang es, der Kolonifation des Landes einen neuen Anstoß zu geben und Sklavenarbeit entbehrlich zu machen. Entsprechend dem Plane einiger Geistlichen wurden 1843 Kommissare nach Surinam geschickt, um für Anlage einer Ansiedlung europäischer Bauern im Gebiet des Flusses Coppename Vorkehrungen zu treffen. Die Siedelung sollte den Kolonisten ein Vorbild dafür geben, wie man ohne Negerarbeit das Land bewirtschaften und zum Gedeihen bringen könne. Die Kommissare wählten den Militärposten Groningen am Saramacca, nicht weit vom Coppename, als Platz der Niederlassung und begannen den Bau von 50 Häusern. Da sie aber nicht genug Arbeiter zur Verfügung hatten und die zwei mitgekommenen Bauern bald erkrankten, mußte der Versuch aufgegeben werden. Man richtete dafür den Blick auf den Ort Voorzorg gegenüber Groningen. Die Arbeiten hier begannen im Sommer 1844. Jedes der geplanten Kolonistenhäuser sollte erst 1000 fl. kosten. Der Finanzadministrateur indessen, der von der Sache nicht viel hielt, wollte soviel nicht ausgeben und übertrug den Bau zu wesentlich billigerem Preise einem Unternehmer, der über nicht genug Hilfsmittel verfügte und in der ausbedungenen Zeit statt 50 nur 23 Häuser fertigstellte. Trotzdem sandte man von Holland 208 ansiedlungslustige Personen nach der Kolonie, die den Namen Voorzorg erhielt, ab. Die Folge dieses Verhaltens war, daß die Leute bei ihrer Ankunft im Sommer 1845 nichts zu ihrer Aufnahme fertig fanden. Die wenigen fertigen Häuser waren kaum bewohnbar, von Vorhandensein urbar gemachten Landes war nicht die Rede. Unter den Leuten brach daher größte Verzweiflung aus. Sie weigerten sich, an Land zu gehen, und es bedurfte bringenden Zuredens des Regierungskommissars Dr. Copijn, um sie dazu zu bewegen. Man stopfte die Leute zu sieben bis zehn in die Hütten, den Rest brachte man im Fort von Groningen unter. Schon kämpfte man mit Epidemien und Nahrungsmangel, als noch weitere 122 Kolonisten aus Holland eintrafen. Nun entstand ernstlichste Verlegenheit. Es fehlte an allem, vor allem an Ärzten und Arzneien. Wenn man auch die Leute auf verschiedene Punkte verteilte, herrschte doch so großes Elend unter ihnen, daß der neue Gouverneur, Baron van Rabers, der im Herbst die Niederlassung besuchte, mit Klagen bestürmt wurde. Es zeigte sich, daß Voorzorg viel zu ungesund zur Ansiedelung war. Nachdem bis Anfang 1846 nicht weniger als 189 Menschen gestorben waren, mußte man die Niederlassung nach einem besseren Fleck verlegen. Viel Geld wurde für Hausbau, Geräte 2c. aufgewendet, aber ohne Erfolg. Dr. Copijn wie sein Kollege Dr. van den Brandhoff waren ihrer Aufgabe nicht gewachsen. Der ganze Versuch am Samaracca hat sich als Fehlschlag erwiesen.*)

Während diese Tragödie sich abspielte, wurde auf Betreiben des Generalgouverneurs Elias in der Verwaltung Surinams wieder eine wichtige Änderung vorgenommen. Im April 1845 wurde den Kolonisten wieder Vertretung im kolonialen Raad zuteil. Die sechs mit den Geschäften der Distriktleitung (Heemraadschappen) betrauten Männer wurden Mitglieder der obersten Behörde. Wenige Tage später wurden Curaçao**) und die dazu gehörigen westindischen Inseln von Surinam abgetrennt und wieder unter besondere Verwaltung gestellt. Die holländische Regierung entschloß sich außerdem auf Grund der Ergebnisse einer parlamentarischen Untersuchung über die Sachlage in Surinam, der Kolonie die Zahlung von etwa 700 000 fl. Rückständen zu erlassen und die bessere Unterstützung der Westindischen Bank in Erwägung zu ziehen. Trotz dieses Entgegenkommens der Regierung sträubten sich aber die Pflanzer und ihre Freunde in Holland gegen jede Reform in den Negerfragen weiter. Sie veranlaßten dadurch Elias 1845, seinen Abschied zu nehmen, und wandten sich auch gegen den neuen, früher in Curaçao tätigen Gouverneur, Baron van Raders, als er den üblichen Ausschreitungen zu steuern versuchte.

Raders ließ sich indessen von seinen Reformplänen nicht abschrecken. Zunächst wußte er, indem er selbst Hand mit anlegte, das in der Kolonie bestehende Vorurteil, daß Feldarbeit den Freien entehre, zu brechen und freie Weiße wie Schwarze dafür zu gewinnen. 1847 wurde eine Gesellschaft zur Beförderung des Landbaues in der Kolonie gegründet, einige von der westindischen Bank zwangsweise

---

*) Man hat die Ansiedelung bis 1853 mit großen Kosten gehalten. Mit der Zeit sind aber die Leute einer nach dem andern weggezogen. Damals gingen die letzten fünf Familien in die Umgegend von Paramaribo.

Während hier der kostspielige Versuch scheiterte, gelang es dem Deutschen A. Kappler, der als Soldat in die Kolonie gekommen war, 1839 am Marowijne eine blühende Niederlassung, Albina, zu gründen.

**) Baron Raders hatte seit den 80er Jahren sich unablässig bemüht, hier einzelne Industriezweige ins Leben zu rufen. Er hatte Merinoschafe eingeführt und Cochenillekultur ins Leben gerufen; doch blieben die Einnahmen der Insel stets unzureichend, um die Kosten der kleinen Besatzung zu decken.

übernommene Pflanzungen wurden zu Musterwirtschaften eingerichtet und die Behandlung der Sklaven in ihnen menschlich gestaltet. Das letztere aber verursachte sofort große Erregung bei den Pflanzern, die keine Einmischung in diesem Punkte dulden wollten und auch gegen Anregungen der holländischen Regierung zu Reformen 1848 taub blieben. Als damals ein Missionar der evangelischen Brudergemeinde in Surinam, O. Tank, offen die schreckliche Lage der surinamischen Neger in Holland schilderte, zwangen die Pflanzer die mährischen Brüder, Tanks Schrift zu verurteilen, und suchten ihn zum Lügner zu stempeln. Noch größer wurde ihre Entrüstung, als Raders 1850 die lästigen Formalitäten und hohen Abgaben für das Freilassen von Sklaven abschaffte und 1851 ein königliches Schutzgesetz für sie in Kraft setzte. Dabei war das Gesetz immer noch unzureichend und viel zu hart für die Neger. — Man kann sich vorstellen, welchen Zorn es unter diesen Umständen erregte, als am 1. Juni 1848 im holländischen Teile der Insel St. Martin die Sklaverei plötzlich aufgehoben wurde. Man hatte sich dort nicht helfen können. Als Frankreich 1848 in seinem Anteil plötzlich alle Neger frei erklärte, wäre es ohne eine gleiche Anordnung unmöglich gewesen, noch einen Neger im holländischen Teile zu halten. Die Entrüstung war um so größer, als man den Pflanzern nicht einmal eine Entschädigung zuerkannte. Mehr Beifall fand die 1848 erfolgte Aufhebung der Beschränkungen in Handel und Schiffahrt der Kolonie. Beide wurden mit allen Ländern freigegeben. Allerdings mußten Ein- und Ausfuhr mit fremden Schiffen wesentlich höhere Zölle tragen als die mit holländischen. Erst 1850 und 1851 wurden fremde und holländische Schiffe in dieser Hinsicht gleichgestellt. Auch eine neue Besserung des Geldwesens wurde dankbar hingenommen. Doch im übrigen blieb die Pflanzerpartei unversöhnlich und setzte 1852 Raders' Rückberufung durch.

Der Geist der Zeit ließ sich indessen nicht aufhalten, je bekannter man in Holland durch Zeitungserörterungen und Parlamentsdebatten mit den Zuständen in Surinam wurde, um so größerer Widerspruch regte sich gegen die Fortsetzung der Sklaverei. 1854 wurden von der holländischen Regierung neue Verbesserungen des Schutzgesetzes in Bezug auf Kleidung, Ernährung ⁊c. der Sklaven eingeführt, die Prämien auf Zufuhr von solchen aus Westindien abgeschafft und die Versendung der Leute von einer Pflanzung auf die andere erschwert. Es fanden auch mit Hilfe des Deutschen A. Kappler am Marowijne neue Versuche statt, das Land mit Weißen zu besiedeln und die schwarzen Arbeiter entbehrlich zu machen. In den Jahren 1853/54 untersuchte eine wissenschaftliche Kommission die Kolonie, um eine Einwanderung von Weißen in größerem Umfange vorzubereiten. Doch führten ihre Arbeiten zu keinem praktischen Ergebnis. Eine andere Kommission wurde 1853 in Holland niedergesetzt, um die Negerfrage zu beraten. Sie stellte 1855 einen Plan zur Aufhebung der Sklaverei auf, wonach die Neger das Geld, womit ihre Eigentümer zu entschädigen waren, durch Arbeit abtragen sollten. Die Kammern nahmen diesen vom Kolonialminister Mijer 1857 ihnen vorgelegten Gesetzentwurf nicht an. Die Pflanzerpartei wollte von der Freilassung der Neger überhaupt nichts wissen, die Negerfreunde fanden den Vorschlag der Tragung der Entschädigung durch die Neger zu hart. Doch war schon im Jahre zuvor die Einsetzung von unabhängigen Aufsichtsbeamten beschlossen worden, die die Durchführung der Schutzgesetze überwachen sollten, und man hoffte, daß die Kolonisten nun selbst in aller Stille sich auf baldige Beseitigung der Sklaverei einrichten würden.

Diese Erwartung erfüllte sich aber in keiner Weise. Die Pflanzer dachten damals so wenig wie früher an Einlenken und wußten die Durchführung der Schutzgesetze großenteils zu vereiteln. Den Beamten wurden nach wie vor größte Schwierigkeiten in den Weg gelegt. Als 1858 in der Kolonie 500 Chinesen eintrafen, die Holland in Macao zum Ersatz der Sklaven angeworben hatte, wollten die Pflanzer sie gar nicht oder nur unter sehr ungünstigen Bedingungen für die Kulis und die Regierung engagieren und erbitterten die Leute durch kontraktwidrige Behandlung. Der damalige Gouverneur stand dabei ganz unter dem Einfluß der Pflanzer. So kam die Angelegenheit aufs neue im holländischen Parlament zur Sprache; neue Fälle grausamer Ausschreitungen gegen Neger wurden vorgebracht und die Abberufung des bloßgestellten Gouverneurs verlangt. Sie erfolgte 1859. Der Gouverneur von Curaçao, R. F. van Lansberge, trat damals an die Spitze der surinamischen Verwaltung und begann mit Abstellung verschiedener Mißbräuche. Dazu setzte Ende 1859 die Regierung, nachdem ein neuer Gesetzentwurf, betreffend Aufhebung der Sklaverei, die Zustimmung der Kammern 1858 nicht gefunden hatte, eine Kommission zur Untersuchung der Verhältnisse und Aufstellung einer neuen Gesetzgebung für die westindische Kolonie unter der Leitung von L. Metman nieder.*)

Metman begann seine Arbeit in Surinam 1860, erlag aber schon im Herbst d. Js. dem Klima. An seine Stelle trat der Prokureur-Generaal Gesten. Inzwischen legte die Regierung den Kammern einen neuen Gesetzentwurf wegen Abschaffung der Sklaverei in den westindischen Kolonien vor. Danach sollten die Neger binnen 6 Monaten nach Erlaß des Gesetzes frei erklärt, aber von da an bestimmter staatlicher Aufsicht unterstehen und zu bestimmter Arbeit verpflichtet bleiben. Dieselbe Maßregel sollte in Curaçao und den zugehörigen Inseln Bonaire, Aruba, St. Eustatius und Saba durchgeführt werden. Die Eigentümer sollten hier überall eine Entschädigung erhalten, und die 1848 in St. Martin ihrer Sklaven beraubten Leute nachträglich auch entschädigt werden.

Auch dieser Entwurf erlangte keine Gesetzeskraft: den Pflanzern ging er zu weit, den Menschenfreunden genügte er nicht. Dazu kamen Streitigkeiten um die Höhe der Entschädigung. Doch die Zeitumstände forderten immer dringender raschen Entschluß. Der Krieg der nördlichen Staaten der Union gegen den Süden wegen der Sklavenfrage, die Bewegung der öffentlichen Meinung in ganz Europa gegen Fortsetzung der Sklaverei, das Drängen Englands und endlich die Gärung unter den etwa 37 000 Unfreien in Sumatra allein machten die Emanzipation unumgänglich. Sie erfolgte am 1. Juli 1863. England versprach, zum Ersatz für die Sklaven, welche nicht mehr in den Pflanzungen arbeiten wollten, indische Kulis zu überlassen. Das einzige, was zur Milderung der augenblicklichen Wirkung der Maßnahme geschah, war, daß man die Neger bis zum 1. Juli 1873 unter Staatsaufsicht stellte und als rechtlich Unmündige behandelte. Man hoffte sie auf diese Weise langsam an die Freiheit zu gewöhnen und zu freiwilliger Arbeit zu erziehen. Nur unterließ die Regierung, für die nötigen Schulen und Einrichtungen zu sorgen, und seitens der Pflanzer geschah ebensowenig, um sich für die Zukunft die nötigen Arbeitskräfte zu

---

*) Von 1852 bis 1862 hat Holländisch-Westindien von Holland 8 581 000 fl. Zuschüsse erhalten.

sichern. Als das Jahr 1873 herankam, begann daher überall sich Mangel an Arbeitern zu zeigen, und die Regierung mußte schleunigst Schritte tun, um eine regelmäßige Einwanderung von indischen und chinesischen Kulis in die Wege zu leiten. Es wurde eine Gesetzgebung zum Schutz dieser Leute nach dem Muster der in Demerara und Trinidad bestehenden eingeführt, für Aufsichtsbeamte, Hospitäler und Ärzte gesorgt und mit Zustimmung Englands die regelmäßige Einfuhr der Leute seit 1873 eingeleitet.*)

Englands Zustimmung hierzu wurde erkauft, ebenso wie die freie Hand den Bewohnern Sumatras gegenüber, durch Aufgabe der Reste des holländischen Besitzes an der afrikanischen Goldküste. Von Jahr zu Jahr war sein wirtschaftlicher Wert gesunken und dabei gab er fortwährend zu Zwistigkeiten mit England Anlaß und erforderte erhebliche Zuschüsse. Während der Handel abnahm, stiegen letztere. Die Ausfuhr Hollands dahin bewertete sich 1863 auf 622 000 fl., 1864 auf 400 000 fl., die Einfuhr von da 1863 auf 825 200 fl., 1864 auf 554 000 fl., 1868 auf 551 200 fl., 1899 auf 150 900 fl. Die Kosten dagegen betrugen 1869: 159 000 fl., 1870: 250 000 fl., 1871: 225 000 fl. Durch einen Grenzvertrag mit England 1867, in dem man die entlegenen Stationen Kormantijn, Apam und Altra abtrat, hoffte man umsonst die Verhältnisse zu bessern. Da der Handel weiter sank, die Ansprüche an die holländischen Kassen wuchsen, ein Kampf mit den Aschantis drohte, und zugleich die Lage in Atjih und der Arbeitermangel in Sumatra immer bringlicher sich fühlbar machten, entschloß man sich 1871, den Rest des Afrikabesitzes an England abzutreten.**) Freilich ging das nicht ohne lebhafte Angriffe der holländischen Kolonialpartei auf die Regierung ab. —

Nach dem Zeugnis G. Kapplers und anderer hat die Arbeiter-

---

*) Die Kosten der Überfahrt jedes Inders stellen sich bei Segler auf 100, bei Dampfer auf 150 fl. Sie werden für 5 Jahre engagiert und dann frei heimgesandt. Der Lohn beträgt 60 Cents bis 1 fl. täglich. Die sämtlichen Kosten hat der Pflanzer zu tragen, auch wenn die Leute auf der Reise oder nachher sterben. Bei Chinesen stellten sich die Überfahrtkosten auf 210 fl. Von 1863 bis 1872 sind 2015 Leute aus China, 2382 aus Westindien, 205 aus Madeira eingewandert. Von 1873 bis 1884 an Indern 9485. Im ganzen kamen von 1863 bis 1884 an fremden Arbeitern nach der Kolonie 15 275.

**) Vergl. meine „europäischen Kolonien" III. S. 74 ff.

einfuhr aus Asien wenig geholfen. Die Kulis kamen in Sumatra bei dem Sinken der Zuckerpreise zu teuer und vertrugen das Klima nicht. Viele Pflanzungen fanden die Fortsetzung des Betriebes bald nicht mehr lohnend. Sie verkauften ihr Land zu Spottpreisen oder ließen es verwildern. Der Rückgang des Zuckerindustrie prägt sich in folgenden Zahlen aus. 1852 wurde Zucker im Werte von 1 914 734 fl., Melasse von 154 202 fl. gewonnen; 1884 Zucker für 1 052 154 fl., Melasse für 58 730 fl. Allerdings ist die Rumproduktion in der genannten Zeit von 44 431 auf 125 142 fl. im Werte gestiegen. Die Unkosten für die Pflanzungsarbeiter beliefen sich 1852 auf 1 344 500 fl., 1884 auf 2 693 835 fl. Diese Kosten wurden natürlich nicht allein von der Zuckerindustrie getragen, sondern neben ihr spielte 1852 der Bau von Baumwolle und Kaffee eine ansehnliche Rolle, und 1884 der von Kakao und Bananen und der Goldbergbau. Die Gesamtmenge der Bevölkerung ist sich von 1852 bis 1884 ziemlich gleich geblieben. Abgesehen von den halbwilden Buschnegern und Indianern des Innern zählte man 1852 in Surinam 51 676, 1884: 52 978 Seelen. Erst 1899 zeigt sich ein Anwachsen auf 67 123.

Drittes Kapitel.
Die heutige Lage von Niederländisch-Westindien.

Die Rettung der Kolonie sind neben der Ausbreitung des Anbaues von Kakao und Früchten das Entstehen der Goldindustrie und später die Ausbeutung der Kautschukbestände des Innern gewesen. Die Goldindustrie ist 1874 von der Verwaltung ins Leben gerufen worden. Der Gouverneur ließ damals, angespornt durch das Beispiel der benachbarten Engländer und Franzosen, am oberen Maroni nachforschen. Dabei fand man, daß die Goldlager des französischen Gebietes sich ins holländische erstreckten, und es entstanden rasch eine Menge Gesellschaften zu ihrer Ausbeutung. 1881 erzielte man schon 487 kg, 1885 gar 983 kg. 1899 bestanden 382 Goldminen-Konzessionen und es wurden 893 kg produziert. Bisher wird fast nur Waschgold gewonnen. 1901 kam Gold für 82 600 Pfd. Sterl.

zur Ausfuhr. Gleichzeitig wurde für 54 555 Pfd. Sterl. Gold aus Französisch-Guyana eingeführt.

Von 90 Pflanzungen, die 1852 Zucker bauten, bestanden 1899 noch 7, die 9 566 752 kg erzeugten. Kakao wurde in 77 Pflanzungen auf 13 522 ha im Gewicht von 3 969 945 kg produziert. An Bananen erzielte man 357 013 Bunches, an Kaffee 360 481 kg, Reis 92 133 kg, Rum 844 725 l, Melasse 1 230 998 l.

Die Handelsstatistik Surinams zeigt folgende Zahlen:

	Einfuhr.	Ausfuhr.
1884	5 286 100 fl.	3 662 900 fl.
1887	5 052 600 "	3 539 500 "
1888	4 346 800 "	6 816 400 "
1889	4 893 400 "	3 621 900 "
1890	5 366 300 "	4 272 700 "
1891	6 873 300 "	8 994 600 "
1892	5 238 400 "	3 851 200 "
1893	5 730 400 "	5 467 600 "
1894	6 225 100 "	5 062 800 "
1895	5 203 000 "	5 490 700 "
1896	5 335 200 "	4 391 700 "
1897	5 294 400 "	5 246 700 "
1898	5 703 400 "	5 211 100 "
1899	6 166 100 "	5 540 000 "
1901	689 815 Pfd. Sterl.	447 130 Pfd. Sterl.

Die Einnahmen der Kolonie sind fortgesetzt nicht ausreichend, um die unerläßlichen Ausgaben zu decken. Die zum Ausgleich erforderliche Summe zahlt das Mutterland. Nach den vorliegenden Zahlen stellt sich das Budget Surinams folgendermaßen:

	Einnahmen.	Ausgaben.	Subvention.
1852	1 011 200 fl.	1 011 150 fl.	100 000 fl.
1884	1 455 800 "	1 455 800 "	226 834 "
1891	1 497 000 "	1 679 000 "	174 000 "
1892	1 734 000 "	1 573 000 "	161 000 "
1893	1 830 000 "	1 477 000 "	353 000 "
1894	1 857 000 "	1 565 000 "	292 000 "
1895	2 006 000 "	1 827 000 "	179 000 "
1896	2 292 000 "	2 959 000 "	353 000 "
1897	2 006 000 "	2 226 000 "	260 000 "
1898	2 207 000 "	2 227 000 "	20 000 "
1899	2 065 000 "	2 261 000 "	176 000 "
1900	2 296 000 "	2 424 000 "	128 000 "
1901	2 324 000 "	2 705 000 "	881 000 "

Die in den 40er Jahren der Kolonie gegebene Verfassung ist im Laufe der Zeit weiter ausgebaut worden. Die Zahl der im kolonialen Raad Sitz und Stimme habenden Kolonisten beläuft sich jetzt auf 9. Nur 4 beamtete Mitglieder stehen außer dem Gouverneur ihnen gegenüber. Sie werden auf 6 Jahre gewählt. Wahlrecht besitzen alle Kolonisten, die mindestens 40 fl. Steuer jährlich zahlen. Wenn die Versammlung auch keine Initiative üben darf und Aufsicht über die Finanzen nicht hat, so muß doch der Gouverneur, wenn er einen Beschluß entgegen der Majorität faßt, ihn ausführlich schriftlich begründen. Die Verwaltung der Distrikte liegt nicht mehr in der Hand der Raadsmitglieder, sondern der Gouverneur wählt dafür geeignete Bürger aus. Anfang der 70er Jahre zählte man 8 Distrikte und Kommunen, jetzt 16 Distrikte und verschiedene Kommunen. Der Flächenraum der Kolonie ist 2500 geographische Quadratmeilen. Paramaribo zählt jetzt 31800 Bewohner, die ganze Kolonie 72144. An Europäern sind, abgesehen vom Militär, vorhanden 855. In der Kolonie befinden sich 19 öffentliche und 84 private, meist von den Missionen gehaltene Schulen. Die Miliz zählt 24 Offiziere und 407 Mann, die Civilgarde 63 Offiziere und 1568 Mann, die Besatzung 20 Offiziere und 383 Mann.

Curaçao, zu dem der holländische Teil von St. Martin, Bonaire, Aruba, St. Eustatius und Saba, zusammen 403 Quadratmeilen, gehören, steht unter einem Gouverneur, dem ein Raad aus vier von der Krone ernannten Mitgliedern zur Seite steht. Eine Art Parlament setzt sich aus 13 von der Krone ausgewählten Kolonisten und Beamten zusammen. Die Inseln außerhalb Curaçaos haben an ihrer Spitze je einen von der Regierung ernannten „Gezaghebber". Die Bevölkerung beläuft sich auf 51700 Köpfe, meist katholischen Bekenntnisses. Es giebt 33 Schulen. Die Miliz zählt 28 Offiziere und 349 Mann, die Besatzung 9 Offiziere und 175 Mann.

Der Handel der Inseln zeigt folgende Ziffern:

	Einfuhr.	Ausfuhr.[*]
1891	4 059 400 fl.	475 800 fl.
1892	3 435 000 ·	848 300 ·
1893	4 115 600 ·	309 600 ·
1894	3 165 500 ·	309 000 ·

[*] Geschätzt (Zahlen für Curaçao fehlen).

	Einfuhr.	Ausfuhr.
1895	2 633 100 fl.	337 300 fl.
1896	2 962 700 ,	364 700 ,
1897	2 679 900 ,	347 300 ,
1898	1 960 000 ,	284 900 ,
1899	1 922 900 ,	255 500 ,

Nach den Beschwerden der Venezuelaner zu schließen, deren Küste die Inseln vorgelagert sind, leben sie fast ausschließlich vom Schmuggel nach Venezuela und sollen bei den zahlreichen Aufständen häufig die erforderlichen Waffen und Munition an den bestzahlenden Teil liefern. Die Finanzen der Inseln befinden sich infolge ihres regen Handels in besserer Verfassung als die Surinams, wie nachstehende Tabelle ergibt, doch übertreffen hier auch gelegentlich die Ausgaben die Einnahmen:

	Einnahmen.*)	Ausgaben.*)
1893	695 000 fl.	695 000 fl.
1894	687 000 ,	687 000 ,
1895	691 000 ,	691 000 ,
1896	729 000 ,	729 000 ,
1897	702 200 ,	702 200 ,
1898	688 000 ,	700 000 ,
1899	631 000 ,	669 000 ,
1900	609 000 ,	686 000 ,

*) Voranschläge.

Schluß.

Die Einzelheiten der Entwickelung und das Wesen der Kolonialpolitik der Niederlande sind außerhalb Hollands gegenwärtig weit unbekannter als die koloniale Tätigkeit anderer Staaten. Es ist schwer zu beurteilen, ob die lange von der niederländischen Verwaltung, wie früher von den Kompagnien, beobachtete Geheimniskrämerei oder die auf kleine Kreise beschränkte Bekanntschaft mit der holländischen Sprache im Auslande oder Mangel an Interesse an der kolonialen Politik der Niederländer die Ursache dieser Erscheinung sind. Vielleicht haben alle diese Umstände zusammengewirkt und verschuldet, daß seit langen Jahrzehnten außerhalb Hollands kein brauchbares Buch über Geschichte und Lage der niederländischen Kolonien erschienen ist. So kommt es, daß die merkwürdigsten Ansichten darüber vielfach verbreitet sind, daß man mit gleichem Mangel an Sachkenntnis die Einrichtungen in den niederländischen Kolonien über Gebühr lobt oder tadelt, und daß man Streitschriften, wie die von Multatuli, die ebenso gut gegen beinahe jede andere Staats- oder Kolonialverwaltung gerichtet werden könnten, so lange kein zuverlässiges Mittel gegen Tropenkoller und Größenwahn entdeckt ist, vielfach recht einseitig beurteilt.

Was äußerliche Ereignisse, Heldentaten zu Wasser und zu Lande und überraschende Entwickelungen anbelangt, ist die Kolonialgeschichte der Niederlande weit ärmer als die der anderen Mächte. Bei ihr handelt es sich immer nur um Vorgänge auf verhältnismäßig beschränktem Gebiete und um kaufmännische Tätigkeit und Erwägungen. Wie die Niederländer als einziges der kolonisierenden Völker von Anfang an ganz bewußt mit ihren Zügen nach den überseeischen Ländern lediglich Zwecke des Handels verfolgten, so haben sie auch den Lauf der Jahrhunderte hindurch niemals Landhunger oder unklaren Drang nach Aufsuchung neuer, unbekannter

Schätze für ihre Tätigkeit maßgebend werden laſſen. Während Spanien, Portugal, England und Frankreich anfänglich ihre Blicke nur auf den möglichſt mühelosen Erwerb von recht vielen und wertvollen Edelmetallen gerichtet hatten und nur notgedrungen zum Plantagenbau, Handelsbetrieb und zur Siedelung übergingen, handelte es ſich für die Niederländer in erſter Linie immer faſt nur um Handel. Sie ſuchten Indien und Amerika zuerſt hauptſächlich deshalb auf, da Spanien ſie des lang gewohnten Zwischenhandels mit den tropiſchen Erzeugniſſen Indiens berauben wollte. Sie ſetzten ſich dort dauernd feſt und machten ſich gewaltſam zu ausſchließlichen Herren der wichtigſten Gewürzgebiete nur unter dem Geſichtspunkte des Handels und der Schiffahrt, ohne welche die Niederlande zu einer ärmlichen, kleinen Provinz eines Nachbarreiches herabgeſunken wären. Wenn ſie durch Beſchränkung der Gewürzwälder auf beſtimmte Zahlen von Bäumen und Verbrennung überſchüſſiger Erzeugniſſe ohne jede Rückſicht auf das Wohl der betroffenen Eingeborenen die Preiſe künſtlich hochhielten und keine Gewalttat zur Durchführung des Monopols ſcheuten, taten ſie nichts anderes als heute die Kaufleute oder Induſtriellen der Kulturſtaaten, welche durch Truſts und Ringe die Welt für ihre Zwecke auszubeuten ſuchen.

Wer immer die Tätigkeit der holländiſchen Kolonialgeſellſchaften ſtudiert, wird die Energie und Zähigkeit, mit der ſie ihr Ziel unentwegt durch lange Zeiten verfolgt haben, bewundern. Gleichzeitig wird er ſich aber auch überzeugen, daß unter ausſchließlich kaufmänniſchen Geſichtspunkten Kolonien auf die Länge weder voll zur Entwickelung zu bringen noch zu behaupten ſind. Kein überſeeiſcher Beſitz wird dauernd beim Mutterlande bleiben und ihm Nutzen verſchaffen, wenn nicht ſeine Bewohner dabei ebenſo ihre Rechnung finden, wie die des Mutterlandes, und durch eigenes Intereſſe an letzteres gefeſſelt werden, wie es England im 19. Jahrhundert ſo meiſterhaft einzurichten verſtanden hat.

Es war nicht allein die Schwäche der holländiſchen Marine und Hollands Mangel an Geldmitteln und Truppen, welche während der Revolutionskriege den Verluſt aller niederländiſchen Kolonien verſchuldet haben. Weder Java noch Surinam oder Kapland wären England damals ſo leicht in die Hände gefallen, wenn nicht die Bevölkerung in ihrer Mehrheit gern die Gelegenheit ergriffen hätte, sich von der oft schwer empfundenen Tyrannei der Kompagnie zu befreien.

Die niederländische Regierung hat das sehr genau erkannt. Von dem Augenblicke an, wo sie der übermächtigen großen Kolonialgesellschaften ledig wurde und die Kolonien als Eigentum der Nation zu behandeln beginnen konnte, hat sie mit dem hergebrachten System gebrochen. Marschall Daendels hat bereits im Anfang des 19. Jahrhunderts dem Übergewicht der kaufmännischen Elemente in der Verwaltung ein Ziel gesetzt und die Grundlagen einer staatlichen Organisation nach englischem und französischem Muster geschaffen. Zur vollen Durchführung kam die Reform in Indien wie Surinam durch England, welches während der Zeit seiner Besitzergreifung sich vollständig häuslich einrichtete und mit großem Nachdruck die dortigen Einrichtungen nach dem Muster seiner eigenen Kolonien umgestaltete. — Als die Niederlande ihren Besitz zurückerhielten, erachteten sie es für angezeigt, die von England eingeführten Reformen größtenteils bestehen zu lassen und auf diesem Wege fortzuschreiten. Wenn sie in Bezug auf Handels- und Zollpolitik bis zu einem gewissen Maße auf die Einrichtungen der Kompagnie zurückgriffen und mit dem System der Zwangslieferungen und des Gewürzmonopols nicht völlig brachen, war das lediglich eine Folge der finanziellen Verlegenheiten, in denen sich das so schwer geprüfte neue Königreich nach den Napoleonischen Kriegen befand. Solche nach dem Abfall Belgiens doppelt fühlbaren Verlegenheiten waren es auch, welche zu der Einführung des Kultursystems, d. h. einem zeitweiligen Rückgriff auf die Wirtschaftspolitik der Kompagnie, Veranlassung gaben.

Alles in allem genommen, scheinen die leitenden Geister der Niederlande im 19. Jahrhundert über die Schattenseiten der älteren Kolonialpolitik und die Notwendigkeit, Hollands Herrschaft in den Kolonien weniger auf Gewalt als auf das gemeinsame Interesse der Bewohner der Kolonien mit denen des Mutterlandes zu begründen, nicht im Zweifel gewesen zu sein. Trotz allem Widerspruch und Sträubens einzelner Beteiligter, trotz der natürlichen Schwerfälligkeit eines von starker Tradition beherrschten Beamtentums, ist das Kultursystem heute bis auf wenige Reste beseitigt und die Lage der unteren Stände der eingeborenen Bevölkerung gegen früher sehr verbessert. Mit den Resten der mittelalterlichen feudalen Einrich=

tungen wird immer mehr aufgeräumt, das Bildungswesen ist ungemein verbessert worden, und allen eingewurzelten Mißbräuchen wird energisch gesteuert. Wenn erst den letzten aufständischen Regungen in Sumatra ein Ziel gesetzt ist und damit die seit Jahren nötigen großen Aufwendungen für militärische Zwecke wegfallen, läßt sich eine große Blüte Holländisch-Indiens erwarten. Auch für Surinam liegen alle Anzeichen einer künftigen gedeihlichen Entwickelung vor.

Mit der allmählichen Beseitigung des Kultursystems verliert die holländische Kolonialpolitik ihre gewöhnlich als charakteristisch betrachtete Seite. Sie nähert sich, wenn erst die Reste der alten Einrichtungen gefallen sind, im wesentlichen ganz dem von England seit langem mit Erfolg in Ostindien befolgten System. Das Land wird durchweg mit Hilfe der mit den Interessen der niederländischen Verwaltung eng verwachsenen eingeborenen Fürsten oder eingeborenen Beamten regiert. Den Mißbräuchen, welche mit orientalischer Herrschaft verknüpft sind, wird durch einen ausgezeichnet geschulten und sorgsam ausgewählten Beamtenstab, in dessen Händen überall die Aufsicht liegt, gesteuert.

Auch die frühere Zolltarifgesetzgebung, welche niederländische Waren bei der Einfuhr vor fremden begünstigte, und die Exportzölle für die nach Holland gehenden Waren niedriger bemaß als für die nach anderen Ländern bestimmten, ist in den 70er Jahren gefallen. Die Niederlande gewähren jetzt nach dem früher von England allgemein gehandhabten System den Untertanen aller Staaten in ihren Kolonien dieselbe Behandlung wie ihren Staatsangehörigen.

Die Erfahrungen, die sie auf diesem Wege gemacht haben, können als ungünstige nicht bezeichnet werden. Die Bevölkerung Indiens ist fortgesetzt ansehnlich gewachsen, ihr Wohlstand ist im Steigen, alle Zweige der Volkswirtschaft zeigen eine gedeihliche Entwickelung. Wenn die Einnahmen zeitweilig einen Rückgang gezeigt und einige Jahre hindurch die Ausgaben nicht gedeckt haben, liegt der Grund nicht allein in der starken Inanspruchnahme der indischen Kassen durch den Krieg in Atjih und in dem auch hier sich geltend machenden Sinken des Silberwertes, sondern wohl auch in den Nachwirkungen des früheren, das Land aussaugenden Zwangssystems. Dazu kommt natürlich die Einwirkung des Sinkens der Kaffee- und Zuckerpreise auf dem Weltmarkt. Letzterer Umstand macht sich ganz besonders im holländischen Südamerika fühlbar, wo überdies die nachteiligen Folgen der Aufhebung der Sklaverei noch nicht ganz verwunden sind.

Der Erfahrungen Niederländisch-Indiens ungeachtet, hat das Kultursystem neuerdings eine allerdings den veränderten Umständen angemessene Nachahmung im belgischen Congo-Gebiete und in der französischen Kolonie Congo français gefunden. Während aber in Java privater Grundbesitz früher nicht bestand und von altersher der Bauer zu bestimmten Abgaben vom Ertrage des bewirtschafteten Landes verpflichtet war, ist am belgischen und französischen Congo den Eingeborenen mit einem Federstrich das Eigentum und Nutzungsrecht an allem bisher nicht regelrecht in Bewirtschaftung genommenen Lande entzogen und ihnen das Zahlen von Abgaben in Erzeugnissen des Waldes auferlegt worden. Diese mit Gewalt durchgeführte Einrichtung hat im Gebiete des Congo-Staates allerdings zu augenblicklichen überraschenden materiellen Ergebnissen geführt. Jedoch sind diese nur um den Preis von Maßnahmen und Anordnungen erzielt worden, welche in der ganzen Welt Anstoß erregt und starke Mißstimmung hervorgerufen haben. Und dazu ist mit Sicherheit anzunehmen, daß die Folge des Systems nicht eine Erschließung und Entwickelung der betreffenden Gebiete, sondern ihre volle Aussaugung und künftige Entwertung für lange Zeiten sein wird. Holland hat diese Wirkungen in Indien genügend empfunden, und schwerlich würden die dortigen Sachkenner ohne die zwingendste Notwendigkeit jemals im 19. Jahrhundert überhaupt zu dem Zwangssystem zurückgegriffen haben, da sie seine Folgen voraussahen.

Nicht die ältere Kolonialpolitik der Niederlande in einer Zeit, wo noch die Traditionen engherziger Handelsgesellschaften maßgebend waren, und politische Notwendigkeiten alle anderen Rücksichten in den Hintergrund schoben, kann heut als Vorbild betrachtet werden. Mustergiltig ist diese Kolonialpolitik erst in den letzten Jahrzehnten geworden, wo sie ihren Schwerpunkt in der Gewinnung des guten Willens und der Zuneigung der eingeborenen Bevölkerung, ihrer Erziehung und Fortbildung, in der Erschließung und Entwickelung der Kolonien und der Heranbildung eines vorzüglichen Beamtenstandes gefunden hat.

Verzeichnis
der wichtigsten Quellen und Bearbeitungen.

Allgemeines.

J. S. Motley: The rise of the Dutch republic. London 1894.
—: History of the United Netherlands. London 1869.
Jan Wagenaar: Vaderlandsche Historie. (Mit Forts.) Amsterdam 1749—1811.
A. M. Cerisier: Tafereel der algemeene Geschiedenis van de Vereenigde Nederlanden. Utrecht 1788.
v. d. Bondis Geschichte der Verein. Niederlande 1560 bis 1648. Zürich 1793.
W. Bilderdijk: Geschiedenis des Vaderlands. Amsterdam 1832.
S. van Leeuwen: Batavia illustrata. 's Gravenhage 1685.
M. Stuart: Vaderlandsche Historie. Amsterdam 1821.
J. de Bosch Kemper: Geschiedenis van Nederland na 1830. Amsterdam 1873—1882.
W. F. Lord: The english conquest of Java. XIX century, 1890, vol. XXVII.
G. W. Vreede: Nederland en Cromwell. Utrecht 1853.
C. T. Elout: Bijdragen tot de geschiedenis der Onderhandelingen met Engeland 1821—1824. 's Gravenhage 1863.
van der Chijs: Nederl. Ind. Bibliographie. Batavia 1875.
J. C. Hooykaas: Repertorium op de koloniale litteratuur. Amsterdam 1874, 1877—1880.
Hooykaas et du Rieu: Netherlands repertorium op de koloniale litteratuur. Amsterdam en 's Gravenhage 1877—1893.
P. A. van der Lith: Encyclopedie van Nederlandsch Indie. Leyden 1896.
van Kampen: De Nederlanders buiten Europa. Harlem 1831—1833.
B. Schuiling: Nederland tusschen de Tropen. Zwolle 1889.
J. de la Gravière: Les Anglais et les Hollandais dans les mers polaires et dans la mer des Indes. Paris 1890.
Forster: Geschichte der Entdeckungen und Schifffahrten im Norden. Frankfurt a. O. 1784.
Elias Lusac: Hollands rijkdom. Leyden 1780.

Lüber: Geschichte des holländ. Handels. Leipzig 1788.
Le commerce de la Hollande... Amsterdam 1768. (Enthält in Band III die Denkschrift Baron Imhoffs von 1741.)
J. C. de Jonge: Geschiedenis van het Nederlandsche Zeewesen. 's Gravenhage 1832.

Ostindien.

I. Die Kompagnie.

J. A. van der Chijs: Geschiedenis der stichting van de vereenigde O. I. Compagnie. II. druk. Leyden 1857. (S. 118 f. Wortlaut des Oetrooi.)
Nieuwe Nederlandsche Jaarboeken, XXV, 1790. Geschichte der Ostindischen Komp. bis 1663.
Begin en voortgang der Vereenigde Nederlandsche geöctroijeerde O. I. Compagnie. 1645.
Recueil des voyages qui ont servi à l'établissement de la compagnie des Indes orientales. 1710.
Staat der generaale Nederlandsche Oost-Indische Compagnie. Amsterdam 1792.

II. Ostindien im allgemeinen.

J. C. de Jonge: De opkomst van het Nederlandsch Gezag in Oost-Indie 1595—1610.
    I—X 's Gravenhage. Amsterdam 1852—1876.
    XI—XIII uitg. van Deventer. — 1888.
    Nachtrag von Tiele. — 1895.
P. A. Tiele en J. E. Heeres: De opkomst van het nederlandsch gezag in Oost-Indie. II. reeks. Buitenbezittingen. Haag 1886 ff.
M. L. van Deventer: Geschiedenis der Nederlanders op Java. Haarlem 1886, 1887.
—: Het nederlandsch gezag over Java sedert 1811. 's Gravenhage 1891 ff.
J. P. J. Du Bois: Vies des Gouverneurs généraux.... aux Indes Orientales. La Haye 1763.
F. Saalfeld: Geschichte des holländ. Kolonialwesens in Ostindien. Göttingen 1812, 1813.
Raynal: Histoire des établissements et du commerce des Européens dans les deux Indes. Versch. Ausgaben.
S. J. Meinsma: Geschiedenis van de Nederlandsche oost-indische Bezittingen. Delft 1872—1875.
Joseph Jooris: Aperçu politique et économique sur les colonies néerlandaises. Bruxelles, Amsterdam 1884.
C. Laspeyres: Geschichte der volkswirtschaftlichen Anschauungen der Niederländer. Leipzig 1847.
Groot Plakaetboek door C. Cau, S. van Leeuwen, J. P. en J. Scheltus, D. Lulius en J. v. d. Linden.

Nederlantsche Plakaatboek. Amsterdam 1644.
van der Chijs: Nederl.-indisch Plakaatboek. 1885.
P. Mijer: Verzameling van instructien, ordonantien en reglementen voor de Regering van N. I. 1609—1836. Batavia 1848.
Resolutien van de Staten van Holland 1524—1793.
Besluiten van de Staten Generaal met aant. van J. C. de Jonge. 's Gravenhage 1828.
Bondewijnse et van Soet: Staatsblad van Nederl. Indie. 1876 ff.
Le Moniteur des Indes orientales et occidentales, publ. par P. F. de Siebold et P. Melvill de Carnbee. Haag 1847—1849.
Regeeringsalmanak voor Nederlandsch-Indie. Batavia.
Hof-, Rijks- en Residentie Almanak.
Koloniaal Verslag. (Jährlich.)
De Indische Gids. Amsterdam, Leyden 1879 ff.
Nederlandsche Jaarboeken 1747—1798.
M. Stuart: Jaarboeken 1814—1822.
L. W. C. Keuchenius: Handelingen betreffende het reglement op het beleid der regering van Ned. Indie. Utrecht 1857.
The zes Regerings-reglementen van Nederlandsch-Indie. 1858.
II. I. Bool: Regeringsreglement van Ned. Indie. Zalt-Bommel 1876.
E. de Waal: De koloniale politiek der grondwet en hare toepassing tot 1. Februarij 1862. 's Gravenhage 1863.
C. T. van Deventer: Zijn naar de grondwet onze Kolonien deelen des rijks? Leyden 1879.
Chailley-Bert: Recrutement des fonctionnaires des colonies hollandaises. Paris 1893.

Java.

1. Geschichte.

F. St. Raffles: Java. London 1817. II. ed. 1830.
G. K. van Hogendorp: Verhandeling over den O. I. handel. Amsterdam 1801.
F. Valentijn: Oud en Nieuw Oostindien. Dordrecht 1724.
Engelhard: Overzicht van de Nederl. oost-ind. Besittingen. 's Gravenhage 1816.
C. S. W. van Hogendorp: Coup d'oeil sur l'Isle de Java et les autres possessions Néerlandaises dans l'Archipel des Indes. Bruxelles 1830.
N. van Elten: Jets over den ... Staat van nederlandsch Indie. 's Gravenhage 1835.
A. J. van der Aa: Nederlands Oost-Indie. Amsterdam 1846—1857.
E. de Waal: Nederlandsch Indie in de Staten-Generaal sedert 1814. 's Gravenhage 1860, 1861.
C. T. Elout: Bijdragen tot de geschiedenis van het koloniaal beheer. Arnhem 1861.

P. J. Veth: Bijdragen tot de Kennis van den politieken Toestand van Nederl. Indie. Amsterdam 1848.
J. W. Money: Java, or how to manage a colony. London 1861.
Dr. Friedmann: Niederländ.-Indien. Zeitschr. der Gesellschaft für Erdkunde. 1862, 1864.
L. Vliet: Twee Redevoeringen over liberale koloniale Politiek. Amsterdam 1871.
F. von Hellwald: Colonialsystem der Niederländer. Leipzig 1878.
P. van der Lith: Nederlandsch Oost-Indie. Doesborgh 1875.
N. v. d. Berg: Nederlands politiek tegenover Indie. Batavia 1878.
J. Kuyper: Onze Oost. Haarlem 1881.
- -: Nederland, zijne provincien en kolonien. Leuwarden 1866.
W. A. van Rees: Nederlandsch Indie. Leyden 1882, 1883.
K. Sonnborger: Handel und Verkehr mit Niederländisch-Indien. Wien 1884.
C. B. Janssen: Holländ. Kolonialpolitik in Ostindien. Berlin 1884.
—: Holländ. Kolonialpolitik in den Hotlolindern. Straßburg 1886.
[H. W. Daendels:] Staat der Nederlandsche Oostindische Bezittingen 1808—1811. 's Gravenhage 1814.
P. J. F. van Heutsz: Reorganisatie van het Binnenlandsch bestuur op Java en Madoera. Amsterdam 1896.
N. P. van den Berg: Over de economische belangen van Nederlandsch-Indie. Amsterdam 1900.
L. Wijmnalen: Statistisch overzicht van Nederlandsch Oost-Indie. O. J.
[Rotrmann:] Geograph.-statistische Übersicht von Niederl.-Indien. 1796.
Jaarcijfers over 1894 en vorige jaren omtrent de kolonien.
Statistiek van den handel, de scheepvaart etc. in Nederlandsch-Indie. Batavia.
Trade of Java. Brit. diplom. and consular reports. Annual series.
P. J. Veth: Java. II. Druk. Haarlem 1895 ff.
Chailley-Bert: Java. Paris 1900.

II. Rechtspflege und Verwaltung.

J. Jooris: Aperçu politique sur les colonies néerlandaises aux Indes orientales. Bruxelles, Amsterdam 1884.
Tiele: Oost-Indie. Haag 1886—1895.
van den Berg: Financial and economical progress and condition of Netherlands India. Batavia 1887.
H. S. Boys: Some notes on Java and its administration. Allahabad 1892.
P. J. Veth: Insulinde. Amsterdam 1878.
N. P. van den Berg: The financial and economical condition of Netherlands India since 1870. Hague 1895.
J. de Louter: Handleiding tot de kennis van het staats- en administratief-recht van Nederlandsch-Indie. 's Gravenhage 1895.

C. P. Winckel: Essai sur les principes régissant l'administration de
la justice aux Indes-orientales-hollandaises. Samarang 1880.
P. van der Lith: Het doel en de methode der wetenschap van het
Koloniale Recht. Leyden 1877.
H. L. E. de Waal: Invloed der kolonisatie op het inlandsche recht
in Nederl. Oost-Indie. Haarlem 1880.
W. A. van Rees en Daer: Militair-Wetboek voor het Nederlandsch
Oost-Indisch Leger. Zalt-Bommel 1864.
Wetboek van Strafrecht voor Europeanen en darmede gelijkgestelden.
Wetboek van Straafrecht voor Inlanders en fremde oosterlingen.

III. Volfswirtschaft.

[H. W. Daendels:] Brieven betreffende het Bestuur der Kolonien.
o. O. 1816.
P. J. Veth: De openbaarheid in koloniale Angelegenheden. Amsterdam 1848.
E. de Waal: Eene onde Zaak. 's Gravenhage 1862.
П. C. van der Wijck: Onze koloniale Staatkunde. 's Gravenhage
1865 en 1878.
P. J. Veth: Onze koloniale Staatkunde. Haag 1865.
H. C. van der Wijck: De koloniale Kwestie. 's Gravenhage 1870.
L. van W. van Vliet: Koloniale Studien. 's Gravenhage 1867—1868.
C. T. Elout: Bijdragen betrekkelijk koloniale en aandere aangelegenheden. 's Gravenhage 1874.
N. G. Pierson: Koloniale Politiek. Amsterdam 1877.
—: Java en de koloniale questie. Amsterdam 1871.
Proeve over de middelen, die tot bescherming van Zeevart en Koophandel zonden kunnen aangewend werden. Amsterdam 1783.
R. Vaute: Korte beschouwing van den doodelijken toestand van den
theehandel. Amsterdam 1792.
G. K. van Hogendorp: Verhandelingen over den Oost Indischen
Handel. Amsterdam 1801.
J. van Onwerkerk de Vries: Over de oorzaken van het derval des
Nederlandschen handels. Haarlem 1828.
J. C. de Jonge: Geschiedenis van het nederlandsch Zeewesen. Haag
en Amsterdam 1833—1846.
P. Mijer: Over het openstellen van kusthavens voor den algemeenen
handel in Nederl. Indie. Haag 1859.
Handboek voor cultuur- en handelsondernemingen in Nederlandsch-Indie.
Amsterdam 1888 ff.
N. P. van den Berg: De Handel van Java. Batavia 1883.
L. van Vliet: Bijdragen tot de Kennis der Nederl. Oost-Indische Bezittingen. Rotterdam 1846.
L. van Vliet: Indische Belangen. 's Gravenhage 1850.
—: Indische Regtsbedeeling. Amsterdam 1846.

J. W. B. Money: Java. London 1861.
E. R. Scidmore: Java the garden of the East. New York 1867.
S. O. H. Nederburgh: Tjilegon—Bantam—Java. Haag 1888.
J. Chailley-Bert: Java et ses habitants. Paris 1900.
—: La Hollande et les fonctionnaires des Indes Néerlandaises. Paris 1893.
H. W. Tydeman: De Nederlandsche Handelmaatschappij. Leyden 1867.

IV. Finanzen.

Staat van Financie van de Republiek der Vereenigde Nederlanden. Amsterdam 1791.
De Financien van Nederland 1840–1844 in verband ... met de verrigtingen van wijlen den Heer J. J. Rochussen. Haag 1871.
E. de Waal: Onze Indische Financien. 's Gravenhage 1876–1884.
P. H. van der Kemp: De Administratie der geldmiddelen van Neerlandsch Indie. Amsterdam 1881–1883.
—: De leer der administratie van Staats-financien. Leyden 1878.

V. Kriege.

F. V. A. de Stuers: Mémoires sur la guerre de Java 1825–1830. Leyden 1833.
Nahuys: Verzameling van officieele rapporten betreffende den oorlog op Java 1825–1830. Deventer 1835.
A. W. P. Weitzel: De oorlog op Java 1825–1830. Breda 1852–1853.
P. J. F. Louw: De III. Javaansche Successie-Oorlog. Bataviaasch-Genootschap. Batavia 1889.
—: De Java-Oorlog van 1825–1830. Ibid. 1894.
W. A. van Rees: Der Bandjermasinsche Krijg 1859–1863. Arnhem 1865.
—: De Pioniers der Beschaving in Neêrlands Indie. Ibid. 1866.

VI. Kulturen ıc.

K. W. van Gorkom: De Oostindische Culturen. Amsterdam 1884.
—: Handbook of Chinchona Culture, transl. by Jackson. London 1883.
N. G. Pierson: Een word over de Indische suikercrisis. Amsterdam 1846.
S. C. H. Nederburgh: Opium-Smokkelhandel. Haag 1889.
P. H. van der Kemp: Handboek tot de kennis van's lands zoutmiddel in Nederl. Indie. Batavia 1894.
L. van W. van Vliet: Over Spoorweguitbreiding op Java. 's Gravenhage 1878.
J. A. Nederburgh: Het Staatsdomein op Java. Leyden 1882.
Gouvernements-koffiecultuur. Rapport van de staats-commissie. Haag 1889.

K. F. van Delden Laërne: Brazilië en Java. Verslag over koffie-cultuur. Haag 1885.
J. W. H. Cordes: Gouvernements-koffiecultuur. (Indische Gids. 1892. S. 1826)
R. van Eck: Beknopt leerboek der geschiedenis, staatsinrichting en land en volkenkunde van Nederlandsch Oost-Indie. Breda 1885.

VII. Kulturstelsel.

Pieter de Haan: Schetsen aangaande de landelijke administratie van Java. Leyden 1829.
W. R. van Hoëvell: Bedenkingen tegen de Mededeeling van den Minister van Koloniën aan de II. Kamer ... omtrent den verkoop van Landen op Java. Groningen 1849.
—: De Beschuldiging ... in Indie en de Regtvaardiging in Nederland. Zalt-Bommel 1850.
D. C. Steijn-Parvé: Het koloniaal Monopolstelsel. Zalt-Bommel 1851.
P. van Swieten: Eenige Bedenkingen op het werk: Het koloniaal Monopolie-Stelsel van Steijn-Parvé. 's Gravenhage 1850.
—: Eenige nadere Bedenkingen op de werken over het koloniaal Monopol-Stelsel van den heer D. C. Steijn-Parvé. Ibid. 1851.
Multatuli: Over vrijen-Arbeid in Nederlandsch Indie. Amsterdam 1862.
J. J. Rochussen: Het wetsontwerp op particuliere cultuurondernemingen in N. Indie. Haag 1862.
—: Du régime des colonies hollandaises. Bruxelles 1864.
H. C. van der Wijck: Een Word over de Kultuurwet. 's Gravenhage 1865.
S. van Deventer: Bijdragen tot de kennis van het landelijk stelsel op Java. Zalt-Bommel 1865.
J. Boudewijnse: Alphabetisch overzicht van het werk. 's Gravenhage 1868.
L. van W. van Vliet: Thorbecke tegenover de Cultuur-Wet. 's Gravenhage 1866.
De geschiedenis van het cultuurstelsel in Nederl. Indie 1873.
A. Mijer: Agrarische verordeningen in Nederlandsch-Indie. Batavia 1885.
P. J. F. van Heutsz: Reorganisatie van het binnenlandsch bestuur of Java. Amsterdam 1896.
Multatuli: Nog eens vrye-Arbeid in Nederlandsch-Indie. Delft 1870.
—: Nog eens. Vrye-Arbeid in Nederlandsch-Indie. Multatuli geschetzt door A. Admiraal. Nijmwegen 1890.
— [E. D. Dekker]: Verzamelde Werken. Amsterdam 1900.
Het particulier landbezit der Europeanen op Java verdedigd tegen ... P. M. . . . (P. Mijer). 1862.
W. R. van Hoëvell: Slaven en vrijen onder de Nederlandsche Wet. Zalt-Bommel 1855.

W. R. van Hoëvell: De Emancipatie der Slaven in Noerlands-Indie. Groningen 1848.
[L. van W. van Vliet:] Over Grondeigendom en Heerediensipligtighed op Java. Amsterdam 1864.

Außenbesitzungen.

A. Allgemeines.

John Crawfurd: History of the Indian Archipelago. Edinburgh 1820.
A. R. Wallace: The Malay Archipelago. London 1869.
H. O. Forbes: A naturalists wanderings in the Eastern Archipelago. London 1885.
Lindsay: Eastern Archipelago Comp. 1853.
P. J. Veth: Een Blik op den Indischen Archipel. Amsterdam 1849.

B. Sumatra.

W. Marsden: History of Sumatra. London 1811.
E. Carthaus: Sumatra und der malaiische Archipel. Leipzig 1891.
G. E. Haarsma: Der Tabakbau in Deli. Amsterdam 1890.
H. J. J. L. de Stuers: Vestiging en uitbreiding der Nederlanders der Westkust van Sumatra, uitgeg. door P. J. Veth. Amsterdam 1849.
E. B. Kielstra: Sumatra's Westkust van 1833—1892. Konink. Instituut voor de Taal etc. van Nederl. Indie 1886, 1890, 1891, 1892.
P. J. Veth: Midden-Sumatra. Leyden 1881—1887.

C. Atjih.

A. C. Snouck Hurgronje: De Atjëhers. I. II. Batavia. Leyden 1893 1894.
John Anderson: Acheen. London 1840.
P. G. Booms: Over de eerste Expeditie tegen Atjeh. Een antwoord aan Generaal de Stuers. 's Gravenhage 1875.
—: De eerste Atjehsche Expeditie en hare Enquête. Amsterdam 1880.
P. J. Veth: Atchin en zijne Betrekkingen tot Nederland. Leyden 1877.
J. J. de Rochemont: London en Atajin. Batavia 1875.
—: Onze vestiging in Atajin. Haarlem 1876.
—: Onze oorlog met Atajin. 's Gravenhage 1877 ff.
G. F. W. Borel: Onze vestiging in Atjeh. 's Gravenhage 1878.
J. van Swieten: De waarheid omtrent onze vestiging te Atjeh. Zalt-Bommel 1879.
E. B. Kielstra: De geschiedenis van den Atjeh-Oorlog. 's Gravenhage 1883—1895.
Brooshooft: Geschiedenis van den Atjeh-Oorlog. Utrecht 1887.
W. L. de Petit: La conquête de la vallée d'Atchin. Paris, La Haye 1891.
J. B. van Heutsz: De onderwerping van Atjeh. Haag, Batavia 1893.

D. Bali.

J. van Swieten: Krijgsverrigtingen tegen het eiland Balie in 1848. 's Gravenhage 1849.

E. Borneo.

[Rochussen:] The rights of the Netherlands vindicated against the encroachments of Great Britain. 1836.
Keppel: Expedition to Borneo. London 1845.
Chamerovzow: Borneo. London 1851.
Borneo Question. Singapore 1854.
J. T. Hollander: Borneos wester-afdeeling. Zalt-Bommel 1854.
W. A. van Rees: Montrado, betr. de onderwerping der Chinesen op Borneo. 's Hertogenbosch 1858.
Papers relating to the affairs of Sulu and Borneo. London 1882.
L. C. D. van Dijk: Neerlands vroegste Betrekkingen met Borneo, den Solo-Archipel-Siam, en Cochin-China. Met eene Levensschets van G. W. Vreede. Amsterdam 1862.

F. Molukken.

J. A. van der Chijs: De vestiging van het Nederlandsche gezag over de Banda-Eilanden 1599—1621. Bataviaasch Genootschap 1886.
Bokemeyer: Molukken. Leipzig 1886.
Reinier de Klerk: Verslag over den Staat van Banda ... (1756) met ... korte Beschrijving van Banda ... en de Molukken 1795—1894, door C. A. M. van Vliet. 's Gravenhage 1894.

G. Neu-Guinea.

P. J. B. van der Aa: Reizen naar Nederlandsch Nieuw-Guinea. Koninkl. Instituut voor de Taal etc. kunde van Nederl. Indie. 1879.
A. Haga: Nederlandsch Nieuw-Guinea. Batavia 1884.
F. S. A. de Clercq: De West- en Noordkust van Nederlandsch Nieuw-Guinea. Tijdschrift van het Kon. Nederlandsch aardrijkskundig genootschap te Amsterdam. Tweede serie, deel X. Leyden 1893.

Westindien und Afrika.

1. Westindische Kompagnie.

Johannes de Laet: De Nieuwe Wereld, of beschrijving van West-Indien. Leyde 1630.
— Historie ofte jaerlijck verhad van de verrichtingen der geoctroljeerde west-indische Compagnie. Ibid. 1644.
Gen. Geoctroijeerde Nederlandsche Westind. Compagnie. Octroy. 1681. 4°.
L. van Vliet: Rapport van den gouverneur van Suriname omtrent de ontworpen Nederl. Westindische ontginningen Handel-Maatschappij. 's Gravenhage 1858.

B. E. C. Belmonte: Neêrlands West-Indie ... en W. R. van Hoevell.
Leyden 1855.

2. Brasilien.

G. Barlaeus: Rerum per octennium in Brasilia et alibi gestarum sub
praefectura Mauritii, Nassovii comitis, historia. Amstelodami 1647.
A. Montanus: De nieuwe en onbekende Wereld of beschrijving van
America ent Zuidland. Amsterdam 1671.
Fr. Gioseppe de Santa Teresa: Historia delle guerre del regno del
Brasile. Roma 1697.
R. Southey: History of Brasil. London 1822.
A. de Beauchamp: Histoire du Brésil. Paris 1815.
P. M. Netscher: Les Hollandais au Brésil. Haag 1853.
Handelmann: Geschichte Brasiliens. Berlin 1860.

3. Guyana.
A. Allgemeines.

Jan Jacob Hartsinck: Beschrijving van Guiana. Amsterdam 1770.
Geschiedenis der Kolonie van Suriname. Geheel op nieuw samengesteld
door een Gezelschap van geleerde joodsche Mannen aldaar. Amsterdam 1791.
J. Wolbers: Geschiedenis van Suriname. Amsterdam 1861.
W. G. Palgrave: Dutch Guiana. London 1876.
A. Kappler: Sechs Jahre in Surinam. Stuttgart 1854.
— Erlebnisse und Erfahrungen ... in Surinam. Ebd. 1881.
— Surinam. Ebd. 1887.
Surinaamsche koloniale Bibliotheek. Haag 1862.
Wetboeken en Reglementen voor ... Suriname. Haag 1868.
Berigt aangaande de Colonie van Essequebo. Middelburg 1750.
P. M. Netscher: Geschiedenis van de Kolonien Essequebo, Demerary
en Berbice. Utrecht 1888.

B. Surinamsche Frage.

Consideratien van bewinthebberen der ... Westind. Compagnie ...
over de directie naar ... Suriname. Amsterdam 1688.
Missive van bewinthebberen van de Westind. Compagnie over den handel
op de Kust van Africa. Amsterdam 1744.
Noodig berigt ... betr. de ... differenten tusschen commissarissen en
directeuren ... en Suriname. Amsterdam 1825.
Anmerkingen op eene verhandelinge betreffende ... Suriname. Amsterdam 1824.
Aanteekeningen betr. de kolonie Suriname. Arnhem 1826.
A. Halberstadt: Vrijmoedige Gedachten over de oorzaken van den
tegenwordigen staat van verval der kolonie van Suriname. Rotterdam 1838.

Verzameling van Stukken aangaande de Surinamsche Aangelegenheiten.
Haag 1845.
De Surinamsche Kwestie. Amsterdam 1868.
M. Juda: Open brief aan allen die belang stellen in te toekomst van
Surinam. 1869.
Suriname en de opheffing van het pauperisme in Nederland. Leyden
1872.
Johan: Suriname en de Surinamsche Quaestie. Amsterdam 1875.
B. C. van den Ende: Oud en nieuw over Suriname's verleden en toekomst. Kampen 1875.

C. Slavernei.

P. M. N(etscher): Gedachten ten gunste der Planters ... te Suriname. 1849.
A. D. van der Gon Netscher: Beschouwing van het ... Ontwerp
van Wet ter Afschaffing der Slavernij in Suriname. 's Gravenhage 1859.
—: Open brief ... betreffende ... de toekomst onzer West-Indische
Kolonien. Ibid. 1864.
—: De opheffing van de Slavernij en de toekomst van Nederl. West-Indie. Ibid. 1862.
—: Werking van de Wet tot Opheffing der Slavernij. Ibid. 1866.
J. Wolbers: De Slavernij in Suriname. Amsterdam 1857.
—: De Surinamsche Negerslaaf. Ibid. 1854.
A. Halberstadt: Vrijmaking der Slaven en Suriname. Amsterdam
1855.
J. Wolbers: Neerlands schuld ... jegens de slaven in Suriname ...
Amsterdam 1857.
—: Schets van een plan tot aankoop van plantaadjes in Suriname, met
het doel om de slaven in vrijheid te stellen. Ibid. 1857.
—: Aan de II. kamer der Staten-Generaal. (Petition um Abschaffung der
Sklaverei in Westindien.) Ibid. 1858.
Slaven-emancipatie en slaven-arbeid in Suriname. Leyden 1858.
R. F. van Raders: De vestiging van Nederlanders te Suriname aanbevolen. Haag 1854.
A. Halberstadt: Kolonisatie van Europeanen te Suriname. Leyden
1872.

4. Antillen.

Wijnmalen: Les possessions néerlandaises dans les Antilles. Amsterdam 1888.
[G. G. van Paddenburg:] Beschrijving van het Eiland Curaçao door
en Bewoner van dat. Haarlem 1819.
Blik op den vroegeren en tegenwordigen toestand van ... Curaçao.
Rotterdam 1849.

Wetboeken en Reglementen vor de kolonie Curaçao. Haag 1868.
Trade of Curaçao and its dependencies. Brit. diplomatic and consular reports. Annual Series.

5. Afrika.

P. J. Veth en C. M. Kan: Bibliografie van Nederlandsche Boeken enz. over Africa. (Tijdschrift van het aardrijkskundig Genootschap.) Amsterdam 1876.

George Mc Call Theal: History of South Africa 1486—1872. London 1888 ff.

M. L. van Deventer: La Hollande et la Baie-Delagoa. Nederlandsch aardrijkskundig genootschap-tijdschrift 1876.

—: La Hollande et la Baie-Delagoa. La Haye 1868.

J. K. J. de Jonge: De oorsprong van Neerland's bezittingen op de kust van Guinea. 's Gravenhage 1871.

Ch. P. van der Aa: Afrikaansche Studien. 's Gravenhage 1871.

6. Nordamerika.

Vertoogh van Nieu-Neder-Land. Haag 1650.

William Dunlap: History of the New Netherlands. New York 1839—1840.

O'Callaghan: History of New-Netherland. New York 1846.

R. F. Neumann: Verein. Staaten. Berlin 1863.

G. P. Fisher: Colonial era of the United states. London 1892.

Biographisches.

M. D. Veegens: Leven van Joan Maurits Graaf van Nassau-Siegen. Haarlem 1840.

v. Drießen: Leben des Fürsten Johann Moritz von Nassau. Berlin 1849.

P. Mijer: Jean Chrétien Baron Band. Leyden 1860.

Brooke: Ten years in Sarawak. 1866.

J. Hume: Sir J. Brooke. London 1858.

G. Foggo: Adventures of Brooke. 1853.

D. C. Steijn-Parvé: De handellingen van Sir J. Brooke op Borneo. Haarlem 1859.

A. Garçon: Quatre hommes. Paris 1890.

Saint John: Sir James Brooke. London 1899.

J. Mendels: H. W. Daendels 1762—1807. 's Gravenhage 1890.

G. H. Betz: Een Blick op het Leven van baron van Hoëvell. Zalt-Bommel 1868.

G. H. van Soest: Dr. W. R. baron van Hoëvell. Zalt-Bommel 1879.

D. C. A. van Hogendorp: Mémoires du général D. van Hogendorp. La Haye 1887.

J. A. Sillem: Dirk van Hogendorp 1761—1822. Amsterdam 1890.

G. K. van Hogendorp: Brieven en Gedenkschriften. 's Gravenhage 1866—1876.

R. F. van Raders: Memorie aan den Koning. Haag 1852.
—: Vervolg der bijlagen behoorende tot de Memorie aan den Koning. Ibid. 1853.
P. H. van der Kemp: Fendall's en Raffles' opvattingen in het algemeen omtrent he Londensch tractaat van 1814. Hagne, Koninkl. Instituut voor Taal etc. van Ned. Indie, 1853.
M. L. van Deventer: Daendels-Raffles. Transl. by Batten. London 1894.
D. Ch. Boulger: The life of Sir Stamford Raffles. London 1897.
H. E. Egerton: Sir Stamford Raffles. London 1900.
J. J. Rochussen: Toelichting and verdediging van eenige daden van mijn bestuur in Indie. Haag 1853.
De Minister vaan Staat J. J. Rochussen. Beantwoord op sijne brochure. Rotterdam 1862.
J. J. de Rochemont: De generaal Jan van Swieten 1807—1888. 's Gravenhage 1888.

Von demselben Verfasser sind erschienen:

Die Europäischen Kolonien.
Schilderung ihrer Entstehung, Entwickelung, Erfolge und Aussichten.

Erster Band: Die Kolonialpolitik Portugals und Spaniens, in ihrer Entwickelung von den Anfängen bis zur Gegenwart. Mit einer Karte in Steindruck: Übersicht des portugiesischen und spanischen Kolonialbesitzes gegen Mitte des 16. Jahrhunderts. M. 10,—, geb. M. 11,50.
Zweiter Band: Die Kolonialpolitik Grossbritanniens, Erster Teil. Von den Anfängen bis zum Abfall der Vereinigten Staaten. Mit drei farbigen Karten in Steindruck. M. 10,—, geb. M. 11,50.
Dritter Band: Die Kolonialpolitik Grossbritanniens, Zweiter Teil. Vom Abfall der Vereinigten Staaten bis zur Gegenwart. 1899. M. 9,—, geb. M. 10,50.
Vierter Band: Die Kolonialpolitik Frankreichs. Von den Anfängen bis zur Gegenwart. 1901. M. 9,50, geb. M. 11,—.

Die Deutsche Kolonial-Gesetzgebung.
Sammlung der auf die Deutschen Schutzgebiete bezüglichen Gesetze, Verordnungen, Erlasse und internationalen Vereinbarungen, mit Anmerkungen und Sachregister.

Erster Teil: Bis zum Jahre 1892. Herausgegeben von Riebow, Gerichtsassessor. M. 14,—, geb. M. 16,—.
Zweiter Teil: 1893 bis 1897. Auf Grund amtlicher Quellen und zum dienstlichen Gebrauch herausgegeben von Dr. Alfred Zimmermann, Legationsrat. M. 8,—, geb. M. 9,50.
Dritter Teil: 1897 bis 1898. Auf Grund amtlicher Quellen und zum dienstlichen Gebrauch herausgegeben von Dr. Alfred Zimmermann, Legationsrat. M. 8,50, geb. M. 5,50.
Vierter Teil: 1898 bis 1899. Auf Grund amtlicher Quellen und zum dienstlichen Gebrauch herausgegeben von Dr. Alfred Zimmermann, Legationsrat. 1900. M. 5,50, geb. M. 7,—.
Fünfter Teil: 1899 bis 1900. Auf Grund amtlicher Quellen und zum dienstlichen Gebrauch herausgegeben von Dr. Alfred Zimmermann, Legationsrat. 1901. M. 7,—, geb. M. 8,50.

Geschichte der preußisch-deutschen Handelspolitik,
aktenmäßig dargestellt.
1892. M. 16,—, geb. M. 18,—.

Kolonialgeschichtliche Studien.
1895. M. 6,—, geb. M. 7,—.

Blüthe und Verfall des Leinengewerbes in Schlesien.
Gewerbe- und Handelspolitik dreier Jahrhunderte.
Zweite Auflage. 1892. M. 6,—.

☞ Zu beziehen durch alle Buchhandlungen. ☜

www.ingramcontent.com/pod-product-compliance
Lightning Source LLC
Chambersburg PA
CBHW030021240426
43672CB00007B/1030